하위주체성과 재현
라틴아메리카 문화이론 논쟁

Subalternity and Representation: Arguments in Cultural Theory
by John Beverley
Copyright © 1999 by Duke University Press
All Rights Reserved.
Korean Translation Copyright © 2013 by Greenbee Publishing Company.
This Korean edition is published by arrangement with Duke University Press through Shinwon Agency.

하위주체성과 재현: 라틴아메리카 문화이론 논쟁

초판 1쇄 인쇄_ 2013년 6월 10일
초판 1쇄 발행_ 2013년 6월 20일

지은이 · 존 베벌리 | 옮긴이 · 박정원

펴낸이 · 유재건
펴낸곳 · (주)그린비출판사 | 등록번호 · 제313-1990-32호
주소 · 서울시 마포구 동교로 17길 7, 4층(서교동, 은혜빌딩) | 전화 · 702-2717 | 팩스 · 703-0272

ISBN 978-89-7682-771-5 03300

이 도서의 국립중앙도서관 출판시도서목록(CIP)은 서지정보유통지원시스템 홈페이지(http://seoji.nl.go.kr)와 국가자료공동목록시스템(http://www.nl.go.kr/kolisnet)에서 이용하실 수 있습니다. (CIP제어번호: CIP2013007309)

이 책의 한국어판 저작권은 신원에이전시를 통해 Duke University Press와 독점 계약한 (주)그린비출판사에 있습니다.
저작권법에 의하여 한국 내에서 보호를 받는 저작물이므로 무단전재와 무단복제를 금합니다.
책값은 뒤표지에 있습니다. 잘못 만들어진 책은 서점에서 바꿔 드립니다.

이 책은 2008년도 정부(교육부)의 재원으로 한국연구재단의 지원을 받아 번역되었음.
(NRF-2008-362-B00015)

그린비출판사 나를 바꾸는 책, 세상을 바꾸는 책
홈페이지 · www.greenbee.co.kr | 전자우편 · editor@greenbee.co.kr

TransLatin
트랜스라틴 총서 11

하위주체성과 재현

라틴아메리카 문화이론 논쟁

존 베벌리 지음 | 박정원 옮김

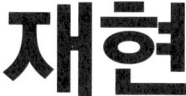

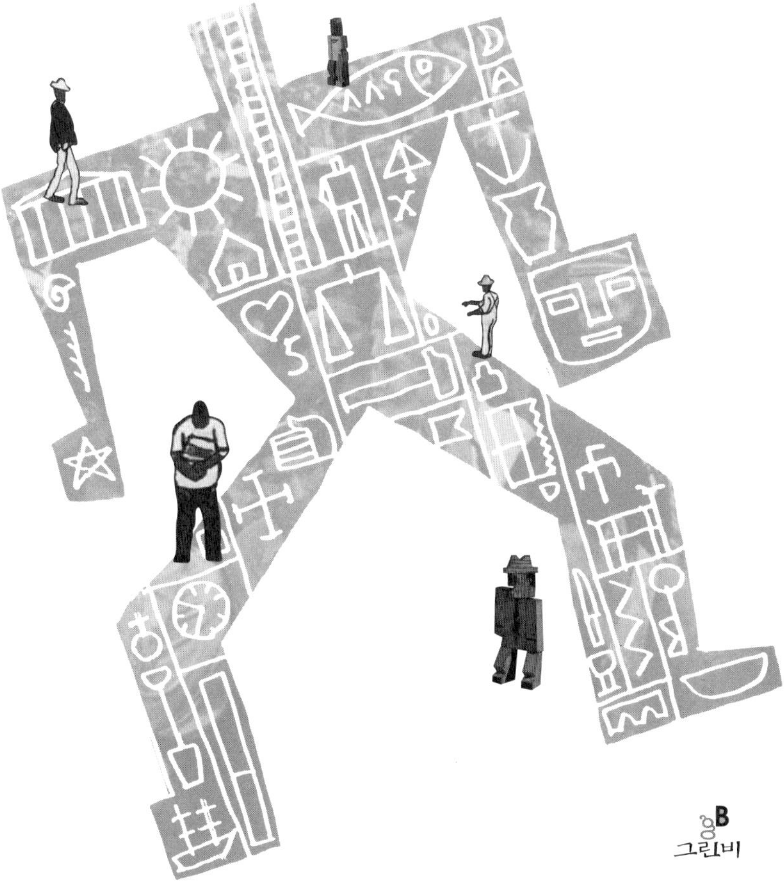

그린비

밀리에게,
사랑을 담아

한국어판 서문

『하위주체성과 재현』Subalternity and Representation은 1999년 듀크 대학 출판부에서 처음 출간되었다. 초판 서문에서 설명한 것처럼, 이 책은 1992년 공식 결성된(그리고 역설적으로 그 성공으로 인해 2002년 해체된) 이른바 라틴아메리카 하위주체연구 그룹이 공동으로 토론하고 이를 기반으로 현실에 개입하고자 한 노력을 반영하고 있다. 현재 이 책은 다른 대륙에서도 번역, 출판되어 여러 지정학과 급진적인 결합을 시도하고 있다. 이제 나는 새로운 독자를 맞이하면서 이 책의 논쟁 지점을 되짚어 보고, 그 안에서 여전히 유효한 것은 무엇인지, 혹은 새롭게 수정하거나 포기해야 하는 것은 무엇인지 살펴보고자 한다.

그룹의 공동 창립자인 일레아나 로드리게스Ileana Rodríguez는 하위주체연구가 처해 있는 위기에 대해 그녀가 느끼는 것을 다음과 같이 다소 투박하게 설명한다. "지식인으로서 우리는 국가주의statism(민족-국가와 당 중심의 정치)를 지지하거나 하위주체를 대변하는 것 사이에서 결정을 내려야 했다. 우리는 하위주체를 선택했다."[1] 독자들이 곧 인지하겠지만, 이 책은 어떤 지점에서는 이 입장에 동의하지만, 다른 지점에서는 이 문제에 보다 유연한 방식으로 접근하려 한다(특히, 그람시와 헤게모니에 관한 6장의 토론을 주목하라). 헤게모니의 대안이었던 공산주의의 붕괴와 그로 인한 좌파의 위기의식으로부터 대두된 포스트모더니즘 사회이론은 일반적으로 하위주체와 국가의 관계를 이분법적으로 판단하는 경향이 있었는데, 이러한 경향이 1990년대에는 필요한 것이었음을 부정할 수 없다. 하지만 이제는 지나치게 일방적으로 보이며, 따라서 우리는 **후기-하위주체론자** post-subalternist 로 정의할 수 있는 새로운 패러다임을 향해 나가야 한다.

구체적 예를 들어 보자. 최근 몇 년 사이 라틴아메리카에서는 국가와 전통적 의미의 좌파정당을 포함하는 공식 정치의 패러다임 바깥에서 새로운 형태의 민중, 혹은 오늘날 보다 선호하는 표현인 하위주체의 사회운동이 일어나고 있다. 이 사회운동이 **분홍빛 물결** marea rosada[2] 로 일컬어

---

1) Ileana Rodríguez, "Between Cynicism and Despair: Construction the Generic/Specifying the Particular", eds. Michael Piazza and Marc Zimmerman, *New World (Dis) Orders & Peripheral Strains: Specifying Cultural Dimensions in Latin American and Latino Studies*, Chicago: Marcha/Abrazo Press, 1998.

2) 베네수엘라의 차베스를 필두로 하여, 신자유주의와 미국에 의해 주도되는 세계화에 정면으로 반기를 든 당과 정치적 세력이 라틴아메리카의 거의 전 지역에서 정권을 잡게 된 현상을 지칭한다. '붉은색'이 표상하는 사회주의적 공산주의 구좌파와 구별하기 위해 '분홍색'이란 단어를 사용하는데, 특히 반세계화와 새로운 민중 정치의 기치를 내건 새로운 좌파의 승리를 의미한다. 아르헨티나의 키르치네르 부부로부터, 브라질의 룰라, 우루과이의 바스케스, 도미니카의 페르난데스, 칠레의 바첼레트, 니카라과의 다니엘 오르테가, 볼리비아에서는 코카 재배 농민 출신인 에보 모랄레스, 에콰도르의 라파엘 코레아까지, 이들의 승리는 세계화와 신자유주의의 조류를 대안으로 받아들이던 이전의 정권들에 대한 민중 차원에서의 강력한 반대와 심판을 의미한다. 물론 이들 정부가 이데올로기적으로 동일한 지향을 가진 것은 아니다. 베네수엘라의 차베스와 같이 미국 중심의 신자유주의 질서에 정면으로 대항하면서 보다 확고한 라틴아메리카의 동맹을 추구하는 경향과, 브라질의 룰라와 같이 신자유주의적 세계화 물결에 어느 정도 타협하면서 주로 국내 문제를 선결하려는 경향, 이렇게 크게 두 방향으로 나눌 수 있다. ―옮긴이

지는 정부의 등장과 함께 에르네스토 라클라우 Ernesto Laclau의 정의를 빌리자면 '국가가 되었을 때', 국가를 점유하려던 그들 자신의 정치적 기획에는 과연 어떤 일이 일어나고 있는가?[3]

이 질문에는 적어도 두 가지 기존의 대답이 있다. 첫번째 대답은 하위주체는 근본적으로 국가의 논리 바깥에 위치한다는 것이고, 두번째 대답은 하위주체 행위자가 어떤 순간에는 반드시 국가와 만나며, 그렇게 함으로써 국가를 변형시킨다는 것이다. 라틴아메리카 하위주체연구 그룹의 창립자 중 한 명인 호세 라바사 José Rabasa는 최근 논문에서 첫번째 입장을 지지하며 하위주체연구의 관점에서 "라틴아메리카에 등장하는 좌파의 귀환에 대해 더 이상 기뻐해서는 안 될 것"이라고 주장하는데, 그 이유는 "새로운 헌법이 지배계급의 이해를 옹호하는 기존 권력의 형태와 동일하기 때문이다". "국가가 국제 금융을 옹호하든 자본의 사회주의적 경영 형식을 도입하든 자본을 보호하고 경영하는 역할 바깥에서 사유할 수 없다면, 새로운 종류의 민주적 국가의 가능성에 대한 질문은 별 의미가 없지 않은가?"[4] 이와는 반대로, 내가 아래에서 제시하는 대안은 하위주체와 국가 사이의 근본적 분리를 전제하는 하위주체적 패러다임을 바꾼다는 의미에서 **후기-하위주체**이다. 하지만 이는 또한 국가와 '민족-민중'의 성격을 하위주체연구가 시작된 관점으로부터 다시 생각한다는 측면에서는 하위주체 패러다임의 **결과**인 것이다.

---

3) Ernesto Laclau, *On Populist Reason*, London: Verso, 2007, p.261, n.27. 라클라우는 그람시가 말한 '국가권력을 획득하는 것'에서 아이디어를 차용했지만, 이와 구분하기 위해 '국가가 되는 것'이라고 표현하고 있다.
4) José Rabasa, "Exception to the Political", *Without History: Subaltern Studies, the Zapatista Insurgency, and the Specter of History*, Pittsburgh: University of Pittsburgh Press, 2010, p.251.

하위주체연구는 적어도 맑스주의의 한 형태로 시작했지만, 정확히는 1980년대 '현존' 사회주의와 혁명적 민족주의의 위기라는 역사적 맥락에서 비롯되었다. 내 견해로 공산주의의 붕괴는 자본주의 세계에서 정치적 사고와 인간의 삶에 영향을 미치는 국가의 효용성에 대한 믿음의 상실과 일맥상통한다. 국가에 대한 신뢰의 상실을 가장 효과적으로 보여주는 예는, 두말할 필요 없이 신자유주의다. 하지만 '좌파'도 여기에서 자유롭지 못했다(이에 대해서는 푸코와 들뢰즈의 이름을 언급하는 것으로도 충분하다). 이와 같은 상황에서 하위주체연구가 신뢰를 얻을 수 있었다.

다른 형태의 포스트모던 사회사상과 마찬가지로, 하위주체연구는 국가와 주류 정치학의 패러다임 바깥에서 기능하는 '사회운동'의 활동을 특권화한다. 그러한 활동의 공간과 영토성을 종종 '시민사회'로 부른다. 다른 한편으로, 식민적 근대화와 결합되어 있는 시민사회라는 사고 그 자체에 대한 문제제기도 있어 왔다. 위에서 언급한 로드리게스와 라바사에서처럼, 하위주체는 단지 국가 바깥에서뿐 아니라, 어떤 측면에서는 국가에 **반대**하는 과정에서 구성되는 것으로 개념화할 수 있다. 국가와 근대성이 서로 긴밀하게 연관되어 있기 때문에, 하위주체 행위성은 단지 반국가주의적일 뿐 아니라, 마찬가지로 반근대적 성격으로, 국가와 시민사회의 형성, 진화, 완성이라는 발전주의적 서사에 개입한다. 그람시의 정의를 떠올리면서 헤게모니를——국가에서 나와 외부를 호명하는 권력을 의미하는——'국가의 지적·도덕적 지도력'으로 이해할 때, 하위주체는 데리다의 '대리보충'supplement이라는 용어로 설명할 수 있을 것이다. 즉, 헤게모니의 절합 과정 후에 버려진, 혹은 그것으로부터 탈주한 '나머지' remainder와 같다.

라틴아메리카니즘과 탈구조주의의 관계에 관한 최근의 논쟁에서,

개러스 윌리엄스Gareth Williams는 다음과 같이 요점을 정리한다. "탈구조주의가 지향하는 바는 복종만을 위해 존재하는 헤게모니/하위주체성의 관계와는 전혀 다른(하위주체가 지니고 있지 않은) 헤게모니를 구성하는 논리에 개입하는 것이다."[5] 하지만 헤게모니가 '복종'을 포함하는 것은 과연 불가피한 것일까? 하위주체성/헤게모니를 구별할 때, 그람시가 헤게모니 ─ 즉, 이질적인 사회적 혹은 계급적 요소를 하나의 '역사적 블록'으로 통합해 낼 수 있는 '설득' 혹은 동의의 담론적 형태의 '지도력' ─ 를 이해하는 것과, '미국의 헤게모니'를 언급할 때 흔히 사용하는 특정한 계급, 집단 혹은 민족의 지배 혹은 복종이라는 보다 일반적인 용어 사이에 혼동이 생긴다. 보다 구체적으로 말하면, 둘 사이를 구별하는 것은 그 내용(사회주의-페미니즘과 파시즘은 모두 헤게모니 결합의 형태이지만, 분명히 상이한 결과를 가져온다)과 함께 헤게모니의 형태인 '지적·도덕적 지도력'의 개념에도 혼란을 야기한다.[6]

더욱이, 통치하는 것/통치받는 것의 구별은 헤게모니/하위주체의 구별과 반드시 동일한 범주에 있는 것이 아니다. 민중-하위주체의 헤게모니에 기반을 둔 정부는 실제로 헤게모니를 가진 사회 계급 혹은 그룹을 종속시키려 하며, 국가나 시민사회의 (조직화된 종교와 교육을 포함한) 지배적 제도를 자신의 통제하에 두면서 헤게모니를 드러내려 한다. 예를 들어, 아이티 혁명 당시 노예를 소유한 농장주 계급은 자신의 정체성

---

5) Gareth Williams, "La desconstrucción y los estudios subalternos", ed. Hernán Vidal, *Treinta años de estudios literarios/culturales latinoamericanistas en Estados Unidos*, Pittsburgh: IILI, 2008, p.241.
6) Ranajit Guha, *Dominance without Hegemony: History and Power in Colonial India*, Cambridge MA: Harvard University Press, 1997.

과 이해가 금지되고 부정되었으며, 그들의 농장은 몰수되고 많은 노예소유주와 그들의 가족, 관련자들은 살해당하거나 망명을 떠나야 했다는 점에서 종속된 그룹이 되었다. 그렇다면 이전 노예소유주들이 '하위주체'가 되었다고도 말할 수 있을까? 좁은 의미에서는 그렇다. 라나지트 구하Ranajit Guha의 유명한 정의를 떠올리자면 하위주체는 "종속된 상태에 있는 이들을 지칭하기 위한 용어로 …… 계급, 출신성분, 나이, 성별, 직업 혹은 어떤 다른 방식으로도 표현될 수 있다". 따라서 '어떤 다른 방식으로도'는 반란 노예에게 농장이 징발된 주인을 포함할 수 있다. 하지만 (예를 들어, 이전 농장 주인을 반동적인 이주자로서 규정하는 것보다) 이런 주장을 고집하는 것은 하위주체의 의미와 정치적 맥락을 심각하게 훼손할 위험이 있다.[7]

반면, 아이티 혁명 후 국가와 '아래로부터'의 혁명을 이루어 낸 노예들 사이에 사유재산과 농장에서 노동 규율의 복구 문제를 둘러싸고 전개된 종속의 관계에서, 우리는 국가와 하위주체의 구분에 관한 의미 있는 방식을 발견할 수 있다. 여기서 헤게모니는 새롭게 건설된 민족-국가와 그 지도자들(투생 루베르튀르Toussaint Louverture, 장-자크 데살린Jean-Jacques Dessalines 등등)의 이해를 국민 일반의 요구보다 앞서 대변한다. 혁명의 내부에서 그러한 갈등은 말하자면 아이티 역사에서 가장 중요한 이슈이자 지속되는 모순 중 하나다.[8] 하지만 혁명 후 국가가 이전에 가졌던 형태

---

7) Ranajit Guha, "On Some Aspects of the Historiography of Colonial India", eds. Ranajit Guha and Gayatri Spivak, *Selected Subaltern Studies*, New York: Oxford University Press, 1988, p.35. 중세로부터 자본주의로의 이행 시기의 소귀족과 같이, 패배한 계급이나 혹은 해체된 엘리트 계급이 사회적 지위를 바꿔 그 사회의 하위주체 영역과 같은 부류가 될 수는 없었을까?
8) 미셸-롤프 트루요 연구의 중심적 논의를 살펴보려면 다음을 참고하라. Michel-Rolph

를 답습해야 했다는 것은 불가피하지 않다. 결과적으로 그렇게 된 것은 혁명 과정에서 '테르미도르'적 반동의 결과였는데, 프랑스 테르미도르의 경우와 마찬가지로 부분적으로는 신설 공화국에 대한 경제적 봉쇄와 외국의 군사적 위협으로 인한 것이었다. 만약 이전 노예들이 권력의 측면에서 보다 더 우세했더라면, 다른 종류의 국가를 상상할 수도 있었을 것이다.[9]

혁명 이후에 세워진 모든 국가가 새로운 억압 체제를 제도화하는 것이 본질이어서, (역사적 공산주의에 대항한 신자유주의의 주장이 그러하듯이) 문제가 되는 것은 국가 그 자체일까? 국가와 혁명 사이에서 보수적인 화해를 추구하는 테르미도르는 항상 존재하는 것일까? 국가 그 자체는 권력의 식민성의 한 형태일까(하지만 유럽의 식민주의에 선행하는, 따라서 그것을 넘어서 지속되는 국가의 형태를 고려해야만 할 것이다)? 다른 한편으로, 노예의 (자기)해방은 그 결과로 어떠한 정부 형태(공화주의, 왕정, 민중-민주제, '민족주의' 등등)를 지녔든 새로운 국가를 요구하였다는 공통점을 지닌다. '국가가 되지 않고는', 노예는 노예제 안에 귀속되었을 것

Trouillot, *Haiti: State against Nation*, New York: Monthly Review Press, 1990; *Silencing the Past: Power and the Production of History*, Boston: Beacon Press, 1995.

9) 후안 안토니오 에르난데스가 이 부분에 대한 영감을 주었다. Juan Antonio Hernández, *Hacia una historia de lo imposible: La resolución haitiana y el "Libro de Pinturas" de José Antonio Aponte*, Ph.D. dissertation, Pittsburgh: University of Pittsburgh, 2006. 아이티 혁명에 관한 최근의 서지는 광범위하지만 위에서 언급된 트루요를 제외하고는 다음을 참조할 수 있을 것이다. Sybille Fischer, *Modernity Disavowed: Haiti and the Cultures of Slaves in the Age of Revolution*, Durham: Duke University Press, 2004; Susan Buck-Morss, *Hegel, Haiti, and Universal History*, Pittsburgh: University of Pittsburgh Press, 2009. 피셔는 노예소유주의자들이 프랑스로부터 독립을 원했는데, 독립혁명 후 이것이 노예제를 폐지하는 운동으로 번졌다는 점을 지적한다. 따라서, 아이티를 자치적 민족-국가로 만들려는 최초의 사고에서는 반(反)해방적 성격이 있었다.

이다.

나는 하위주체성과 국가(그리고 공식 정치, 정당, 의회, 노동조합 등의 영역)의 분리를 야기하는 차이를 최소화할 생각은 없는데, 왜냐하면 새롭고, 효과적인 형태의 급진 정치학이 나타나는 장소는 바로 그 차이에 의해서 형성되는 **공간 안에서**이기 때문이다. 이전에도 언급했듯이, ('현존' 사회주의 국가와 반식민주의 투쟁에서 비롯된 근대 국가를 포함하는) 좌파의 경제적 국가주의에 대한 비판/자기-비판의 요구가 하위주체연구 출현의 배경 중 하나였다. 따라서 하위주체연구는 미래를 향한 새로운 형식의 급진 정치학을 지향한다.[10] 하지만 하위주체연구가 '탈구조주의'와 결합하는 것은 하위주체연구의 정치적인 성격 자체를 부정하도록 만들며, 하위주체-민중의 위치로부터 발생하는 정치적 행위성과 창조적 행위를 거부하게 한다. 하위주체의 위치성을 강조하고 연대를 선언하는 행위는 어떤 의미에서는 하위주체의 정치적 행위성을 또다시 하위주체화한다. 이를 다른 측면에서 말하자면, '헤게모니'는 지배의 한 측면이며, 탈구조화가 하위주체의 또 다른 측면이라는 주장은 두번째 가정을 지탱하고 있는 이분법을 탈구조화하지 않는다.

물론, 국가 자체는 어떤 '단일한' 것이 아니며, 복잡한 관계망 속에서 움직인다.[11] 국가권력을 '소유한다'는 것이 의미하는 바가 항상 명확

---

10) "마키아벨리는 이탈리아의 통일을 성취하기 위해 필요한 것은 모두가 아무것도 가지지 않은 상태에서 출발하는 것이고, (모든 것이 바람직하지 않았던) 존재하는 정치적 개념을 통해 정식화할 수 있었던 통합이라는 관념을 배제한 채, 이미 안정화된 국가의 틀 바깥에서 분열된 국가의 파편화된 성분들로부터 시작해야 한다고 주장했다"(Louis Althusser, *The Future Lasts Forever*, New York: The New Press, 1993, p.220.
11) 나는 이런 측면에서 니코스 풀란차스가 했던 국가의 본질에 대한 논의를 다시 가져오는 것이 유용하다고 생각한다. Nicos Poulantzas, *State, Power, Socialism*, London: New Left

한 것도 아니다. 폭력의 수단에 대한 독점을 행사하지 못할 때, 볼리바르 프로젝트의 주요한 지지 세력인 도시의 **투르바**turbas[12]가 국가의 내부와 외부에 동시에 영향력을 가질 때, 베네수엘라의 경제가 계속 석유 수출에 상당 부분 의존할 때, 국가와 사적 비즈니스 영역 사이의 공간에서 마약사업, '거래' 그리고 모든 종류의 부패가 국가적·국제적 자본의 복잡한 흐름과 수수께끼처럼 얽혀 있을 때, 차베스 체제와 같이 중앙집중화된 권위주의-포퓰리즘 정부는 '주권'의 문제를 어떻게 이해해야 할까?

하지만 국가권력을 획득하는 것이 **아무것도 아니라는** 것을 의미하려는 것은 아니다. 달리 생각한다면 대안은 우파와 지배적 산업 계급에 의해 (미디어를 포함한 공적 영역이) 근본적으로 통제되는 국가냐, 혹은 국가 바깥에서 기능하는 '진보적'(혹은 그렇지 않은) 사회운동이냐일 수 있겠다. 달리 말하면, 베네수엘라는 차베스 이전에 신자유주의적 '구조조정'에 적합화된 정부들이 집권했었다. '21세기의 사회주의'라는 수사에도 불구하고, 차베스의 베네수엘라는 그 단어의 의미를 따지고 들어가면 어떤 측면에서도 사회주의라 말할 수 없다. 하지만 사회주의의 아이디어가 탈자본주의 질서의 가능성으로서 살아 있는 것은 사실이며, 하위주체-민중 영역과 국가 사이에서 선거와 헌법에 의한 국민투표를 포함하는 현실적 관계를 맺는 방식 또한 그러하다. 세계화는 의심할 여지없이 개별 민족-국가의 주권을 약화시키며, 신자유주의 정책은 마찬가지로 국민과 국가의 유대를 약화시켜 왔다. 하지만 국가가 세계화 과정 속

Books, 1978.

[12] 차베스를 지지하는 도시 빈민 및 대중을 지칭하는데, 반대자들에게는 무질서하고 사회 혼란을 가중시키는 군중으로, 찬성자들에게는 새로운 세기의 각성된 집단으로 인식된다.—옮긴이

에서 전환기의 기능을 수행한다고 생각한다면, 여전히 국가는 필요하다는 공감대가 확산된다.

사스키아 사센Saskia Sassen은 이에 관해 다음과 같이 말한다. "민족국가는 어느 정도까지는 지배적인 권위를 조직할 수 있는 자원으로 남아 있다. 하지만 …… 영토적 국가를 만드는 데 있어 사용되는 권위가 배타적인 영토에서 떨어져 나와 복합적인 경계를 지닌 체제 성립을 위해 움직이고 있다. 이러한 시스템이 국가의 바깥에서 활동하는 한, 위에 언급한 것과 같은 중요한 변화가 일어났다는 사실을 숨기려는 경향이 있다."[13] 사센은 특히 세계화, 인구의 산포, 사이버 공간의 네트워킹 그리고 신자유주의의 비호 아래 사유화가 가속되는 현상을 통해 '투표와 법적 시민이라는 공식적인 정치적 주체의 개념에 완전히 일치하지는 않는 새로운 정치적 주체의 출현'의 결과로서 '국가와 시민 사이의 증대하는 거리감'에 대해 말한다. 예를 들어, '민족-국가를 넘어 바로 국제사회에 호소하는 원주민 운동'이나 국제 인권법에 기초한 법적 공방들이 존재한다. 그녀가 제안하는 것은 하위주체연구와 일치하는 점이 보이는데, "비공식 정치주체의 확장은 마찬가지로 역사에 참여할 수 있는 소외된 자들(이 경우 공식 정치 장치로부터 배제된 사람들)이 권력을 갖지 않음으로 인해 발생하는 복합적 가능성을 지적해 주고 있다"고 말한다.[14]

하지만 나는 '새로운 종류의 정치적 주체'를 정치로 **변화시킬** 수 있는 방법을 찾는 것이 새로운 형태의 정치적-문화적 운동의 약속이어야

---

13) Saskia Sassen, *Territory, Authority, Rights: From Medieval to Global Assemblages*, Princeton: Princeton University Press, 2006, p.419.
14) *Ibid.*, p.321.

한다고 생각한다. 같은 증거로, 민족-국가를 넘어 '국제사회 포럼'에 호소하는 것은 어떤 지점에서 민족-국가 내의 정치적인 지원과 구체적인 정책의 결과를 가져야 한다. 그리하여 누가 국가를 통제하는가는 여전히 사람들의 삶에 매우 중요하다. 한편으로, 이것은 단순히 녹색당The Greens이 틀렸다고 말하는 것이 아니다. 당신이 좋은 경찰을 가지는가 나쁜 경찰을 가지는가, 혹은 오바마인가 부시인가는 사실 중요한 차이를 가진다. 하지만, 우리 중 대다수가 부시와 오바마 둘 모두가 계급, 지정학적 권력과 부의 분배 측면에서 현상태를 건드리지 않는다는 데 동의하기에, 여기에서 우리의 관심은 이 재분배가 사센 자신의 정의를 떠올린다면 '배제된 자들'의 정치학인 셈이고, 국가의 문제는 누군가 명명하듯이 '변형적'인 가능성과 관련이 있다. 그 가능성은 이중적 측면을 지닌다. 어떤 방식으로 국가 그 자체가 급진화되고 그 결과로서 (국가를 이야기할 능력을 지닌 새로운 정치적 블록의 헤게모니적 절합의 과정을 요구하는) 민중-하위주체 분야의 가치, 요구, 경험을 받아들이고 수정할 수 있는가? 그리고 마찬가지로 국가로부터, 사회 자체가 재분배에 보다 적극적이고, 평등주의적이며, 문화적으로 다양한 방식으로 재구성될 수 있을까? 즉 다시 말하면, 어떻게 헤게모니가 국가로부터 만들어질 수 있을 것인가에 관한 문제다.

국가가 완전히 지배의 기능에 제한된다고 단정하면서 이 이중적 가능성을 폐기하는 것이 어떤 의미를 가질까? 여기서 라틴아메리카 하위주체연구의 기획과 매우 가깝게 연관되어 있었던 사회운동 중 하나인 사파티스타의 예를 들어 보도록 하겠다. 사파티스타는 1960년대와 1970년대 국가권력 획득을 시도했던 라틴아메리카의 게릴라 운동과 달리 국가에 대항한 무장투쟁을 거부하고, 멕시코 '시민사회'에 개입함으로써 그 안에서의 공간 확보에 주력하였다. 따라서 그들의 슬로건은 '복종함으로써 통치'하는 것이었다. 그 원리에 충실하게도, 사파티스타는 2006년 멕시코 대통령 선거에서 **분홍빛 물결**에 멕시코가 참여하기로 한, 혹은 적어도 초기에는 광범위한 지원과 기대를 약속한 중도좌파 연합, 민주혁명당PRD; Party of the Democratic Revolution의 선거 캠페인을 돕는 대신 선거에 전혀 개입하지 않기로 결정하였다. 당시를 돌아보면, 이 결정이 적어도 2000년 미국 대선에서 녹색당에 일어났던 일과 어느 정도 유사하게도 PRD가 다득표에 실패하는 데 영향을 주었다는 것은 명확하다. 혹은, PRD를 지지했던 이들 중 소수는 결과적으로 선거가 조작되어 우파, 친신자유주의 당, 국민행동당PAN; National Action Party에게 승리를 안겨다 주었다고 주장한다(이 또한 2000년 미국 플로리다의 결과와 유사하다). 사파티스타의 주장은 다음과 같다. 근본적인 변화를 위한 방향으로 '시민사회'를 급진화하는 것이, 결점을 가진 개혁주의 정당(즉, PRD)과 심각하게 부패하고 억압적인 국가기구가 개입된 선거에 민중들의 참여를 독려하는 것보다 중요하다는 것이다.

고어Al Gore와 녹색당의 관계와 마찬가지로, 사파티스타는 PRD가 선거에 패배하기를 원한 것은 **결코** 아니었다. 그들은 오히려 불가피하게 모순적인 중도-좌파의 국가 프로젝트에 대해 의회를 초월한 '좌파의 반대'를 조직하기를 기대했었다. 그 모순이 발전되면서 그들이 대변하는 보다 급진적 입장이 힘을 더 가지게 될 것이라고 생각했다. 하지만 결과는 이전의 결과와 마찬가지로 사파티스타에게 어떠한 여분의 공간도 남겨 두지 않았다. PRD의 실패는 그들이 PRD를 지지했든 그렇지 않았든 멕시코 진보 세력 전체가 낙담하고 방향을 잃어버리는 결과를 낳았는데, 왜냐하면 멕시코에서 공공분야에서 신자유주의 정책의 반대를 위해 기대했던 것은 PRD의 승리였지만, 현실은 신자유주의와 동일시하는 정당 PAN의 계속된 집권으로 막을 내렸기 때문이다. 이는 선거에서 승리한 (혹은 훔쳐 간) PAN의 문제만이 아니었다. 그들은 일단 권력을 다시 장악하자마자, '시민사회'의 조직에 대항한 국가를 조직하였다. 물론, 현재까지 성공적이지 않지만 마약 조직에 대항한 전쟁을 벌이고 있으며, 그뿐 아니라 노동조합, 사회운동, 원주민 그룹 그리고 PRD 그 자체의 다양한 지역적 활동을 억압해 왔다(우리는 이를 오아하카나 게레로에서 계속된 투쟁을 통해 알고 있다). 정부는 범죄 조직과 (PAN이 선전하는 신자유주의 정책 바로 그 자체가 가져온) 경제적·사회적 해체로 인해 점점 더 위협받는 법과 질서의 수호자로서 자신의 이미지를 만들었다.

2006년 선거의 결과는 이후 멕시코에서 PRD를 지지했던 세력의 약화로 이어졌는데, 그 이유는 이들이 내부적으로 분열되고 나뉘어져 더 이상 신자유주의 국가에 헤게모니를 지닌 대안으로서 인정받지 못했기 때문이다. 하지만 그렇다고 사파티스타가 정치적 권위를 얻었거나, 그동안 자신들의 힘을 확장시킨 것도 아니었다. 오히려 낡은, 신뢰를 잃어버렸던 신자유주의 이전 멕시코의 대표적 정당인 제도혁명당[PRI; Institutional Revolutionary Party][15)]이 PRD의 예상치 못한 패배와 몰락, 그리고 PAN의 계속적인 반-민중 정책에 의해 야기된 진공 상태를 파고들었다. 2000년 녹색당의 경우처럼, 선거 밖에서 뒷짐 지고 있는 것이 현 상황에 대한 급진적 대안을 위해 유리할 것이라는 계산은 사파티스타에게도 역시 등을 돌

---

15) PRI는 1910년 시작된 멕시코 혁명의 가치와 성과를 계승하기 위해 설립된 정당으로 70여 년이 넘는 기간 동안 집권하면서 권력 독점과 부패 문제를 야기해 왔다. 1999년 PAN이 대선에서 승리하면서 권력에서 물러나게 되지만, 최근 2012년 대선에서 엔리케 페냐 니에토(Enrique Peña Nieto)가 승리하면서 다시 집권정당으로 돌아왔다. ― 옮긴이

렸다. 미국 녹색당은 완전히 사라졌다. 분열된 PRD는 선거에서 다수에 가까웠던 결과를 이용하기는커녕, 2010년 여름 주 정부 선거에서 PRI가 승리하는 것을 막기 위해 PRI 후보자들에 대항해 상대방의 후보를 지지하기로 PAN과 협약을 맺기에 이르렀다. 현재는 PRI가 2012년으로 예정된 대통령 선거에서 압도적으로 앞서 있는 상태다.[16)]

사파티스타는 가장 최근의 상황 전개에 대해 "내가 그렇게 될 거라고 말했었잖아"라고 말할지도 모르겠다. 하지만 그러한 예언은 사실 자기만족적인 것이다. PAN과 협약을 맺는 대신에, PRD는 그들이 선거에서 약속했던 것에 압력을 행사할 수 있는 사파티스타와 함께 국가를 상대로 교섭을 했어야 했다. 그것이야말로 사파티스타의 '외부성'이 힘을 가질 수 있었던 상황이었을 것이다. 이제 그 외부성은 상대적으로 의미를 상실하였고 국가와 준군사적 반혁명 세력에 쉽게 포섭되었다.

나는 『하위주체성과 재현』을 통해(그리고 어떤 의미에서 그 논쟁의 힘으로써) 여전히 작동하는 하위주체연구의 '탈구조주의적' 절합에 관련된 오류와 유사한 방식으로, 2006년 선거에 참여하지 않기로 결정한 사파티스타가 보여 준 이론에 이중적 오류가 존재한다는 것을 논증하고자 한다. ① 역사적으로 국가는 식민주의와 자본주의와 물리적 결합을 해왔기 때문에 그 자체로 착취당하는 자, 하위주체 혹은 '가난한 자'로 간주되는 것 외부에 존재한다고 전제하는 것. ② 시민사회가 국가와 선거 정치로부터 분리된 공간이라 생각하여 이 둘의 관계를 변증법적으로 보지 못했다는 것. 이 두 가지 이론적 오류는 결과적으로 전략적인 **정치적** 오류를 낳았는데, 멕시코에서 좌파의 약화, 멕시코 사회의 군사적 통제 그리

---

16) 결과적으로 2012년 대선에서 PRI는 승리를 거둔다. —옮긴이

고 가까운 미래에도 우파가 계속적으로 집권할 가능성과 공모된 오류인 것이다.[17]

이제 여기에 하위주체와 그 정치적 행위성, 혹은 그것의 부재가 의미하는 본질에 대해 두 가지의 다른 정식화 과정을 대비시킴으로써 내 주장을 전개하겠다. 첫번째로 4장에서 스피박에 대해 논의하면서 인용한 그녀의 1993년 논문을 살펴보자. 스피박은 여기서 하위주체를 탈식민국가에서 민족주의 프로젝트의 한계지점이라고 분석한다.

> 특히 중심부 문화를 비판함에 있어, 정치적 독립이라는 사건은 식민지와 탈식민화를 하나의 대립항으로 묶어 아직 연구되지 않은 상품으로 가정하게끔 한다. 하지만 독립된 민족의 정치적 목표는 예전 식민지로부터 내려온 논리를 역전시킴으로써 결정된다: 세속주의, 민주주의, 사회주의, 민족주의 정체성 그리고 자본주의 발전. 정치적 사상의 얼굴이 무엇이든지 간에, 새로운 국가에는 이 역전의 에너지를 공유하지 못하는 공간이 언제나 존재한다는 사실을 인정해야만 한다. 이 공간에는 제국주의와 더불어 뿌리를 내린 상호 작용이 없다. 역설적으로, 이 공간은 조직된 노동의 외부이며, 자본의 논리를 역전하려는 시도에서 그 하부에 존재한다. 전통적으로, 이 공간은 하위-프롤레타리아나 하위주체의 거주지로 묘사된다.[18]

---

17) 사파티스타가 자신의 판단착오에 대해 자기비판을 행했는지 의심스럽다. 아마도 아닐 것이다. 라바사는 『역사에 기대지 않고』(*Without History*)에서 사파티스타의 일반적인 입장을 보여 주는데, 구체적으로 (적어도 내가 보기에는 명백히 부정적이었던) 2006년 선거와 그 결과에 대해서는 언급하지 않고 있다.

하위주체와 국가의 관계에 관한 두번째 정식화는 알바로 가르시아 리네라의 논문에서 나온다. 볼리비아에서 사회주의운동당MAS; Movement towards Socialism의 부의장직을 맡은 직후인 2006년 그는 『뉴레프트리뷰』 New Left Review에 「국가의 위기와 민중의 힘」을 번역 발표하였다.

현재까지 의사결정 과정으로부터 배제된 민중[가르시아 리네라는 배제된 자들로 볼리비아의 신사회운동 중에서도 원주민 공동체, 퇴직자, 코카인 재배 농민, 실업자가 된 광부들과 재정착자들relocalizados을 지칭한다—베벌리]의 조직화를 언급하는 데 있어 중요한 것은 그들이 제기한 요구가 즉시 경제적 관계의 변화와 연결된다는 것이다. 따라서 집단적인 정치적 세력으로 그들을 인정하는 것은 도시와 농촌 노동계급의 주변화와 원자화에 기반하여 성립된 지배 국가 형태의 근본적 개혁을 암시한다. 더욱이—그리고 이것은 현재의 변화를 위한 중요한 측면인데—이러한 새로운 세력의 지도력은 압도적으로 원주민 운동에서 나오며 특정한 문화적·정치적 기획을 포함한다. 1930년대 사회운동이 인종적 혹은 문화적 혼혈의 이상을 구현하려 한 노동조합주의로서 산업 엘리트들이 지향한 경제적 근대화와 결합했다면, 현재의 정치적 질서에 반기를 든 사회운동은 원주민의 사회적 기반 위에서 경제적 근대화의 과정으로부터 소외되고 배제된 농촌 지역에서 시작된다.[19]

우리는 스피박과 가르시아 리네라가 결국 **동일한** 것에 대해 이야기

---

18) Gayatri Spivak, *Outside in the Teaching Machine*, New York: Routledge, 1993, p.78.
19) Álvaro García Linera, "State Crisis and Popular Power", *New Left Review* 37, 2006, p.75.

하고 있다는 것을 알 수 있다. 포스트식민주의 민족-국가의 근대화와 세속화 기획에 의해 제외되거나 부분적으로만 통합된 이들("의사결정 과정으로부터 배제된", "자본의 논리를 역전하려는 시도에서")의 사회적 형성 과정에 주목하는 것이다. 즉, 그것은 '하위주체'이다. 하지만 그 논리는 상당히 다르다. 스피박에게 하위주체는 탈식민국가 정치의 영역 혹은 노동조합 투쟁에서 민족주의가 결합되는 장소 외부에 위치한 '공간'이나 '장소'로서, 즉 헤게모니 바깥 혹은 아래쪽에 있다. 하위주체는 말할 수 없다. 스피박 자신의 용어를 빌리자면, 비판적 지식인의 임무는 재현의 딜레마를 '읽는 것'이며, 또한 근본적으로 윤리적인 태도를 통해 자신의 연대를 표현하는 것이다.[20] 반대로 가르시아 리네라에게 사회운동 혹은 '민중의 조직화'를 요구하는 논리는 (자신의 정의에 의하면) '필연적으로' 지배적 국가 형태의 급진적 변화를 요구하게 된다. 이러한 요구는 선거 혹은 봉기의 형태를 띨 수 있다(혹은 이 두 가지 모두 가능하다). 하지만 어느 한 가지 경우에서도 그들은 새로운 형태의 헤게모니를 창조한다. 하위주체는 말할 수 있을 뿐 아니라, 통치할 수 있고, 그래야만 하며, 그 통치 형태는 선정善政, buen gobierno이 될 것이다.[21]

가르시아 리네라는 이런 측면에서 명백하게 그람시의 헤게모니 개념을 되살린다. "이 원주민-민중이라는 집단은 그 국가의 사회적 다수의 지적·도덕적 지도력을 제공하면서 헤게모니를 병합하여야 한다. 이는 사

---

20) 이에 관해서는 Gayatri Spivak, "Responsibility", *Other Asias*, Malden MA: Blackwell, 2008을 참고하라.
21) '선정'이라는 표현은 식민시대 안데스 원주민이 썼던 텍스트에서 가져왔는데, 과만 포마(Guamán Poma)가 쓴 그 텍스트의 원제는 '선정에 관한 최초의 연대기'(Primera Crónica y Buen Gobierno)이다.

회운동의 통합이라는 광범위한 실천이자, 인내력을 요하는 작업이다. 그리고 볼리비아의 민중과 중간 계급에 대해 조직적으로 정치적·도덕적·문화적 지도력을 실현하려는 실천적인 교육 과정 없이는 선거에서의 승리도, 봉기의 승리도 없을 것이다."[22] 원래 수학자 출신인 가르시아 리네라는 전통적 지식인의 임무가 '지적·도덕적 지도력'을 획득하는 권위자가 되는 것이 아니라, 자신을 행위자 '원주민-민중 집단'과 접합하는 것이라고 말한다. 이는 스피박에서처럼 주로 지식인과 하위주체 계급과 그룹 사이의 연대를 **윤리적** 관계로 설정하기보다는, **정치적**인 것과 관련시키는 것이다.

가르시아 리네라는 하위주체**로부터** 유래하여 다양한 방식으로 국가권력에 접근하는 직접적인 형식의 정치학을 주장하는 동시에 지식인과 '이론'의 참여를 연관 짓는다. 그는 헤게모니는 존재할 수 있을 뿐 아니라 하위주체의 위치로부터 구성되어야 한다고 주장하면서, 국가와 하위주체 사이의 단순한 이분법적 대비로부터 벗어난다.[23] 이것은 당연하게도 이론적인 가정으로서만 존재하는 것이 아니며, 볼리비아 사회주의운동

---

22) Linera, "State Crisis and Popular Power", p.83.
23) 1990년대에 가르시아 리네라는 코무나(Comuna)라는 볼리비아의 집단 지성의 일원이었는데, 이 그룹은 남아시아와 라틴아메리카 하위주체 그룹과 상당 부분 닮았다. 코무나의 주요한 이데올로기적·정치적 성격은 부분적으로 MAS와 결부된다. 특히 이질적이거나 '각양각색'인 볼리비아 민중 분야의 복합적 문화를 아우르고자 하였다. 코무나와 매우 가깝지만 그 일원은 아니었던 두 명의 볼리비아 지성, 실비아 리베라 쿠시캉기(Silvia Rivera Cusicangui)와 로사나 바라간(Rossana Barragán)은 볼리비아에서 가야트리 스피박의 잘 알려진 논문 「역사학을 탈구조화하기」(Deconstructing Historiography)를 번역하고 출간하였다. 그들은 일종의 대화자로서 미국에 기반을 둔 라틴아메리카니즘과 명백히 단절하는 '남반구-남반구'(South-South)의 프로젝트를 추구한다. 나는 가르시아 리네라가 이 두 명의 작업 혹은 그 일부를 읽었거나, 적어도 이를 인지하고 있음이 틀림없다고 생각한다. 그리고 만약 그것이 사실이라면, 하위주체연구는 그 자체로—모순어법적으로—국가의 한 부분이 된 것이다.

당MAS의 형성과 결과에 이미 함의되어 있다. 또한 하위주체-민중 영역을 포함하는 적어도 네 가지 형태의 정치적 결합을 보여 준다. ① 정치 투쟁에서 선거와 봉기 이 두 가지 모두를 포함하는 개방성, 혹은 2000년과 2005년 선거 당시 볼리비아의 경우와 같이 동시에 이 두 가지를 결합시키는 방법이 있다(가르시아 리네라 자신은 1990년 '봉기'을 도모했던 선동가라는 죄목으로 수년간을 감옥에서 보냈다). ② '지배적인 국가 형태', '산업 엘리트들이 주도하는 경제적 근대화', '혼혈 담론의 이상화' 등 적의 성격 규정하기. ③ '특정한' 원주민 문화와 정치 기획 ── 즉, 민족정체성의 발현과 이에 상응하는 언어, 세계화, 사회 조직화. ④ '지도력'의 필요성, 하지만 그 지도력은 '원주민-민중의 역할'의 이름으로 집행되는 것이 아니고, 그들에 의해서 그리고 그들로부터 수행된다. 그리고 이러한 방식의 정치적 절합을 '슈미트적Schmittian 방법'이라고 부를 수 있다.[24]

하위주체연구에 중심을 둔 스피박과 가르시아 리네라 사이의 이러한 차이는 둘 중의 하나를 골라야 하는 선택의 문제가 될 필요는 없다. 대신에 총체성 혹은 사회적인 것의 '수준'에 따른 다양한 방식에 적합한 복합적 형태의 전략적 개입과 이데올로기적 절합을 보여 준다. 하나는 초국가적 인권 조직, NGO, 생태주의 투쟁, '지구적' 인류애 그 자체를, 다른 하나는 좁은 의미에서 여전히 '민족적'인 것으로 상상되는, 하지만 국제적 이슈에 닫혀 있지 않은 공간을 의미한다. 여기에 모순의 지점들(예를

---

24) '슈미트적 방법'이라 함은, 칼 슈미트가 친구/적을 구별하는 구도를 정치적인 것으로 구성하는 것을 비판한 데리다를 원용한 것이다. 데리다의 해석은 정치학에 대한 탈구조주의적 접근 방식에서 중심적 역할을 한다. Jacques Derrida, *Politics of Friendship*, London: Verso, 1997. 슈미트를 비판하는 데리다에 대해서는 이전에 언급했듯이 탈구조주의적 하위주체주의로 부를 수 있다. 이는 마찬가지로 정치적인 것 그 자체에 대한 거부라 볼 수 있다.

들어, 원주민 운동의 요구사항과 영토적 주권, 경제적 발전에 대한 명령 사이의 모순)이 존재한다. 더욱이, 어느 한쪽에의 개입이 언제나 반명제적일 필요는 없으며, 대신에 몇몇 경우에서 서로를 강제할 수 있다.

스피박 자신이 '국가를 다시 창조하는 것'에 대한 가능성에 대해 이야기하고 있다. 예를 들어(2004년의 인터뷰에서),

> 지구의 남쪽이라는 맥락에서 우리는 국가를 추상적인 구조로 재창조하여 경제적 구조화를 통한 착취의 국제화에 대항한다는 의미에서, 국가에 대한 지정학적 논의는 실효를 거둘 수 있다. …… 아무도 국가의 잠재적인 효과에 관심을 두지 않는데, 그 이유가 사람들은 오늘날 모든 것을 정부 밖에서만 찾으려 하기 때문이다. 여기서 내가 국가의 주권에 대해 말하고 있는 것이 아님을 기억해 주길 바란다. 나는 투명한 추상적 국가 구조에 대해 말하고 있다. 또한 경제 조직을 넘어서는 비판적 지역주의, 공유된 법, 건강, 교육, 복지 구조에 대해 말하고 있다. …… 그렇지 않다면, 비정부기구NGO에 ― 나는 비정부기구가 없어져야 한다고 생각하지 않는다 ― 신뢰를 보내는 것은 USAID[미국의 대외원조기구]와 같은 조직이 한 나라가 되도록 허용하는 방식이 될 수 있다. …… 세계은행은 결국 비정부기구다. 개별 국가에 대항하고 국가를 억압의 장소로 보는 비정부기구에게 모든 신뢰를 보내는 것은 또한 국가를 믿을 수 있도록 변화시키려는 시민에게서 권력을 앗아 가는 것과 같다.[25]

내 생각에 이 구절은 상당히 유용하다. 그런데 스피박이 말하는 "국

---

25) Spivak, *Other Asias*, pp.245~247.

가를 재창조"하는 것의 의미가 "국가의 잠재적인 효과"에 대한 지적에도 불구하고 일국의 선거에서 승리하고 '다민족적인' 볼리비아 국가를 창조하는 MAS의 프로젝트와는 거리가 있어 보인다. 스피박은 그녀의 진술을 민족 정체성을 포함하면서 '정체성 없는 위치'의 표식 아래에 넣는다. 예를 들어, "나는 국가의 주권을 의미하는 것이 아니다".[26] "나는 어떤 것이 권력의 주요한 위치에 반대해야 한다는 것을 알고 있다. 반면에, 나는 정체성 정치학에 불편함을 느낀다. 따라서 이것은 문제적일 수 있기 위한 정치적 기초로서 인디아가 될 수도, 벵갈이 될 수도 없다."[27] "하위주체라 일컫는 대항 집단성의 출현에 대해 최근의 많은 토론에는 잘못된 점이 존재한다. 만약 미국과 서구의 권력 혹은 어떤 종류의 즉자적이고 대항적인 하위 집단성에 의문을 제기하는 집단성을 지지한다면, 이 문제제기만으로는 **아무것도 의미할 수 없다**는 것이 무엇인지를 당신은 이해하지 못하는 것이다."[28]

"이 문제제기만으로는 **아무것도 의미할 수 없는**" 장소는, 스피박이 1993년에 했던 논평으로 그 공간은 하위주체에 의해 결정되는 반면, 가르시아 리네라가 상상한 '원주민-민중'의 정치적 블록은 정확히 그 중심에서 문화적·민족적 '정체성'을 원주민 정치 그룹과 반제국주의 민족주의 관점 양자로부터 구현하려 한 것이다.

스피박이 '추상적'인 투명한 구조로서 국가를 상정하는 것은 역설적으로 현존하는 국가 구조의 성격을 그대로 남겨 두는 결과를 초래한다.

---

26) *Ibid.*, p.245.
27) *Ibid.*, p.240.
28) *Ibid.*, p.247.

반대로 MAS 프로젝트의 경우, 민중-하위주체 블록이 주도하여 국가를 정치적으로 통제할 뿐 아니라, 그 변형까지도 추구한다. 하지만 그러한 기획/기대는 이론과 실천 모두에서 상당히 긴급한 그리고 어려운 질문을 제기하는데, 그중의 몇몇에 대해서는 이미 이전 논의에서 예상한 것들이다. 예를 들어, 강력한 원주민 그리고 아프로-라티노 요소를 가진 MAS와 같은 정부나 코레아Correa 체제의 에콰도르의 경우, 원주민이나 아프로-라티노 요소와 광범위한 헤게모니 운동, 즉 '국가의 존재 이유'(예를 들어, 지금 이 글을 쓰고 있는 시기에 발생한 에너지 정책과 관련된 이슈) 사이에 분열의 위험이 존재할까? 어떻게 그러한 분열을 피하거나 매개할 수 있을까? 여전히 많은 부분에서 권력의 식민성에 의해 제도적으로 묶여 있는 국가와 관련하여 국가 내의 하위주체-민중의 행위 결과로서 어떤 일이 벌어질까? 다문화주의——혹은 라틴아메리카에서 선호하는 상호문화성interculturalidad이란 용어를 사용할 수 있다——의 장소는 어디인가? 그리고 민족-국가의 정체성을 재정의하기 위해 신자유주의 헤게모니와 '약한' 다문화주의가 동일한 범주에 있다는 주장에 어떤 대응이 필요한가? '다문화주의적 국가'가 요구하는 새로운 헌법의 형태와 정치적 영토성은 무엇인가? 분홍빛 물결로 인해 권력을 획득한 새로운 정부들과 공식 혹은 비공식 사회운동은 어떤 관계를 맺어야 하는가? 사회운동이 국가를 '포획'하는가, 혹은 그러는 대신 최초에 원했던 급진적 힘과 가능성을 제한하면서 국가에 의해 포획되어, 안토니오 네그리Antonio Negri가 구별 지은 것처럼 구성하는 권력이 아니라 구성된 권력의 편에 속하게 되는가? 사회주의나 공산주의는 20세기의 역사적 몰락과 공산주의 기획의 패배 이후에 다시 가능성을 가질까? 혹은 국가와 세계 시장 자본주의의 구조를 존중하는 국가주의 개혁 전략에 제한된 라틴아메리카 좌파의 새로운 정부가 대표하는 대안으로서의 가능성을 가질까? 그리고 맑스와 엥겔스가 예상한 '국가는 사라져 간다'라는 것에 대해서는 무어라고 말해야 할까?

가르시아 리네라는 이 마지막 ─ 그리고 아마도 가장 결정적인 ─ 질문에 다음과 같은 방식으로 답한다.

> 시대적 지평은 공산주의다. 그리고 이 공산주의는 생산, 공동체적 분배와 부의 자기 경영을 위한 자기-조직의 능력을 갖춘 사회에 발 딛고 서 있어야 한다. 하지만 현재로는 그것이 평등을 획득하고 부를 재분배하며 권리 확장을 중시하는 당장의 대안은 아니다. …… 정부에 들어갈 때, 내가 하고자 하는 것은 이러한 기능에 가치를 두면서도 국가의 모든 수준에서 현재 가능한 것을 시작하는 것이다. 이러한 공산주의적 지평에서 국가로부터 무엇을 기대할 수 있는가? 이는 무엇보다 사회의 자율적인 조직 기능을 최대한으로 보장하도록 하는 것이다. 이를 가능한 최대치로 끌어올리는 것이 좌파정부 국가가, 혁명적 국가로서 할 수 있는 일이다.[29]

낙관적이면서도 조심스러운 가르시아 리네라의 대답과 함께, 마지

---

29) Álvaro García Linera, "El 'descubrimiento' del Estado", eds. Pablo Stefanoni, Franklin Ramírez and Maristella Svampa, *Las vías de la emancipación: Conversaciones con Álvaro García Linera*, Mexico City: Ocean Sur, 2008, p.75. 브루노 보스틸스가 내게 이 텍스트를 소개해 주었으며, 가르시아 리네라에 관한 그의 미출간 논문이 큰 도움이 되었다. Bruno Bosteels, "The Leftist Hypothesis: Communism in the Age of Terror"[이 논문은 추후 Costas Douzinas and Slavoj Žižek eds., *The Idea of Communism*, London: Verso, 2010에 실려 출간되었다].

막으로 내가 처음에 제기했던 질문으로 되돌아가고자 한다. 하위주체연구와 포스트모던 사회이론에서 국가에 대한 비판은 대체로 하위주체-민중의 위치에서 국가를 점유하거나 그것을 변형시키는 가능성을 미리 배제하고 있지 않은가? 그 대답이 '예스'라면, 그 가능성은 제외되고 실제로는 두 가지 가능성만이 남는다. 하나는 신보수주의이고 다른 하나는 극좌파인 것이다. 신보수주의적 대안은 이데올로기적 국가장치의 강화를 통해 신자유주의로 인해 약화되는 것에 반대하여 문화의 영역과 국가 정체성을 재영토화하려는 방향으로 나아간다. 특히 교육을 중시하는데, 민족문화, 미학적이고 과학적인 '가치', 아카데미의 권위 중시, 비판적 지식인과 전문가 역할의 강화 등이 이에 포함된다. 헤게모니는 여기서 근본적으로 교육받은 계급과 전문기술직 인텔리겐차——앙헬 라마Ángel Rama가 명명한 '지식인 도시'의 현대적 형태——가 '민중'의 이름을 대표해, 세계화 시대에 '민족'의 이해를 위해 책임지고 다스리는 것을 암시한다. 미국의 신보수주의 형태와 같이, 문화와 정치 분야에서 권위의 재영토화는 강력한 케인즈주의 혹은 사회민주적 경제 정책과 양립불가능할 필요는 없다. 그러한 의미에서, 신-아리엘리즘neo-Arielism 형태의 신보수주의로의 선회는 좌파의 새로운 형태가 될 수 있으며 실제로 종종 그러하다. 하지만 이는 그러한 정부가 지원을 요청해야 할 하위주체-민중과 오히려 골이 깊어지거나 자신들만의 새로운 블록을 형성하게 된다.

 신보수주의 움직임은 하위주체**보다도** 국가에 강조를 두게 된다. 극좌파의 움직임은 그 반대로 반국가주의적이며 따라서 또한 탈민족주의와 궤적을 같이한다. 이 같은 가능성은 마이클 하트Michael Hardt와 안토니오 네그리가 2000년에 출간한 『제국』에서 명백히 드러나는데, 이미 상당수의 독자가 이들의 논의에 친숙할 것이다. 그들의 주장을 간략히 정리해 보자. 하트와 네그리에게, 경제적 세계화는 그 특별한 성격으로 인해 새로운 단계의 자본주의를 보여 준다. 이 단계에서는, 이전 자본주의 단계들(상업·경쟁·독점 자본주의)에 조응하는 영토적 형태였던 민족-국가의 형식을 이제는 초월한다. 새로운 혁명적 주체 —— '다중'multitude —— 는 그러므로 탈민족적 혹은 초민족적·혼종적이며 이산적이다. 근대 초기 주권을 가진 민족-국가의 출현은 이미 다중 혹은 '공동선'의 자율성에 대한 홉스식의 침범이었다. 이제 다중의 힘은 그 자체로 자신을 드러낸다. 실제로 그 힘은 세계화의 운동 자체에 내재되어 있다.

하트와 네그리의 선언은 종종 '탈헤게모니'라 불리며, 스스로 하위주체연구의 경향 중 하나라고 평가하는 라틴아메리카니즘과 일치한다.[30] 이 두 가지 모두가 신보수주의와는 정반대의 입장을 보인다. 하지만 역설적으로 두 가지 모두 라틴아메리카의 **분홍빛 물결**이 낳은 새로운 정부에 대해 회의적 시각을 드러낸다는 점에서 신보수주의로의 선회와 일치한다. 특히, 그들은 차베스의 베네수엘라와 같은 '포퓰리즘적' 경향에 대해 더 강한 거부감을 나타낸다. 그와는 반대로, 처음 출간된 후 10년이 지나 한국 독자에게 이 책을 소개하면서, 나는 이들 정부에게 지지를 보낸다. 비록 **분홍빛 물결**이 주권 회복을 위해 상당 부분 노력하지만, 이 기획은 세계화와 신자유주의 이전에 그랬던 것처럼 민족-국가를 단순히 회복하는 것에 그치지 않는다. 한편으로, 라틴아메리카를 하나의 초국적 통합체로 보는 '지역적' 관점으로부터 주권의 문제를 분리하는 것도 불가능하다. 그것이 왜 '라틴아메리카'의 문제설정이 우선적으로 나타나는가

---

30) 예를 들어, 존 비즐리-머레이의 최근 저서를 참조하라. Jon Beasley-Murray, *Posthegemony*, Minneapolis: University of Minnesota Press, 2010.

에 대한 이유가 된다. 차베스의 볼리바르주의는 단지 수사적인 것이 아니다. 그는 경제적·문화적 측면 모두에서 라틴아메리카 통합의 새로운 형태를 발전시키기 위해 말뿐 아니라 자금을 아끼지 않는다.

    나는 **분홍빛 물결**이 많은 부분 애매하고, 상호모순적이고, 게다가 불확실하다는 사실을 숨기고 싶지는 않다. 사실, 그것은 본질적으로 이데올로기와 전략적 복수주의pluralism에 개방적임을 의미한다. 많은 인간주의적 프로젝트에서처럼, 목표의 좌절이나 실패에 종속된다. 실제로 온두라스의 쿠데타, 칠레와 콜롬비아 선거에서 우파 후보 승리와 같은 최근의 사건은 '물결'이 실제로 잦아들고, 반동적 축이 라틴아메리카에서 새롭게 세력을 확대하고 있음을 보여 준다. 많은 독자들이 **분홍빛 물결**을 어떤 방식으로든 각자의 선호도에 따라 지나치게 '개혁적'이거나 '포퓰리즘적'이라고 볼 것이다. **분홍빛 물결**이 지속되기 위해 현재 직면한 도전은 첫째로, 그 사상을 정치화하는 것이다. 그리고 둘째로 다른 방식의 국가제도를 모색해야 한다. 그 국가는 지구화된 상황에서 '민중'의 평등주의적·민주적·다문화적·다민족적 성격을 표현하고 구체화하며 민중-국가, 혹은 민중의 국가로 부를 수 있다. 여기서 민중-국가(국가의 대표자, 관료와 '민중'이 수평적 관계를 맺으며, '민중 사이의 갈등'을 억압하기보다는 드러낸다)와 포퓰리즘 국가(지도자와 민중이 수직적 관계로 규정되며, 민족적 '통합'이라는 이름으로 '민중 사이의 갈등'을 억압한다)는 구분되어야 한다. 하지만, 두 가지를 따로 구분하는 것이 차베스의 경우에서처럼 언제나 쉽지 않다는 것을 또한 인정한다.

    '국가가 아닌 국가', 가르시아 리네라가 언급한 유명한 구절이다.[31] 새로운 형태의 국가는 계속해서 **민족-국가**의 형태일까? 즉, '민족적 정체성'을 공유하고 이 정체성의 표현으로서 지속적인 영토성에 기반을 둔 국가일까? 현재 내가 할 수 있는 대답은 라틴아메리카의 민족-국가──그 자체의 민족-국가(그리고 새뮤얼 헌팅턴Samuel Huntington이 '문명'에 대해 정의 내릴 때의 '라틴아메리카')──는 계속 존재할 것이며, 민중의 삶에 '헤게모니'로 작동할 거라는 것이다. 하지만 근본적으로 새로운 방식으로 작동할 것이며, 우리는 이를 예상할 수 있을 뿐이다. 이를 위해 하위주체연구는 현실에 기초한 실천과 이론 양자를 발전시켜야 할 임무를 지닌다.

2010년 12월 2일 피츠버그에서
존 베벌리

---

31) 2007년 캐나다 몬트리올에서 열린, 라틴아메리카 연구 학회(LASA)에서, 라바사는 특히 이에 대해 비판을 하고 있으며, 그의 책 『역사에 기대지 않고』에서는 MAS 프로젝트 전반에 관해 비판한다(Rabasa, *Without History*, pp.271~280).

감사의 글

이 책은 라나지트 구하와의 대화로 읽힐 수 있다. 따라서 최초의 감사는 그의 작업과 그가 나와 라틴아메리카 하위주체연구 그룹에게 보여 주었던 우정과 연대에 돌리고 싶다. 하위주체연구에 대해 개인적으로 접하게 된 것은 가야트리 스피박이 1980년대 후반 피츠버그 대학 '문화연구 프로그램'의 소장이었을 때 조직했던 '남아시아 하위주체연구 그룹'의 회의에서였다. 재현에 대한 질문으로 시작하는 이 책의 제목에서 이미 알 수 있듯이 구하 다음으로 나는 그녀에게 많은 빚을 지고 있다. 내가 원고를 교정 중일 때, 스피박의 책 『포스트식민 이성 비판: 사라져가는 현재의 역사를 위하여』[1]가 출간되었다. 책이 출간되기 전에 그 책에서 다룰 몇 가지 중요한 쟁점들은 예견이 되었고, 이 책에도 그에 공감하는 몇 가지가 있다. 마찬가지로 이 책은 **미국에서 출간**되었고, 스피박의 책도 애매하게 그렇다. 하지만 하위주체연구의 정치적 결과에 대해 우리의 이해에

---

[1] Gayatri Spivak, *A Critique of Postcolonial Reason: Towards a History of the Vanishing Present*, Cambridge: Harvard University Press, 1999.

는 차이가 있고, 특히 이 책의 마지막 장들에서 명백해질 것이다.

또한 1995년 피츠버그 대학에서 하위주체연구에 대한 세미나에 참여했던 이들에게 감사를 전한다. 그들과 함께 처음으로 이러한 생각들을 정초했다. 특히 그들 자신의 작업을 통해서 이 책에 나오는 관심들을 공유하며 나에게 무척 많은 것을 가르쳐 주었던 스페인어학과 학생들에게 고마움을 표하고 싶다. 에이미 스미스Amy Smith의 노력이 이 책을 가능하게 했다. 도리스 소머Doris Sommer와 로베르토 페르난데스 레타마르Roberto Fernández Retamar는 각각 자신들의 방식으로 내가 다문화주의에 대해 가지고 있던 편견을 극복하도록 도왔으며 그것이 이 책의 중심적 관심사임을 깨닫게 하였다. 또한 도쿠멘타Dokumenta재단의 장 프랑수아 세브리에Jean-Françoise Cjevroer와 브라이언 홈즈Brian Holmes, 바르셀로나의 타피에스 재단Fundació Tàpies, 그리고 오클랜드 대학의 캐시 리먼Kathy Lehmann에게도 깊은 감사를 전한다. 또한 동지compañero를 편집자로 갖는 행운도 누렸다. 듀크 대학 출판사의 레이놀즈 스미스Reynolds Smith의 지원과 충고가 없었더라면, 이 책은 빛을 보지 못했을 것이다.

어떤 방식으로든 라틴아메리카 하위주체연구 그룹의 희망과 열정, 논쟁과 좌절의 기록이 이 책의 모든 부분에 배어 있다. 아마도 '탈민족적' 안건을 지지하는 조직을 위해, 그룹 자신의 경계는 완벽히 정의되지 않았고, 많은 이들이 수년간에 걸쳐 그 궤도에 들어왔다가 나갔다. 그룹의 핵심을 형성했던 이들은 다음과 같다. 1992년 조지 메이슨 대학의 창립 회의를 개최했던 일레아나 로드리게스, 퍼트리샤 시드Patricia Seed, 하비에르 산히네스Javier Sanjinés, 호세 라바사, 로버트 카Robert Carr, 마리아 밀라그로스 로페스María Milagros López 그리고 나 자신이다. 1994년 오하이오 주립대학의 회의에서는 마이클 클라크Michael Clark, 마르시아 스테펜슨Marcia Stephenson, 월터 미뇰로Walter Mignolo가 합류했다. 1995년 푸에르토리코의 산후안에서 열린 회의에서는 사라 카스트로 클라렌Sara Castro Klarén, 압둘 카림 무스타파Abdul Karim Mustapha, 페르난도 코로닐Fernando Coronil, 알베르토 모레이라스Alberto Moreiras, 개러스 윌리엄스, 마리아 호세피나 살다냐María Josefina Saldaña 그리고 존 크라니아우스카스John Kraniauskas가 결합했다. 우리들의 활동에 도움을 주고 때로는 비판적으로 다른 의견을 보인 친구나 동료들의 명단에는 톰 모일런Tom Moylan, 마크 짐머만Marc Zimmerman, 오하이오 대학 회의의 개최를 도왔던 케네스 에이드리언Kenneth Adrian, 훌리오 라모스Julio Ramos, 후안 세바요스Juan Zevallos, 제임스 샌더스James Sanders, 조지 유디세George Yúdice, 알바 마리아 파스 솔단Alba María Paz Soldán, 리카르도 칼리만Ricardo Kaliman, 호세 마소티José Mazzotti, 리처드 콘Ricard Conn, 도리스 소머, 로저 랭커스터Roger Lancaster, 리카르도 살바토레Ricardo Salvatore, 베아트리스 곤살레스Beatriz González, 로사우라 산체스Rosaura Sánchez, 호세 다비드 살디바르José David Saldívar, 아구스틴 라오Agustín Lao, 라몬 그로스포겔Ramón Grossfogel, 존 비즐리-머레이가 들어 있다. 일레아나 로드리게스는 그중에서도 특별히 언급을 해야만 하겠다. 그녀는 이 그룹을 조직하고 계속 나아가도록 끊임없이 도덕적 에너지를 제공했다.

 아마도 그룹에서 가장 카리스마를 가진 멤버는 마리아 밀라그로스 로페스였을 것이다. 친구들은 그녀를 밀리라고 불렀는데, 그녀는 푸에르토리코 사회주의당의 운동가였고 푸에르토리코 여성운동의 활동가였던 경력을 가졌으며 푸에르토리코 대학의 사회심리학자였다. 몇 년간의 심각한 우울증을 겪은 후, 밀리는 1997년 12월 연말이 시작할 즈음 유명을 달리했다. 당시 그녀는 산후안에서 마약 중독에 대해 연구하고 있었다.

그녀를 기억하며 이 책을 바친다.

또한 여기에서 기억해야 할 다른 세 사람이 더 있다. 나는 위에서 언급한 대학원 학생 중 하나였던 그의 아들 루이스Luis를 통해 페드로 두노Pedro Duno를 만났다. 철학자였던 페드로는 무장 투쟁기와 그 이후 베네수엘라의 혁명적 좌파의 전설적인 인물이었다. 그는 위험을 두려워하지 않았으며 대단한 지혜와 친절함 그리고 자애로운 성품을 지녔다. 그의 죽음은 단지 그의 가족과 나 자신을 포함한 친구들이 느끼는 상실감일 뿐 아니라, 이후 커다란 도전에 직면한 베네수엘라 좌파가 느낀 감정이었다. 고故 칼 마르자니Carl Marzani는 미국에서 안토니오 그람시의 책을 처음으로 번역하고 소개한 사람이다. 비록 내가 좌파 가운데서 매우 다른 세대에 속했지만, 미국의 민주적 사회주의자들의 형성과 관련하여 우리의 길은 1980년대 초반에 잠시나마 교차했었다. 또한 이 책을 캐럴 케이Carol Kay와 나누고 싶은데, 작년에 유명을 달리할 때까지 영화, 정치나 문화에 대해 그녀와 늘 많은 이야기를 나누었다. 캐럴은 페미니스트였고 18세기 영국 정치철학 연구자였다. 그녀는 늘 자신을 자유주의자로 부르곤 했는데, 피켓 라인을 넘을 좋은 이유는 결코 없다고 믿는 그런 자유주의자였다. 밀리, 페드로, 칼 그리고 캐럴은 '민중의 친구'였다. 나는 이 책에 그들이 가진 어떤 것이 담겨 있기를 희망한다.

서문과 1~3장은 다음의 잡지와 책에 발표된 글들을 새로 고쳐 이 책의 부분이 된 것이다. 제임스 샌더스와 함께 쓴 「학제들 사이를 중재하기: 라틴아메리카 하위주체연구에 관한 대화」Negotiation with the Disciplines: A Conversation on Latin American Subaltern Studies(『라틴아메리카 문화연구 저널』Journal of Latin American Cultural Studies, 6권 2호, 1997); 「거꾸로 쓰기: 라틴아메리카 하위주체연구 그룹의 기획에 관하여」Writing in Reverse: On the Project of the Latin American Subaltern Studies Group(호세 라바사, 하비에르 산히네스, 로버트 카 엮음, 『아메리카 대륙의 하위주체연구』Subaltern Studies in the Americas, 『배치』Dispositio/n, 46호, 1994[1996]); 「교육학과 하위주체성: 학계 지식의 한계에 관한 지도 그리기」Pedagogy and Subalternity: Mapping the Limits of Academic Knowledge(롤런드 폴스턴Rolland Paulston 엮음, 『사회적 지도를 제작하기: 사회적·교육적 변화를 보는 방법에 관하여』Social Cartography: Mapping Ways of Seeing Social and Educational Change, 1997); 「'인문학의 말살': 후안 데 에스피노사 메드라노의 『변호』에 나타나는 소위 근대성이라는 것에 관하여」'Máscaras de humanidad': Sobre la supuesta modernidad del Apologético de Juan de Espinosa Medrano(『라틴아메리카 문학비평 저널』Revista de Crítica Literaria Latinoamericana, 1995); 「문학 이후: 하위주체와 인문학의 막다른 골목」Postliteratura: Sujeto sublaterno e impasse de las humanidades(『아메리카의 집』 Casa de las Américas, 190호, 1993). 4장의 상당 부분이 '역사의 장소들: 라틴아메리카의 지역주의 재고찰'The Places of History: Regionalism Revisited in Latin America이라는 제목으로 도리스 소머가 엮은『계간 근대 언어』Modern Language Quarterly 특별호(57권 2호, 1996)와, 조지 구겔버거Georg Gugelberger가 엮은 『진정한 것: 라틴아메리카의 증언 담론』The Real Thing: Testimonial Discourse in Latin America(1996)에 실려 출간되었다. 5장의 핵심을 이루는 네스토르 가르시아 칸클리니Néstor García Canclini의 『혼종문화』Hybrid Cultures에 관한 비판은 1997년 3월 듀크 대학 라틴아메리카 연구 센터에서 처음 발표한 것이다. 6장의 후반부는 나의 글 「좌파의 기획에 미래가 있는가?」Does the Project of the Left Have a Future?(『경계 2』boundary 2, 24권 1호, 1997)에 부분적으로 기초한 것이다. 같은 장에 있는 다문화주의 부분

은 1997년 클리블랜드 주립대학에서 개최된 '국립 인문학 재단' National Endowment for the Humanities, NEH의 인문학 세미나에서 발표한 글 「아메리카, 아메리카: 미국의 이중언어주의와 이중문화에 관한 고찰」America, America: Thoughts on Bilingualism and Biculturalism in the United States 으로부터 나왔다. 여러 장에 걸친 생각과 사유는 다음의 논문에서 가져온 것이다. 「하위주체성, 재현 그리고 헤게모니에 대한 테제들」Theses on Subalternity, Representation, and Hegemony(『탈식민주의연구』 Postcolonial Studies, 1권 3호, 1998).

| 차례 |

한국어판 서문 5
감사의 글 32
서문 43

1장 거꾸로 쓰기 86
하위주체와 아카데미 지식의 한계

2장 문화횡단과 하위주체성 116
'지식인 도시'와 투팍 아마루 봉기

3장 우리들의 리고베르타? 158
『나, 리고베르타 멘추』, 문화적 권위와 하위주체 행위자의 문제

4장 혼종이냐 이분법이냐? 194
하위주체와 문화연구에서 다루는 '민중'의 범주에 관하여

5장 시민사회, 혼종성 그리고 "'문화연구'의 정치성" 246
가르시아 칸클리니에 관하여

6장 영토성, 다문화주의 그리고 헤게모니 280
민족의 문제

옮긴이 해제 340
참고문헌 355
찾아보기 369

| 일러두기 |

1 이 책은 John Beverley의 *Subalternity and Representation: Arguments in Cultural Theory* (Durham: Duke University Press, 1999)를 완역한 것이다.

2 본문의 주석은 모두 각주로 표시되어 있다. 옮긴이 주는 끝에 '―옮긴이'라고 표시했으며, 표시가 없는 것은 모두 지은이 주이다.

3 본문 중에 독자의 이해를 돕기 위하여 옮긴이가 추가한 내용은 대괄호([ ])로 묶어 표시했다.

4 단행본·정기간행물은 겹낫표(『 』)로, 논문·단편·기사 및 영화·연극·TV프로그램 등의 제목은 낫표 (「 」)로 표시했다.

5 외국어 고유명사는 2002년 국립국어원에서 펴낸 외래어 표기법을 따르는 것을 원칙으로 하되, 통용되는 표기를 고려하여 예외를 두었다. (예: 칼 맑스, 발터 벤야민)

서문

봉기라는 역사적 현상은 처음에는 글이라는 틀에 투과된 이미지로서, 따라서 외부의 시선으로, 봉기를 못마땅하게 보는 눈으로 해석됨으로써 되틀린 거울에 포박된 이미지로 나타난다. 하지만 그 왜곡은 논리를 가지고 있다. 즉 반란자와 그 적들 사이의 대립항의 논리가 되는데, 그 적들은 특정 시기에 적극적인 적대감과 결합된 당으로서 식민통치하 반봉건사회에서 상호 적대적 요소가 된다. 적대주의는 급진적 농민운동에 관한 엘리트와 하위주체가 갖는 관점의 차이를 이분법적 쌍의 차이로 변환시키는 물질적이고 정신적인 조건에 그 뿌리를 둔다. 따라서 농민봉기는 상대를 부정적으로 정의하는 두 경쟁자를 위한 인식의 장소로 바뀐다. 그리하여 농민봉기가 (하위)주체 의지를 그대로 재현한다고 믿는 것은 모순이다. 그 의지라는 것이 (엘리트에게 기술되어) 우리에게는 오직 거울의 이미지로만 보여지기 때문이다. 이제 우리는 엘리트 담론에 각인되어 있는 하위주체의 의지를, 역사를 거꾸로 쓰는 행위를 통해서 읽어 내야 한다.

―라나지트 구하, 『식민지 인도 농민봉기의 기본적 성격』

서문

하위주체연구는 권력을 다룬다. 권력을 가진 사람과 그렇지 않은 사람, 그것을 획득해 가는 이와 잃어 가는 이들을 연구한다. 권력은 또한 재현과 연결되어 있다. 인식론적 권위를 가진 혹은 헤게모니를 강화할 수 있는 재현과, 권위나 헤게모니를 갖지 못한 재현으로 구별되는 것처럼 말이다. 스피박은 이 문제를 상세히 공식화시켰다. 만약 하위주체가 말할 수 있다면──즉, 우리에게 정말로 중요한 방식으로 말할 수 있다면──그때는 이미 하위주체가 아니다.[1]

이 책은 하위주체성과 재현의 관계를 고찰한다. 초고를 읽어 준 이들 중 하나가 언급했듯이, 이 하위주체연구라는 기획에서 '연구'가 '하위주체'라는 기호(그리고 현실)보다 우선시된다. 하위주체연구가 재현할 수 있는 혹은 수행해야 하는 것은 구체적인 사회적·역사적 주체로서의 하

---

[1] Gayatri Spivak, "Can the Subaltern Speak?", eds. Cary Nelson and Lawrence Grossberg, *Marxism and the Interpretation of Culture*, Urbana: University of Illinois Press, 1988.

위주체성이라기보다는 학계 안에서 벌어지는 체계화된 담론과 실천으로서의 하위주체를 그 자체로 재현하는 어려움을 밝혀내는 데 있다.

하지만 하위주체가 무엇이냐는 질문이 그 자체로 담론과 실천으로부터 분리된 것은 물론 아니다. 스피박은 하위주체가 그 정의 자체로 하위적·하층민적이라는 것을 우리에게 말하려고 하는데, 이는 부분적으로 하위주체가 아카데미의 지식(그리고 '이론')으로는 적절하게 재현될 수 없기 때문이다. 또한 아카데미는 적극적으로 하위주체성을 생산하는 실천 행위(하위주체성을 재현하는 행위를 통해 하위주체성을 생산한다)이기 때문이다. 그 자체로 하위주체를 '타자화하는' 것과 연관되어 있을 때, 상아탑이 가진 지식의 관점으로 어떻게 하위주체를 온전히 재현한다고 주장할 수 있겠는가?

하위주체 자체는 자크 라캉의 실재계the Real의 범주와 유사한 것으로 학계에 노출된다. 즉, 상징화되는 것에 저항하며, 그것을 '안다'는 선험적 추정을 무너뜨리거나 패배시키는 방식으로 지식과의 간극을 보여 준다. 하지만 하위주체는 존재론적인 범주가 아니다. 그것은 종속되고 억압받는 **구체적인** 어떤 것을 의미하며, 공간적 의미를 가지고 권력관계가 공간적으로 구성되는 세계 — 남아시아, 라틴아메리카, '아메리카에서', '미국의 틀에서' — 를 지칭한다.[2] 안토니오 그람시가 일종의 문화적·정치적 범주로서 하위주체라는 발상을 고안한 것은 '남'South — 농민이 가장 큰 사회계급으로 남아 있던 가톨릭과 농업 중심의 이탈리아 지역 — 을

---

2) José Rabasa, Javier Sanjinés and Robert Carr eds., *Subaltern Studies in the Americas*, a special issue of *Dispositio/n* 46, 1994(1996); Eve Cherniavsky, "Subaltern Studies in a U.S. Frame", *boundary 2* 23, no.2, 1996, pp.85~110.

개념화하려는 시도와 연관되어 있다. 더 말할 필요 없이 '남쪽'은 탈식민 세계와 닮은 유럽의 한 부분이다(그람시 본인이 어떤 측면에서는 '탈식민' 지식인으로 불릴 수 있는 이유는 그가 남부 사르디니아 출신이기 때문이다).

하위주체연구는 '지역'이라는 사고가 자체적으로 중심부 학계에서 하위주체화된 공간과 그에 상응하여 '타자에 대한 앎'이라는 인식론적 문제를 제기하면서 지역연구와 맞물리게 된다.[3] 하지만 독립 후의 라틴아메리카, 아시아 혹은 아프리카로부터, 타자는 (다른 것들 사이에서) 정확히 말해 중심부 학계의 정보 검색 기제가 되어 왔다. 즉, 에드워드 사이드Edward Said가 오리엔탈리즘Orientalism이라고 부른 것의 현대적 형태를 의미한다. 이 책에서 내가 제기하는 논쟁은 주로 라틴아메리카 연구에서 기원한 역사, 민속지학, 문화이론, 문학 해석의 문제와 관련된다. 이 논쟁의 기반이 되는 긴급한 요구들은 라틴아메리카와 나 자신이 개인적·지적·정치적으로 관련되어 있기 때문이다. 이 긴급함이 아니라면, 하위주체에 대한 질문은 내게 추상적 혹은 가상의 현실로서 남았을지도 모른다. 그럼에도 불구하고 (적어도 그렇게 되기를 바라지만) 나는 이 책이 오직 혹은 주로 라틴아메리카 연구에만 도움이 된다고 생각하지는 않는다. 내 책은 하위주체연구에 관한 책도 아니다. 오히려 나는 이 책이 학계의 지식을——특히, 라틴아메리카 하위주체(혹은 비록 동일하지는 않지만 라틴아메리카를 하위주체로 볼 수 있다)의 재현이 함의하는 역사, 문학, 민속지학, 탈구조주의, 문화이론의 한계 지점들을——지도화하고 비판하는 데 '지역'적인 도움이 될 수 있기를 바란다. 왜냐하면 상당 부분 라틴아메리카는 현재 북아메리카의 '내부적' 타자——호세 마르티José Martí는 이를

---

3) 알베르토 모레이라스는 이 부분과 관련하여 나에게 많은 도움을 주었다.

'괴물의 심장'이라 칭한다. 한편 미국 내 히스패닉 인구가 이제 3천만 명에 육박하고, 미국이 스페인어 사용국 중 다섯번째로 큰 국가고, 21세기 초에는 세번째가 될 것이라는 사실을 주목할 필요가 있다——이며, 이런 지점에 대한 관찰은 라틴아메리카라는 단어가 지시하는 것이 단지 영토적 공간으로 제한된다기보다는 오히려 미국의 다문화주의와 정치적 미래에 관한 질문들을 던지는 것이기 때문이다. 또한 스피박이 말하듯, 재현은 단지 "누구에 대해 말하는 것"의 문제가 아니라 "누군가를 위해 말하는 것"이기 때문이다.[4] 즉, 이는 정치학과 헤게모니(그리고 정치학과 헤게모니 자체의 한계)에 관한 것이다. 우리가 정말로 근대성의 신학적 지평이 더 이상 가능하지 않은 자본주의의 새로운 단계에 와 있다면——'역사의 종말'의 개념이 가정하는 것처럼 그것이 이미 완성되었거나, 혹은 불분명하게 연기되었기 때문에——, 지금은 현재의 상황에 맞는 좌파의 새로운 기획(혹은 그 기획의 폐기)이 요구된다. 나는 하위주체연구가 학문과 지식 생산에서 자기 비판의 새로운 형태를 제시할 뿐 아니라, 세계화와 탈근대성이라는 조건하에서 좌파의 기획을 보여 줄 수 있다고 믿는다. 나는 여기서 '새로운' 사고를 마치 새로운 것인 양 이야기하지만, 사실 이것은 오래된 질문이다. 그것은 또한 좌파를 막다른 길로 이끈 몇 가지 이유들을 이해하는 것과 관련된 질문들이다.

나의 동료, 일레아나 로드리게스는 주장한다. "오늘날 모든 문화적 진술은, 구조화된 대립관계를 불구로 만들고 체계적 비평의 대상인 문화

---

[4] 「하위주체는 말할 수 있는가?」에서 'Vertretung'과 'Darstellung'의 차이에 대한 스피박의 분석을 따르면서, 나는 '누군가를 위해 말하는 것'을 정치적 대변의 행위로 이해하며, '누구에 대해 말하는 것'은 훈육적 지식의 대상에 대한 유사 재현 행위로 이해한다.

생산이 가시화되는 공간을 수축시키는 사회주의에 대한 자본주의의 승리를 인정하는 것으로부터 **시작해야 한다.**"⁵⁾ 나는 그녀가 느끼는 패배와 실패를 공유하며, 바로 이 지점이 이 책의 출발점이다. 그 패배는 1990년 니카라과 산디니스타의 패배요, 그 실패는 또한 부분적으로 니카라과 혁명의 문화적·이데올로기적 역동성에 대해 마크 짐머만과 내가 1980년대 말 공저한 『중앙아메리카 혁명에서의 문학과 정치』(이하 『문학과 정치』)의 학문적 그리고 상업적 실패를 지칭한다.⁶⁾

마크와 나는 중앙아메리카의 정치연대에 관여했었고, 우리는 문학비평가로서 문학을 연대작업의 하나로 간주하고 이를 실현하려 노력하는 것이 당연하다고 생각했다. 마크는 혁명 초기에 니카라과에서 교사로 일하면서 산디니스타 시와 증언 전집을 엮어 내었다. 1979년 산디니스타의 승리 이후 나는 니카라과를 두 번 방문했다. 그곳에서 혁명에 투신한 작가와 지식인들을 알게 되었고, 내가 사는 피츠버그가 마나구아와 에스텔리 사이의 고속도로에 위치한 마을 산이시드로와 자매결연을 맺는 것을 돕기도 했다. 『문학과 정치』는 이러한 경험에서 탄생한 책이다. 그것은 니카라과 혁명의 진화와 엘살바도르와 과테말라에서 벌어지는 혁명운동에 이론적으로 기여했으며, '아카데미'가 할 수 있는 방식으로서 연대정치를 추구했다.

『문학과 정치』에서 우리가 가정한 것은 근대 중앙아메리카 문학 ―

---

5) Ileana Rodríguez, "Between Cynicism and Despair: Construction the Generic/Specifying the Particular", eds. Michael Piazza and Marc Zimmerman, *New World (Dis)Orders & Peripheral Strains: Specifying Cultural Dimensions in Latin American and Latino Studies*, Chicago: Marcha/Abrazo Press, 1998, p.232.
6) John Beverley and Marc Zimmerman, *Literature and Politics in the Central American Revolutions*, Austin: University of Texas Press, 1990.

특히, 시의 분야에서 ─의 주요 형식이 그 지역에서 권력을 다투는 혁명 운동을 구성함에 있어서 실제적 에너지 ─알튀세르Louis Althusser의 용어를 빌리자면, **이데올로기 실천**─가 되었다는 것이다. 하지만 마크와 나는 민중의 권력획득과 행위자 형태로서의 문학의 한계를 점점 더 느꼈고 책을 마무리하기가 힘들었다(그 한계는 니카라과에서 시 워크숍에 관련된 논쟁에서 극적으로 드러났다). 우리는 『문학과 정치』를 다음과 같이 끝맺었다. "우리는 결론에 이르러 이 책의 시작에서부터 제기된 역설로 돌아왔다. 문학은 중앙아메리카 혁명 과정에서 민족-민중nacional-people 운동의 수단 역할을 해왔지만, 또한 그 과정은 헤게모니를 가진 하나의 문화적 제도로서 문학의 역할 자체에 필연적으로 이의를 제기하거나 그것을 대체할 또 다른 형태의 문화 민주주의를 위한 노력이다."[7]

책을 시작했을 때는 알지 못했지만 우리에게는 주어진 시간이 많지 않았다. 우리는 계속되는 복잡하고 종종 모순적인 사회적 과정을 극복하려는 일상적 문제에 직면하고 있었다. 1980년대 초반만 해도 강력했던 과테말라와 엘살바도르의 혁명운동은 그 중반에 이르자 궁지에 몰렸으며, 산디니스타들도 심각한 문제를 안고 있었다. 1989년에 이 봉기들의 주요한 조력자였던 쿠바는 소비에트연방의 붕괴와 함께 경제적 파탄에 다름없는 '특별한 시기'Special Period에 들어갔다. 산디니스타는 1990년 2월 선거에서 패배했다. 그리고 몇 달 후 『문학과 정치』가 출간되었으며, 이 책은 곧바로 시대를 잘못 타고난 책이 가지는 운명의 길을 걸었다.

우리 책은 상황적 실패였을 뿐 아니라, 이론적 실패이기도 했다. 문

---

7) Beverley and Zimmerman, *Literature and Politics in the Central American Revolutions*, p.207.

화정치를 통해 재현하려고 고민했던 니카라과, 과테말라, 엘살바도르의 혁명운동은 다른 방식으로 민족해방 투쟁으로서 자신을 규정하였다. 우리는 특정한 문학적 운동, 인물, 사상적 헤게모니와 저항 헤게모니 그리고 '민족에 관한 질문'이 그 발전과정에서 서로 교직되는 방법들을 탐구하려고 노력했다. 하지만 1990년은 산디니스타가 권력을 잃은 해만이 아니었다. 마찬가지로 『문학과 정치』도 실패했다. 그해는 로베르토 곤잘레스 에체바리아Roberto González Echevarría의 『신화와 서고』*Myth and Archive*, 호미 바바Homi Bhabha가 편집한 책 『국민과 서사』*Nation and Narration*가 나온 해이기도 하다.[8] 『국민과 서사』에서 도리스 소머의 논문은 서사문학과 19세기 라틴아메리카에서 민족-국가형성의 관계에 관한 매우 영향력 있는 연구를 보여 주는데, 이 논문에 기반한 책 『토대로서의 소설』 *Foundational Fictions*이 그 이듬해에 출간되었다.[9]

다른 의미에서, 하지만 경쟁적인 방식으로 (1984년 베네딕트 앤더슨이 쓴 『상상의 공동체』*Imagined Communities*와 함께) 『신화와 서고』, 『국민과 서사』, 『토대로서의 소설』은 우리 책 『문학과 정치』가 바랐던 중요한 위치에 쉽게 도달하였고, 1990년대 미국 내 라틴아메리카 문학비평의 주요한 의제가 되었다. 더욱이 탈국가적 관점 혹은 적어도 민족과 민족해방 투쟁에 있어서 확실했던 정체성 논의를 탈구조적으로 해석하는 것을 그들의 의제로 삼았다. 라틴아메리카 연구에서 우리 책의 시의적절함은 현

---

8) Roberto González Echevarría, *Myth and Archive: Towards a Theory of Latin American Narrative*, Cambridge: Cambridge University Press, 1990; Homi Bhabha ed., *Nation and Narration*, London: Routledge, 1990.
9) Doris Sommer, *Foundational Fictions: The National Romances of Latin America*, Berkeley: University of California Press, 1991.

재 포스트식민주의 비평으로 알려지게 된 것이 나타나면서 사라져 버렸다.

내가 하위주체이론으로 관심을 돌리게 된 계기는 바로 나 자신의 연구와 (그 작업과 현실참여를 재구성하기 위한 방법으로서) 정치적 참여가 위기를 겪으면서부터다. 나는 남아시아 하위주체연구에 관심을 가지기 시작하였고, 그 관심이 단지 우연적인 관계를 뛰어넘는다고 생각한 라틴아메리카 연구자 중 하나였다. 모두가 그렇진 않았지만 우리는 주로 문학비평가 출신이었다(마크, 일레아나 그리고 나는 1960년대 후반 캘리포니아 샌디에이고 주립대학의 문학과에서 프레드릭 제임슨Fredric Jameson과 함께 작업했다). 우리는 이전에 정의했던 라틴아메리카 좌파가 일종의 한계에 직면했다는 의견에 공감했다. 그것이 구체적으로 무엇인지에 대해서는 확신하지 못하거나 동의하지 않기도 했지만, 상황은 바뀌고 있고 우리에게 새로운 프로그램이 필요하다는 견해에는 모두 동의하고 있었다. 하위주체연구의 아이디어와 남아시아 그룹으로부터 학문집단의 조직적 형태를 빌려 오면서, 우리는 라틴아메리카 연구 안에서 유사한 집단을 만들기로 결정했다. 그리고 1992년 워싱턴 D.C. 근처의 조지 메이슨 대학에서 처음으로 모임을 가졌다. 이 모임의 성과로서 「창립선언문」──원래 록펠러 재단의 펀드 지원을 위해 사용했던 글──이 나왔고, 여기서 우리는 새로운 프로그램의 필요성을 다음과 같이 설명했다.

공산주의의 종언과 그 결과로 인한 혁명적 프로젝트의 변형, 재민주화 과정, 매스 미디어와 초국가적 경제블록이 야기한 새로운 역동성, 이들 모두는 새로운 방식의 정치적 사고와 행동을 요구하는 발전의 표상이다. 최근의 라틴아메리카 정치와 문화 지형을 재정의한다는 것의 의미는 그 지역의 학자들에게 사회과학이나 인문학에서 이전부터 확립되어 온 기능적 인식틀을 재고하도록 요구한다. 재민주화를 향한 일반적인 경향은 특히 다원주의 사회의 개념과 이 사회 내에서 하위주체의 조건을 연구하는 데 강조점을 둔다.[10]

선언문의 초안을 작성한 우리들 중 다수가 남아시아 하위주체연구 그룹에 느끼는 친밀감은 부분적으로 그들 역시 좌파의 위기로부터 새롭게 태어났으며, 그 위기는 학계와 남아시아연구 전반에 퍼져 있었다는 데에서 기인했다. 이 그룹의 연구는 특히 『하위주체연구』*Subaltern Studies* 라는 시리즈로 1980년 즈음에 나타나기 시작하였다. 하지만 그 촉매는 인도 민족주의 기획에 의문을 제기하는 1970년대 이전으로 거슬러 올라가는데, 민족주의의 열기가 사그라지고 혹은 그것이 일련의 내부적인 모순에 직면하고 있다는 지각이 그것이었다. 독립과 지지부진한 산업화에 더해 끊임없이 출몰하는 분리주의 망령과 공산주의 폭력의 트라우마, 민족적 차원에서 자본가와 지주계급이 가진 정치적·문화적 헤게모니를 가져오지 못하는 맑시스트 좌파의 무능력, 그리고 놀랍게 성장하는 힌두 우파 근본주의. 맑시스트 좌파는 민족 자본가——수입대체 산업화를 이끄는 자본계급——와 함께 경제분야의 주요한 영역에서는 국가적 통제를 단행하고 소비에트의 광범위한 도움을 받았다. 또한 민족주의 당이나 블록이 정치적 헤게모니에 기반을 둔 경제적 근대화의 대안적 모델을 요

---

10) Latin American Subaltern Studies Group, "Founding Statement", eds. John Beverley, José Oviedo, and Michael Aronna, *The Postmodernism Debate in Latin America*, Durham: Duke University Press, 1995, pp.135~136.

구받는 부적합한 상황은 인도 민족주의가 막다른 골목에 다다랐음을 암시하기에 충분했다.

남아시아 그룹의 창립자인 라나지트 구하는 연구의 중심적 과제를 "**민족이 스스로 자신을 실현시키지 못하는 역사적 실패에 관한 연구**, 즉 식민주의와 고전적 19세기 모델인 자본가 헤게모니를 성취하지도 못하며, 노동자와 농민이 헤게모니를 가지고 부르주아 민족주의혁명을 극복하고 결정적인 승리에 도달하는 이른바 '새로운 민주주의'를 달성하지 못하고 실패하는 것에 관한 연구"라 정의한다.[11] '조금만 수정하면'Mutatis Mutandis, 그것은 바로 라틴아메리카에서 혁명적 좌파의 위기에서 우리가 직면하고 있던 "민족이 스스로 자신을 실현시키지 못하는 역사적 실패"와 유사하다. 우리는 선언문에서 이렇게 말했다. "라틴아메리카에서 하위주체 문제 뒤에 숨은 에너지는 민족, 국가, '민중'people의 관계를 재개념화해야 할 필요에서 직접적으로 나온다. 그리고 이 관계는 (근대 라틴아메리카 그 자체로서) 라틴아메리카 연구의 관심과 틀을 중심적으로 만들어 온 세 가지의 사회운동에서 명확히 드러난다. 그것은 멕시코, 쿠바 그리고 니카라과 혁명이다."[12]

스피박의 용어를 빌려 우리는 하위주체연구를 '우리 시대의 전략'으로 보았다. 그러므로 우리가 추구하는 프로젝트의 시대와 역사를 정의하자면, 식민시기와 국민국가뿐 아니라 신자유주의의 헤게모니 효과와 1980년대 라틴아메리카의 경제, 정보의 세계화를 강조하고자 한다(하위

---

11) Ranajit Guha, "On Some Aspects of the Historiography of Colonial India", eds. Ranajit Guha and Gayatri Spivak, *Selected Subaltern Studies*, New York: Oxford University Press, 1988, p.43(강조는 구하).
12) Latin American Subaltern Studies Group, "Founding Statement", p.127.

주체연구에 접근하게 된 계기는 거의 같은 시기에 활성화된 문화이론에 기인한 바 크다). 우리는 하위주체연구가 과거와 마찬가지로 현재의 지배domination와 복종subordination을 생산하는 분리의 지점을 따라 이에 개입하는 것이라고 생각한다. 현재라는 시점을 이처럼 강조하는 것은 어떤 의미에서 하위주체연구를 채택한 남아시아 그룹이나 라틴아메리카 역사학자들과 우리들을 구분하는 지점이 된다.

하지만 우리는 또한 「창립선언문」에서 다음의 구절을 명시했다.

> 자본-노동의 흐름이 경계를 넘는 새로운 조건하에서 민족-국가의 탈영토화가 의미하는 것은 라틴아메리카에서는 실제로 식민경제의 이식이라는 유전적 과정을 단순히 재생하는 것에 다름 아니다. …… 이것은 단지 우리가 민족이라는 테두리 안에서 더 이상 작동할 수 없다는 함의를 넘어, 한 사회에서 다른 사회그룹과 계급을 지배하거나 그리고/혹은 관리하는 크레올 엘리트 중심주의와 밀접히 연관된 민족의 개념 그 자체가 처음부터 라틴아메리카 역사에서 하위주체의 존재를 감추어 왔다는 것을 반증한다.[13]

이것이 바로 현재성을 획득하고 있는 민족과 민족주의에 대한 비판을 우리 작업의 출발점으로 삼는 이유이다. 우리는 종종 혁명적 운동, 대중과 반제국주의에 기반을 두고자 했던 쿠바나 니카라과 혁명에서조차도 '민중'과 혁명 전위 사이에 심각한 문제가 대두되었다는 사실을 인지하기 시작했다. 따라서 탈구조주의가 진전시켜 온 재현에 대한 비판에

---

[13] Ibid., p.118.

관심을 가지고 있던 남아시아 그룹의 구성원들과 이를 공유했다. 인도의 역사저술에서 접하게 된 문제를 공유하며 롤랑 바르트Roland Barthes, 미셸 푸코Michel Foucault와 같은 대륙 철학자들을 읽기 시작한 이들은 주로 역사가들과 사회과학자였다. 식민시대와 (맑시스트를 포함한) 민족주의 모두에 나타나는 역사저술은 정치·경제적 근대화에 대한 신학적이고 국가주의적인 모델을 따른다——이를 라틴아메리카에서는 **발전주의**desarrollista 패러다임이라고 부르며 그 모델이 예상과 다른 효과를 낳기 시작했을 때, 남아시아의 역사와 사회제도를 이해하는 다른 방식을 찾아야 했다. 역사주의와 역사담론의 구조에 대한 구조주의나 탈구조주의 비판은 이 목적을 위해 사용되었다.

우리는 다른 방식을 택했다. 즉, 우리의 학문과 학계에서 발생하는 위기를 드러내기 위해 문학비평과 이론에 대한 관심을 역사와 민속지학적 서사로 돌려야 했다. 그리고 그 위기는 앙헬 라마가 1982년 비행기 사고로 인한 갑작스러운 죽음을 맞이하고 2년 뒤에 그의 책 『지식인 도시』 *The Lettered City*가 출간되면서 심화되었다.[14] 『지식인 도시』는 완성된 연구라기보다는 책을 위한 일종의 스케치에 가까워서 애매한 부분이 존재한다. 더욱이 비록 그가 인정하지는 않았지만 그 주제는 1970년대에 나타난 사회학과의 연계를 시도한 라틴아메리카 문학비평가 세대의 작업에서 이미 예견된 것이었는데, 대표적인 이들을 잠시 언급하자면 아구스틴 쿠에바Agustín Cueva, 진 프랑코Jean Franco, 로베르토 슈와츠Roberto Schwartz, 하이메 콘차Jaime Concha, 로베르토 페르난데스 레타마르, 알레한드로 로

---

14) Ángel Rama, *La ciudad letrada*, Hanover NH: Ediciones del Norte, 1984 [*The Lettered City*, trans. Charles Casteen, Durham: Duke University Press, 1995].

사다Alejandro Losada, 안토니오 코르네호-폴라르Antonio Cornejo-Polar, 우고 아추가르Hugo Achugar, 에르난 비달Hernán Vidal, 카를로스 린콘Carlos Rincón, 베아트리스 사를로Beatriz Sarlo, 프랑수아 페루스Françoise Perus, 베아트리스 곤살레스Beatriz González, 프란신 마시엘로Francine Masiello, 롤레나 아도르노Rolena Adorno, 이리스 사발라Iris Zavala 그리고 마벨 모라냐Mabel Moraña 등이 있다.[15]

라마 자신이 비록 의도하지는 않았지만, 『지식인 도시』는 라틴아메리카 사회의 문학제도에 대한 일종의 푸코식 계보학이라 할 수 있는데, 여기서 계보학이란 라틴아메리카 문학 연구의 지배적인 형태인 역사주의에 대한(비록, 이 역사주의를 완전히 무너뜨리는 데는 성공하지 못하지만) 도전을 의미한다. 계보학이 제기한 질문은 문학——식민지 텍스트나 『토대로서의 소설』에서 소머가 연구했던 유기적 '민족의 로망스'뿐 아니라, '붐boom 소설'과 마크 짐머만과 내가 『문학과 정치』에서 추켜세웠던 1980년대에 나타난 일련의 좌파-모더니스트를 포함하는——이 라틴아메리카의 식민지 그리고 탈식민지 엘리트 형성에 기능적으로 관련되어 있다면, 문학이 보다 넓은 의미에서 자신을 표현하는 대중의 숨어 있는 목소리가 발견되는 장소요, 문화적 민주화 기제라는 기존의 문학의 역할을 의심하는 데 우리의 역할이 있다는 것이다. 한편, 라마의 주장은 어떤 방식으로 라틴아메리카 역사에서 문학이 이데올로기적 중심이 되었는

---

15) 라마의 책은 그 자체로 라틴아메리카 문학 영역에서 많은 사람들이 문학, 이데올로기, 권력 사이의 관계에 대해 했던 작업들, 특히 에르난 비달, 토니 자하리스(Tony Zahareas)가 운영하는 미네소타 대학의 '이데올로기와 문학 연구 위원회'와 베네수엘라의 라틴아메리카 연구 센터 '로물로 가예고스'(Rómulo Gallegos)와 그 주변에서 이루어진 1970년대의 작업들로부터 나온 것이다.

가를 설명한다. 그러나, 동시에 마크와 내가 중앙아메리카 혁명 과정에서 문학의 역할에 관한 저술 도중에 보게 되었던 것을 설명해 준다. 그것은 하위주체를 재현하는 데 있어 문학이 가지는 한계를 말한다. 따라서 산디니스타 자신의 프로젝트뿐 아니라 그들과 '연대의 관계'에 있는 문학비평가로서의 우리 자신의 작업 역시 위기에 봉착했다. 존재하는 문학의 형태를 보다 근본적인 방식으로 수정하지 않고서는 그 안에서 적절히 재현될 수 없는 타자성에 대해 논해야 했는데, 하위주체라는 단어가 그 위기를 개념화하는 돌파구였다.

라틴아메리카 하위주체연구 그룹을 결성했던 우리는 라틴아메리카 연구의 영역에서 다른 방식으로 하위주체라는 문제설정에 답하려 하는 이들을 알고 있다. 그룹의 몇몇은 미신, 루머 그리고 일화에서(레닌은 이를 계급의식의 전달 정도로 파악하고, 포퓰리스트 정치이론에서는 전위적 판단에 근거해 단순한 문화로 판단하는데, 이보다는) 그들 자신의 역사와 정치경제, 가치-이론을 창조하는 것으로 보는 인류학자 마이클 타우시그Michael Taussig를 읽었다. 타우시그는 『남아메리카에 나타난 악마와 물신 숭배』The Devil and Commodity Fetishism in South America에서 콜롬비아 카우카Cauca 부족의 농업노동자들 사이에 존재하는 '악마의 계약'에 관해 연구하면서, 초기 맑스의 역사인식에서 '생존'이라 명명했던 전제들에 반대해 전근대 미신이라고 불리는 것과 노동자들 사이에서 보이는 높은 계급의식과 전투성 사이에 명백한 관계가 있다는 것을 보여 준다. 스티브 스턴Steve Stern과 플로렌시아 마욘Florencia Mallon은 안데스 농민운동은 결코 민족에 관한 개념이 결여되지 않았으며, 다른 영토적·경제적·역사적 논리를 구축한 이들의 민족 개념은 독립 전쟁을 통해 우세해진 크레올Creole 민족 개념과는 다르다고 주장했다. 그리고 이것으로 하위주체의 쟁점과 인식론적·정치적으로 유사한 이슈를 제기하였다.[16] 우리는 또한 제임스C. L. R. James가 투생 루베르튀르와 아이티 혁명에 관해 쓴 책 『블랙 자코뱅』The Black Jacobins에 친숙하다. 존 위맥John Womack과 다른 이들의 연구에서 멕시코 혁명에서 민중의 공간이 혁명 후 멕시코라는 국가의 형성과정에서 어떻게 채택되고 억압되었는가를 보면서 왜 혁명이 실패했는지 배우게 되었다. 그리고 길버트 조셉Gilbert Joseph의 연구가 촉발한 라틴아메리카에 존재하는 도적단의 성격에 관한 논쟁을 주시했다. 우리는 '적대 의식'oppositional consciousness에 관련된 캐런 스팰딩Karen Spalding의 저작을 읽었고, 제임스 스콧James Scott의 '약자를 위한 무기'를 공부했다. 민속지학 연구에서 타자의 재현에 관한 문제를 발전시킨 조지 마커스George Marcus와 제임스 클리포드James Clifford도 있다. 한편, 하위주체연구를 지향하는 최초의 시도 중 하나로 보여지는 대니얼 누젠트Daniel Negent의 저서 『멕시코 농촌지역의 봉기』Rural Revolt in Mexico는 근대 라틴아메리카와 미국과의 관계에 대한 다양한 역사적 틀을 제공한다.

동시에, 우리는 하위주체에 관한 문제에 대해 이들의 작업에서 전개되어 왔던 방식에 완전히 동의하지는 않는다. 라틴아메리카 연구에서 사회과학자들은 남아시아 그룹처럼 이론-비평적 수준에서 하위주체의 이슈를 제기하지 않았다. 그들은 주로 자신의 분야의 내부에서 어떤 방식으로 하위주체에 접근할 것인가에 관심을 쏟았다. 그들은 효과적인 방식에 대해 질문했다. 어떻게 우리의 분야를 좀더 확장시킬 것인가? 문서

---

16) 크레올(스페인어로는 크리오요)은 유럽 출신을 혈통을 가지고 아메리카 식민지에서 태어난 백인을 지칭한다. 이들은 지배계급에 속해 있었지만 신분상 제약으로 식민지 본국 출신자에 비해 차별을 받아 왔으며, 그들의 불만과 신분상승의 의지는 라틴아메리카의 독립을 촉진시켰고, 이들이 바로 독립의 주도층이 되었다. ─옮긴이

와 자료들을 새로운 방식으로 읽을 수 있을까? 혹은 역사적인, 민속지학적인 기록에 적절하지 않게 재현된 사람들을 이해하기 위해 어떤 방식의 새로운 현장작업이 필요한가? 역사가로서 퍼트리샤 시드의 이러한 불만족에 대한 저술은 『라틴아메리카 리서치 리뷰』Latin American Research Review라는 저널에서 엄청난 논쟁을 일으킨 바 있다.[17]

다양한 의미에서 시드는 여전히 기존의 역사가와 사회과학자들 사이에서 예외라고 볼 수 있다. 하지만 문학비평가 출신인 우리들은 그들보다 더 분명한 방식으로 우리 분야의 위기를 경험했다. 교육자로서, 비평가로서, 작가로서 우리들은 스스로 '지식인 도시'로 인식하고 있기에, 그것은 단지 학계 **바깥**에 존재하는—도적과 농민봉기를 연구하거나, 인류학적 현장연구를 하는—연구를 의미하지 않는다. 그것은 우리가 문학, 문학비평, 문학연구의 틀 안에 있을 때 권력관계나 종속을 만들어 내고 그것을 재생산하는 데 우리들 자신이 관련되어 있다는 사실을 연구하는 것을 의미한다. 다시 말하면 엘리트와 하위주체의 관계를 생산하고 재생산하는 학계 그 자체의 복합성—권력의 지도에서 우리가 놓인 복잡한 위치—을 고려해야 했다.

라마의 『지식인 도시』는 어떤 의미에서는 국가를 연구한 저작이다. 만약 식민시대부터 현재에 이르기까지 '지식인 도시'의 계보학을 추적한

---

17) Patricia Seed, "Colonial and Postcolonial Discourse", *Latin American Research Review* 26, no.3, 1991. 이에 대한 대답으로는 *Latin American Research Review* 28, no.3, 1993에 실린 다음 글들을 보라. Rolena Adorno, "Reconsidering Colonial Discourse for Sixteenth - and Seventeenth - Century Spanish America"; Walter D. Mignolo, "Colonial and Postcolonial Discourse: Cultural Critique or Academic Colonialism?"; Hernán Vidal, "The Concept of Colonial and Postcolonial Discourse: A Perspective from Literary Criticism".

다면, 그것이 단순히 문학-문화적 제도만을 묘사하는 것이 아닌, 라틴아메리카 국가의 성격을 설명하고 있음을 확인할 수 있다. 그러므로 라틴아메리카의 엘리트 문화와 헤게모니 사이의 관계에 관한 그람시(혹은 푸코)의 관점을 가지게 되며, 국가 및 국가와 관련된 제도와 그 기능의 한계에 관해 보다 정밀하게 사고하는 한 방법이 될 것이다. 라틴아메리카 민족-국가는 언어-문화적 종족성에 영토성을 결합하는 유기적인 관계에 근거하고 있지 않다. 그런 의미에서 민족-국가를 오히려 문학과 출판기술이 만들어 낸 '상상의 공동체'로 정의하는 베네딕트 앤더슨의 민족에 대한 사고를 정확하게 예시화한다. 라틴아메리카 문학은 알레고리적인 '토대로서의 소설'을 통해 민족-국가의 성립에 복무하였을 뿐 아니라, 이러한 국가들을 이루고 경영했던 식민지와 크레올 엘리트를 호명한 이데올로기적 실천이었으며, 국가권력을 집행하고 글을 쓰고 이해하는 역량에 권리를 부여하는 자기정의 및 자기정당성의 기제였다.

    1960년대와 70년대 종속이론의 영향력하에서 쓰여진 라틴아메리카 문학비평에서, 문학은 보다 포괄적인 민족-국가의 형성에 필요한 문화적 혼합주의를 위한 매개체로 인식된다. 붐 소설을 통해 예시화한 '서사적 문화횡단'narrative transculturation이라는 라마의 아이디어는 아마도 이에 대한 가장 일반적이고도 영향력 있는 표현일 것이다(2장에서 이에 대해 본격적으로 논의하겠다). 라마는 자신의 작업에서 '지식인 도시'가 문학의 개념에 대한 근본적 방향 전환의 시작점이 된다는 사실을 상기시킨다. 이전에는 문학을 국가 근대화나 민주화의 도구로서 보았다면, 이제는 종종 임의적이고 애매한 영토적 구획에 잠재된 정체성과 이익을 적절하게 재현하거나 최대한으로 통합하는 역할을 하는 민족-국가의 현존 형태를 함의하는 형식으로 본다.

남아시아 하위주체연구 그룹이 인도의 민족과 민족주의에 대한 질문을 취하는 방식은 비록 매우 다른 역사적 맥락을 갖지만, 문화적 행위자에 대한 관점의 전환과 연관되어 있다. 즉, 라틴아메리카에서 발생하는 민족, 민족문화, 성, 인종, 계급, 권력, 문학의 관계를 새로운 방식으로 사고할 수 있도록 영감을 불어넣는다. 많은 라틴아메리카 연구 동료들은 2차 세계대전 혹은 그 이후로도 지속된 영국의 식민지배 아래 있던 인도 대륙에서 발전된 이론을 받아들이고, 대체로 19세기 초반에는 이미 형식적으로 독립상태에 있던 라틴아메리카 국가에 이 이론을 적용하는 것에 대해 우려를 표명했다. 그러나, 하위주체연구의 아이디어가 본래 포스트식민주의 인도에서 유래한 것이 아니라, 파시즘하의 이탈리아에서 왔다는 것을 상기할 필요가 있다. 우리는 그람시의 『옥중수고』Prison Notebooks에 나오는 「이탈리아 역사에 관한 노트」Notes on Italian History에서 '하위주체 계급의 역사'에 관한 스케치를 주목한다. 「이탈리아 역사에 관한 노트」에서 그람시가 제기하는 문제는 19세기 민족통일운동Risorgimento으로부터 형성된 근대 이탈리아가 지닌 국가의 허약함이었다. 구하가 "민족이 스스로 자신을 실현시키지 못하는 역사적 실패"에 관한 그의 논평에서 보여 준 그람시의 가설은, 이 허약함이 민족-민중의 의지를 체현하는 자유주의적 부르주아의 정치적 지도력하에서 형성된 국가의 무능력에 기인한다는 것이다. 그람시는 이 지도력이 프랑스 혁명에서의 자코뱅당과는 달리 근본적 토지개혁 문제를 제기하지 않았고, 따라서 농민계급과 '남부' 지역을 민족 형성의 과정으로 끌어들이지 못한 결과라고 보았다. 결국 민족통일운동은 대중의 참여 없는 '수동 혁명'passive revolution이었다. 그리고 이러한 실패는 파시즘에 빌미를 제공한다.[18]

그람시는 한때, 주어진 민족공동체에서 이질적인 사회적 행위자들이 지배적인 위치에 서는 것 그리고 이것을 가능하게 하는 헤게모니 블록의 필요성을 지적하면서, 민족 언어와 연재소설과 같은 새로운 형태의 문학과 예술의 형성을 위한 문화적·정치적 개념으로 민족-민중의 사상이 기능한다고 보았다. 그가 생각하기에, 민족통일운동에서 이탈리아 민족주의의 실패는 그가 전통적 지식인이라고 일컫는 이들(즉, 코스모폴리탄 혹은 보편적인 세계관을 가진 '문자-지식' 인텔리들, 라틴아메리카의 스페인어 사용 지식인들)과 이탈리아 민중 계급들 사이의 분리에 그 원인이 있다. 유럽의 일부 지역에서 르네상스 휴머니즘과 그것이 낳은 새로운 세속적 토착문학이 자유주의와 민족주의의 씨를 뿌린 반면, 역설적으로 휴머니즘과 근대문학의 발상지인 이탈리아에서는 문학과 예술 인텔리겐차들이 교회와 영주에 속박되어 있었다. 이탈리아어는 엘리트의 언어인 반면에 '민중'들은 여전히 지방의 방언을 사용하고 있었다. 따라서 그람시가 내린 결론은 이탈리아에서 "'작가'와 '민중'이 같은 세계관을 가지고 있지 않았기 때문에 대중예술 문학도 지방에서 생산되는 '민중' 문학도 만개하지 않았다. …… 지식인은 대중, 즉 '민족'과 가까이 있지 않아 결과적으로 '민족적'인 것과 '민중적'인 것은 합치되지 못하고 만다. 대신에 그들은 아래로부터의 강력한 민중적 혹은 민족적 정치운동에 의해 깨지거나 흔들린 적이 없는 강력한 계급 전통에 매여 있었다"라는 것이다.[19] '지식인 도시'에 대한 라마의 계보학과 근대 라틴아메리카 형성

---

18) "이탈리아의 부르주아는 자신들 주위로 민중을 통합할 능력이 없었으며, 이것이 바로 그들의 패배와 외부의 개입을 초래한 원인이다." Antonio Gramsci, *Selections from the Prison Notebooks*, eds. and trans. Quintin Hoare and Geoffrey Nowell Smith, New York: International, 1971, p.53.

19) Gramsci, *Selections from Cultural Writings*, eds. and trans. David Forgacs and Geoffrey Nowell Smith, London: Lawrence & Wishart, 1985, pp.206~208.

에서 바로크문학의 역할에 대한 최근의 활발한 논쟁에서는 17세기와 18세기 초반 스페인과 라틴아메리카에 이와 같은 유사점이 발견된다는 주장이 대두된다.[20]

그람시에게 '하위주체'와 '민중적' 이 두 단어는 상호 교환 가능한 개념임이 분명하다(이것이 하위주체연구의 테마로 포함되어야 할 것인가에 대해서는 4장에서 논의하겠다). 이런 의미에서 '하위주체 계급' 혹은 '하위주체 사회그룹'(그람시는 양자 모두를 사용하였다)은 간단히 말해 『옥중수고』에서 보여지는 이솝우화식 언어의 한 측면이다——빈번한 우의의 사용이 감옥의 검열을 피하기 위한 에둘러 말하기라면 '실천철학'은 맑시즘, '통합주의'는 혁명적인 것을 지칭하는 것과 마찬가지로, '하위주체'는 농민이나 노동자로 이해되어야 할 것이다. 그리고 자신을 맑시스트라 간주했던 많은 이들에게 하위주체의 문제는 적절히 이해되어야 한다.

그러나 하위주체에 관한 그람시의 사상은 (정당이라 일컫는 좁은 의미에서의) 정치적 혹은 경제적인 것보다는 넓은 의미에서 문화적인 의식, 모순 그리고 정치적 행위자의 결정과 사회적 갈등에 초점을 맞출 것을 제안한다. 그람시에게 헤게모니를 둘러싼 관계는 반드시 교육적 관계가 되는데, 이는 지적·도덕적 지도력에 의해 절합되는 공통의 프로그램 주위로 다양한 사회적 행위자들이 블록을 형성할 가능성을 갖는다. 『옥중수고』에서 이 효과에 관하여 그는 제2인터내셔널과 코민테른의 경제주

---

[20] 이 논쟁에서 각각의 측면에 대한 논리적 근거로는 다음을 참고하라. Roberto González Echevarría, *Celestina's Blood: Contintuities of the Baroque in Spanish and Latin American Literature*, Durham: Duke University Press, 1993. 또한 나의 책도 참고가 될 수 있다. John Beverley, *Una modernidad obsoleta: Estudios sobre el barroco*, Los Teques, Venezuela: Fondo Editorial ALEM, 1997.

의가 결코 1차 세계대전 이후 10년간 지속된 파시즘의 발호를 막을 수 없었다는 사실을 인지했다——물론 감옥에 갇히게 된 조건이 그의 이론을 더욱 견고하게 만들었다. 결과적으로 파시즘으로 인해 그는 감옥에 갇히는 첫번째 실패를 경험한다.

데이비드 포각스David Forgacs는 이렇게 정리한다. "그람시에게 '문화'는 이데올로기가 확산되고 조직되는 장소이며, 헤게모니가 형성되고 해체되며 재구성되는 자리이다."[21] 이것이 사실이라면, 그람시의 주장은 바바의 표현을 빌리자면 '문화의 위치'에 나타난——종종 포스트모더니티 그 자체로 정의되는——전환을 어느 정도 이미 예견한 것이다. 냉전시대 학계에서는 호세 호아킨 브루네르José Joaquín Brunner가 "문화의 '문화화된' 시각"이라고 명명한 정의가 우세했다. 문화는 우리가 일을 끝내고 집에 돌아온 후 일어나는 것, 다시 말해, 일요일자 신문의 '예술과 문화'란에 나오는 것이다. 탈구조주의의 언어를 사용하자면 그것은 사회적인 것의 '부록'인 셈이다. 인문학은 미학적 형식주의라는 벽 뒤에서 칩거한다. 그리고 실용적인 목적과 이데올로기의 영역으로부터 문학의 자율성을 주장하며, 따라서 예술적이고 문화적인 생산을 따로 떨어진, 전문화된 행위로 간주한다. 이런 경향을 바탕으로 앵글로아메리카 문학비평에서 형식주의는 텍스트의 '본능적'인 것과 '비본질적'인 것을 구분하였다. 르네 웰렉René Wellek과 오스틴 워렌Austin Warren의 『문학 이론』Theory of Literature은 이를 잘 표현한 책으로 1950~60년대에 문학을 전공한 대학원생에게 이론적 길잡이가 되었다.

---

21) David Forgacs, "National-Popular: Genealogy of a Concept", ed. Tony Bennett, *Formations of Nations and Culture*, London: Routledge, 1984, p.91.

과도하게 가치평가된 휴머니즘의 유산과 부르주아 고급문화에 의해, 또한 실용주의나 경험주의적 관점에서 '강하기'보다는 '부드러운' 것으로서 가치절하된 인문학은 여전히 "문화의 '문화화된' 시각"으로 간주된다. 역사가와 사회과학자 사이에서 하위주체연구가 조롱당하는 이유는 그것이 '문화주의'의 일종이라는 것이다. 브루네르는 이를 "전형적으로 고착된 근대적 경향"이 만들어 낸 부정적인 징후로 본다. 즉, 이해타산 논리가 지배하고, 인식론적으로는 소통 이성의 가치가 부재하는 도구적 이성의 지배를 의미한다. 또한 상호주관적으로 직조된 소통의 영역과 경제, 과학, 일상생활의 물질적 조건을 포함하는 기술 진보의 분리가 있을 것이다. 사실, 이 모든 것들은 전통, 욕망, 신념, 이상 그리고 가치가 공존하며 문화의 영역이 구체적으로 반영하는 생활-세계와 결코 분리할 수 없다.[22]

물론, 변화의 조짐은 문화가 새로운 권력 행위라는 것을 인식하는 것에서 비롯된다. 이 사실은 역사학자, 인류학자, 정치학자, 교육 이론가, 정책연구가, 사회학자 사이에서 공유될 뿐 아니라, 발전의 '문화적 지속가능성' 혹은 신자유주의 경제정책의 (종종 파괴적인) 효과를 '사회적으로 조정'할 필요성을 느끼게 된 세계은행이나 국제통화기금IMF조차도 이러한 사고에 동의하게 되었다. 제임슨은 '탈근대'의 문화적 레퍼런스가 된 유명한 에세이에서 문화의 역할에 대한 이러한 새로운 자각은 포스트모더니즘을 '문화적 논리' 혹은 세계화의 초구조적 효과로 이해하는 것에

---

22) José Joaquín Brunner, "Notes on Modernity and Postmodernity in Latin American Culture", eds. Beverley, Oviedo, and Aronna, *The Postmodernism Debate in Latin America*, p.35.

대한 결과라고 주장한다. 제임슨이 보기에 세계화는 특별한 성격이 추가된 자본주의의 새로운 단계인데, 문화와 예술의 기능은 자율적이거나 반semi-자율적인 영역으로서 도구저 이성이나 윤리적 혹은 실용적 윤리학으로부터 분리된다는 베버의 근대성 모델은 더 이상 의미를 갖지 못한다. 제임슨은 문화가 기존 이론을 파괴하는 방식으로 사회적인 영역을 넘나든다고 주장한다.[23] 실제로 그러한 사회적인 것은 '기표의 효과'로 나타나는데 이는 존재론적 선행조건보다는 문화적 재현에 대한 투쟁의 결과이다. 서로 다른 영역 사이에 존재하는 경계가 허물어지는 결과를 보여 주는 것이 바로 새로운 형태의 '인식지도 그리기'라고 제임슨은 믿는다. 하위주체연구는 포스트모던 인식지도 그리기의 한 방법이라 할 수 있다.

라틴아메리카 내부에서도, 사회과학 분야가 갖게 된 문화에 대한 새로운 관심은──종종 '그람시로의 회귀'라고 명명되는데──부분적으로 1970년대 권위주의적-테크노크라틱 독재가 등장한 결과이다. 그전에는 경제적 근대화와 민주화는 동일한 좌표로 움직이는 방정식이라는 사고(자본주의든 국가주도적 자본주의 형태든 간에)가 지배적이었으며, 좌로부터 우까지 모든 정치적 스펙트럼과 종속이론으로부터 진보를 향한

---

23) "그러나 문화가 오늘날 다른 것들 사이에서 기준이 되었던 초기 자본주의 시대(자본주의 이전 시대는 말할 것도 없고)와 달리 더 이상 상대적인 자율성을 가지고 있지 않다고 주장하는 것은 문화가 사라지거나 소멸한다는 것을 의미하지는 않는다. 오히려 정반대다. 우리는 문화의 자율적 영역의 해체를 혁명적인 관점으로 바라보아야 한다. 경제적 가치와 국가의 권력에서 실천과 심리 그 자체의 구조에 이르기까지, 우리 사회적 삶의 모든 영역으로의 팽창은 독창적이긴 하지만 이론화되지 않은 의미로 '문화적'이 되었다"(Fredric Jameson, *Postmodernism, or the Cultural Logic of Late Capitalism*, Durham: Duke University Press, 1991, p.48).

통합에 이르기까지 거의 모두가 이에 동의했다. 하지만 (이전의 브라질과) 대륙 남쪽 끝의 세 국가(아르헨티나, 칠레, 우루과이)의 경험은 민주화가 반드시 경제적 근대화와 연결되는 것이 아니고 그 반대의 경우도 마찬가지라는 것을 보여 주며, 자본주의 그리고 명시적으로는 사회주의 혹은 국가-자본주의 형태에서의 경제적 근대화가 언제나 민주화를 동반하는 것이 아님을 증명한다. 그러므로 근대화와 종속이론 모델을 대체하기 위해서 근대의 다양한 비동시적인(문화적, 윤리적, 이데올로기적, 정치적, 법적 등등) '영역'과 그 상호작용의 '구조적 인과관계'에 대해 질문을 던지게 되었다. 이러한 탐구는 주체성과 정체성, 그리고 라틴아메리카인들의 종교적, 언어적, 인종적 이질성heterogeneity에 관심을 기울이도록 했다(브루네르 자신의 작업은 살바도르 아옌데와 인민연합의 실패와, 이후 피노체트 독재에 대항한 투쟁의 영향을 받는다). 라틴아메리카 사회과학에서 '그람시로의 회귀'는 바로 세계화의 효과이며 좌파 혁명프로젝트의 실패 혹은 정체를 함의하는데, 그 결과 정치적으로는 신사회운동New Social Movement과 정체성 정치Identity Politics가 전면으로 등장한다.[24]

문화와 '정체성'이 이 새로운 중심이 된다는 사실은 역설적으로 라틴아메리카 연구에서 문학비평과 이론에 전위로서의 기능을 부여한다.

---

24) Sonia Alvarez, Evelina Dagnino, and Arturo Escobar, *Cultures of Politics/Politics of Cultures: Re-Visioning Latin American Social Movement*, Boulder: Westview, 1998. 이들의 컬렉션은 아마도 라틴아메리카 연구에서 새로운 패러다임에 대한 가장 진화한 형태를 보여 준다. 중심적 논의는 "오늘날 라틴아메리카에서 모든 사회운동은 문화정치를 지향한다"라는 것이다(*Ibid.*, p.6). 라틴아메리카 연구에서 '그람시로의 회귀'에 대해서는 다음을 참고하라. José Aricó, *La colo del diablo: Itinerario de Gramsci en América Latina*, Buenos Aires: Puntosur, 1988; Carlos Nelson Coutinho and Mario Aurelio Noguerira eds., *Gramsci e a América*, Sao Paulo: Paz y Tierra, 1988.

하지만 헤게모니의 문화적 측면에 대한 그람시의 주장은 또한 "문화의 '문화화된' 시각"으로부터 빠져나오기 위한 커다란 동력이 되었다. 그는 이탈리아 역사에서 하위주체/엘리트 정체성을 생산하는 헤게모니의 역동성이 전통적 지식인들이 문화로 간주했던 문학, 고전음악, 오페라, 저술 문학, 아름다운 문체, 문학적 이탈리아어 등 소위 '고급문화'와, 예를 들어 지방어와 같이 민중계급에 의해 이해되고 존속되는 문화를 서로 대립하게 만든다고 보았다.

따라서 역사가나 사회과학자들은 마치 문학연구나 예술사를 단순히 연구대상으로 포함함으로써 문제가 쉽게 해결될 수 있다고 믿지만, 그것은 '문화' 자체만의 문제가 아니다. 문화를 비-'문화화된' 방식으로 받아들이는 것은 기존 학문의 경계를 제대로 전복할 수 있는 새로운 형태의 학제간 혹은 학제 내의 발전을 요구한다. 그것이 바로 문화연구라고 불리게 된, 1960년대에 뒤늦게 태어난 아이가 한 약속이다. 이 책의 주된 고민은 종종 합치되면서도 때로는 모순적인 하위주체연구와 문화연구의 관계에 있다.

구하는 하위주체연구를 "역사의 작은 목소리를 듣는 것"으로 정의한다.[25] 같은 맥락에서, 나는 종종 하위주체연구와 문화연구 모두가 장-프랑수아 리오타르Jean-François Lyotard가 포스트모던에 대해 정의를 제공한 '거대서사에 대한 불신'과 연결되어 있다고 보았다. 즉, 위기에 봉착한 근대적 개념은 유럽중심적인 역사학과 실용주의적 인식론에 기반을 두고 있으며, 목적/수단의 이성중심주의는 시장, 국가, 그리고 이에 상응하는 학계 교과목의 시행 과정에 내면화되어 있다. 차이점은 아마도 리오

---

25) Ranajit Guha, "The Small Voice of History", *Subaltern Studies* 9, 1996, pp.1~8.

타르의 '거대서사에 대한 불신'이 세계화 프로젝트 자체에 의해 실현되는 반면 —사실, 그는 세계화 밖에서 벌어지는 행위는 의미 없는 것으로 생각하였다—, 하위주체연구는 (비록 내가 이 용어를 그다지 좋아하지는 않지만) '저항의 포스트모더니즘'이라 불려 온 것과 같은 세계화 과정에서 헤게모니를 가진 쪽에 반대하기 위해 절합하는 시도라는 것이다.

포스트모더니즘 사상과 실천의 다른 형식과 마찬가지로, 하위주체연구는 기존의 학제가 가진 의제를 근본적으로 위협할 수 있는 인식론적 단절을 추구한다. 하위주체연구나 문화연구에 관련된 모든 이들은 다음의 질문이 낯설지 않을 것이다. "당신은 학계의 지식을 정치화해야 한다고 주장하지만, 교과체제가 만든 문학, 역사학 혹은 인류학, 순수과학을 연구하면서 개인적으로나 정치적으로 우리들이 이미 투자해 놓은 것을 잊고 있거나 무시하고 있다. 여기서 정치적 투자라 함은 우리의 작업의 결과가 어떤 것이 진실이며 그렇지 않은가에 영향을 미친다는 것, 그리고 교육이나 연구를 위한 공적인 자금지원이 구조에 영향을 미친다는 것을 의미한다. 고등학교에서 수업이 어떻게 진행되는지, 박물관 전시가 어떤 방식으로 기획되는지, 기술의 사용과 그 한계에 대하여, 민족의 서사가 무엇이고 어떻게 이야기되는지, 그리고 결정적으로 헤게모니에 대한 문제로 이어진다. 학계는 왜곡과 한계를 가질 수도 있겠지만, 그 권위는 결국 이성과 과학적 진리의 권위이며, 무지와 불평등, 억압을 극복하기 위해 반드시 필요한 권위다. 하버마스에 동의한다. 계몽의 기획은 여전히 불완전하다. 그동안 당신들은 거의 이해 불가능한 언어로 탈구조나 결정 불가능성에 관해 이야기해 왔다. 실제 세계라는 텍스트에서 당신들은 실수를 저지른다. 텍스트를 읽는 것과 동일한 방식으로 실제 세계를 읽을 수 있다. 당신들이 도움을 주기보다는 해를 입히는데, 실제로 당신들은 공적 영역으로부터 당신들을 고립시키기 때문이다."

나는 이 주장을——명백히 소칼 사건Sokal affair에 빚지고 있다——좌파 혹은 자유주의 정치 안건을 가진 문화이론에서 새로운 방향에 대해 의구심을 갖는 일부 동료에게서 보이는 하위주체연구에 대한 저항의 하나로 여기에 포함시켰다.[26] 하지만 이 저항은 다른 이론적 경향들이 관심, 영향, 제도적 지원에 유리한 위치를 차지하려는 것처럼, 문화이론의 영토 내부에서도 나타난다. 이와 관련된 몇 가지 논쟁 지점에 대해서는 다음 장들에서 간략히 논의하도록 하겠다.

하위주체연구는 종종 포스트식민주의연구의 부분집합으로 보여진다. 하지만 이 둘 사이가 항상 완벽하게 맞아떨어지는 것은 아니다(일례로, 하위주체연구는 그 범주에서 포스트식민주의 세계에 국한되지 않는다). 바바는 『국민과 서사』 중 본인이 쓴 논문에서, '혼종성'hybridity을 포스트식민주의연구의 중심적인 개념으로 강력히 주장한다. 바바는 혼종성이 식민적 권력의 효과 중 하나라고 본다. 그 영역에서 식민주체 혹은 하위주체는 식민주의 기획 그 자체에 의해 강요된 이원론을 '파괴'하거나 '번역'할 수 있다.[27] 나는 4장과 5장에서 이와 관련하여, 그리고 가야트리 스피박과 네스토르 가르시아 칸클리니의 연구에서 혼종성과 대체성에 관해 자세히 논의할 것이다. 하지만 여기서 내가 말하려는 논지를 밝혀 둘

---

26) 내 친구 폴 보베(Paul Bové)는 이 경향을 '좌파 보수주의'라 부른다. 이는 아마도 실증주의 인식론과 좌파 개혁주의의 결합으로 정의될 수 있겠다.
27) "'민중'과 '민족'의 이름으로 기능하는 문화 정체성화와 담론적 언술은 …… 문화적 차이와 정체성——젠더, 인종 혹은 계급——을 이야기할 때, 사회적 적대성의 결과로 나타나는 위계적 혹은 이분법적 구조화 과정에서 재현될 수 있는 것이라기보다는, 오히려 혼종적이다"(Homi Bhabha, "DissemiNation", ed. Homi Bhabha, *Nation and Narration*, London: Routledge, 1990, p.292).

필요가 있겠다. 물론 나는 우리 모두가 두 명의 다른 사람들에게서 나온 유전적 생산물이라는 사실로 시작하는, 어느 정도로 혼종임을 부정할 수 있는 정체성은 결코 존재하지 않는다는 데 동의한다. 그리고 정체성은 탈중심화되고, 복수이며, 우연적이고, 잠정적이고, 수행적이다. 모든 의미화는 부재하거나 부족한 상태에 있다. 인류를 이분법적으로 분류하는 것은 푸코가 '생체권력'biopower이라고 부르는 것의 특징 중 하나다. 하위주체연구가 보여 주는 것은 정확히 민족의 서사 자체가 가지는 균열이며, 그 균열은 다른 이야기, 다른 생산양식 그리고 다른 가치와 정체성을 드러낸다. 논의가 지나치게 한 방향으로 흘러갈 위험을 감수하면서, 그럼에도 불구하고, 이 책의 주요한 주제는 하위주체/지배의 관계를 이론적으로 재현하는 것이고, 그것이 아카데미 내에서 하나의 이론적-정치적 기획으로 기능한다는 측면에서, 하위주체연구는 바바가 명명한 "사회적 적대성의 이분법적 구조화"와 긴밀히 연관된다는 것이다.

현대 학계에서 혼종성 논의가 가진 매력은 매우 명백하다. 혼종성은 문화의 구원적 가치를 믿는 아도르노적인 신념의 일종인 인문학이 가진 "자발적 이데올로기"spontaneous ideology(알튀세르의 표현이다)라는 점에서 하위주체와 탈식민성이 가진 관심과 일치한다. 하지만 한편으로는 "문화의 '문화화된' 시각"이라는 브루네르의 지적으로 다시 돌아가게 한다. 반대로, 나는 여기서 학계에 의해 일반적으로 이해되는 방식으로서의 '문화'의 권위에 반대하는 것으로서, 하위주체와 하위주체 문화실천을 제안하고자 한다.

미국의 학계로부터 벗어난 새로운 형식의 이론과 민족주의 좌파의 관계에 관한 질문은 라틴아메리카 내의 혹은 라틴아메리카를 위해 말하기를 원하는 지식인들에 의해 특히 하위주체연구와 현재의 포스트식민주의 문화이론에 반대한 논쟁에서 그 중심을 차지한다. 나는 이를 설명하기 위해, 1997년 멕시코 과달라하라에서 열린 라틴아메리카 학회연합Latin American Studies Association에서 발표한 우고 아추가르의 논문과 마벨 모라냐의 논문을 예로 들겠다.[28]

모라냐와 아추가르는 세 가지 상호관련된 논점을 제시한다. ① 하위주체와 포스트식민주의연구는 정체성 정치와 다문화주의에 대한 북미적 문제의식을 보여 주고, 그리고/또는 탈식민성에 관한 미국식 논쟁이 라틴아메리카로 옮겨 와서 다문화주의나 식민주의로 환원되기 힘든 라틴아메리카의 다양한 역사와 사회-문화 형성 과정과 결과를 왜곡한다.[29] ② 이 두 가지 기획 모두가—토착의 연고에 기반한—라틴아메리카 지식인들이 이전에 구하와 남아시아 하위주체연구 그룹이 제기한 역사적·문화적 재현의 문제에 깊은 관심을 가져왔다는 사실을 무시한다. 하위주체와 포스트식민주의연구는 아추가르가 언급한 '라틴아메리카의 사상'을 의도적으로 망각하며 라틴아메리카 지식인과 지적 전통의 권위를 암묵적으로 부정한다. '이론' 자체가 가지는 악명 높은 영향력은 세계화와 연결되어 미국이 지배하는 일종의 문화제국주의, 혹은 북미 학계가 라틴아메리카로부터의 혹은 라틴아메리카에 대한 지식을 '중개'하는 형태라는 범아메리카니즘의 새로운 형태로 볼 수 있다. ③ 민족, 민족주

---

28) Hugo Achugar, "Leones, cazadores e historiadores: A propósito de las políticas de la memoria y del conocimiento", *Revista Iberoamericana* 180, 1997, pp.379~387; Mabel Moraña, "El boom del subalterno", *Revista de Crítica Cultural* 14, 1997, pp.48~53.
29) 호세 클로르 데 알바(José Klor de Alva)는 유사한 우려를 표명하면서, 라틴아메리카 식민성의 조건이 식민성이라는 개념 자체의 생명력에 도전한다는 측면에서 아시아 혹은 아프리카와는 근본적으로 다른 것이라고 주장한다.

의 그리고 미국의 히스패닉화와 같은 이주 현상에 이론적 기반을 제공함으로써, 포스트식민주의와 하위주체연구는 민족 혹은 지역 정체성과 발전에 관해 라틴아메리카가 자신의 기획을 배양할 수 있는 능력을 기르는 데 공헌을 할 수 있을지도 모른다. 그러나 하위주체연구는 (가능한) 헤게모니적인 재현을 강조하며 비참한 상태에 놓인 하위주체의 상황에 호소하는 것을 넘어서지 못하며, 특히 민족의 지속성, 어느 정도로 정치적으로 각성된 시민계급, 하버마스의 공적영역, 기억 그리고 세계화 과정에서 불평등한 심지어 적대적이기까지 한 관계에 놓인 라틴아메리카의 개별 민족-국가와 라틴아메리카 일반의 이해를 관철시키려는 기획에 필요한 정치적 감각이 부족하다.[30]

나는 라틴아메리카 출신 비평가와 하위주체연구를 가르는 쟁점이 결과적으로는 우리가 공유하고 있는 관심보다는 덜 중요하다고 생각한다.[31] 특히 나는 북미 학계의 위세와 권력에 대한 문제에 매우 민감하다.

---

30) 마벨 모라냐는 하위주체연구가 "중심부 담론으로서 라틴아메리카를 역사 이전 단계의, 주변적인, 카니발적인 타자의 위치에 놓음으로써 중심-주변의 동학을 명백하게 재사용한다"고 비판한다(Moraña, "El boom del subalterno", p.50). 아추가르의 의견도 유사하다. "소위 포스트식민주의연구의 이론적 배경에서 라틴아메리카에 제한되는 구조화는 그들이 말하는 곳의 위치가 민족의 위치로서가 아니고 그렇게 될 수 없으며 단지 식민 과거의 자리라는 것이다. …… 라틴아메리카를 읽는 장소는 한편으로는 공통의 자산이라는 역사적 경험에서 나온 것이며, 다른 한편으로는, 자신의 시민사회에 자리 잡은 북미 학계가 안건을 논의하는 장소다"(Achugar, "Leones, cazadores e historiadores", p.381). 두 비평가 모두 개러스 윌리엄스가 신-오리엔탈리즘이라고 이전에 비판했던 「라틴아메리카 하위주체연구에서 문화적 교환의 환상」에 대해 명확히 알지 못했던 것 같다. Gareth Williams, "Fantasies of Cultural Exchange in Latin American Subaltern Studies", ed. Georg Gugelberger, *The Real Thing: Testimonial Discourse in Latin America*, Durham: Duke University Press, 1996, pp.225~253.
31) 월터 미뇰로의 이론에 등장하는 '위치의 정치학'은 라틴아메리카 하위주체연구 그룹 내부에서도 중심적 이슈의 하나였는데, 비평가들은 이를 보다 충분히 다루는 데 실패한다.

세계체제의 모든 영역에서 미국의 헤게모니가 신자유주의 정책과 맞물려 점점 거대해짐으로 인해, 특히 라틴아메리카의 대학과 지적 세계는 심각한 훼손을 경험한다. 하지만 그들의 주장에 대한 잠정적인 답변으로 다음 사항을 말하고 싶다. 사실상 세계화가 라틴아메리카 지식인들의 권위의 이동을 야기했다면, 하위주체연구에 대한 저항은 그 자체로 일종의 하위주체성의 징후——현재의 세계체제에서 라틴아메리카의 문화, 국가, 경제, 지적 노동의 불평등한 위치(나는 폴 드 만Paul de Man이 언급한 "문학연구에서 이론에 대한 저항은 그 자체로 이론의 하나다"라는 주장을 떠올린다)——인 것이다. 모라냐와 아추가르, 그리고 조금 다르지만 4장에서 언급하게 될 베아트리스 사를로는 하위주체연구와 포스트식민주의 이론이 라틴아메리카에 적절하다는 것에 반대하는데, 이를 나는 일종의 신-아리엘리즘으로 명명한다. 호세 엔리케 로도José Enrique Rodó는 19세기 말, 20세기 초의 라틴아메리카를 '공기의 창조물', 아리엘 시인으로 묘사하며, 미국과 동일시되는 사고의 형태와 실천의 이론에 반대하여 라틴아메리카의 문화적 기억을 담아내는 데 기여하는 라틴아메리카 문학, 문학비평의 권위를 되살리고 있다.

하지만 아리엘리즘은 정의 그 자체로 바바의 혼종성과 같이, "문화의 '문화화된' 시각"의 또 다른 이데올로기에 다름 아니다. 왜냐하면 라틴아메리카의 '지식인 도시'의 권위가 도전받고 있는 이유는 하위주체, 포스트식민주의, 맑시즘과 후기맑시즘, 여성주의, 퀴어 혹은 그밖의 다른 '이론'이나, 혹은 메트로폴리탄 학계 때문만이 아니다. 마찬가지로 라틴아메리카 민족이 자신의 형태를 만들어 가는 데 있어서 실패를 의미하며, 신사회운동의 도래를 포함하여 라틴아메리카 내부에서 세계화의 효과가 동반하는 변화와 투쟁으로 인한 것이다. 하위주체연구가 문화연구와 공유하는 바는 민주화가 대중적 수용에 관한 해석학적 권위의 이동을 함축하고 있다는 점이며, 이로 인해 두 기획은 주요한 합치점을 찾는다. 하지만, 그것은 또한 '지식인 도시'가 가졌던 권위의 이동을 의미한다. 누군가는 로도의 아리엘리즘을 세기가 바뀔 무렵에 나타난 앵글로-아메리카의 문화적 제국주의에 대항하는 하나의 저항으로 이해하며 칭찬할 수 있을 것이다. 하지만 라틴아메리카에서 하위주체의 위치에 기초한 대립 형태가 유효하다는 것을 직접 혹은 간접적으로 거부함으로써, 모라냐와 아추가르의 주장은 그들 자신의 국가를 위해 말하려고 할 때조차도 역사와 그 특징을 잘못 재현하고 마는 사르미엔토Domingo Sarmiento식의 무의식적 백인우월주의blanqueamiento의 오류를 범할 수 있다.

왜냐하면 하위주체연구는 식민 상황, 혹은 이전에 식민지 타자에 대한 성찰에 관한 것만은 아니기 때문이다. 남동부 브라질과 우루과이가 스페인의 일부나 그람시의 남부보다 오히려 더 '유럽적'일 수 있다.[32] 유럽 자체에서처럼 바로 그 라틴아메리카에서조차 남아 있다. 남성 우월주의와 계속되는 여성의 종속 문제, 하급 프롤레타리아의 확장과 중간층의 몰락, 지속적인 그리고 지속적으로 유예되는 원주민들의 생존의 요구(그들 역시 '근대'에 살고 있다는 것을 언급할 필요가 있겠다), 모든 사회에서 인종주의와 남녀차별주의의 지속, 성적 소수자에 대한 차별과 박해, 국가에 의한 임의적인 국민 다수의 범죄인화 현상이 존재한다.

하위주체연구에 반대하여 라틴아메리카의 문학-지식인 전통의 권

---

32) 이브 세르니아브스키는 「미국적 틀 안에서의 하위주체연구」에서 하위주체의 문제설정은 근본적으로 탈식민적인 것이라고 분석하는 미덕을 보여 준다. "미국에서 식민권력에 대한 지도를 그리는 것은 구하의 포스트식민주의 역사학의 공간을 안에서 밖으로 내보이는 것이다"(Cherniavsky, "Subaltern Studies in a U.S. Frame", pp.85~86).

위를 옹호하고, 그러한 전통을 외국인 타자에 대항해 민족적 혹은 지역적 정체성을 강조함으로써 모라냐와 아추가르의 주장은 설득력을 잃는다. 발호하는 세계화 체계가 낳는 재종속에 대항하여 개별적인 라틴아메리카 민족-국가와 라틴아메리카의 통합과 통일을 위해, 그들의 민족과 '민족' 문화로 간주되는 것의 틀 내부에서 작동하는 배제와 포함, 지배와 종속 관계의 일부를 은폐하게 된다. 그러나 하위주체 개념이 지시하는 가장 중요한 사회그룹이 여성이라는 사실을 상기할 때, '민족'으로 환원되는 관계가 제기하는 문제점들은 세계화의 조건에서 라틴아메리카 좌파의 정치적 기획을 재구성하는 데 있어 매우 중요하다.

그러나 아마도 라틴아메리카 하위주체연구 그룹이 직면한 가장 커다란 비판은 하위주체연구의 내부에서 나온 것이었다. 나는 『아메리카 역사학 리뷰』*American Historical Review*에 플로렌시아 마욘이 쓴 에세이 「라틴아메리카 하위주체연구의 약속과 딜레마」를 언급하고자 한다.[33] 이 에세이에서 마욘은 그룹의 작업이 데리다의 텍스트 탈구조주의에 지나치게 의존하고 있다고 지적한다. 그녀는 대신 라틴아메리카 사회와 정치학에서 경험적 연구 프로그램에 기반을 둔 하위주체연구의 모델을 제안한다. "내 경험에 의하면, 우리를 정직하게 만드는 것은 과정 그 자체다. 서고의 먼지로 내 손을 더럽히는 것, 신발이 현장의 진창에 빠지면서도 우리 자신과 우리들의 '주체' 속에서 놀라움, 양가성 그리고 일상생활의 불공정한 선택을 직시하는 것이다."[34]

---

33) Florencia Mallon, "The Promise and Dilemma of Latin American Subaltern Studies: Perspectives from Latin American History", *American Historical Review* 99, no.5, 1994, pp.1491~1515.
34) Ibid., p.1507.

마욘의 에세이에는 학제간 영토 전쟁에 대한 힌트 이상의 것이 담겨 있다. 거기에는 '누가 하위주체연구를 위해 말할 것인가'라는 이슈가 그대로 드러나 있다. 그리고 한편으로는 그녀와 동료 역사학자들이 '문학'을 하는 라틴아메리카 하위주체연구 그룹보다 더 많은 일을 하고 있음을 암시한다. 근대 페루와 멕시코 국가 형성에서 농민 공동체의 역할에 대한 비교 역사 연구, 『농민과 민족』 Peasant and Nation의 출간은 그녀가 하위주체연구에 보다 나은 방법을 제시하고 있다는 주장에 대한 확인으로 보인다. 나는 1장에서 하위주체연구 역사학이 갖는 즉자성과 『농민과 민족』의 한계 지점에 대해 보다 광범위하게 다루도록 하겠다. 여기에서는 처음 시작한 질문을 반복하려 한다. 잘 훈련된 역사학자 혹은 문학비평가의 위치에서 — 즉, 지배문화의 제도적 위치로부터 출발한 — 하위주체를 재현하는 것이 정말로 가능한가?

부분적으로 마욘의 관심은 '언어학적 전환을 택하는 것'에 대한 역사학자와 사회과학자들의 일반적인 우려를 반영한다. 그러나 이것은 특히 '포스트모던' 이론에 관한 '맑시스트'의 근심이라 할 수 있다. 하위주체이론은 그람시를 경유한 흠잡을 데 없는 맑스주의 신용장을 품은 채 출발하며, 남아시아 그룹의 작업에서 인도대륙의 공산주의 좌파가 겪은 역사적 부침, 특히 1970년대 초반 낙살라이트Naxalite 봉기의 실패와 깊이 연관되어 있다.[35] 정말로, 하위주체연구에 대한 기존의 거친 정의에서 그것은 일종의 혼종적인 '푸코식'의 맑스주의를 의미한다(하위주체연구에

---

35) 낙살바리(Naxalbari) 마을의 봉기와 하위주체연구의 관계에 대해서는 다음을 참고하라. Ranajit Guha, "Introduction", ed. Guha, *A Subaltern Studies Reader, 1986~1995*, Minneapolis: University of Minnesota Press, 1997, pp.ix~xv. 구하는 자신이 역사가로서 그의 작업을 기술하기 전 오랫동안 인도 공산당에서 활동했다.

결부된 우리 중 다수가 맑시스트 출신이며, 푸코와 탈구조주의를 완전히 거부하는 맑시스트와 달리, 맑스주의와 푸코 사이에 모순이 있을 필요를 느끼지 못한다). 그러나 하위주체연구에 동의한 모든 사람이 그 자신을 맑시스트라 판단하지는 않을 것이며, 다른 이들은 하위주체연구를 맑스주의의 이론적 그리고/혹은 정치적 몰락 이후에 진행되어 온 것으로 판단한다. 마찬가지로 대부분의 맑시스트는 하위주체연구를 일종의 '후기-맑스주의' 이론으로 받아들이는 경향이 있다. 다마스커스로 향하는 길에 있는 사울과도 같이 강건한, 탈구조주의의 세례를 받은 영국식 '아래로부터의 역사'에 대한 새로운 적응 방식이다.

정통 맑스주의로부터 출발한 하위주체연구에 대해 내가 알고 있는 가장 영향력 있는 비판은 아이자즈 아마드Aijaz Ahmad의 책 『이론에서』*In Theory*의 「서문」에 나온다. 아마드는 포스트식민주의 이론이 일반적으로 가지는 '문화주의'를 비난한다. 이 관점에서 그는 "아도르노적 의미에서 '고급'문화", "영미적 문화(즉, 문화연구)와 사회학"과 함께 "전위적 방식으로 인도 역사학에서 최초로 등장하여 중심부 이론에서도 현재성을 획득하게 된 '하위주체 의식'이라는 무결정의 범주"를 언급한다.[36] 그는 각주에서 특히 구하의 작업에서 하위주체연구의 정의를 다음과 같이 독자들에게 상기시킨다.

> 『하위주체연구 6』*Subaltern Studies* no.6의 서문에서 '구루'로 묘사된 라나지트 구하에 따르면, 식민지 민족은 두 가지의 '장소', 즉 '지배'의 범주에 의해 구조적으로 연결된 '엘리트'와 '하위주체', 이 두 가지 장소의 '공

---

36) Aijaz Ahmad, *In Theory*, London: Verso, 1992, p.8.

존'으로 정의된다. 전자는 모든 식민주의적 성격과 함께 '전통적'이고 '근대적'인 '엘리트', 공산주의 간부, 맑시스트 역사가를 포함한다. 반면, 후자의 경우 그 '장소'는 식민지 이전으로 거슬러 올라가 '자율적'인 나머지 주체를 지칭한다. 이 용어들을 정의하는 창립선언문은 『하위주체연구 1』에 실린 「식민지 인도 역사학의 몇 가지 측면에 대하여」On Some Aspects of the Historiography of Colonial India의 8쪽에 나와 있다. 이론의 일부는 그람시로부터 또 부분적으로는 신민주적 마오주의와 결합한 미국 사회학으로부터 취한 언어를 결합했기 때문에 상당히 복잡한 양상을 띤다. 그리고 이 순간은 혼종적이고 광범위하게 결부된 탈구조주의와 통합된 기획이 탄생하는 기초가 된다.[37]

아마드가 그다음 쓴 글은 현대 인도의 논쟁에 관한 것이다. "전통/근대의 이분법적 구분의 전조가 다양한 글쓰기에서 발견되는데, 그것은 단지 힌두 공동체주의의 권리를 결합한 글쓰기나, 신-간디주의뿐만 아니라, 마찬가지로 많은 '하위주체'적 글쓰기에서도 드러난다. 파르타 차테르지Partha Chatterjee[의 글쓰기—베벌리]도 유사하게 전도된 논리로 가득 차 있다."[38]

힌두 근본주의와 하위주체연구의 작업 사이의 무언의 합치점에 대한 보일 듯 말 듯한 암시를 보여 주는 그의 논의를 따라가면, 맑시스트 역사학자들(예를 들어, 에릭 홉스봄Eric Hobsbawm)은 하위주체연구를 다른 방식으로 정의하는 것을 알 수 있다. 그러나 아마드의 언어('신민주적 마

---

37) Ahmad, *In Theory*, pp.320~321, n.7.
38) *Ibid.*, p.321, n.8.

오주의' 등등)는 그가 하위주체연구를 규정하는 잘 알려지지 않았던 국지적 영역에 주목하여야 한다고 말한다. '공식적' 트로츠키주의와 소비에트 맑스주의는 마오주의와 다른 형태의 제3세계 맑스주의에 대한 적대감을 숨기지 않아 왔다. 그렇다면 아마드가 하위주체연구를 맑스주의 관점에서 적절하게 비판하고 있는지, 혹은 하위주체연구에 불을 당긴 동기가 맑스주의 내부에서 발생한 문제인지에 대한 질문은 여전히 남게 된다.

하위주체연구에 대해 나 자신이 가지는 관점은, 만약 이 구별이 의미가 있다면, 하위주체연구는 맑스주의적인 기획이라기보다는 맑스주의의 기획이다. 그러므로 나는 후기-맑스주의가 맑스주의의 일부이거나, 맑스주의가 세계에서 활동하는 새로운 방식을 의미하는 것이 아니라면, 하위주체연구를 일종의 후기-맑스주의로 받아들이지 않는다.[39] 이 점에서 나는 알튀세르의 중단 없는 이론적 유산에 많은 빚을 지고 있다. 알튀세르의 이미지에는 그의 아내의 엄청난 개인적 비극과 공산주의의 몰락이 함께 결합되어 커다란 그림자가 드리워져 있다. 그러나 포스트식민주의와 여성주의 이론의 몇몇 예를 제외하고, 나는 그의 제자들에게서 볼 수 있는 후기구조주의 혹은 탈구조주의, 혹은 포스트모던 사회사상이 알튀세르를 능가했다고 생각하지 않는다. 알튀세르가 열어 놓은 많은 길이 있지만 실제로 그것은 여행의 시작일 뿐이다. 아마도 그중 가장 중

---

39) 나는 "불행하게도, 맑스주의가 사라져 해체될 시기가 왔다. 실제로, 좌파의 대양으로 해체되는 것이다. 하지만, 동시에 그것은 많은 것을 얻는 것이며 모든 다른 사람들도 그렇다"라고 말한 로저 바르트라(Roger Bartra)가 의미하는 바에 심정적으로 동의한다. Claudia Ferman, "From Southern Acculturation to North American Cultural Trade: An Interview with Roger Bartra", ed. Ferman, *The Postmodern in Latin and Latino American Cultural Narratives*, New York: Garland, 1996, p.88.

요한 것은 유명한 「이데올로기에 관한 소고」Notes on Ideology에서 묘사한 이데올로기 메커니즘에 대한 분석인데, 이는 후에 니코스 풀란차스Nicos Poulantzas, 에르네스토 라클라우Ernesto Laclau와 샹탈 무페Chantal Mouffe, 그리고 주디스 버틀러Judith Butler 등에서 지속된다. 하지만 이것이 유일한 것은 아니다. 역사주의에 대한 알튀세르의 비판, 즉 과잉결정, 모순, 비대칭적 발전 그리고 구조적 우연성. 그리고 『자본론 읽기』Reading Capital의 두번째 부분에서 에티엔 발리바르Etienne Balibar의 생산양식과 역사성의 형식 사이의 관계에 대한 중요한 통찰. 이 모든 주제들이 하위주체연구의 문제의식으로 연결된다.

특히, 나는 이 책과 하위주체연구에 대한 나의 이해를 알튀세르가 '이론적 반-휴머니즘'이라고 명명한 사고 안에 놓을 것이다. 동시에, 하위주체의 존재를 하나의 역사적 주체로서 환급하는 노력 속에서, 하위주체연구는 알튀세르의 잘 알려진 '역사는 주체 없는 과정'이라는 주장으로부터 명백히 거리를 두려고 한다. 나는 이것이 하위주체연구를 그 자체로 생산적으로 만드는, 위에 언급한 두 가지 긴급함 사이의 긴장이라고 생각한다.

내가 이 책에서 되짚는 논쟁들은 또한 많은 경우 하위주체연구 내에서의 논쟁임을 명백히 할 필요가 있다. 이 말을 언급하는 이유는 남아시아든 라틴아메리카든 하위주체연구는 어떤 하나의 '일직선'으로 정의할 수 없다는 것을 강조하기 위함이다. 오히려 퍼트리샤 시드의 논지를 빌리자면 다양한 의제와 기획이, 말하자면 인식론적이고, 교육학적인, 윤리적이고 동시에 정치적인 공통의 관심사를 두고 대화를 시도하는 것이다. 하위주체는 무엇보다도 그러한 관심사에 대한 기표로서 작용한다. 재현의 적합성에 관한 질문이 하위주체연구 그 자체의 핵심에 놓여 있기에,

독자들은 내가 여기에서 그것들을 재현한다고 생각하는 대신에, 이에 관한 내 주장의 요소가 명백하게 피력되고 개입되어 있다는 것을 알아주길 바란다. 특히, 6장에서 나는 좌파의 기획에 대한 하나의 재구성으로서 하위주체연구를 전개시키고자 한다. 이것은 평범한 학자적 이의신청이 아니며, 한편으로는 하위주체연구가 복수적이고 집단적인 사업이며, 연대 정치를 추구하는 하나의 학제적 형태이기 때문이다.

하위주체연구는 서로 다른 신념과 의제로부터 출발한 사람들이 모였지만, 사회적 평등과 해방의 동기가 가득 찬, 함께 일하는 작업이기에 나는 이것이 좋은 의도라고 믿는다. 반면에 하위주체연구가 정치와 연결되지 않을 때는, 그 자신이 의문을 제기하려고 의도했던 학제적·문화적 엘리트주의로 변질될 위험성을 지닌다. 나는 오늘날 가장 긴급한 것은 좌파 기획의 방어와 재정립이라고 이전에 언급한 라틴아메리카 하위주체연구 비평가들에 동의한다. 하지만 우선 무엇이 잘못되었는가에 대한 분석으로 시작해야 한다. 즉, 세계 다른 곳에서와 마찬가지로 라틴아메리카의 진보세력이 몰락하지 않았던 것처럼, 단순히 "붉은 깃발이 여기에 흔들리도록 하자"라는 문제가 되어서는 안 된다. 하위주체연구는 종속된 계급과 사회그룹을 재현할 수 있도록 조직된 좌파의 주장과 그들의 실제적 요구, 욕망, 전략, 가능성 사이의 간극을 탐구하는 임무를 지닌다. 소위 맑스주의의 위기를 야기한 것은 사회민주주의와 레닌주의의 형태에서 모두 나타나는, 결국 올바른 것을 그 자체로서 실행할 수 없었던 근대화의 기획과 자신을 동일시한 결과였다. 이 위기에서 재현된 것은 맑스주의의 위기가 아니라 이 동일화의 위기인 셈이다.

하위주체연구는 민족-국가, 특히 탈식민적 민족-국가에 대한 비판과 연구를 그 중심 과제로 포함시키는 것으로 이해되어 왔다. 하지만 언제나 최종적으로 놓인 민족이라는 형태의 에너지에 대한 '탈민족적' 탈구조주의를 넘어, 하위주체연구는 우리로 하여금 '실제로 존재하는 사회주의'의 몰락과 탈식민화 과정에서 생긴 산디니스타와 같은 혁명적 운동의 패배 혹은 쇠퇴 이후 오늘날 의미를 얻어 가는 새로운 형태의 민족을 다시 상상하게 한다. 데이비드 로이드David Lloyd는 이런 관점에서 "국가에 대항하는 민족주의"의 가능성에 대해 언급한다.[40] 나는 그의 이 슬로건에 동의하는 한편, (많은 논란을 불러오겠지만) 국가에 반대하는 민족주의를 주장하는 것이 또한 **새로운 종류의 국가**가 될 수 있다는 점을 부연하고자 한다.

특히, 학문적 이론이 대중적 '보편 상식'과 권력 모두에게서 분리되는 거리로 볼 때, 이것은 과도하게 야심찬 주장으로 보일 수도 있다. 미국 사회민주주의의 대표적 이론가 마이클 해링턴Michael Harrington은 그의 말년에 그람시의 유명한 슬로건을 '지성의 낙관주의와 의지의 비관주의'로 비틀어 버렸다. 이 책에 대해서도 그와 같은 비판이 나올지도 모르겠다. 제임슨이 포스트모던을 정의하는 성격으로 본 문화의 새로운 '가시성'은 오늘날의 세계를 움직이는 진정한 힘은 다른 곳에 있다는 사실을 단순히 감추고 있는 것 같다. 에르네스토 라클라우는 이를 보편적 혁명의 주체 ─즉, 노동계급─ 를 하위주체-위치라는 복합적인 새로운 종류

---

40) "만약 우리가 연대하고 있는 민족주의가 국가를 형성하는 억압적인 기구에 고정된다기보다는, 급진적이고 해방적이라면, 이론적이고 실제적인 수준 모두에서 한 걸음 더 나아가려는 다른 사회운동과의 연대의 의지로 인한 것이다. 국가에 반대한 민족주의의 가능성은 민족에 대한 민중의 과도함에 대한 의식에 기반하며, 그것을 넘어 정치적 현상으로서 민족주의 그 자체의 논리에 근거한다." (David Lloyd, "Nationalism against the State", eds. David Llyod and Lisa Lowe, *The Politics of Culture in the Shadow of Capital*, Durham: Duke University Press, 1997, p.192).

의 역사 주체로 재입력하면서 '수평적 타자'로 대체하는 '미묘한 유혹'이라 진단했다.[41] 하위주체는 하나의 '정체성'이고, 우리가 '장대한 20세기'에서 적어도 배운 것이 있다면, 그 정체성은 필연적으로 분리, 공격, 그리고 악이라는 것과 결합되어 있다는 것을 알 것이다. 이것이 미국의 새로운 중심적 권력을 추구하는 새뮤얼 헌팅턴이 다가오는 '문명의 충돌'에서 의도하는 바이다.

이들은 물론 매우 유용한 경고다. 여전히 우리는 '민중들 간의 차이'와 민중과 대항블록 사이의 모순 지점과 중대한 차이를 고려해야 한다. 우리는 다툼이 존재하지 않는 조화롭고 자기투명한 유토피아를 기대할 권리를 가지지 못했다. 하지만 우리는 자본주의와 결합된 불균등한 발전이 야기하는 분쟁과 불평등의 형식, 노예의 유산, 식민주의와 제국주의가 존재하지 않아도 되는 사회를 기대할 수는 있다. 보스니아나 르완다에서 벌어지는 '인종 청소'의 비극, 혹은 이슬람 근본주의의 재등장이 이 유산에서 완전히 관계 없다고 누가 말할 수 있겠는가? 나는 계속해서 새로운 형식의 급진민주주의의 정치 형식 ―아마도 공산주의의 '포스트모던 형식'이라고 불릴 수 있을― 은 하위주체의 문제의식 속에 놓여 있다고 믿는다. 이 책이 혹시 이런 의미에서 예언자적 가치를 지닐 수 있다면, 이미 그 목적은 달성된 셈이다.

후기

이 책의 원고를 다시 읽었을 때, 이야기들이 점점 더 설득력이 있다는 것

---

41) Ernesto Laclau, *Emancipation(s)*, London: Verso, 1996, p.322.

을 느꼈다. 발터 벤야민Walter Benjamin은 우리에게, 이야기Storytelling는 근대 세계가 태동하면서 자본주의에 의해 하위주체가 되어 버린 장인적 문화 생산의 한 형식임을 일깨운다.[42] 그렇다면 전적으로 이야기로만 구성된 '이론' 작업을 할 수 있을까? 아마도 그것은 그의 반동적 정치학에도 불구하고 여전히 보르헤스에 대해 생각하는 것이 가치가 있다는 생각이 들게 만든다. 혹은 그의 정치학이 이야기의 기능과 관련되어 있을까?

---

42) "농촌, 바닷가, 도시적 작업 환경에서 오랫동안 번창한 이야기하기는 그 자체로 말하자면 소통의 수공업적인 형태이다. 그것은 정보 혹은 리포트와 같이 사물의 순수한 본질을 전달하는 것을 목적으로 하지 않는다. 오히려 사물을 이야기꾼의 삶에 맡기며 그것은 다시 그의 삶 밖으로 나온다. 따라서 이야기꾼의 자취가 도자기에 점토 지문이 묻어나는 것처럼 이야기에 묻어 나온다"(Walter Benjamin, "The Storyteller", trans. Harry Zohn, *Illuminations*, New York: Shocken, 1969, pp.91~92).

1장

거꾸로 쓰기

하위주체와 아카데미 지식의 한계

1장 | 거꾸로 쓰기
하위주체와 아카데미 지식의 한계

자크 라캉Jacques Lacan은 그의 세미나에서 다음과 같은 이야기를 한 적이 있다.

> 내가 이십대 초반 혹은 그즈음이었을 때, 물론 그 당시에 젊은 지식인으로서 현재의 상태를 박차고 나가, 다른 것을 보고, 시골이나 바다에서 실질적인, 혹은 육체적인 무엇에 자신을 내던지기를 갈망했었다. 어느 날, 작은 항구 마을의 어부 가족과 함께 조그만 배를 타게 되었다. 그 당시에 브르타뉴는 지금처럼 산업화되지 않았었다. 트롤 어선도 없었다. 위험하게도 어부가 스스로 허름한 배를 타고 나갔다. 사실 내가 공유하고 싶었던 것이 바로 이런 위험과 모험이었다. 하지만 전혀 위험하지도 않았고 매우 즐겁기만 한 날들이었다. 그런데 어느 날, 그물을 당기는 순간을 기다리고 있었을 때, 프티 장이라 우리가 부르곤 했던 이 ─ 그의 모든 가족들처럼 그도 어려서 결핵으로 죽었는데, 결핵은 당시 이들과 같은 계층에서는 끊이지 않는 위협과도 같았다 ─ 는 물결의 표면에 떠다니는 무언가를 가리켰다. 그것은 작은 정어리 캔이었다. 캔은 실제로 우리

가 제공하도록 되어 있는 캔 가공 산업을 증언하는 증인으로서 태양 아래 그렇게 떠 있었다. 프티 장은 내게 "당신 저거 보여요? 봤어요? 그런데, 캔은 당신을 못 볼 거예요!"라고 말했다. 그는 이 사건이 매우 재밌는 모양이었지만, 나는 별로 그렇지 않았다. 나는 생각해 보았다. 왜 나는 그가 느끼는 것보다 재밌지 않은 거지? 재미있는 질문이었다. …… 나의 파트너에게 일어난 이 작은 일화에서 그는 재미를 느끼는 반면 나는 그러지 못한 이유는, 이 매정한 세계에서 주어진 것과 싸우면서 하루하루 생계를 이어 가는 사람들에게 그 순간 나는 아무것도 아닌 사람이었기 때문이다. 간단히 말해, 나는 그 상황 밖에 있었다. 그래서 내가 아이러니하고 유머러스하게 보이는 이 상황이 그리 즐겁지는 않았다.[1]

나는 여기서 라캉을 지식을 지배하는 주체 즉, '주인 사상가'를 대표하는 인물로 본다. 라캉은 이 '작은 일화'를 통해 주체와 시각 영역(위 글은 시선과 응시의 만족에 대한 그의 강의의 한 부분이었다)의 관계에 대한 이론을 펼친다. 하지만 이것은 동시에 하위주체와 재현에 관한 이야기이기도 하다. 이 경우에 우리가 보는 것은 하위주체가 지배주체를 자신에게 재현하고, 그리하여 부정이나 전환의 형태로 그 주체를 의심하는 방식이다. "나는 그 상황 밖에 있었다."

라나지트 구하의 간결한 정의에서, 하위주체라는 단어는 "복종의 일반적 속성에 대한 명칭 …… 그리고 이는 계급, 세습제, 나이, 성적 취향 그리고 직업이나 다른 형태로 표현된다".[2] 여기서 '다른 형태'는 물론 아

---

[1] Jacques Lacan, *The Four Fundamental Concepts of Psycho-Analysis*, New York: Norton, 1981, pp.95~96. 이 이야기를 상기시켜 준 헨리 크립스에게 고마움을 전한다.

카데미나 전문 지식이 제공하는 교육을 받은 자와 그렇지 않은(혹은 일부만 받은) 이들의 차이를 포함한다. 그것은 라캉이 표현한 대로 하위주체/지배계층이 가지는 본래의 위계와는 다르게, 그가 젊은 지식인으로 '다른 어떤 것을 보기'를, 노동과 실재의 세계로부터 유리된 주인의 위치에서 노예의 위치가 되기를 원한 것이다.

라캉에 대해 구하는 하위주체의 정체성 혹은 '의지'를 정의하는 범주는 **부정**negation이라고 지적한다.『식민지 인도 농민봉기의 기본적 성격』*Elementary Aspects of Peasant Insurgency in Colonial India*(이하『기본적 성격』)의 권두 인용문은 산스크리트어 불교 경전을 그가 번역한 것이다.

> (붓다는 아사라야나에게) "이것에 대해 어떻게 생각하시오?" 요나Yona와 캄보자Kamboja, 그리고 근처의 자나파다스Janapadas에는 오직 두 가지의 바르나varnas가 즉, 주인과 노예가 있다는 이야기를 들어 보았소? 주인이던 이가 노예가 되고, 노예는 주인이 된다는 것도 아시오?[3]

역사의 주체로서 농민봉기에 접근하고자 한다면 이에 상응하는 인식론적 뒤집기를 요구한다. "세계를 뒤집는 봉기의 개념을 재정립하기 위해서는 봉기를 기록하는 것 그 자체를 전복하여야 한다."[4] 문제는 경험적으로 볼 때 이 봉기가 그에 **반하여** 일어나는 엘리트——토착 혹은 식민

---

2) Ranajit Guha, "Preface", eds. Guha and Spivak, *Selected Subaltern Studies*, New York: Oxford University Press, 1988, p.35.
3) Ranajit Guha, *Elementary Aspects of Peasant Insurgency in Colonial India*, Delhi: Oxford University Press, 1983, p.i.
4) *Ibid.*, p.333.

지――의 언어를 통해 포착된다는 것이다. 구하가 주장하기를, 그러한 종속은 쓰여진 문자기록을 옹호하는 식민주의, 포스트식민주의 역사학의 성립 그 자체에서 발생하는 경향이며, 지배 계급과 그 행위자들의 지위는 부분적으로 문학과 글쓰기의 독점을 통해 확립되는 것이다. 반란자들에게 호의적인 역사학의 형태에서조차 명백하게 드러나는 이 편견은 "반란자를 그 자신의 역사의 의식적인 주체로 인정하지 않으며, 다른 주체의 역사 속에서 우연적인 요소로만 포함시킨다".[5] 따라서 "농민봉기라는 역사적 현상은 반혁명적 시선에 의해 산문화된 이미지로서 우리 눈에 최초로 포착되는 것이다. …… 엘리트 담론으로 기술되기 때문에, 하위주체 역사라는 것은 역사를 거꾸로 쓰는 행위로 이해되어야 한다"(라캉의 이야기는 이를테면 거꾸로 보는 역사에 대한 예시인 셈이다).[6]

구하가 '반혁명 형태의 산문'이라고 한 것은 19세기 식민 서고에 포함된 기록을 의미할 뿐 아니라, 현재에도 사용하고 있는 행정적이고 아카데믹한 담론들(역사적, 민속지학적, 문학적 등등)을 보유하는 서고를 포함하는데, 이들은 농민봉기를 재현한다고 표명하며 그것들을 국가 형성을 위한 목적론적 서사 내에 위치시킨다. 그는 이 서사들에서 "역사에 대한 감각이 관료적 관심의 요소로 바뀌는 방식에 대하여 관심을 가졌다. 하위주체는 우선적으로 (자기) 재현을 위한 힘이 부족한 것으로 경험적으로 간주되기 때문에, 국가안전 이슈를 농민봉기의 중심적 문제의식으로 설정함으로써", (국가의 완전성, 법 부재, 역사단계의 전환, 근대화와 같은) 서사들은 필연적으로 농민봉기를 "자신의 권리를 위한 기획단계에서조

---

5) *Ibid.*, p.77.
6) *Ibid.*, p.333.

차 역사의 주체로서 인정"하기를 거부한다.[7]

구하의 기획은 하위주체를 그들이 가지는 행위자로서의 힘을 부정하는 방대한 기록과 역사담론을 비판하고 "봉기라 규정하는 의지와 이성으로 구성된 실천을 행하는" 역사 주체의 하나로 회복하여 다시 보여주는re-present 것이다. 이런 의미에서, 에드워드 사이드는 남아시아 하위주체연구 그룹의 작업을 소개하면서, 하위주체연구는 역사적으로 재현에 대한 봉기의 연속선상에 있다고 지적했다.[8] 하지만 이 진술은 하위주체연구가 단순히 하위주체에 '관한' 담론이 아님을 의미한다. 결국, 하위주체를 **하위주체**로 재현한다는 것의 핵심은 무엇인가? 하위주체연구는 단순히 농민이나, 그들의 역사적 과거를 연구하는 것이 아니다. 오히려 세계화가 새로운 형태의 지배와 착취를 낳고, 이와 동시에 과거의 지배와 착취가 사라지지 않는 현 상황에서 학제적 실천의 하나로 나타나고 발전된 것이다. 또한, 증가하는 다문화 인구와 국경을 넘는 이질적인 heterogeneous 노동계급을 이해하고 관리하는 임무에 적절한 지식을 생산하는 대학과 연구정책 기관에 대응한다. 하위주체연구는 하나의 또 다른 학문과 지식이 아니다. 하위주체의 편에서 이러한 생산과 재생산 과정에 정치적으로 개입하는 방식이 되어야 한다.

리처드 로드리게스Richard Rodriguez의 자전적 에세이 『기억에의 고픔』 *Hunger of Memory*에는 다른 측면에서 라캉의 이야기를 다시 말하는 구절이 있는데, 여기서 다른 측면이란 하위주체에서 출발하여 이후 분리되는 과

---

7) Guha, *Elementary Aspects of Peasant Insurgency in Colonial India*, p.3.
8) "나는 인도역사를 다시 쓰는 것이 오늘날 하위주체와 엘리트, 인도 대중과 영국 식민통치(Raj) 간의 투쟁의 연장선상에 있다고 말하는 것이 과장이 아니라고 생각한다"(Edward Said, "Foreword", eds. Guha and Spivak, *Selected Subaltern Studies*, p.vii).

정을 거쳐 그 자신에 대한 의식을 가진 지배자가 되는 것을 의미한다. 이 책은 아카데미 지식이 하위주체성의 사회적 구성에서 어떻게 내면화되는지, 그리고 반대로 하위주체가 헤게모니를 가지게 될 때, 어떻게 필연적으로 그 지식을 무너뜨리는지를 간파한다. 『기억에의 고픔』은 멕시코계 미국인으로서 영문학을 전공하는 '학자 소년'인 리처드 로드리게스의 수학 과정을 다룬다. 처음에는 스탠퍼드에서 그리고 버클리의 대학원생으로 그는 (그의 견해로는) 그의 주변, 노동계급, 스페인어를 사용하는 가정의 배경을 극복할 기회를 갖게 된다. 대학을 다니다 여름방학 동안 일을 하기 위해 그의 어릴 적 마을인 새크라멘토로 돌아왔을 때, 로드리게스는 그의 주변 노동자들을 관찰한다.

> 멕시코인들이 노동의 대가로 받는 임금은 그들의 불리한 조건의 일부에 지나지 않는다. 그들의 침묵은 더 많은 것을 말한다. 그들은 공적 정체성이 결여되어 있다. 그들은 철저하게 외부인으로 남아 있다. …… 나는 그들의 침묵과 함께한다. 나는 이 많은 단어들을 그 충격을 묘사하기 위해 사용한다. 오직, 침묵으로서. 거기에는 기괴한 것이 있다. 참으로 복잡미묘하다. 그리고 상처받기 쉽다. 그 열정들. 내가 그들이 탄 트럭이 덜컹거리며 떠나는 소리를 들었을 때, 나는 몸서리쳤고, 땀으로 범벅된 내 얼굴이 거울에 비쳤다. 나는 마침내 **가난한 이들**과 얼굴을 마주 대하게 된 것이다.[9]

가난한 이들이 로드리게스에게서 의미하는 바는 물론 구하가 말

---

9) Richard Rodriguez, *Hunger of Memory*, New York: Bantam, 1983, pp.137~138.

하는 하위주체이다. 실제로, 나는 지배주체의 '필수적 반명제'necessary antithesis(이는 구하의 표현이다)로서 하위주체 정체성이 형성되는 방식을 이보다 더 정확하게 묘사한 것을 보지 못했다. 이 구절은 글쓰기를 통해 자신을 드러내는 '식자-권력' 대 '벙어리와 같이 말 못 하는 하위주체성'이라는 개념적 이분법 위에 기초한다. 신보수주의를 경외하는 이들이 종종 간과하는 분쟁과 손실을 지적하고 있음에도 불구하고, 『기억에의 고픔』은 결정적으로 대학 권력, 문학에서의 전통적 인문학 과정, 그리고 특히 로드리게스가 자신을 묘사하듯이 자기와 개인적 행위에 대한 감각[10]을 지녔지만 '사회적으로 불리했던 소년'에게 주어진 특출한 영어 작문 기술에 대한 축복으로 마무리된다.

반대로, 역시 아메리카 대륙에서 하위주체와 엘리트 사이에서 어떤 방식으로 교섭이 이루어지는가에 대한 자전적 텍스트인 『나, 리고베르타 멘추』I, Rigoberta Menchú에서 독자들은 개인적 경험을 통해 권위를 형성한다는 자유주의적 문학과 문화 개념을 전략적으로 부정한다는 사실을 눈치챌 것이다. "내 이름은 리고베르타 멘추입니다. 이제 23살입니다. 이것이 나의 증언입니다. 나는 그것을 책에서 배우지 않았습니다. 혼자 배운 것도 아닙니다."[11] 『기억에의 고픔』과 『나, 리고베르타 멘추』가 공유하는 것은 하위주체가 '힘을 가지게 되는' 자전적 서사라는 점, 그리고 공교롭게도 스탠퍼드 대학과 관련이 있다는 점이다. 스탠퍼드 학부의 서구 문

---

10) "예전의 나는 '사회적으로 장애를 가진' 아이였다. 환상적으로 행복한 아이였다. 매우 친밀한 가족을 가지고 있었다. 그리고 공적으로는 소외되었다. 30년 후, 나는 중간계급 미국인으로서 이 책을 쓴다. 동화된 자로서 말이다"(Rodriguez, *Hunger of Memory*, p.3).
11) Rigorberta Menchú, *I, Rigoberta Menchú: An Indian Woman in Guatemala*, ed. Elisabeth Burgos-Debray, trans. Ann Wright, London: Verso, 1994, p.1.

화 과정의 필수교재 중 하나로 『나, 리고베르타 멘추』를 포함시킬 것인가를 결정하는 것은 레이건 시대의 다문화주의와 정치적 올바름에 대한 결정적인 이슈였다. 여기에는 베스트셀러가 된 『비자유주의적 교육』*Illiberal Education*의 저자인 디네시 드 소우자Dinesh D'Souza와 교육부의 윌리엄 베넷William Bennet도 포함된다. 논쟁의 핵심은 『나, 리고베르타 멘추』를 하층민 세계에서 온 자료로 이용할 것이냐가 아니었다. 서구 문화는 언제나 하위계급 타자에 대한 혹은 그것으로부터 발생한 보고서에 의지해 왔다. 오히려 논란이 된 것은 그 주요 기능이 지역의, 민족적 그리고 초국가적 엘리트를 양성하는 것인 대학에서, 학부 도서목록에 이 텍스트를 위치시킬 것인가 하는 점이었다.[12]

스피박이 하위주체는 말할 수 없다고 주장할 때, 그녀가 의미하는 바는 하위주체는 우선적으로 그를 하위적 위치로 구성하는 권력/지식의 관계를 바꾸지 않고는 어떤 종류의 권위나 의미를 수반하는 방식으로 말할 수 없음을 의미한다. 다시 말해, 리처드 로드리게스는 말하거나 쓸 수 있지만, 하위주체로서, 리카르도 로드리게스Ricardo Rodríguez[13]로서, 미국이 오늘날 다섯번째로 큰 스페인어 세계가 되었음에도 스페인어로서는 말하고 쓸 수 없다. 로드리게스의 이미지에 나타난 하위주체의 '침묵', 앎의 대상이 되는 '위험에 노출되는' 것은 그가 달성했다는 서사적 권위를 가진 엘리트적 위치에서 볼 때 그렇다는 것이다. 스피박이 "하위주체를 연

---

12) 강의를 결정하는 과정과 결과에 대한 논쟁은 다음을 참고하라. Mary Louise Pratt, "Humanities for the Future: Reflections on the Western Culture Debate at Stanford", eds. Daryll Glass and Barbara Hernstein Smith, *The Politics of Liberal Educations*, Durham: Duke University Press, 1992.
13) 리처드 로드리게스와 동일 인물로, 그의 스페인어 이름이다.—옮긴이

구하는 것이 공식 역사의 기준을 제공한다"고 말한 것처럼 권위와 지위가 기준을 제시하는 것이다.[14] 가난한 이들은 마찬가지로 삶, 자아, 서사 그리고 인식지도를 가지고 있다. 로드리게스의 얼굴에 비친 그들의 침묵은 명백히 전략적이다. 그들은 로드리게스를 믿지 않는다. 그들은 그가 메스티소의 외모를 가지고 있지만 더 이상 그들과 같은 환경에 속하지 않으며, 그는 이미 지식인 ― 라틴아메리카의 스페인어에서 많은 경우, 국가나 지배계급의 행위자라는 부정적인 뉘앙스를 지닌다 ― 이라고 생각한다.[15] 그들의 서사가 어쨌든 우리들을 위한 텍스트로서 생산된다면, 그들은 『나, 리고베르타 멘추』와 유사하다. 한편, 만약 그들의 텍스트가 지배 헤게모니에 편입된다면 ― 예를 들어, 엘리트 대학의 인문학 도서 목록의 하나로 ― 스탠퍼드와 버클리에서 영문학을 전공하며 서구문학의 코드에 익숙해지는 한편, 차이와 권위를 주장하는 로드리게스는 스스로 자기모순에 빠지게 됨을 보여 준다.[16]

---

14) "이 경우에 하위적 실천이 공식 역사학을 규정한 것처럼 실천이 다시 이론을 규정한다는 사실에 모순되는 역사가 언제 존재했던가?"(Gayatri Spivak, "Subaltern Studies: Deconstructing Historiography", eds. Guha and Spivak, *Selected Subaltern Studies*, New York: Oxford University Press, 1988, p.16).

15) 그람시는 다음을 언급한다. "농민들은 '신사'(gentleman) ― 오랫동안 특히 시골에서 '신사'는 지식인을 의미한다 ― 를 빠르고, 완벽하게, 그리고 간단하게 그들의 자식들에게서 피눈물을 쏟게 하는 자로 인식하며, 이들에게는 '술수'가 있다고 생각한다"(Antonio Gramsci, *Selections from the Prison Notebooks*, eds. and trans. Quintin Hoare and Geoffrey Nowell Smith, New York: International, 1971, p.43).

16) 토마스 리베라(Tomás Rivera)는 미국 내 멕시코인 농민의 삶을 다룬 빌둥스로만(Bildungsroman)을 통해 집단적이고 복수적인 목소리를 보여 준다. 치카노 문학의 걸작인 『대지는 그를 삼키지 않았다』(*And the Earth did not Devour Him*)는 바로 그러한 서사의 좋은 예다. 필라르 벨베르를 통해 나는 이주 농민의 증언에 대한 관심을 갖게 되었다. Pilar Belver, "Forged under the Sun: The Life of María Elena Lucas", ed. Fran Buss, Ann Arbor: University of Michigan Press, 1995.

더욱이 로드리게스 자신은 자신의 정체성에서 모든 하위성의 흔적을 지울 수 있거나 혹은 지우기를 원하는지 확실치 않다. 헨리 스테이턴 Henry Staten은 『기억에의 고픔』을 다시 읽으며 다음과 같이 분석한다.

가난한 자들과 다른 그의 가족 이데올로기에도 불구하고, 그의 초월적 형이상학에도 불구하고, 리처드는 가장 비참한 상황의 멕시코인들과 매우 긴밀한 관계에 있음을 느끼고, 그들과 접촉하기를 바란다. …… 부분적으로 이 감정은 그가 경고하는 '중간층의 낭만적 사고'를 구성한다(*Hunger of Memory*, p.6). 부르주아 계급은 노동 계급과 직접적이고 구체적인 관계를 갈망한다. 하지만 리처드에게서는 적어도 두 가지 이유에서 그 이상이다. 첫째, 그는 노동 계급의 유전자를 공유하고, 둘째로, 자신을 '백인'이자 '부르주아'로 생각하지만 영어를 잘 못하는 아버지는 노동자의 손을 가지고 있으며 하위주체의 고단한 삶을 살았다(*Hunger of Memory*, pp.119~120)──리처드와 닮은 갈색의 피부를 가진 멕시코인들처럼. 리처드의 정체성은 한편으로는 가난한 이들과는 그를 다르게 만드는 자신과, 다른 한편으로는 리처드와는 다른 가난한 자들과 닮아 있는 그의 아버지와의 관계 속에서 분열된다.[17]

스테이턴의 요점은 하위주체성이 존재론적인 것이라기보다는 관계에서 파생된다는 것이다──즉, 우연적이고 과잉결정된 정체성(혹은, 복수로서의 정체성)을 의미한다.

---

17) Henry Staten, "Ethnic Authenticity, Class, and Autobiography: The Case of *Hunger of Memory*", *PMLA* 133, 1998, sec.III.

이런 의미에서, 하위주체를 '연구한다'는 사고는 잘못된 용어이거나 자기모순이다. 비록 엘리트 담론의 형태로 진행된다 하더라도, 구하와 남아시아 하위주체연구 그룹 성원들은 그들의 담론과 대학, 문자화된 역사, '이론'과 문학 등의 제도는 하위주체가 사회적으로 구조화되는 과정에서 공범이라는 피할 수 없는 한계를 외면하지 않았다. 하위주체연구는 그 스스로가 멘추의 증언 결론 부분에서 표현된 아카데미에 대한 저항을 인정하고 이를 포함시켜야 한다. 멘추는 말한다. "나는 아무도 알아서는 안 될 비밀을 여전히 간직하고 있습니다. 인류학자나 지식인들조차도, 아무리 많은 책을 가지고 있더라도, 우리의 비밀을 알아낼 순 없을 겁니다."[18]

그렇다면 교육에 관련해 하위주체연구가 암시하는 것은 무엇일까? 이 책에서 나 자신이 할 수 있는 대답은 애매하다. 나는 하위주체연구의 기획에서 새로운 형태의 학문과 교육──역사, 문학비평, 인류학, 정치학, 철학, 교육학 등──을 발전시켜야 할 필요와 그러한 학제 지식을 비판해야 할 필요성 사이에 놓인 긴장을 감지한다. 한편으로, 하위주체연구는 역사적으로 그리고 현대사회에서 하위주체의 존재를 복구하고 등재하는 데 이론적 도구를 제공한다. 근대의 사상과 연결된 여러 형태의 사고의 몰락은──하지만 논쟁은 계속된다──하위주체를 제대로 재현하는 능력의 부재와 관련이 있다(베트남 전쟁에서 미국이 기획했던 전략──그

---

18) Menchú, *I, Rigoberta Menchú*, p.247. 도리스 소머는 리고베르타 멘추가 우리에게서 그녀 자신과 공동체를 보호하려는 것이 **진정한** 비밀에 대한 핵심이 아니라고 주장한다. 그보다는 멘추의 진술이 증언서사의 관습에 맞아떨어짐에도 불구하고 그녀가 '민중의 모든 진실'을 우리에게 말하고 있다는 **전략**은 더 큰 의미를 지닌다. 그것은 바로 그녀가 실제로 말하지 않는 것이 존재하며 우리는 그것을 결코 알 수 없다는 것이다. Doris Sommer, "No Secrets", ed. Georg Gugelberger, *The Real Thing: Testimonial Discourse in Latin America*, Durham: Duke University Press, 1996.

전략은 고등교육이 엄청나게 팽창된 시점에 학계에서 기획되었다——의 실패는 주류학계의 방법론과 체계가 하위 계층과 사회집단을 제대로 이해하지 못함으로 인해 낳은 공공정책이 초래한 엄청난 문제의 첫번째 신호와도 같았다). 우리는 학계, 그중에서도 중심부 학계의 엘리트라는 이중으로 엘리트화된 위치로 인해 하위주체와 멀어진다. 하지만 이제 우리는 이 한계를 '볼' 수 있는 하위주체연구라는 '렌즈'를 가지고 있다. 우리는 더 이상 우선적으로 알기를 원하는 것들을 말할 수 있는 고전적 인류학의 정보제공자에 의지할 필요가 없어졌다. 말하자면, 우리는 이제 하위주체에 '시동을 걸 수 있게 된' 셈이다.

하위주체연구의 목표 중 하나는 하위계층의 행위자와 문화적 형식이 우리들의 작업을 통해서 가시화되도록 하는 것이다. 그리고 이는 인문학과 사회과학 분야에서 새로운 교육과 재현의 형식을 형성할 것이다("우리는 모두 다문화주의자"이기 때문이다).[19] 하지만 우리들에 의해 '알려진' 것에 반대하는 분노 섞인 표현을 멘추에게서 들을 수 있는 것은 또한, 스피박이 명명한 '특권을 잊는' 것을 암시한다. 아카데미와 지식의 권위에 대항함으로써 우리 자신의 이해에 반해 일하고, 우리 스스로의 권위를 깨는 선생으로, 연구자로, 행정가로, 이론가로 활동해야 한다.

첫번째 질문을 기반으로 하위주체연구에 대한 함의에 대한 이해가 시작된다. 우리가 본 바와 같이, 구하는 '부정'negation을 하위주체 정체성

---

19) 1998년 10월 15~18일에 미국 듀크 대학에서 '계보학의 횡단, 하위주체 지식'이라는 제목으로 열린 학회에서, 학제간 연구 학장 케이티 데이비슨은 하위주체연구를 인문학과 사회과학의 미래 연구 모델로 언급했다. 하지만, 그 사고 자체가 문제의 잣대가 된다. 어떻게 하위주체연구가 지배 엘리트를 재생산하는 기관의 일부가 될 수 있을까? 보다 급진적인 관점을 위해서는 예를 들어, 엘스페스 스터키의 성인 문자 프로그램에 대한 날카로운 비판을 참고하라. Elspeth Stuckey, *The Violence of Literacy*, Postmouth NH: Heinemann, 1991.

의 중심고리로 삼는다. 바로 이 '부정'이 학계로부터 재현되는 것과는 반대되게, 학계의 공간에 들어온다는 것은 과연 무엇을 의미하는가? 우리들의 작업이 그 부정을 포함할 수 있을까? 그리고 하위주체 행위의 부분이 될 수 있을까?

구하는 '부정'을 '변증법적'인 부정 ─ (혹은 부정을 통한 순수화 sublation Aufhebung) ─ 이 아닌, 단순한 '부정' 혹은 포이어바흐 Ludwig Andreas Feuerbach가 헤겔 비판에서 사용한 '전도' inversion의 의미로 이해한다. 헤겔에게 '부정'은 절대정신(또는 보다 더 많이 인용되는 용어인, 근대성)에서 그 절정에 이르는 '단계'를 위해 필요한 '발전'의 변증법적 과정에서의 한 순간이다. 이것은 바로 역사와 사상이 움직이는 방향이다. 반대로, '부정'에 대한 포이어바흐의 사고는 반反-변증법적, 반反-목적론적이다. 그는 헤겔로부터 종교의 문제를 절대이성의 상상적 형태로 받아들이지만, 이를 '뒤집는다'. 종교는 의식에 언제나/이미 존재하는 인간의 평등, 행복, 충만함의 소외된 가능성의 표현이다. 이 가능성은 역사 단계의 끝에 얻어지는 것이 아니라(여기서 신성함이라는 것은 자기-소외와 발전의 목적론적 과정을 거쳐 변한다), 단순히 종교의 권위를 완전히 부인하는 것이다. 이 '부정'은 바로 변증법적 부정을 통한 순수화 과정과 반대되는 '전도'로 읽힌다. 마찬가지로, 구하에게 농민봉기의 '일반적 형태'에서 "전도의 과정은, 마누가 경고했듯이, 낮은 곳에서 높은 곳으로 향한다".[20]

개인적으로 정체성이 이데올로기적으로 개념화된다는 주장에 나를 동의하게 한 『맑스를 위하여』 Pour Marx에서 알튀세르가 했던 포이어바흐에 대한 논의를 기억해 보자. 『하위주체연구 선집』 Selected Subaltern Studies

---

20) Guha, *Elementary Aspects of Peasant Insurgency in Colonial India*, p.76.

의 서문에서 스피박은 하위주체 의식이 가지는 개념의 근본주의를 지적하면서도, 동시에 '전략적'인 —즉, 정치적인— 측면으로서의 근본주의를 정당화한다. 여기서 정치적으로 위험에 놓인 것은 탈구조주의 이론과 실천이 드러낼지도 모르는 주체에 관한 진실이 아니다. 오히려, ("이데올로기는 외부가 없다"라고 알튀세르가 말한 것과 같은 의미에서, 즉 주체의 범주가 이데올로기적이라는 측면에서) 주체를 위한 진실을 구성하는 것이다. 구하는 이 단순한 전도가 하위주체 그룹과 계급이 역사와 역사적 변화의 가능성을 추구하는 하나의 방법이라고 주장한다. 자신을 '세계 역사'의 주체로 간주하는 목적론적(혹은, 순환론적) 과정으로 역사를 바라보는 것은 다름 아닌 지배 계급이다. 하위주체의 역사적인 비전은 특정한 상황에서 발생하며, 마니교적이고, 반역사주의적이며, 즉흥적이고, 종종 '반동적'이기까지하다. 문화적 권위와 특권을 조롱하고 조소하며, 서고를 불태우고, 세계를 뒤집고, 황금세기를 되돌리며 모든 것은 다시 제자리로 돌아온다(그람시와 구하의 하위주체의 범주에 관한 구성은 노예의 도덕에서 보이는 니체의 사고를 넘어서 부정적인 신호로서가 아닌 긍정적인 의미로 '전도'된다).

연설 형태와 구술에서 나타나는 예의, 글쓰기, 음식에 대한 금기, 복장, 종교적 문학, 우의형상, 상호텍스트로서의 의식과도 같은 문화적 신호체계는 '고급 기호'로 치장된 반봉건적 사회에서 복종과 유예의 관계를 지지하고 있다(구하는 유리 로트만Yuri Lotman으로부터 이 개념을 빌려온다). 따라서 농민봉기는 문화적 권위 자체에 반대한 저항이다. "봉기는 그들의 기호로서 식민지사회에서 권력의 관계를 반영하는 언어, 동작, 상징에 대한 명백한 체계적인 위반을 의미한다."[21] 다시 말해, "봉기의 가장 중요한 부분은 명예를 위한 투쟁이었다. 그리고 전도는 그것의 주요한 방식이었다. 그것은 반란자들이 적의 힘을 나타내는 휘장을 탈취하거나 혹은 파괴하고, 자신의 하위성에 대한 징표를 없애려는 방식의 정치적 투쟁이었다. 그러므로 자신이 포함된 농민을 부정적으로 보는 기획에 대항해 불가피하게도 봉기를 꾀하는 것이다".[22]

구하는 농민봉기가 사회적 전도로 시작해 문화적으로 금지된 표현에 도달함으로써 '규범적인 역전'의 형태를 넘어서기까지 한다고 주장한다.

권위에 대해 도전할 수 없는 복종의 규칙에 의해 통치되는 상황하에서, 하위주체의 봉기는 상대적 엔트로피로 충격을 준다. 그러므로 갑작스러움은 농민의 봉기와 그것을 묘사하곤 했던 분출, 폭발, 돌발 등의 언어적 이미지로 종종 특징지어진다. 여기서 의도하는 것은 …… 예상치 못한 단절, 명백한 불연속성에 관한 느낌과 연관시키는 것이다. 촌락사회의 의례에서 보이는 전도가 정기적 간격과 엄격하게 제한된 기간으로 천상과 지상의 장소를 변경하는 것을 허용하여 그 연속성을 보장한다면, 농민봉기의 목표는 그것을 급작스럽게 변화시키는 것이며, 현존하는 권력관계를 선한 목적을 가지고 전복하는 것이다.[23]

사이드가 주장하듯이, 만약 구하의 기획이 역사로서 재현하고자 하는 농민봉기의 '부정적' 논리의 연장선상에 있다면, 현재의 하위주체/엘

---

21) Guha, *Elementary Aspects of Peasant Insurgency in Colonial India*, p.39.
22) *Ibid.*, p.75.
23) *Ibid.*, p.36.

리트의 관계를 창조하거나 지탱하는 구조, 실행, 담론을 바꾸는 데 필요한 정치적 기획에서 어디에 위치하는지 스스로에게 질문해야 한다. 역사가는 "구하는 새로운 개념의 역사적 주체와 행위자, 민족, 민족-민중을 고안한 동시에, 사회적 역사를 사고하는 다른 방식을 보여 주었다"라고 말할지도 모르겠다. 하지만 역사가의 이해와 그 기획을 관장하는 목적론——'시간의 글쓰기', 이 글쓰기가 진실에 점점 더 다가가기 위한 사상과 관련된다는 것, 그 결과로 나타나는 지식 축적의 제도화, 그리고 지식과 '좋은 시민권'의 관계——은 농민봉기 자체에 나타나는 '부정'의 목적론과는 분명히 다르다. 역사가의 기획은 여전히 기본적으로 비트겐슈타인의 분석과 같이 모든 것이 그 자체로 남아 있는 재현의 기획이다. 과거는 과거이기 때문에 아무것도 과거에 대해 바뀌는 것은 없다. 하지만 그 어떤 것도 현재에는 바뀌지 않는데, 그러한 역사는 존재하는 지배와 복종의 관계를 수정하지 않기 때문이다. 반대로, 대학과 지식센터라는 문화적 자본으로서 역사적 지식의 축적은 기존의 하위주체성을 고착화한다. 그런데 역설적으로, 하위주체가 하위주체연구로부터 탈주해야 할 순간이 존재하는데, 구하의 설명대로, 농민봉기에서야말로 문화적·종교적 상징이 가진 권위로부터 떨어져 나간다.

디페시 차크라바르티Dipesh Chakrabarty는 그의 논문 「탈식민성과 역사의 기제」에서 탈식민지 지식인이 식민주의적, 민족주의적 그리고 맑스주의적 형태로 식민 혹은 탈식민 하위주체성의 생산에 깊이 연관되었을 때, 역사의 담론을 아무런 의심 없이 채택하는 것에 문제를 제기한다.[24]

---

24) Dipesh Chakrabarty, "Postcoloniality and the Artifice of History: Who Speaks for the 'Indian' Past?", ed. Ranajit Guha, *A Subaltern Studies Reader, 1986~1995*,

그리고 그는 근대성에 대항해 하위주체가 가진 '절망의 정치학'politics of despair이라 그가 명명한 것을 증거하는 **다른** 역사의 가능성/불가능성에 대해 언급한다. "하위주체의 역사는 서사 형태의 구조와, 억압적인 전략과 이것이 실현되는 조건하에서, 다른 방식으로 인류가 연대할 가능성이 근대국가의 기획물인 시민권의 서사와 충돌하는 상황을 그려 냄으로써 보다 명백해진다."[25] 하지만 이러한 반(反)근대 역사학의 실현 '불가능성'은 하위주체연구 그 자체를 새로운 학문의 기획으로 추동하는데, 왜냐하면 "아카데미의 전지구성은 유럽의 근대성이 창조한 전지구성으로부터 독립되어 있지 않기 때문이다". 차크라바르티는 "그러므로 반역사적·반근대적 주체는 그들에 대한 존재를 인정하고 '기록할' 때조차도 대학의 지식 과정 내에서는 스스로가 하나의 '이론'이 될 수 없다"라고 말한다.[26]

차크라바르티의 주장을 읽으면서 우리는 이전 질문을 반복하게 된다. 고등교육——아카데미——의 존재 자체가 하위교육을 전제한다는 것이기에 고등교육이 하위주체/지배의 관계를 생산하고 재생산한다면, 어떻게 그곳에서 하위주체가 헤게모니를 갖게 될 수 있을까? 이러한 질문을 던지는 것은 차크라바르티와 마찬가지로 자신의 분야에 충실한 역사가에게 역사 담론 그 자체가 이데올로기, 문화적 권위, 국가, '서구적' 근대성의 구축과 내밀하게 연관되는 방식을 직면하라고 강요하는 것과 같다. 하지만 그것은 결국 역사의 서술이 과거에 대한 것이 아니라, 바로 현재와 관련된다는 것이다.

Minneapolis: University of Minnesota Press, 1997.
25) Dipesh Chakrabarty, "Postcoloniality and the Artifice of History", p.290.
26) Ibid., p.285.

지금까지의 논의는 현재까지 가장 명확하고 지속적으로 하위주체연구의 모델을 라틴아메리카 역사에 적용하려고 노력해 온 플로렌시아 마욘의 『농민과 민족』을 소개하기 위함이다.[27] 마욘은 민족-민주적 혁명의 자코뱅적 이미지를 19세기 페루와 멕시코의 탈식민적 공간에서 찾았다. 이 이미지를 그들 자신의 문화적 목표와 가치에 적용하려는 과정에서, 마욘은 "하위주체는 민족-국가를 형성하는 데 가능한 윤곽을 잡아 나가는 것을 돕는다"라는 가설을 증명하고자 하였는데, 이 진술은 "헤게모니가 저항에 직면하고 투쟁을 통해 재생산되는 일련의 탈중심화된 장소"[28]라는 그람시적 의미로 이해될 수 있을 것이다.

마욘은 "처음부터 민주주의 그리고 식민주의와 관련된 민족주의는 (라틴아메리카의) 민족-민주 담론 안에 기본적 모순을 만들어 낸다. 한편으로, 보편적인 약속의 담론은 잠재적인 자치, 존엄, 모든 민족들 사이, 그리고 이 세계의 모든 사람들 사이의 평등과 동일시된다. 하지만 다른 한편으로 현실에 있어서는 유럽중심주의, 계급, 성적 정체성과 같은 배제적인 잣대에 의해 시민권에로의 자유로운 접근이 차단된다"라고 말한다. 그렇다면 배제된 이들의 목소리와 기획들을 어떻게 회복할 수 있을까? 마욘은 혈연관계와 세대적(그리고 주로 가부장적) 권위, 공동체적 혹은 유사공동체적 소유의 형태에 기반한 '공통의 헤게모니'의 개념에서 출발한다.[29] 그녀는 이 '공통의 헤게모니'와 그녀가 '토착 지식인'이라 부르는 이들의 활동, 지역적 이해와 제휴, 새로운 민족-국가가 가진 입헌적인 동

---

27) Florencia Mallon, *Peasant and Nation: The Making of Postcolonial Mexico and Peru*, Berkeley: University of California Press, 1995.
28) *Ibid.*, p.8.
29) *Ibid.*, p.11.

시에 억압적인 제도, 그리고 그 결과로서 발생한 이들 영역 간 그리고 영역 내의 젠더·계급·민족의 교섭 과정과 모순의 복잡한 교차지점을 상세히 묘사한다. 그리고 "멕시코와 페루가 근대 민족-국가를 형성하는 데 도움을 준" "대안적 민족주의"[30]로 변형되는 지점들을 드러낸다.[31] 이 과정에서 페루에서는 상대적으로 보다 권위적인 국가가, 멕시코에서는 상대적으로 더 민중-민주적인 국가가 형성되었다.[32]

마욘은 이런 방식의 역사발전을 위해서 민족통합 담론이 요구하는 보다 동시대적인 역사서사를 위해 '지역의 목소리'를 억누르려는 압력에 대항하여 이를 회복하는 것이라고 주장한다. 민족통합의 서사는 상당한 대가를 요구한다. "지역의 정치적·담론적 실천을 민족서사로 환원하는 것은 촌락민들의 존엄과 행위를 부정하며 그들이 여전히 종속된 그룹이라는 인종적이고 이중적인 '타자화' 현상을 강화한다. 만약 우리가 구술의 역사, 의례 그리고 공동체적 정치가 권력이 강화되거나 견제받는 영역이 아니라고 가정한다면, 우리는 그들의 목소리를 묵살하는 것이다. 도시 정치가와 지식인들이 순박하고 무지한 촌로들에게 무엇이 제일 좋은 것인지를 설명하는 경우라면 우파와 좌파 양쪽 모두에서 목가적 에덴이라는 잘못된 이미지를 반복, 재생산하는 결과를 가져온다."[33]

비록 마욘이 구하의 작업을 지나가는 정도로만 언급하지만, 『기본적 성격』의 구하와 일치하는 두 가지 방법론적 함의는 ① 대안적 민족주의

---

30) Mallon, *Peasant and Nation*, pp.89ff., 220ff.
31) *Ibid.*, p.329.
32) 특히 "중앙 페루에서 나타난 보다 급진적인 형태의 지역공동체 담론은 멕시코보다 더 고립되어 있으며, 잠재적으로 대안적 민족연합에로의 결속이 더 힘든 것처럼 보인다"(*Ibid.*, p.315). 영토성과 헤게모니의 관계에 대해서는 이 책 6장에서 다루도록 하겠다.
33) *Ibid.*, pp.329~330.

의 개념은 무엇보다 농촌공동체 스스로가 민족이라는 상상의 공동체를 만들 수 있는 역사적 주체의 지위를 복원함으로써 가능하며, 이는 "오늘날 우리가 과거를 다시 쓰는 방식에 영향을 미치게 된다"[34]라는 것, 그리고 ② "하위주체의 관점을 가진 역사는 분석하는 행위를 지식인 사이의 대화로 이해하는 것을 비판하며, 분석가로서 지식인과 주체인 농민 사이의 인위적인 구별을 깨뜨려야 한다. 이것이 바로 제대로 된 농민행위의 지식사가 된다"[35]라는 것이다.

마욘은 『농민과 민족』에서 "민중적 상상력의 숨은 보고"를 찾아야 할 필요성을 언급한다.[36] 이 비유는 아마도 대부분의 비유가 그렇듯 지나치게 단순한 면이 없지 않다. 하지만 이것은 바로 그녀의 기획에 놓인 맹점을 정확히 지적한다. 하위주체 역사학은 지식인들——즉, 그녀와 같은 전문적 역사가와 연구 대상인 촌락공동체의 토착 지식인——사이의 '교섭'을 필요로 한다는 주장에도 불구하고, 『농민과 민족』은 실제로 이 교섭의 결과로 볼 수 없다. 왜냐하면 마욘은 결코 전지적 화자의 역할을 포기하지 않기 때문이다. 역사적 재현 그 자체를 '대화'로 재현한다는 것은 매우 다른 종류의 서사 형태를 요구했을 것이다. 그리고 그 안에서 역사가(마욘)의 작업은 다른 형태의 구술이나 저술된 서사, 다른 목적을 가진 '토착 지식인들'의 실천으로 말미암아 '방해'를 받는다.[37]

---

34) *Ibid.*, p.330.
35) *Ibid.*, p.10.
36) *Ibid.*, p.329.
37) 이것은 정확히 샤히드 아민이 지적한 것이다. Shahid Amin, *Event, Metaphor, Memory: Chauri Chaura, 1922~1992*, Berkeley: University of California Press, 1995. 또는 이보다 먼저 출간된 장문의 논문이 있다. Shahid Amin, "Remembering Chauri Chaura", ed. Guha, *A Subaltern Studies Reader*. 마욘과 마찬가지로 아민은 농민의 '토착적 기

대신에 『농민과 민족』에서 마욘이 행한 작업은 민족서사 내에서 중심서사——국가 자신의 '공식적' 역사——가 무시한 하위주체 행위 형태의 존재를 보여 주는 방식으로 민족-국가의 연대기를 효과적으로 저술하는 것이다. 그러나 이것은 민족이라는 틀, 그리고 현재 상태가 가진 불가피한 한계(역사의 권위와 역사가로서 마욘 자신의 권위)를 문제 삼지는 않는다. 이런 의미에서, 『농민과 민족』은 19세기 페루와 멕시코에서 농민과 촌락민들이 근대국가 형성에 실제로 한 **역할을 담당했다는** 것과, 그들이 국가나 국가의 행위자에 의해 수동적으로 혹은 부정적으로 반응한 것만은 아니라는 사실을 증명하면서, 차크라바르티가 명명한 하위주체의 '근본적 이질성'radical heterogeneity과 민족-국가와 근대성에 나타나는 역사적 서사의 '일원론' 사이의 균열을 봉합하려 한다. 그러나 라캉이 비유한 사회적이고 개념적인 틈새를 '봉합'sature한다는 의미보다는 오히려 결론을 열어 놓는 것으로 이해하는 것이 나을 듯하다. 『농민과 민족』은 따라서 마욘이 가시화하려고 기획한 것, 즉 하위주체 행위에서 나타나는 '부정'의 동학을 오히려 감추는 결과를 가져온다.

문제는 마욘이 역사를 발전, 성숙, '전개'로 파악하는 통시적인 역사 서술학파에 속한다는 것이다. 반대로, 구하는 농민봉기가 국가형성의 서

억'——북부 인도의 작은 마을에서 농민들이 경찰서를 태우고 스물세 명의 경찰관을 죽인 사건에 대한——을 복구하는 것에 관심을 갖는다. 하지만 그는 역시 공식적으로 그 사건에 대한 서사를 포함시킬 수 있는 방법을 찾는 데 관심을 갖는다. 최근의 민속지학 연구는 서사적 목소리와 민속지학자의 권위를 하위주체의 목소리와 권위의 반대쪽에 위치시킨다. 예를 들어, 다음과 같은 주장을 참고하라. Ruth Behar, *Translated Woman: Crossing the Border with Esperanza's Story*, Boston: Beacon, 1993. 혹은 Phillipe Bourgois, *In Search of Respect: Selling Crack in the Barrio*, Cambridge: Cambridge University Press, 1995. 마욘 본인이 칠레 출신의 마푸체 페미니스트 활동가 이솔데 루케(Isolde Reuque)와 '실험적인' 증언을 연구하여 왔다.

사에 '침범'하는 방식에 관심을 가진다. 이것이 바로 봉기들에 대한 그 자신의 재현에서 통시성을 깨뜨리며, 대신에 '기본적 성격'——즉, 새로운 구조적 형식——을 획득하려 시도하는 이유이다. 농민봉기와 저항은 국가를 역사적으로 형성하는 복합적 측면에서 조정, 교섭, 중재에 공헌을 할 수 있으며 실제로 그러한데, 왜냐하면 국가는 그 전략을 수정해야만 하고 하위주체를 다루는 형식을 개발하기 때문이다.[38] 하지만 통시대적 절단면——『기본적 성격』에서의 시간 개념은 발터 벤야민이 명명한 '예츠트자이트'[39]와 유사하다——이라는 방식을 취함으로써, 구하는 농민봉기를 재현하면서 그들이 담고 있는 **다른 종류의 국가**와 다른 종류의 시간 또는 미래지향의 목적론적 발전의 서사에 의존하지 않는 새로운 존재의 가능성을 찾는다.

내가 이 책의 서문에서 지적한 것처럼, 마욘은 라틴아메리카 하위주체연구그룹이 텍스트의 탈구조주의라는 문학비평의 사고에 지나치게 집중한다고 비판한다. 그러나 그녀는 자신의 텍스트를 탈구조적으로 읽지 않고——혹은 아마도 수정하지 않고——자신에게 호의를 베풀었을지도 모른다. '토착의 목소리'에 다가가려는 그녀의 욕망에서 나타나는 문제는 스피박이 가졌을지 모르는 하위주체의 존재 혹은 진실에 관한 동일시라는 음성중심주의가 아니라, 증언적 서사에 있다. 즉, 마욘의 서사에서 하위주체의 목소리(그리고 글쓰기)는 **현존하지 않는다**는 단순하면서

---

[38] "(국가) 발전 과정의 상태에서 이러한 중대 변화에 의해 계속 균열되고 급기야 오류가 발생하는 새로운 장소에 적응하면서 법률적, 행정적, 문화적으로 더더욱 복잡한 상황을 통합하고 통제하도록 훈련된다"(Guha, *Elementary Aspects of Peasant Insurgency in Colonial India*, p.2).

[39] '예츠트자이트'(Jetztzeit)는 벤야민의 개념으로 현재 시간을 담고 있는 과거로 이해할 수 있다.—옮긴이

도 간단한 사실에서다. 거기에는 오직 그녀의 목소리와 글이 존재할 뿐이다(그녀가 텍스트에서 언급한 토착 지역지식인들에 의해 토대가 만들어진 대안적 이야기는 인용된 것이거나 다시-진술된 것뿐이다).

차크라바르티는 하위주체연구 역사학은 다음의 세 가지 주요한 영역에서 '아래로부터의 역사'와는 다르다는 것을 분명히 한다. "① 권력의 역사를 자본의 보편주의적 역사로부터 상대적으로 분리하는 것, ② 민족서사의 형태에 대한 비판, 그리고 ③ 권력과 지식의 관계에 대한 심문(결과적으로 서고나 역사 자체를 지식의 한 형태로 바라보는 것)."[40] 우리는 마욘이 위의 두 가지에 해당될 수 있지만 마지막 세번째를 포함시키지는 않았다는 결론에 도달한다. 하위주체는 그녀에게는 "현장의 진흙 속에" 혹은 "서고의 먼지 속에" 언제나 그렇게 '밖'에 존재하는 대상이다. 지식인과 사회적 장소에서 발생할 수 있는 다양한 방식의 '대화'에 호소하고 있음에도 불구하고, 그녀는 역사 서술에서 자신을 지식과 재현의 중심에 위치시키는 학자적 객관성이라는 실증주의 모델을 따르고 있다. 페루와 멕시코의 농민계급이 어떻게 국가 형성에 관련되는지 혹은 그렇지 않은지를 연구하는 대신에, 마욘은 역사가로서 앙헬 라마가 "지식인 도시"라고 부른 서고와 쓰여진 역사에서 19세기 페루와 멕시코의 국가형성을 연구했던 것 같다. 그녀가 데리다와 탈구조주의에 반대하는 근거로 삼고 있는 푸코와 그람시가 우리에게 가르쳐 준 것이 있다면 그것은 우리가 하고 있는 것에는 어떤 의미에서든 지배와 종속의 사회적 관계가 함의되

---

40) Dipesh Chakrabarty, "A Small History of Subaltern Studies", paper presented at the conference 'Cross-Genealogy and Subaltern Knowledges', Duke University, October 15~18, 1998.

어 있다는 것이다. 그렇지 않다면 무엇이겠는가? 대학과 역사라는 분야가 갖는 파워풀한 제도에 권력이 개입되어 있지 않을 수 있다는 것이 가능하기나 한가?

마지막으로, '정보의 회복'이라는 엄청난 작업은 누구의 이익을 위한 것이며, 『농민과 민족』을 기획할 때 포함한 것이 틀림없는 이 서사화는 누구를 위한 것인가? 마욘은 하위주체연구가 대학 안에서의 기획이라는 차크라바르티에 동의할 것이다. 그것은 나로드닉 narodnik 프로젝트가 아니다(나로드닉은 "우리는 민중 속으로, 나로드로 들어가야 한다"라고 말했던 1880년대의 러시아 민중주의자들로, 대학, 전문직, 중간계급이라는 그들의 배경을 포기하고, 농민계급 공동체로 가서 그들을 조직하고자 한 운동을 지칭한다). 이는 결코 다음과 같은 식으로 말하는 것이 아니다. "당신이 하던 것을 버리고 인도의 공동체 혹은 과테말라 난민촌에 가서 일하거나, 행동하라!" 하지만 적어도 하위주체와의 관계에서 할 수 있고 해야 하는 것에 있어 우리는 한계를 지니며, 그 한계는 인식론적인 것일 뿐 아니라, 윤리적이라는 것을 인정할 필요가 없는 것일까? 또한 그 한계는 하위주체의 위치가 아닌 마욘과 나와 같은 위치에 있는 역사가의 장소로부터 비롯되는 것이 아닐까? 하위주체는 우리의 반대편에 위치하는 존재이다.

아카데미에서 하위주체를 재현하려는 기획과 스스로를 재현하려는 하위주체의 기획이 합치될 수 있다는 가정은 단순히 가정에 불과하다. 그것들은 실제로 다르고, 심지어 상반된다고 말하는 편이 더 정확하겠다. 나는 대학이 '민중에 봉사'해야 한다고 믿는다. 이를 위해, 접근이 더 용이하고, 민주적이고, 더 많은 장학금이 가능하고, 입학이 누구에게나 가능한 방향으로 바뀌며, 훌륭한 사립대학을 사회화해야 한다는 데 찬성한다. 하지만 학계에 몸담고 있는 우리의 위치와 하위주체가 속한 세계의 위치 사이의 간극을 줄일 수는 없다. 그런 노력들은 하위주체연구의 근거지가 된 특권적 위치에 있는 미국의 (종종 사립) 대학들과 낮은 수준의, 재정이 넉넉지 못한 도시의 공립대학과 커뮤니티 칼리지와의 간극조차도 줄이지 못한다.

여기서 내가 강조하고 싶어 하는 요지는 하위주체연구가 '부정적인' 혹은 비판적인 측면을 갖는 이유다. 따라서 나는 하위주체를 이해하거나 재현하려는 대학과 학문분과의 권력을 무너뜨리는 데 전력을 쏟는다. 나는 하위주체연구를 해방신학의 "가난한 자들을 위한 우선적인 선택"의 세속적 형태로 생각한다. 그리고 해방신학과 구스타보 구티에레스Gustavo Guitiérrez가 "가난한 자를 듣는 것"이라 부른 것의 방법론을 공유한다.[41] 해방신학과 마찬가지로, 하위주체연구는 하위주체를 바라보는 혹은 이야기하는 새로운 방식을 요구할 뿐 아니라, 우리 자신과 학문의 대상으로 여겼던 민중과 사회적 실천 사이의 새로운 관계를 형성하는 가능성에 대해 이야기한다. 리처드 로티Richard Rorty는 이제는 잘 알려진 문구가 된 '연대를 향한 욕망'과 '객관성의 욕망' 사이를 구별한다.

성찰적인 인간은 자신의 인생에 대해 보다 커다란 맥락 속에서 의미를 찾으려고 시도하는데 이에는 두 가지 주요한 방법이 있다. 하나는 공동체에 대한 공헌이다. 이 공동체는 그들이 사는 실제 역사적인 것이거나, 시공간적으로 떨어진 다른 실제 혹은 역사나 허구로부터 선택된 영웅

---

41) 이 내용은 1993년 5월 피츠버그 신학 세미나에서 '새로운 복음주의'라는 제목으로 발표된 구티에레스 강연의 한 부분이다.

들의 상상적 공동체일 수도 있다. 다른 하나는 그들 자신을 인간적인 것에 연관시키기보다는, 현실과 즉자적으로 관련시키는 것이다. 이 관계는 자신의 현실이 종족, 민족 혹은 동지적 유대 사이의 관계로부터 나오는 것이 아니라는 점에서 즉자적이다. 나는 전자의 이야기가 연대를 위한 욕망을 예시한다고 보는 반면, 후자의 경우는 객관성을 위한 욕망으로 정의한다.[42]

하위주체연구의 가장 괄목할 만한 점은 로티가 '연대를 향한 욕망'이라고 명명한 것과 유사한 것으로 향한다는 점이다. 반면 『농민과 민족』에서 마욘의 기획은 '객관성을 향한 욕망'으로 그 추진력을 얻는다.

그러나 연대를 위한 욕망은 구티에레스가 '가난한 자들과의 구체적인 우정'이라 명명한 것으로부터 시작해야 한다. 단지 사상이나 '대화' 혹은 하위주체를 낭만화하거나 이상화하는 문제가 아니다. 이런 측면에서, 마욘은 '텍스트성'의 한계와 현장조사의 미덕을 강조했을 것이다. 더욱이 '객관성'에서 '연대'로 중심이동을 할 때, 우리는 사실 하위주체가 '자신을 위해 말하도록' 허용하는 전제하에서 재현한다는 점을 부정할 수 없다(이것이 「하위주체는 말할 수 있는가?」Can the Subaltern Speak?에서 스피박의 주된 논점이다). 자유주의 성향의 로티는 연대의 사상이 1960년대의 슬로건과 마찬가지로 해결 지점이라기보다는 문제가 시작되는 지점이라고 하는데 그 이유는 여기에서 '대화'가 참여자들을 근본적으로 구분하는 권력/착취 관계를 이미 보여 주기 때문이다.[43]

---

42) Richard Rorty, "Solidarity or Objectivity?", eds. John Rajchman and Cornel West, *Post-Analytic Philosophy*, New York: Columbia University Press, 1985, p.3.

평등과 상호 원칙에 기반한 연대는 지식인과 하위주체가 경험을 통해 합치되거나, 혹은 하위주체와 동일시함으로써 문제와 모순이 해결된다는 것을 의미하지 않는다. '타자를 위해 말하는 것'의 어색함에 대한 푸코의 요점은 이 맥락에서 적절하다. 이 장을 시작하면서 언급한 라캉의 '작은 일화'와 같이, 하위주체가 '대답'하는 행위는——때때로 유쾌하지만은 않은 방식으로——우리 자신의 윤리적 호의나 인식론적 특권이라는 고차원적 담론을 방해하는데, 특히 그러한 담론이 타자를 위해 말하려고 주장하는 순간에 발생한다. 구티에레스는 지식인들이 추구하는 가난한 자들을 위한 호의적 행위는 비징후적인 구조로 상징화된다고 결론 내린다. 우리의 노력, 개인적 관계 그리고 정치적 실천에서 보다 더 가까이 하위주체의 세계에 다가갈 수 있다. 하지만 비록 나로드닉과 같은 방식으로 '민중들 속으로 들어간다'고 할지라도, 우리는 실제로 그들과 합치될 수는 없다.

하위주체연구에 참여하는 우리들의 경우 종종 중간계층 그리고 미국의 저명한 대학 교수 출신으로서 어떻게 하위주체를 재현한다고 주장할 수 있냐는 질문을 받아 왔다. 그러나 우리는 하위주체를 재현('인식론적인 지도를 그리고', '말하도록 해주고', '그들을 위해 말하고', '발굴해 내

---

43) "로티가 이성적 인식론을 통한 '대화'의 실현가능성을 주장할 때, 그는 타자의 비대칭적 상황을 심각하게 받아들이지 않았는데, 이 타자는 '소외되고,' '지배받는', 혹은 '강제된' 이들이다. 따라서 역설적으로 토론에 효과적으로 개입할 구체적 경험적 가능성이 없음을 증명해 주는 대상인 셈이다. 그는 '코르테스와 관련된 우리' 혹은 '1992년 북아메리카와 관련된 우리 라틴아메리카인'이라기보다는 '자유로운 우리들 미국인'을 출발점으로 삼는다." (Enrique Dussel, "Eurocentrism and Modernity", eds. John Beverley, José Oviedo, and Michael Aronna, *The Postmodernism Debate in Latin America*, Durham: Duke University Press, 1995, p.15).

고')한다고 주장하는 것이 아니다. 오히려 하위주체연구는 학자인 우리가 전달하는 지식이 하위주체를 재현하는 데 있어 어렵고 불가능하기까지 하다는 점과, 그 지점에 하위주체가 부재하다는 사실을 드러내는 데 그 목적이 있다. 이 사실은 지식과 그것을 보유하는 제도가 근본적으로 부적절하다는 것을 지칭하며, 따라서 보다 민주적이고 비계층적인 사회적 질서를 지향하는 근본적 변화에 대한 필요성을 역설하는 공간인 셈이다.

2장

문화횡단과 하위주체성

'지식인 도시'와 투팍 아마루 봉기

2장 | 문화횡단과 하위주체성
'지식인 도시'와 투팍 아마루 봉기

중간계급 출신 여성이며 교육받은 어머니를 가진 산타 낙Santa Nag은 알파벳을 읽는 방법을 어떻게 터득하게 되었는지를 이야기한다. 세기가 바뀔 때 즈음이었다. 어머니는 탁자 맞은편에 앉아 오빠를 가르치고 있었고 그녀는 그 곁에서 조용히 그 과정을 지켜보곤 했다. 몇 달이 지나고, 아무도 의심할 여지없이 그녀는 벵골어로 된 첫번째 두 권의 책을 읽을 수 있었다. 읽는 데 유일하게 어려운 점은 그녀가 책을 거꾸로 들어야 했다는 사실이다.

──파르타 차테르지, 『민족과 그 파편들』*The Nation and Its Fragments*

『하위주체연구 선집』 서문에서 에드워드 사이드는 라나지트 구하와 그 동료들을 "살만 루시디Salman Rushdie, 가르시아 마르케스García Márquez, 조지 래밍George Lamming, 세르히오 라미레스Sergio Ramírez, 응구기 와 시옹오 Ngugi Wa Thiongo와 같은 소설가, 그리고 파이즈 아마드 파이즈Faiz Ahmad Faiz, 마흐무드 다르위시Mahmud Darwish, 에메 세제르Aimé Cesaire와 같은 시인들, 파농Fanon, 카브랄Cabral, 셰야드 후세인 아랄타스Syed Hussein Alatas,

제임스C. L. R. James, 알리 샤리아티Ali Shariati, 에크발 아마드Eqbal Ahmad, 압둘라 랄루이Abdullah Laroui, 오마르 카베사스Omar Cabezas 등을 포함하는 광대한 포스트식민주의 문화비평 흐름"의 부분으로 위치시킨다. 그 그룹의 작업이 "유럽과 서구의 흐름, 아시아, 카리브, 라틴아메리카 또는 아프리카의 지류가 합쳐진, 새로운 탈식민적 인문학의 모양새를 갖춘 혼종의 형태"라는 점에서다.[1]

하지만 사이드가 탈식민화의 주인공으로 문학지식인의 새로운 형태를 제시하는 것에서 우리는 하위주체연구 자체의 역설을 인정하지 않을 수 없는데, 왜냐하면 하위주체연구의 의도는 본래 지식인의 중심성을 해체하고 지식인이 기록한 역사와 문화 저술을 의심하는 것이기 때문이다. 이는 사이드의 목록에 언급된 이들이 비록 반식민주의 지식인이라 할지라도 문학지식인에 대해 회의적인 시각을 가질 수밖에 없음을 의미한다. 많은 탈식민주의 비평에서, 살만 루시디나 토니 모리슨과 같이 완전히 하위주체가 아니면서, 작가라는 지위와 위상을 가진 하위주체와 구별되는 이들이 하위주체를 위해 말하는 것을 의미한다.[2]

---

1) Edward Said, "Foreword", eds. Ranajit Guha and Gayatri Spivak, *Selected Subaltern Studies*, New York: Oxford University Press, 1988, pp.ix~x. 데이비드 로이드는 식민 세계에서 지식인의 행위 형태를 유사한 방식으로 지적한다. "민족주의는 동화되는 주체보다도 제국 기관이 형성되면서 우선적으로 종속되는 지식인에 의해 대항 담론으로서 생산된다. 더욱이 그들의 동화는 불가피하게 불평등한 과정이다. 동화 논리 그 자체에 의해, 동화된 이들은 전적으로 그들 본래의 문화가 완전히 순수한 상태로 존재하는 것으로 가정하면서 결국에는 포기해야 하거나, 또는 고유의 문화 요소를 제국 시민의 형성에 저항하는 하나의 진지로 간주하면서 끊임없이 분열된 의식으로서 존재한다"(David Lloyd, *Anomalous States: Irish Writing and the Post-Colonial Moment*, Durham: Duke University Press, 1992, p.112). 마찬가지로 폴 길로이가 대서양 흑인 지식인들의 '이중 의식'을 제기한, 듀보이스에 대한 논의는 다음의 책을 참조하라. Paul Gilroy, *The Black Atlantic: Modernity and Double Consciousness*, Cambridge: Harvard University Press, 1993.
2) 티머시 브레넌이 언급하듯이, 루시디와 같은 인물은 영국에서 남아시아나 카리브 이민자들

문학과 이를 대체하는 형식에는 자신의 위치에 스스로 권위를 부여하는 일종의 문화적 나르시시즘이 존재하는데, 이것이 바로 하위주체의 부정성이 종종 직접적으로 비판하는 엘리트들의 문화적 자기만족적 경향이다. 어떤 이들에게 이것은 지나치게 마니교적으로 보일 수 있다. 이에 사이드 그 자신이 하위주체 기획은 급진주의적 페미니즘의 경우에서처럼 분리주의적, 분파주의적이 될 위험성을 안고 있다고 지적한다.[3] 이러한 경고는 그가 옹호한 고급 모더니즘 문화의 관계에서 발생하는 일종의 징후로, 차크라바르티는 이러한 경향을 포스트식민주의 하위주체의 '절망의 정치학'이라고 부른다. 팔레스타인 지식인으로서 사이드를 사로잡은 유령은 물론 이슬람 종교의 근본주의, 루시디에 반대한 이슬람의 권위를 상징하는 혹은 하마스의 자살폭탄을 지지하는 유사 근본주의의 유령이다. 그럼에도 불구하고 하위주체 문화와 정치학이 그 자체로 마니교적인 경향을 가지는 바로 그 이유로 인해 위험을 전제할 만한 가치가 있는 것이다.

    나는 이런 식으로 문화적·정치적 **지도력**의 역할이나, 상황에 따라

의 공동체의 문화를 대표한다고 볼 수 없다. "민족 형태에 대한, 범세계적인 것과 동시에 새로운 고향 없음에 대해, 그리고 양날을 지닌 탈식민적 책임감에 대해 루시디가 보여 주는 신선한 사고에도 불구하고, 『악마의 시』는 코스모폴리탄적인 '보편성'의 논리가 얼마나 이상한 방식으로 유리되고 분별력이 없는 상태에까지 도달할 수 있는가를 보여 준다. 루시디가 말한 것처럼, '편협함은 권력의 기능만이 아니'며, 또 '인간적 악마'가 중심 이슈인 현대 영국의 특정한 이민/문화와의 복합성을 논의하는 데 적당하지 않아 보인다. 그러한 악마를 분배하는 수단은 명백히 불평등하며, 자신의 특권을 방어하려는 것이 아니라 정체성과 삶을 지키려는 것으로부터 유래한 폭력은 결코 동일하지 않다"(Timothy Brennan, *Salman Rushdie and the Third World*, New York: St. Martin's, 1989, p.165).

3) "만약 하위주체의 역사가 오직 분리주의적 기획으로 이해된다면─초기 페미니스트 글쓰기의 상당수가 여성들이 남성적 지배로부터 완전히 분리된 목소리를 가지고 있다거나 공간을 소유한다는 개념에 근거하고 있다─, 그것이 반대하는 독재적 글쓰기에 반사된 거울이 될 위험이 있다"(Said, "Foreword", eds. Guha and Spivak, *Selected Subaltern Studies*, p.viii).

하위주체나 엘리트가 되는 '매개적' 층위에 대한 측면을 간과하자는 것이 아니다(이에 대해서는 3장과 4장에서 본격적으로 다룰 것이다). 그러나 사이드가 열거한 복합적 안견을 지닌 반식민주의적 혹은 포스트식민주의적 반-유럽적 문학지식인과, 전통적 지식인의 정체성과 기능을 사용하면서도 동시에 이와 거리를 두면서 하위주체에 다가가는 유기적 지식인 사이의 잠정적 차이를 강조하려 한다. 플로렌시아 마욘과 같은 역사가들은 문자기록을 유지하고 배양하는 데 방점을 찍는다면, 『기본적 성격』에서 구하가 연구한 농민봉기나 오늘날 치아파스의 사파티스타는 종종——예를 들어, 사파티스타가 그랬듯이 관공서의 서고를 불태운 것처럼——문자를 없애기를 원한다. 그들은 쓰여진 역사 기록이야말로 가진 재산이 없고 착취를 당하는 그들의 법적인 조건을 보장하고 오히려 강화하는 것이라고 생각했다.[4]

서문에서 나는 많은 동료들과 함께 그동안 성장한 좌파 문화-정치 실천의 패러다임이 현실에 부적합하다는 것을 통감하면서 연구의 방향을 하위주체연구 쪽으로 돌린 상황에 대해 설명했다. 그러나, 라틴아메리카 문학비평에서 최근까지 가장 영향력 있는 패러다임은 의심할 여지없이 앙헬 라마의 '서사적 문화횡단'Transculturation Narrative이다. 이는 사이드가 보여 준 일종의 포스트식민주의적 고급 모더니즘의 라틴아메리카적 형태로 볼 수 있다.[5]

---

[4] "식민지 인도에서 윤전기, 권리증서, 채권 등 모든 종류의 공식적 기록을 포함하는 인쇄물의 광범위한 파괴를 야기하지 않았던 중요한 농민 반란은 거의 없었다. …… (농민들에게) 글 자체가 적임을 상징하는 증거다"(Ranajit Guha, *Elementary Aspects of Peasant Insurgency in Colonial India*, Delhi: Oxford University Press, 1983, p.52).

[5] Ángel Rama, *Transculturación narrativa en América Latina*, México: Siglo XXI, 1982.

새로운 용어로서의 문화횡단은 사실 쿠바 인류학자 페르난도 오르티스Fernando Ortiz가 1940년 발표한 『쿠바의 대위법: 담배와 사탕수수』 *Cuban Counterpoint: Tabacco and Sugar*에서 최초로(비록 그 아이디어는 근대 라틴아메리카 문학비평의 창시자라 할 수 있는 페드로 엔리케스 우레냐Pedro Henríquez Ureña가 발전시킨 문화적 혼혈mestizaje이나 크레올화creolization로 거슬러 올라갈 수 있지만) 언급되었다. 오르티스는 식민지시대부터 근대 쿠바문화의 진화를 이해하는 모델이 되어 왔던 문화변용acculturation에 대한 대안으로서 이 용어를 사용했다. 문화변용의 과정에서 종속된 문화는 지배문화에 적응해야 하는 반면에, 문화횡단에서는 이 두 가지 문화요소가 모순과 조합이라는 역동적인 관계로 맺어진다고 설명한다.

오르티스에게 문화횡단은 적대적인 유럽, 스페인 그리고 아프리카의 요소――음식, 습관, 종교적 행위, 예절, 복장, 음악 등――가 쿠바인의 일상적 삶과 문화에 녹아 있다는 것을 말한다. '붐'boom 작가들의 문학적 실천과 쿠바혁명의 영향으로 발현된 새로운 정치적 에너지가 만나 재구성된 라마의 문화횡단 개념은 라틴아메리카 지식인과 문화적 작업 일반에서 사고의 틀 역할을 하게 되었다. 결과적으로 라틴아메리카 역사와 문화에 새로운 문화적·정치적 형태의 개념을 도입함으로써 하층민 그룹을 재현하는 '글을 다루는' 전위적 사회과학자들, 교육자들, 예술가들, 작가들, 비평가들 그리고 새로운 방식의 정치가들에게 잠정적 역할을 부여했다. 원주민과 유럽 문화형태의 사이, 케추아어와 스페인어의 경계에 위치한 위대한 페루 소설가 호세 마리아 아르게다스José María Arguedas의 작품은 이런 의미에서 라마에게 서사적 문화횡단의 훌륭한 예시였다.

파시즘이 전유럽을 지배했던 시기에 출간된 오르티스의 책 초판 서문에서, 브로니슬라브 말리노프스키Bronislaw Malinowski는 아프리카나 태평양 지역에 대한 유럽 식민주의의 잔재인 문화변용에 대비되는 민속지학 개념으로서 문화횡단 개념의 장점을 인정했다. 페르난도 코로닐은 말리노프스키에 화답하여 이 책의 영어판에 대한 최근의 개정판 서문에서 이 용어를 높이 평가한다. 그는 "(발터 벤야민이 칭한) '문화적 보고寶庫'가 의미하는 바는 엘리트의 작품을 경외하는 것을 넘어, 일반 역사의 산물로서 민중적 집단성이 성취한 문화적 형태를 말한다"는 측면에서 문화횡단은 호소력을 지닌다고 말한다.[6] 코로닐은 이렇게 라틴아메리카 연구를 위해 문화횡단 개념의 규범적 가치를 확립하려고 하였다. 그러나 이 주장은 결국 문화횡단을 통해 이전 권력과 지위의 위계가 빚어내는 차이를 무화하려는 표현으로 읽힌다. 즉, 문화변용과는 반대로 말리노프스키와 오르티스 모두가 인정한 대로 하위주체나 주변적 위치에서 벗어나 지배적이거나 헤게모니적인 지위로 향하게 하는 것이다.

오르티스는 문화횡단을 일상의 대상, 상품, 실행 단계에서 발생하는 어떤 것으로, 그 일상적인 것을 획득하는 과정으로 바라본다. 반대로 라마는 하위주체와 관련된 지식인이나 고급문화의 실제적 혹은 잠재적 재현에 적합한 형식이라는 문학적 개념으로 특권화한다. 오르티스와 마찬가지로 코로닐은 인류학자였다. 하지만 그가 받은 인상은 책이 언급하는 대중의 일상적 실천보다는 문화횡단에 대한 오르티스의 책 자체였던 것으로 보인다. 특히, 코로닐은 "문학적 작업은 문화의 바깥에 존재하는 것이 아니라 그것들에 왕관을 씌워 주는 것이고, 이 문화들이 수세기에 걸쳐 전해 온 다양한 창조물이라는 관점에서, 작가는 이 무수한 타자의 작

---

6) Fernando Ortiz, *Cuban Counterpoint: Tabacco and Sugar*, trans. Harriet de Onís, Durham: Duke University Press, 1995.

업을 다루는 제작자이며, (로아 바스토스Roa Bastos가 말했던 것처럼) 일종의 축적자이며, 아메리카 사회의 광대한 역사 워크숍의 뛰어난 지조자"라고 주장한 라마에 호의적이었다.[7]

다시 말하면, 라마와 코로닐에게 문화횡단은 하위문화 그 자체에 나타나는 내부적 요소나 특징이라기보다는, 고급(혹은 엘리트)문화와 하위문화 사이에서 발생하는 그 무엇이다. 나는 이것이 (그 자체로서는 문제될 이유가 없는) 오르티스의 본래 개념에서 상당히 멀리 떨어져 나온 것이라고 생각한다. 라마에게 문학은 지역의 구술성이나 하위주체의 문화를 통합시킬 수 있는 힘을 가지고 있는데, 이는 오직 구술문화 그 자체의 권위를 상대적으로 희생시킴으로써 가능하다. 비록 마찬가지로 문학은 구술성이나 비-스페인어와의 접촉을 통해 수정되기에, 구술문화와 문학적 문화는 이론상으로는 문화횡단에서 동일한 지위와 힘을 가진다. 하지만 그 경향으로 볼 때 문화횡단에서 문학은 실제로 지배적인 지위를 계속 유지하게 된다.[8] (코로닐이 인용한 구절에서, 문학은 문화에 '왕관을 씌운다'. 라마에 나타난 '교직자'로서 작가의 이미지는 수공업과 지식인 노동을 동등하게 놓는다는 점에서 평등하게 보이지만, 작가는 '이야기꾼'을 의미하는 벤야민의 개념과 더 닮아 있는 일종의 하위주체적 혹은 그저 그런 작가에

---

7) "문학작품은 문화 바깥에 존재하는 것이 아니라, 그것에 왕관을 씌워 주며 그러한 문화들이 세속적이고 복합적인 창조물이 되는 방식으로 작가를 작품과 작업하는 생산자의 위치로 올려놓는다. 로아 바스토스는 이를 엮은이, 천재적 직조자, 아메리카 사회의 광범위한 역사 제조공이라고 불렀다"(Rama, *Transculturación narrativa en América Latina*. Ortiz, *Cuban Counterpoint*, p.ix, n.2에서 재인용).
8) "작가는 언어학적 공동체로 재통합되며 방해받지 않은 언어적 자원의 사용을 기반으로 그 내부로부터 말한다. 그리고 종종 그러하듯이, 공동체가 시골이나 혹은 원주민 언어를 사용하는 그룹의 경계에 존재한다면, 작가는 더 이상 자신의 내부가 없는 지역적 언어를 모방하기를 멈추고, 예술적 목적을 가지고 내부로부터 작업을 하기 시작한다"(*Ibid.*, p.43).

대비되는 '뛰어난 직조자'이어야 한다.)

라마와 오르티스 모두에게 문화횡단은 폭력과 손실이라는 과거의 흔적을 넘어, 마지막 순간에서는 근대 민족-국가의 형성과 그 과거의 단순한 총합을 넘어서는 민족적(혹은 대륙적) 정체성을 위해 필요한 하나의 목적론으로서 기능한다. 왜냐하면 본래의 정체성은 문화횡단 과정 그 자체에서 부정되기 때문이다. 비록 헤겔의 영향력을 인정하지 않지만 이 개념이 가진 근본적 역사주의는 "쿠바의 진정한 역사는 상호 혼합된 문화횡단의 역사"이며 "모든 민족들 사이에서 역사적 진화는 항상 하나의 문화에서 다른 문화로, 그 템포가 점진적인 것에서 급작스러운 것까지 다양한 생명력이 있는 변화를 의미한다"라고 주장하는 오르티스의 설명에서 감지할 수 있다. 그렇지만 오르티스는 쿠바 역사야말로 이 과정을 극적으로 설명한다고 주장한다. "민중의 형성에 영향을 미치는 문화는 공간적 지위와 구조적 구성 측면에서 볼 때 매우 다양해서 인종과 문화의 광범위한 혼합은 다른 역사적 현상의 중요성을 간과하게 만든다. …… 4천 년 이상 유럽이 겪어 온 문화과정이 4백 년이 채 되기도 전에 쿠바에서 일어났다." 특히, 스페인인들의 정복으로 "다양한 방식으로 교차된 서로 다른 시대가 하루아침에 쿠바에서 만나게 된다".[9]

---

9) Ortiz, *Cuban Counterpoint*, pp.98~100. 이 부분은 다음 사항을 지적한 우고 아추가르의 도움을 받았다. "쿠바의 특수성과 문화횡단이라는 라틴아메리카적 용어를 고집하는 것은 오르티스 자신이 주장하듯이, 다른 유사한 과정 — 유럽에 의해 행해졌던 — 과의 차이가 시간의 농밀함에서 온다는 것을 놓치지 않았기 때문이다. 어떤 한 장소에서 4천 년에 걸쳐 일어났던 일이 다른 장소에서는 4백 년 만에 발생한다"(Hugo Achugar, "Repensando la heterogeneidad latinoamericana: a propósito de lugares, paisajes y territorios", *Revista Iberoamericana* 176~177, 1996). 오르티스의 통문화이론에 대한 유용한 토론을 위해서는 다음을 참고하라. Gustavo Pérez Firmat, *The Cuban Condition*, New York: Cambridge University Press, 1989; Alberto Moreiras, "Transculturación y pérdida del sentido",

문화횡단을 제안한 오르티스의 사상에는 계급과 인종적 이슈에 대한 숨겨진 고민이 존재하는데, 내가 보기에 코로닐은 오르티스의 『쿠바의 대위법』을 소개할 때 이 점을 충분히 주목하지 않았다. 그 고민은 아래로부터의 인종적·계급적 측면에서 (미국적 의미에서) '흑인'이 인구의 다수를 점하지만 혁명의 이전까지 극단적으로 가난한(농민, 노동자 혹은 준-노동자) 쿠바와 같은 나라에서, 오르티스와 같은 상위 계급, 자유주의적 지식인이 점유하고 있는 특권 구조를 뒤엎을 가능성에 대한 두려움이었다. 사이드의 작업이 이슬람 근본주의의 유령에 시달렸던 것처럼, 『쿠바의 대위법』은 소위 1912년의 '작은 전쟁'이라 불리는 20세기 초반 쿠바 역사의 가장 트라우마적인 에피소드의 유령에 시달린다. 이 '작은 전쟁'은 스페인에 반대한 전쟁에서 독립을 위해 싸운 흑인 군인들이 새로운 공화국에서 시민권을 박탈당하는 데 분노하여 정부에 대해 봉기하여 싸우다 무참히 짓밟힌 사건이었다.[10]

1960년대와 라틴아메리카 문학의 '붐'이라는 매우 다른 상황에서 나온 문화횡단에 대한 라마의 재해석은 이와 같은 유사한 고민거리를 제거한다. 라마에게 문화횡단은 무엇보다 식민지 그리고 신식민 형태의 종속에 의해 고안된 근대성의 장애물 앞에서 라틴아메리카의 문화적·경제적 근대성을 성취하기 위한 도구이다. 그리고 대륙의 역사에서 지속되는 하위주체의 민속성이나 언어, 역사의 힘을 전적으로 제외시키지 않고 편입시키는 과정을 통해 이를 보전한다. 라마가 보기에 아메리카에서의 문화적 갈등은 새로운 것이라기보다는,

---

Nuevo Texto Crítico 3, no.6, 1990.
10) 이 같은 분석에 대해서는 루이스 두노(Luis Duno)의 도움을 받았다.

오히려 원주민 문화에 대한 히스패닉 문화의 강제로 인한 본원적 갈등의 연장이며, 이는 크레올 계급을 통해 지역적으로 확장되고, 특히 공화국은 부족의 공동체에 강제하는 도시의 자유주의적 과두정치로 대표된다. 이 갈등은 뻔뻔한 지배가 일어나지 않을 때, 다른 지역이 그것들에 대항하는 통합된 힘에도 불구하고 자신을 표현하고 확증할 때 해결점을 찾을 수 있을지도 모른다. 이런 관점으로 볼 때, 대륙 내부에 존재한다고 믿어지는 문화를 강력하게 함으로써 존재한다는 결론에 이를지도 모르겠다. 그러나 그것은 엄격한 의미에서 전통으로 자리 잡는 것이 아니라 그들의 영혼을 고갈시키지 않으면서 계속적인 문화횡단을 경험한다는 가정하에서다.[11]

라마에게는 대륙의 고유한 것으로 이해되는 문화를 형성한 원주민들의 유일하면서도 실현가능한 해결책은 인종과 문화를 혼합하는 것으로 귀결된다. 이 혼혈은 문화횡단의 개념이 반영하고 모델화하는 것이다. 문화횡단에 대한 대안이 존재한다면 그것은 자신의 문화를 포기하는 것이 아니면 학살이다. 1983년 사망하기 직전의 인터뷰에서, 라마는 자살 직후에 출간된 아르게다스의 마지막 소설 『위편의 여우, 아래편의 여우』 *El zorro de arriba y el zorro de abajo*에서 라틴아메리카에서 원주민 문화가 생존할 수 있는 희망이 여전히 존재하는가에 대한 질문을 받는다. 그는 다음과 같이 대답한다.

의심할 바 없이, 원주민 문화가 아니라, 메스티소 문화의 생존을 의미하

---

11) Rama, *Transculturación narrativa en América Latina*, p.71.

는데, 그 이유는 원주민 문화는 더 이상 큰 의미를 갖지 못하기 때문이다. 아르게다스가 이해하는 것은 모든 실용적인 목적으로 볼 때 해결책은 혼혈이라는 복잡한 해결이다. 고문과도 같이 고통스럽고 때로는 더러운 인생과도 같은 길, 그러나 종국에는 그 가능성 면에서 더 풍요로운 결과를 낳는다.[12]

그런데 과연 누구를 위해 '가능성이 풍부'하다는 것일까? 닐 라센Neil Larsen은 라마의 문화횡단 개념에서 "문화 그 자체는 부재하는 국가의 중재에 직접적으로 대항하는 구체적인 반反이성으로 나타날 수 있는 것을 제한함으로 인해 탈역사적이다"라고 지적한다.[13] 지역적이고, 오래된 그리고 하위적인 것을 라틴아메리카 근대성(하버마스의 익히 알려진 개념을 생각해 보라)과 민족-국가의 통합에 문제로 설정하는 것은 라마에게 하위주체 자신의 권리와 역사적 논리와 요구(이는 다른 형태의 민족-국가에 대한 요구를 포함한다)를 하나의 통합된 전체로서 사고하지 못하게 만든다. 문화횡단의 관점으로 볼 때, 라마는 유기적인 지식인과 (문학적인 혹

---

12) Jesús Díaz, *Ángel Rama o la crítica de la transculturación: Última entrevista*, Lima: Lluvia Editores, 1991, p.31(번역은 베벌리). 동일한 주제에 대하여 라마의 의견과 정치적 스펙트럼의 다른 끝에 위치한 마리오 바르가스 요사를 비교해 보는 것도 재미있을 것이다. 바르가스 요사는 이렇게 말한다. "원주민 농민이 통합을 위해 지불해야 하는 대가는 크다. 그들의 문화, 언어, 신념, 전통, 관습과 더불어 선조들이 가진 위대한 문화를 선택하는 것을 포기해야 한다. …… 원주민 문화의 보존과 완전한 동화 사이에서 선택해야 한다면, 슬프게도 나는 원주민 인구의 근대화를 선택할 것인데, 왜냐하면 우선권이 있기 때문이다. …… 근대화는 오직 원주민 문화의 희생을 통해서만 가능하다"(Mario Vargas Llosa, "Questions of Conquest: What Columbus Wrought, and What He Did Not", *Harper's Magazine*, December 1990, pp.52~53).
13) Neil Larsen, *Modernism and Hegemony*, Minneapolis: University of Minnesota Press, 1992, p.64.

은 비문학적인) 문화적 형태를 발전시켜 온 원주민의 정체성, 권리 그리고/또는 영토적 자치성을 위한 이데올로기적 혹은 이론적 운동을 개념화하지 못한다. 사실 그 형태는 반드시 문화횡단의 서사에 의존할 필요가 없을 뿐 아니라, 많은 경우에 그러한 서사에 저항하거나 반대해야 할 필요를 느낀다(일례로 문화횡단은 라틴아메리카에서의 풀뿌리 여성운동의 출현을 개념화할 수 없다). 오르티스와 라마의 문화횡단 사고는 각각 자유주의적이고 사회민주적인 형태로서 계급, 젠더 그리고 인종적 화합(타협)이 가능하다고 믿는 **환상**에 다름 아니다.

라틴아메리카 문화이론의 가장 중요한 패러다임 중 하나인 문화횡단이 직면한 근본적인 위기는 우리에게 "국가의 안전을 농민봉기의 중심적 문제로 설정함으로써"[14] 인도의 식민 시대 역사학이 농민봉기를 "온전히 그들 자신의 기획임에도 불구하고 자신의 권리를 가진 역사의 주체로 인정하는 것을 필연적으로 부정한다"는 구하의 논점을 상기시킨다. 구하는 탈식민지 민족-국가의 곤궁에 대해 라마와 공감한다. 그러나 라마가 문화횡단을 통해서 이전에 이미 변방으로 밀려나거나 국가에 의해 억압받는 하위주체 그룹을 국가로 통합하려 한 것과 달리, 구하는 위에서 닐 라센이 언급하듯이 현존하는 국가의 기획에 반대하는 '반이성'이 나타나는 순간들에 주목한다. 라마에게 문화횡단은 최종적으로 라틴아메리카 근대성의 틀을 제공한다. 그것은 보다 복잡하고 통합적인 문화와 문학을 이끌어 낼 필요성을 의미한다. 종속이론 경제학자들은 라틴아메리카 경제가 시장에서 '떨어져 나와' 독자적 발전을 일구어 나가야 할 필요성을 주장하였다. 이와 같은 방식으로 민족적이면서 동시에 대륙의 성

---

14) Guha, *Elementary Aspects of Peasant Insurgency in Colonial India*, p.3.

격을 규정하면서, 식민지 유산을 떨쳐 내는 새로운 문화와 문학을 지칭한다.[15] 일반적으로 종속이론의 이론적 힘이 오랜 기간 동안 라틴아메리카와 제3세계에서 유효했으며, 몇몇 가설은 여전히 유효한 것이 사실이다. 예를 들어, 조직된 정치적 좌파든 좌파라 지칭하는 문화인텔리든 간에 그들의 책임은 민족문화 기획을 수행해 나가는 것에 있다는 라마의 주장은 라틴아메리카 부르주아들로 인해 미완성으로 남는데, 이는 안드레 군더 프랑크André Gunder Frank의 적절한 용어를 빌리자면 그들의 심약한 '룸펜'적 성격 탓이었다.

한 가지 예를 들자면, 나의 친구 넬슨 오소리오Nelson Osorio는 아옌데 시절 칠레 공산당에서 활발히 활동했던 문학비평가이다. 1973년 쿠데타 이후 그는 피노체트 독재정부에 체포되어 고문당하고 이후 망명을 떠나야 했다. 그는 결과적으로 베네수엘라에 정착했는데, 그곳에서 10여 년 가깝게 라틴아메리카 문학 백과사전을 만드는 작업에 몰두했다. 이 작업은 전세계 수백 명의 학자들의 참여를 이끌어 냈으며 그 목적은 새로운, 비정전적인 장르의 발전, 즉 증언서사, 원주민 언어의 구술과 문자 문학, 카리브 언어들의 문학과 미국 내 라티노 문학을 포함하는 비평분야에서의 라틴아메리카 문학에 대한 총체화 작업이었다.

나는 이 사전에 여러 개의 목록을 추가하기도 했다. 나는 정치적-지식인 기획으로서 그것의 '진보적인' 성격을 높이 평가한다. 그러나 동시에 나 자신의 작업은 라틴아메리카에서 문학의 역할이 엘리트 정체성을

---

15) '붐' 서사, 문화횡단의 사고, 종속이론 사이의 상관관계에 대해서는 다음을 참고하라. Tulio Halperín Donghi, "Nueva narrativa y ciencias sociales hispanoamericanas en la década del sesenta", *Hipamérica* 27, 1980.

구축하는 실천의 한 방식이었음을 지적하는 것이었다. 하여 나는 라마의 『지식인 도시』가 문화횡단이라는 자신의 이론에 대한 자기비판이요, 1980년대 라틴아메리카 좌파의 위기가 시작된 시점에 자극을 받은 자기비평이라고 생각한다(라마 자신은 쿠바 출신 미국인이 주도하는 우파 진영의 압력을 받았으며 결국 레이건 정부에 의해 1982년 미국에서 추방되었다).

서문에서도 언급했듯이, 나 자신이 경험한 중앙아메리카에서 문학의 역할에 대한 비판은 라마가 『지식인 도시』에서 체계화한 환유적 연결(글쓰기/문학/지식인/크레올 엘리트/도시/민족)을 매개로 쿠바와 니카라과 혁명 후 나타난 문학캠페인과 같이 문학을 민주화하려는 시도를 부정하려는 것은 결코 아니다. 오히려 라틴아메리카 하위주체연구 그룹이 기획한 프로젝트의 출발점의 하나로서, 이전의 문화적 위계를 부수는 과정에서 이러한 혁명들의 한계를 체감하는 것이었다.

'지식인 도시'의 헤게모니와 라마의 '서사적 문화횡단'을 문화적 근대화의 한 형태라고 보는 관점이 약화된 현상은 지난 30년 혹은 40년간 시청각적 미디어가 엄청나게 발전함으로써 라틴아메리카 공적영역이 성숙하게 된 것과 그 맥락을 함께한다. 브라질의 위대한 비평가 안토니우 칸지두Antonio Cándido는 문학과 저발전에 대한 1972년의 세미나 에세이에서 미디어의 성장이 슬프게도 문학을 문화적 모델 혹은 시민권을 고양하는 구성적 실천으로 보는 사고를 의심하게 했다고 지적한다.[16] 칸지두는 왜 문자문학을 이해하는 많은 대중이 브라질과 같은 개발도상국가들에 나타나지 않았는가에 대한 걱정스런 질문을 던진다. 그의 대답은 19

---

16) Antonio Cándido, "Literatura e subdesenvolvimiento", *Argumento* 1, 1973. 이 논문을 소개해 준 비센테 레쿠나(Vicente Lecuna)에게 감사를 표한다.

세기 서구유럽, 미국, 일본 혹은 러시아와 스페인과 같은 주변부 국가에서 자본주의 산업화의 과정이 인쇄문화와 공공 교육의 팽창과 일치하는 동안, 산업화가 상대적으로 근래에 진행된 브라질과 같은 나라에서는 그것이 비동시적으로 미디어의 팽창과 상업 대중문화의 폭발과 일치하게 되었다는 것이다. 대중은 이전에는 주로 구술, 향토적 민중문화의 도상학적 세계에 집중되었다면, 이제는 프롤레타리아화되는 그리고/혹은 도시화되어 가는 과정 속에서 이전의 문화가 '도시의 민속'의 일종인 미디어문화로 직접적으로 옮겨 가면서 인쇄문화 과정은 생략되었다고 칸지두는 말한다. 개발도상국가에서, 문학은 대중 미디어라는 압도적인 적에 직면할 수밖에 없게 되었다.

칸지두는 새롭게 도시화된 혹은 도시화되는 대중이 문학과 인쇄문화에 접근하지 못하는 상황에 처한 시민 정체성의 위기를 그리고 다른 한편으로는 그들의 잠재성을 발견했다. 그는 식민시대 원주민들에게 가톨릭 교리를 가르치려는 예수교회가 발전시킨 일종의 교리문답 연극이 미디어보다 낫다고 보았는데, 왜냐하면 고급문학의 형태로서 가르침을 전달하기 때문이다. 반대로 미디어는 일종의 '전도된 교리문답'으로 기능한다.

라마(혹은 죄르지 루카치György Lukács)와 마찬가지로, 칸지두는 '문학과 저발전'을 부르주아 계급이 권력을 얻으면서 형성된 민족문화의 제도들을 미디어나 상품문화가 좌지우지하는 권력으로부터 지켜 내는 동시에, 인문주의가 훼손되고 포기되는 상황에서 이를 보호하고 문화적 정당성을 확보하는 것이 맑스주의 인텔리의 임무라고 믿었다. 오소리오의 사전 프로젝트도 비슷한 형태의 논리에서 출발한다. 따라서 살바도르 아옌데의 인민연합의 학문적 형태라 할 수 있는 기획을 정초한 오소리오는 문화적 형태로서 문학의 지위를 '탈중심화'하려는 노력에 저항하였다. 그는 라틴아메리카 문학의 정전을 탈구조화하기 위해 먼저 정전이 구성되어야 한다고 보았다. 나는 이 지점에 주목한다. 하위주체연구의 전략은 현재 구축되어 있는 민족-국가와 문학정전이라는 두 가지의 변수, 그 너머로 전진해야 한다고 주장한다. 다음 장들에서 논의하겠지만, 이것은 탈민족적인 혹은 탈문학적인 사고로 넘어가는 것을 의미한다. 하지만 간과해서는 안 될 또 하나의 지점은 그것이 민족과 문학이 무엇인지를 재고하자는 것이며, 무엇이 그것들을 대신할 수 있을지 함께 고민하자는 것이다.

이 지점에서 나는 투팍 아마루Túpac Amaru 봉기(1780년과 1783년 사이 가난한 원주민 농민과 메스티소들이 중심이 된 페루 산악지방을 휩쓴 거대한 저항으로 이후 식민 통치자들에 의해 진압되었다)에 관련된 네 개의 텍스트를 소개하고자 한다. 그것들은 각각 다음과 같다.

① 봉기의 지도자였던 호세 가브리엘 콘도르칸키 투팍 아마루José Gabriel Condorcanqui Túpac Amaru가 스페인어로 쓴 『계보학』Genealogía. 이것은 법적 문서의 형태를 띠고 있는데 봉기 3년 전인, 1777년 리마의 왕립회의에서 자신이 잉카의 마지막 후손이라고 주장한다.

② 『40년간의 포로기』로 알려진 『기억』Memoria. 이는 그의 형제 후안 바우티스타 투팍 아마루Juan Bautista Túpac Amaru가 스페인어로 쓴 것으로 1825년 부에노스아이레스에서 발견되었다.

③ 『오얀타이』Ollantay는 케추아어로 쓰여진 익명 저자의 희곡으로서 아마도 작자는 케추아어를 배운 지역의 신부였을 것으로 추정된다. 1780년 이전에 호세 가브리엘 자신을 포함하는 원주민 관객 앞에서 상연되었는데, 코메디아Comedia와 그라시오소Gracioso가 등장하는 형태의 3막극으

로 스페인 황금세기 연극 전통에 전적으로 기대고 있다.

④ 후안 데 에스피노사 메드라노Juan de Espinosa Medrano의 『루이스 데 공고라를 위한 변호』Apologético en favor de Don Luis de Góngora는 일반적으로 라틴아메리카 문학비평의 가장 중요한 텍스트 중의 하나로 간주되는 시학에 관한 책이다. (첫번째 판본은 1662년으로 거슬러 올라가는데) 투팍 아마루의 봉기보다 한 세기 일찍 쓰여졌으며, 그 시기 안데스 세계의 문화적 역동성을 잘 보여 준다.

위에서 간단히 묘사한 대로, 투팍 아마루의 『계보학』은 스페인 식민지 법률 수사학의 형태로 나타난다. 비록 보다 즉자적이고 실용적인 목적을 가지고 있지만, 메스티소 작가인 잉카 가르실라소Inca Garcilaso가 완성한 서사적 계보학에 의해 고무되었다. 가르실라소는 150년 전 『왕실의 이야기』Comentarios reales에서 그의 어머니가 잉카 귀족이었으며, 따라서 자신은 잉카왕실의 후예라고 말하면서, 스페인 왕국의 대표와 부왕령의 경영을 나눌 것을 요구한다. 이는 공식적인 법률 청원이었으며, 스페인 부왕령하에서 '지식인 도시'라는 귀족적 코드를 가진 작가를 드높이기에 충분한 문서적·수사학적 작업이었다. 즉, 스페인 크레올 사이에서 자신의 가치를 입증해 보인 것이다. 결과적으로 호세 가브리엘의 역할에 비추어 볼 때, (아버지 이름에 접사를 붙여 그 관계를 강조하는 것과 같이) 잉카의 마지막 직계 후손임을 주장한 것은 잉카 국가인 타완틴수유Tahuantinsuyu를 회복(혹은 앞으로 설명하겠지만 재구성)하려는 의도로 볼 수 있다.

『계보학』이 자서전과 가족 역사의 요소를 지니고 있다 하더라도, 자서전이라기보다는 순혈의 증거를 보여 주는 형태에 가깝다. 반대로, 약 50년 후에 나타나는 후안 바우티스타 투팍 아마루의 『기억』은 근대적 의미에서 자서전이며, 전적으로 새로운 수사학과 페르소나를 드러낸다. 투팍 아마루 봉기는 격동의 시기의 상전벽해와 같은 큰 변화를 묘사하는데, 여기서 대*부르주아 혁명 시기의 문학 형태와 유사한 감수성을 찾을 수 있다.

『기억』은 스페인인들이 만든 감옥에서 보낸 후안 바우티스타의 경험을 기록한 것으로 여기서 스페인 식민지 법은 아메리카를 강등하려는 일종의 환유로 해석된다. 이 작품은 일인칭으로 저술된 이야기로 화자는 봉기 실패 이후 체포되어, 선고받고, 사슬에 묶여 해안 수도로 이송되어, 40년 동안 부르봉가의 스페인령 아프리카의 악명 높은 감옥인 굴라크 아르치펠라고Gulag Archipelago에 수감되었다가, 이후 1820년 페루가 아닌 부에노스아이레스로 보내진다.『계보학』이 마지막 잉카왕 투팍 아마루의 후손이라는 호세 가브리엘의 주장에 정당성을 보태면서 1780년의 봉기를 예견한다면,『기억』은 이 반란과 거의 반 세기 이후 크레올의 자유주의 혁명 사이에 연속성이 존재한다는 것을 보여 준다. 이 텍스트는 시몬 볼리바르Simón Bolívar, 베르나르디노 리바다비아Bernardino Rivadavia 또는 호세 데 산 마르틴José de San Martín과 같은 혁명의 주요 인물들이 루소의 『참회록』에서 발견한 교훈과 마찬가지로 주인공과 자기동일시하면서 읽었음에 틀림없다.[17]

우리가『계보학』과『기억』을 식민지 경영자들의 문서에 대항하는 토

---

[17] 실제로 후안 바우티스타 투팍 아마루가 볼리바르에게 보낸 묵시론적 편지가 존재하는데, 거기에서 그는 다른 무엇보다도 "내 땅과 존경하는 형제의 피가 이후에 가장 좋은 열매를 맺도록 양분의 역할을 하여, 위대한 볼리바르의 보배롭고 진정성으로 가득 찬 손으로 가장 좋은 열매를 수확할 것이다"라고 쓴다. 몇몇 역사학자들은 잉카제국 회복의 사고를 포함한 독립 전쟁에서 마누엘 벨그라노 당에 의해 발전된 프로그램과『기억』사이의 관련성을 연구할 것을 제안하였다.

착지에서 발현된 저항의 대표이자 동시에, 유럽의 문학적 모델을 이용한 예시로 삼는다면 ─즉, 서사적 문화횡단이라는 라마의 사고 아래─ 우리는 막다른 길에 다다르게 된다. 이는 라틴아메리카 정전에서의 텍스트 형태에 관련된 것도, 페루문학에 관련된 것도 아니다. (정전에 포함시켜야 한다는 것은 말할 필요가 없음에도 불구하고) 이 작품들을 정전으로 파악하느냐 마느냐의 단순한 문제가 아닌 것이다. 막다른 골목은 폴 드 만이 루소의 『참회록』에서 자세하게 설명한 재현의 실패로부터 기인한다. 알레고리를 구성함에 있어서 『참회록』과 마찬가지로 『계보학』과 『기억』은 언술-행위 이론의 언어로 수행적performative인 역할을 하며, 봉기와 그 이후 이데올로기를 구성하는 미장센의 한 부분을 담당한다. 따라서 이들은 드 만의 용어로 '역사를 생산'하는 것이지, 역사를 '재현'하지는 않는다.[18] 이들이 보여 주는 자서전적 테마는 원주민과 크레올 인구의 거대하고 이질적인 대중의 집단적 행위를 포함하는 봉기의 실제 인물들과 일치하지 않는다. 화자 개인의 삶의 경험을 계급이나 사회집단의 집단적 운명과 연결해 주는 『나, 리고베르타 멘추』와 같은 증언적 서사에서 작동하는 환유적 고리가 이 텍스트들에는 존재하지 않는다.

역사가 레온 캠벨Leon Campbell은 이와 관련된 문제를 제기한다. 그는 스페인인들에 의한 정복 이후 유럽문학의 전통 즉, 서간문이나 법률 모델을 적용하여 안데스 원주민 공동체 지도자들의 세계관을 보여 주는 케

---

[18] "다른 모든 독자와 마찬가지로, 루소는 그의 텍스트를 정치적 변화에 대한 약속으로 오독했음에 틀림없다. 오류는 독자 내에 있는 것이 아니다. 언어 그 자체는 행위로부터 지각을 해체하여 필연적으로 오독을 유발하며, 언어는 자신에게 진실의 약속을 전달한다. 이것은 또한 왜 수사학적 복합성의 수준에서 텍스트적인 알레고리가 역사를 생산하는지 설명한다"
(Paul de Man, *Allegories of Reading*, New Haven: Yale University Press, 1979, p.277).

추아어와 스페인어로 된 문자문학이 존재한다는 마르틴 라인하트Martin Lienhard와 롤레나 아도르노의 분석에 동의한다(예를 들어, 우리는 투팍 아마루가 잉카 가르실라소의 『왕실의 이야기』의 판본에서 자신의 이미지를 투영했다는 사실을 알고 있다). 하지만 이 봉기를 둘러싼 다큐멘터리 서고는 한편으로 그 교차지점에서 근본적으로 다른 문화의 존재, 즉 유럽적이지 않은, 구술(혹은, 보다 정확하게는 얼핏 시대착오적으로 보일지도 모르겠지만, 시청각적인) 문화를 드러낸다. 이 문화는 주로 농민과 수공업자들과 그들의 가족들을 포함하는 위대한 투파마리스타Tupamarista와 카타리스타Katarista 군대를 조직한 반란자들에 의해 발전되었는데 이들은 대체로 스페인어를 읽거나 말하지 못했으며 배우려고 하지도 않았다. 캠벨은 이에 대해 봉기에는 '이중언어성'이라 부를 수 있는 것이 존재한다는 결론을 내린다. 한편으로는, 『계보학』 혹은 선언문, 반란군 지도자가 크레올이나 스페인 당국에 보낸 편지와 같은 스페인어로 쓰여진 문학적 혹은 법률적 텍스트. 다른 한편으로는 반란자들 자신에 의해 작성된 문학적이지 않은 혹은 반-문학적이기까지 한 문화적 행위들이다.[19] 예를 들어, 가끔씩 잉카 옷을 입었으며, 또한 유럽 스타일 군복을 입기도 한 호세 가브리엘을 통해 볼 수 있는 문화적 양가성은 식민지 체제 내에서 이데올로기 형성과 관련되며, 또한 그를 따르는 이들과 식민 당국 모두에게 자신을 지도자로서 재현해 보이려는 노력에서 나타나는 모순을 나타낸다.

하지만 봉기가 가지는 이 '이중언어성'은 단순히 의심스럽거나 전략

---

19) 그것은 반문학적인데 왜냐하면 글쓰기는 식민권력 자체의 상징 중 하나이기 때문이다. Leon Campbell, "The Influence of Books and Literature on the Túpac Amaru Rebellion", paper printed at the Brown University conference on The Book in the Americas, 1987. Copy of author's typescript.

적인 것이 아니다. 또한 그 지도력이 실천에 옮겨질 때 보이는 분열의 모습을 의미하는 것도 아니다. 그것은 또한 봉기 그 자체의 성격—혁명이냐 개량이냐—과 본질에 대한 잘 알려진 논쟁과 크게 다르지 않다. 캠벨은 이렇게 적는다.

> 우리가 오직 스페인어로 된 문학 기록만을 본다면, 봉기의 초점은 도시와 크레올 주민들에 제한될 것이고, 반란 계획에서 드러나는 물질적 이슈만 강조되며, 점점 더 많이 부과되는 세금과 상업적 제한으로 인해 페루인들을 더욱 곤궁하게 만든 부르봉 왕가의 경제 개혁 요구의 묵살에 초점이 맞춰진다.
> 다른 한편으로, 가령 신화, 상징 그리고 의식과 의례의 역할을 연구하고, 그것들의 내부적 의미가 보다 잘 정의된다면, 이것들이 반란문학의 중요한 부분을 차지한다는 것뿐만 아니라 종종 문서화된 제안만을 요구하는 것처럼 보이는 봉기의 다양한 층위를 드러낼 수 있다. 반란자들의 스페인어 훈령이 왕국과 크레올에 충성하는 반란 통제구역으로 남아 있던 주요 상업 지역에 집중되었기 때문에, 그들은 반란을 '전략적인 이성주의'로서 정의하며 이는 유럽과 아메리카에서 발전했던 서구의 18세기 봉기의 정의에 잘 맞아떨어진다.[20]

다시 말해, 『계보학』이나 『기억』을 봉기의 문화나 목적을 설명하는 대표적인 텍스트로 선택하는 역사가는 근본적으로 안데스의 유럽 식민화 과정, 그리고 현재는 크레올화되거나 문화횡단이 진행되는 과정에서

---

20) Campbell, "The Influence of Books and Literature on the Túpac Amaru Rebellion".

강제되는 법적·문화적 코드와 언어 내에서 생성되는 개혁 운동을 보게 될 것이다. 반면에, 이 텍스트를 넘어 또 다른 문화적 행위들을 보려는 역사가는 아래로부터의 다양한 혁명적 사회운동을 보려고 한다. 가장 잔혹하게 착취당하는 원주민 수공업자와 가난한 농민들이 잉카 국가 혹은 원주민이 헤게모니를 가지게 되는 다른 형태의 권력형태를 회복하려는 최종의 목표를 가진 메스티소, 크레올, 부족장들과 연합전선을 구축하는 것에 관심을 가진다.

나는 『오얀타이』라는 텍스트를 재조명하고 싶은데, 왜냐하면 위에서 언급한 이슈와 『계보학』에서 호세 가브리엘 투팍 아마루가 마지막 잉카의 합법적 후예라고 주장하는 것과 직접적으로 연관되기 때문이다. 여러가지 측면에서 『오얀타이』는 이 세 개의 텍스트 중 가장 파국적이고 '유럽적'인데, 칼데론Pedro Calderón의 『인생은 꿈이다』*Life Is a Dream*와 같이 바로크 국가 연극의 알레고리 모델을 부르주아 멜로드라마를 예견케 하는 스페인 계몽주의에서의 부드러운 희극comedia tierna으로 알려진 것 ―― 호베야노스Gaspar de Jovellanos의 『명예로운 범죄자』*El delincuente honrado*가 이 장르의 가장 좋은 예이다 ―― 과 합친 것처럼 보인다. 동시에 이 연극은 케추아어로 쓰여지고 상연되었으며, 스페인 정복기 이전이 배경인 잉카 이야기에 기초한다(이 연극의 기원이 식민시대인가 식민시대 이전인가에 대한 조금은 불필요한 논쟁이 일어나기도 했다).

『오얀타이』는 잉카왕 파차쿠티의 딸 쿠시 크코일리와 사랑에 빠진, 잉카 군대의 주요 장군이 된 평민 오얀타이의 이야기를 다룬다. 두 사람이 사랑하는 과정에서 쿠시는 임신을 하게 되고 오얀타이는 잉카왕에게 그녀와의 결혼을 허락해 달라고 간청한다. 잉카왕의 자식들은 평민과 결혼하는 것이 금지되어 있었기에, 파차쿠티는 딸과 아이를 감금하고 오얀타이를 그가 자란 지방으로 추방한다. 거기에서 그는 잉카와 쿠스코 권위에 대항하는 반란군을 조직하고 쿠시와 아이를 되찾는다. 오얀타이와 파차쿠티 사이의 전쟁은 10년이나 지속된다. 그 와중에 파차쿠티는 죽고 쿠시의 형제인 아들 투팍 유팡키가 왕위에 오른다. 오얀타이는 결국 패배해 체포되고 사슬에 묶여 쿠스코로 이송되어 사형선고를 기다리며 선고대에 선다. 그러나 그가 전혀 본 적 없는 그의 딸 이마 수막의 기도로 인해 투팍 유팡키는 그를 사면하기에 이르고, 오얀타이는 쿠시와 재회하며 투팍 유팡키가 쿠스코에서 자리를 비울 때 그를 대신하는 일종의 잉카의 부왕으로 임명된다.

우리가 『오얀타이』를 19세기 전반 독립전쟁을 예고하면서 제임슨이 지칭한 용어인 '민족의 알레고리'로서 해석한다면, 오얀타이의 좌절된 사랑과 잉카에 대항한 봉기는 구체제 권력인 스페인 아메리카 식민지 부왕령의 지배적 구조에서 나타나는 크레올-메스티소의 불만을 상징화한다고 볼 수 있다. 그러나 두 가지 점에서 이 해석은 설득력이 떨어진다. ① 언급한 대로, 『오얀타이』는 케추아어로 만들어지고 상연되었다. 그러므로 모든 실용적인 목적에서 크레올-메스티소 관객에게는 접근이 불가능하였다. ② 스페인 연극의 형식에 의존하고 있지만 연극의 미학적·언어학적·문화적·정치적 권위는 최종적으로 유럽적이기보다는 안데스적이다. 구舊잉카에 대항하는 오얀타이의 행위는 스페인 부르봉가를 찬성하는 것으로 읽힐 수도 있겠지만, 오히려 봉기가 확산되어 잉카와 같은 제국을 되찾을 '상징적' 가능성이 전혀 없었던 1780년에 이 연극을 본 토착 원주민 관객들에게 다가가기 위한 것이었을 수도 있다.

그런데 위에서 언급한 해석이 실제 『오얀타이』를 통해 관객에게 전달되는 메시지라면, 한 가지 재미있는 반전이 생긴다. 연극의 끝에 제시된 화해의 결말은 역사적으로 알려진 잉카의 비타협성에도 불구하고 오얀타이가 쿠시와 결혼하는 것이 허용됨으로써 영웅은 지배 엘리트 블록에 통합되고 모든 역경을 극복하는 '행복한 결말'에 이르는 것이다. 즉, 결말의 논리가 전통적 잉카 체제에 퍼져 있는 엄격한 카스트 권위의 원칙에서 상당 부분 자유롭다. 오히려 오얀타이와 같은 비귀족이 권력을 획득하는 것을 어느 정도로 허용하는 신잉카제국의 가능성을 보여 주고 있다. 이는 무력으로 오얀타이의 고향과 같은 다른 원주민 도시-국가를 정복하고 병합하곤 했던 구잉카제국보다 민주적이고 평등한 형태를 의미한다.

우리는 과연 여기에서 그 자체로 잉카국가에 대한 계몽주의적 시각을 담고 있는 계몽 전제주의의 개념 혹은 자코뱅적 초기 민주주의적 사고에 의해 오염 혹은 훼손된 '순수한' 안데스 혹은 잉카 중심의 국가와 영토성을 말할 수 있는가?『오얀타이』는 확실히 문화횡단의 산물이다. 미학적 그리고 이데올로기적 차원에서 연극『오얀타이』는 안데스와 유럽의 문화적 그리고 언어적 요소의 불안정하게 잠재된 것들의 폭발적인 조합을 보여 준다. 케추아어의 상대적인 순수성조차도 문자 텍스트로서 그 지위를 드러내 준다(그 시대에 구술 케추아어를 받아 적은 예로서 상당한 정도의 지역적 혹은 계급적 다양성을 보여 준다).[21] 하지만 당시 힘을 얻어 가는 크레올 '지식인 도시'(그리고 그들에 의해 지배된 민족-국가)가 원주민의 이해를 재현하는 임무에 적합한가가 아니라, 어떻게 원주민들이 자신들의 이익을 위해 유럽과 크레올의 문학적·철학적 문화를 이용했는가

---

21) 이 점을 위해서는 다음을 참고하라. Bruce Mannheim, *The Language of the Inka Since the European Invasion*, Austin: University of Texas Press, 1991.

에 근거한, 아래로부터의 문화횡단의 하나로 볼 필요가 있다. 마르틴 라인하트는 『오얀타이』를 사실상 18세기 말 유럽 절대왕정 권위의 위기와 맞물려 잉카제국의 새로운 형태를 재구성하려는 '신新잉카'를 표방하는 안데스 엘리트가 원주민 그룹과 크레올, 메스티소 집단을 이데올로기적으로 호명하는 것이라고 주장한다.[22]

그러나, 오얀타이와 투팍 아마루 봉기가 함의하는 바는 베네딕트 앤더슨의 잘 알려진 테제인 문학과 문자문화와 연관된 민족의 기획이 영토적 한계를 넘어서는 '상상의 공동체'를 재현하는 능력이 부족하기 때문에 단지 부족적이고 공동체에 근거를 둔 것에 그치고 만다는 것이 아니다. 오히려 다른 개념의 민족, 영토성, 그리고 지식인과 지식인 문화에 관한 질문을 던진다. 스티브 스턴Steve Stern은 다음과 같이 설명한다.

식민지 후기 페루-볼리비아에서, 농민들은 새로이 나타나는 '민족에 관한 질문'에서 소외된 채, 살아가고 생각하고 투쟁했다는 것은 사실이 아니다. 그 반대로 초기의 민족적 상징이 농민의 삶에 중요한 역할을 한다. 그러나 이 초기의 민족적 상징은 당시 등장한 신흥 크레올 민족주의로 설명되기보다는, 안데스라는 개념 혹은 잉카에 의해 주도된 사회질서와 관련

---

22) "만약 왕권의 정치적 힘이 부족한 신잉카 귀족이 잉카의 회복을 위한 조건을 만들려고 했다면, 확실히 그들에게 역사적 잉카의 임의적인 특권들을 주장하는 것은 옳지 않았다. 18세기의 정치적 상황에서 권력을 회복하기 위해서는, 적어도 나머지 원주민들, 그리고 아마도 자유주의적 크레올과의 동맹이 필요했다. 따라서, 완전히 고정된 잉카 정부를 내세우지는 못했다. 오얀타이가 신잉카적 맥락에 속했다면, 드라마의 작가(들)은 현대적 '잉카'의 복원을 위한 투쟁에 도움을 주기 위해 보다 적당한 이미지를 제공하기를 원했을 것이다. 보다 인간적이지만 왜곡되지 않은 이미지로 말이다. 드라마는 정확히 위기의 시대에 '정의로운' 최고 권력을 재창조하는 잉카 사회의 능력을 그린다"(Martin Lienhard, *La voz y su huella*, Habana: Casa de las Américas, 1990, p.248).

을 맺고 있었다. 안데스 농민들은 그들을 광범위한 초기 민족문화의 부분으로 인식하고 보편적인 국가로부터 그들을 고립시키는 대신 새롭고 정의로운 국가에 자신을 연결함으로써 해방을 추구했다.[23]

이를 상기할 때, 보다 명확한 것은 투팍 아마루가 창조하려 했던 민족-국가는 원주민 언어 대신 선택한 스페인어의 권위에 기반을 두지 않았더라면 성공할 수 있었을지도 모른다는 것이다. 최소한 이중언어였을 수도 있고, 케추아의 권위가 아이마라Aymara와 슈아르Shuar를 말하는 이들을 포함하는 잉카 지배와 연결되어 있었기 때문에 또한 다언어적일 수 있었다. 아이유ayllu 시스템의 부활에 기초한 농업 공동체주의의 형태를 실험했을 수도 있다. 이전 영국 식민지가 연방의 한 부분으로 남아 있듯이 스페인 제국의 자치구로 정체성을 유지했거나 그렇지 않았을지도 모른다. 그것이 민주적이었을지는 알 수 없지만, 엘리트 정부로 남아 있다 해도 그 엘리트는 인종적으로 크레올보다는 원주민 엘리트였을 것이다.

다시 말하면, 민족의 개념은 페루의 민족-국가를 형성한 크레올 엘리트에 국한되지 않는다. 마욘이 『농민과 민족』에서 보여 주듯이, 하위주체의 지식과 욕망을 담지할 수 있다. 『계보학』, 『기억』 또는 『오얀타이』를

---

23) Steve Stern, *Resistance, Rebellion, and Consciousness in the Andean Peasant World*, Madison: University of Wisconsin Press, 1987, p.76(강조는 베벌리). 유사한 맥락으로 아니발 키하노는 투팍 아마루 봉기가 계몽주의적 기획과 부르주아 혁명과 평행선을 그리기는 하지만, 다른 방식으로 그리고 때때로 적대주의적인 역사적 궤적을 그린다고 주장한다. Aníbal Quijano, "Modernity, Identity, and Utopia in Latin America", eds. John Beverley, José Oviedo and Michael Aronna, *The Postmodernism Debate in Latin America*, Durham: Duke University Press, 1995. 안데스 엘리트가 주장하는 민족과 민족성의 '혼종적' 개념에 대해서는 다음 책이 일반적 정보를 제공할 것이다. José Mazzotti, *El coro mestizo del Inca Garcilaso*, Lima: Fondo de Cultura Económica, 1996.

오늘날 보다 광범위한 의미에서 '페루' 혹은 '라틴아메리카' 문학의 정전으로 승격시키는 것은 원주민 농민계급과 그들의 유기적 지식인(이들은 유럽의 문학, 정치 과학적 문화의 요소와 관련이 있는 반면, 의미와 헤게모니를 위해 자기 스스로의 투쟁을 종속시킨다)에 의한 민족-민중의 상상력의 문화적 산물이라는 사실을 감춘다. 또한 농민들 스스로가 자신들을 역사를 인지하는 주체로 인정하지 않는다는 결론에 도달한다. 따라서 농민의 역사는 근대 민족-국가, 계몽주의, 페루 문학이라는 역사의 우발적인 요소에 지나지 않으며, 역사의 주체는 크레올, 메스티소, 스페인어 사용자, 지식인, 남자, 토지소유자로 설정된다.

크레올 민족주의의 진화 과정에서 '지식인 도시'와 위의 세 가지 텍스트에 관련하여 내가 스케치한 안데스 농민봉기의 담론이 갖는 긴장의 기원을 이미 한 세기 전, 후안 데 에스피노사 메드라노의 『변호』에서 볼 수 있다. 『루이스 데 공고라를 위한 변호』라는 스페인어 제목을 가진 이 텍스트는 17세기 포르투갈 인문주의자 마누엘 드 파리아 이 소우자Manuel de Faría y Sousa가 스페인 시인 공고라Luis de Góngora y Argote의 시학을 공격한 데 대한 답변이다. 물론 이것은 이 책의 주요한 관심사가 아니다. 여기에서 지적하고 싶은 것은 에스피노사가 공고라를 변호하면서 막 나타나기 시작한 크레올 의식을 보여 준 것인데, 이로 인해 『변호』는 라마의 서사적 문화횡단의 사고를 가장 최초로 보여 준다고 할 수 있다. 『변호』에서 에스피노사가 옹호하는 바로크 스타일의 글쓰기는 『계보학』에서 호세 가브리엘 투팍 아마루가 사용한 스타일과 정확히 일치한다.

여기에서 위기에 처해 있는 것이 무엇인가를 이해하기 위해서는 최소한의 배경지식이 필요하겠다. 사실 17세기 전반부 내내 스페인 합스부르크로부터 독립하기 위해 싸웠던 포르투갈 민족주의의 편견이 담겨 있기도 한 공고라에 대한 파리아의 비판의 핵심은 공고라 시학에서는 포르투갈 국민시인 카몽이스Luís de Camões에서 명백히 보이는 '과학적 신비'가 부족하다는 것이다. 에스피노사는 시나 다른 종류의 문학이나 글쓰기가 자연 혹은 신학적 원리의 몸체를 설파하는 것은 적절한 기능이 아니라고 주장한다. 논쟁은 과학 혹은 종교적 진실의 권위를 이끄는 글쓰기와 문학 사이에 존재하는 일종의 유명론적 구별에 있다.[24] 일반적으로 통용되는 학문적 위계구조를 뒤집으면서, 에스피노사는 시학에서 중요한 것은 그것이 드러내는 교훈적 내용이 아니라, 언어적-형식적 장치의 미묘한 논리라고 주장한다.

이 논쟁은 대략 한 세기가 지나 신학적·미학적 판단에 대한 임마누엘 칸트의 구분을 예고한다. 근대적 형식은 바로 미학적 형식주의에 기초한 철학이다. 반대로, 공고라에 반대하여 파리아가 주장하는 공손함의 개념은 사건의 모방과 스타일과 장르의 모방 사이에서 고정된 개념에 의지하고 있다. 파리아를 반박하면서 에스피노사는 일종의 문학적·문화적 근대성을 주장하는데, 여기서 근대성이란 그의 글이 재현하는 것이기도 하지만, 공고라 본인의 특징이기도 하다. 공고라를 변호하는 에스피노사는 형식주의자다. 하지만 유럽의 권위에 대항하여 아메리카(혹은, 아메리카라는 관념이 부족했던 에스피노사 자신이 사용했던 '오스트리아')를 변호하고 드높이려는 의도와 연관된 형식주의였다. 그의 목적은 이데올로기로부터 미학을 탈구하려 했던 것이라기보다는, 미학에서 중심부의 모델로부터 스스로를 구별시키고 드러내고자 했던 당시 등장하는 크레올 이

---

[24] Juan de Espinosa Medrano, *Apologético en favor de don Luis de Góngora*, Caracas: Biblioteca Ayacucho, 1982, p.25.

데올로기를 확립하려는 정체성과 관련된 것이었다.

로베르토 곤잘레스 에체바리아는 식민지 지식인들이 처한 상황을 보완하기 위해 『변호』는 파리아에 의해 대표되는 유럽에 대항한 일종의 인식론적 특권과 장점을 알리기 위한 기능을 갖기 시작했다고 주장한다. 에스피노사의 은유에서 드러나는 아메리카는 이미 들은 것을 오직 반복을 통해서만 장황하게 말하는 앵무새이다. 하지만 이 본질의 부재가 또한 에스피노사를 위해서는 아메리카 세계의 독창성을 증명하는 셈인데, 왜냐하면 기존 세계의 자연과 전통에 대한 문학과 같은 의미화의 실천의 우월성을 입증하며, 파리아의 '과학적 신비'[25]보다 본래는 '이차적이고' 보충적인 행위였던 문학비평 그 자체의 우위를 암시하기 때문이다.

『변호』는 고대와 근대 간의 갈등을 표출하는 일종의 문학적 형태인데, 여기서 에스피노사는 자신과 그가 대표하는 크레올 '지식인 도시'를 근대적인 것으로 위치 짓는다. 베버의 견해에 따르면 근대성은 환멸의 과정을 암시한다. 즉, 이 세계는 마술적인 혹은 독특한 성격을 잃고, 카리스마를 지닌 권위는 사라지며, 따라서 에스피노사가 '인간적 글쓰기와 세속의 시학'이라 지칭한 문학이 근대성을 대표하는 문화적 형태로서 적

---

[25] "이 논쟁은 코르도베산 시인과 원주민들 사이의 우주적-형이상학적 결합을 의미하는 달에 대한 비교와 함께 정점에 달한다. …… 달은 반영된 빛, 금에 대한 은의 존재처럼 부가적인 것, 바로크 착상처럼 전통의 눈먼 화려함에 의존하는 것으로 알려진 천상의 존재이다. 루나레호(사마귀로 뒤덮은 것을 의미하며 그가 겪었던 육체적 불구를 지칭하는 에스피노사의 필명)는 자신의 예술을 정립하려 할 때, 그 자신을 수수께끼적인 인물로 각인시키는 신호인 별명을 통해 텍스트의 서두에서 자신을 상징으로서 드러낸다. …… 루나레호 시학의 근대성은 새로운 상황을 즐기는 존재로서 분노, 소외, 자기 인정의 통합체이며, 태생적으로 주어진 것을 이후에 되묻는다고 비난하는 고통을 감내하는 것으로, 그를 다시 재구성하고, 그 구성하는 과정의 낯섦을 추구하는 데 있다"(Roberto González Echevarría, *Celestina's Blood: Continuities of the Baroque in Spanish and Latin American Literature*, Durham: Duke University Press, 1993, p.169).

극적으로 근대성을 드러낸다. 베버는 서구유럽에서 봉건주의와 자본주의 사이의 전환기라는 특별한 역사적 맥락에서 자본주의 근대성과 북유럽에서 프로테스탄트주의의 발흥을 등치시킨다. 자신이 가톨릭 사제였던 에스피노사와 같은 크레올 지식인에게는 공고라를 위해 주장한 문학적 근대성에 반대되는 마술적이고 독특한 세계를 옹호하는 것은 처음부터 적합하지 않았던 것이다. 에스피노사에게 식민시대, 더 정확히는 안데스 맥락에서, 가톨릭주의는 그 자체가 근대성의 한 형태였다. 하지만 가톨릭이 아닌 그 무엇이 존재한다. 특히, 크레올 타자들의 또 다른 타자를 구성하는 이들의 언어, 문화, 종교가 그렇다. 우상숭배자들이라 불리던 원주민, 이교도, '구종교'의 신봉자들 그리고 문맹자들이 지녀온 것들 말이다.[26]

이 역설은 우리가 에스피노사 자신의 인종적 유산(그의 부모 중 한쪽 혹은 모두가 원주민이었다고 전해진다)의 관계를 보다 잘 이해하도록 도와준다. 에스피노사는 베르길리우스를 케추아어로 번역했고, 그의 연극 작품들에서 케추아 표현과 잉카 주제를 소개했으며, 작품들은 『오얀타이』와 같이 바로크 연극이거나 성찬신비극이었다. 하지만 이것은 다른

---

[26] "안데스 지역에서 기독교 신부들은 자연에 대한 이교도의 관점을 교회에서 연유한 교리로 대체하는 데 엄청나게 어려움을 겪었다. 그들은 인지 그 자체의 도덕적 기반에서 혁명적 변화를 이룩해야 했다. …… 우주 전체를 포함하는 광범위한 새로운 기호학을 작성해야 했다. …… 기독교 신부들은 원주민들에게 현상이 규칙적으로 반복된다는 이유로 신이 아니라는 것을 증명해야 했다. …… 세계가 상호 보완하는 것들로 조직된 시스템이라는 관념은 다른 종류의 유기적 통합체의 개념, 즉 유일한 지도자, 신—천상의 엔지니어, 모든 것을 움직이는 변함없는 존재—이 지배하는 세계로 변환되어야 했다. 기독교는 상호 조건적인 부분의 체계를 주인-노예의 관계가 자연스러운 사실로 간주되는 체제로 대체하려 하였다" (Michael Taussig, *The Devil and Commodity Fetishism in South America*, Chapel Hill: University of North Carolina Press, 1980, pp.174~175).

이들과 마찬가지로 라켈 창-로드리게스Raquel Chang-Rodríguez가 주장하듯이 원주민과 유기적 관계를 맺는 지식인이 대도시 문학 모델에 통합되는 문화횡단의 예가 아니었다.[27] 오히려 세속문학은 에스피노사에게 있어 전통적인 원주민 세계관과 그 주위에 형성된 사회적·문화적 형태를 근본적으로 변동시킬 수 있는 문화적 행위다. 베르길리우스를 케추아어로 번역하거나 연극을 안데스 테마로 변형함으로써 에스피노사가 창조하고자 했던 것은, 다른 말로 하면, 케추아어로 된 문학적 근대성의 가능성이다.

이것은 확실히 라마가 서사적 문화횡단으로 의미하고자 했던 것에 가깝다. 정말로, 에스피노사의 『변호』는 라틴아메리카 '지식인 도시' 그 자체의 기원을 의미하는 기념비적인 사건이다. 하지만 그것은 확실히 식민지 기반 내에서 원주민 문화가 살아남거나 식민지 이전 문화의 권위를 회복하는 것과 동일한 것은 아니다. 에스피노사가 야만적이라거나 문화가 없다는 오명을 벗겨 내기 위해 크레올을 변론한 것은 『변호』라는 책이 문명/야만이라는 이분법에서 완전히 자유롭다는 의미는 아니다. 에스피노사에게 야만인은 문학적 텍스트 안에 적절히 위치할 수 없는, 정확히는 문학 이전의 상태, 그래서 재현할 수 없는 존재이다.[28]

---

27) Raquel Chang-Rodríguez, "La subversión del Barroco en Amar su propia muerte de Juan Espinosa Medrano", ed. Mabel Moraña, *Relecturas del Barroco de Indias*, Hanover, NH: Ediciones del Norte, 1994.
28) 파리아는 공고라가 '스페인 시학의 모하메드'라면서 공고리즘에 대한 스페인 비평가들의 비판을 반복한다. 에스피노사는 이에 이렇게 대답한다. "파리아는 자신이 말한 것을 알지 못한다는 것을 알기 바란다. 모하메드는 엄청난 식성과 짐승 같은 관능성을 보여 줌으로써 인해 무지한, 야만적인, 몽매한, 짐승 같은 사람들이 그녀를 따른다. 하지만 무지몽매한 사람을 위해 쓰지 않았기 때문에 분별 있는 사람들만이 공고라를 이해하며, 유식한 이들만이 그에게 박수를 보낸다. 따라서 야만인을 식별하고 현자를 분류하기 위해서는 현재 존재하는

『변호』에서 문자로 된 문학을 이상화하는 것은 불안정한 크레올이나 크레올-메스티소의 정체성을 형성하는데, 자신의 정체성을 심기 위해 최초에는 중심부에서 비판받고 불안정했던 문학적 권위를 가진 공고라와 같은 인물을 재인식하려는 스페인인들과 함께 중심부 문화에 대항한다. 마찬가지로, 그다음은 크레올보다 훨씬 더 주변으로 밀려난 주체로서의 정체성을 형성하게 된다. 보다 주변으로 밀려난 주체는 정확히는 '문자'에 대한 접근이 용이하지 않기 때문이며, 바로 그 이유로 크레올이 이 주체를 위해 말하거나 재현할 수 있다고 주장하는 것이다. 결과적으로, 문화횡단의 역동성이 형상화하는 크레올의 '지식인 도시'와 민족의식은 안토니오 베니테스-로호Antonio Benítez-Rojo가 19세기 라틴아메리카 소설에서 민족의 주제를 가리키기 위해 적절하게 명명한 '분기하는 욕망'으로 기록된다. 이 욕망은 지역적이고 고유한 것에 호소함으로써 권위를 획득하려 함이며, 동시에 민족의 형성을 목적으로 한 실용적인 유행 속에서 유럽의 문화적 근대성의 형태로 이전하려는 시도에서다.[29]

이런 측면에서 아프리카너스Afrikaaners는 영국의 권위, 언어, 문화와 관련해서 '크레올'이며 반식민지적이라는 것을 기억할 필요가 있다.[30] 오

차이를 보면 된다"(de Espinosa Medrano, *Apologético en favor de don Luis de Góngora*, pp.70~71).
29) "토박이로서 자신의 대지를 복합적으로 재현하는 욕망을 지닌 크레올 작가들은 …… 내부·외부적 동기에 의해 글을 쓰도록, 혹은 보다 자세히 쓰도록 강제되는 위치에 있었다. 고유한 자연, 지역적 색깔을 정당화하려는 욕망과 동시에 실용적 위치로서 근대 유럽의 제도를 모방하려는 욕망을 형상화한다. 그런데 이 분기된 욕망이 변증법적으로 통합되어 하나의 전체가 되는 것은 불가능하기에, 스페인-라틴아메리카에서는 이를 민족적인 것으로 정의하며 **역설적이게도** 담론으로 자신의 정체성을 규정하려 하는데, 이는 언어 문제로 시작된다" (Antonio Benítez-Rojo, "Nacionalismo y nacionalización en la novela hispanoamericana del siglo XIX", *Revista de Crítica Literaria Latinoamericana* 38, 1993, p.188).
30) 남아프리카공화국에 거주하는 백인 중 케이프타운 식민지를 형성한 네덜란드인을 중심으

늘날 남아프리카공화국의 경우와는 반대로, 라틴아메리카에서 아파르트헤이트apartheid라는 인종차별, 분리주의는 투팍 아마르의 봉기를 진압하고 1793년 아이티 혁명을 봉쇄한 이후 역사적으로 승리했다. 인종적-문화적 혼합 혹은 문화횡단보다 라틴아메리카의 문화와 사회의 많은 부분에서 그동안 일어났고 계속해서 일어날 것의 정확한 예시인 셈이다.

나는 지금까지 캠벨의 '이중언어성'의 '다른' 측면에 대한 질문을 피해 왔다. 즉 집안의 일꾼들, 농민들, 기능공 그리고 국가나 사적 사업에 강제 노역하는 미타요mitayos들도 봉기에 참여했다. 이것이 바로 내가 '지식인 도시'가 하위주체와의 연대를 표현하는 관계를 통해 자신을 위치시킴에도 그 자신의 한계를 곧 드러낸다는 것의 이유다. 그러나, 농민봉기의 메시지를 전달하는 수단은 아마도 ― 글에 반대되는 ― 말이다. 구하는 『기본적 성격』에서 인도 농촌(혹은 넓게는 안데스 고원)과 같이 주요 통신수단이 글이 아닌 말인 사회에서는 전달은 주로 소문에 의지한다고 했다. '뉴스'와는 달리 소문은 익명, 과도기적, 즉흥적이라는 역동성의 원리에 의해 작동한다. 그것은 단지 말이지만 전달 방법과 그것이 수행하는 특정 진실-효과를 위해서는 구술성과 마을, 장터 혹은 시장, 여성들의 네트워크라는 공동체적 구조에 의존한다. 인도의 농민봉기를 연구한 19세기 역사가들은, "시장에서의 이야기는 상당한 양의 유용한 지식을 얻는 고유한 형태의 수단"이었다고 주장한다. 이는 구하가 인정하듯이 "소문이라는 공공적 담론과 봉기의 민중적 행위 사이에 접점이 존재한다. 즉, 민중의 공통된 의지로부터 나오는 말과 행위의 아귀가 들어맞는 것"을

로 한 프랑스인, 독일인을 통칭하며, 정확히는 아파르트헤이트 시대의 네덜란드계로, 아프리칸스어를 모국어로 하고 네덜란드 개혁 교회의 신도인 이들을 지칭한다. ―옮긴이

의미한다.[31]

의심할 여지없이 글쓰기와 책(혹은 비원주민 언어)에는 농민의 문화가 부재한다. 『오얀타이』의 경우는 비유럽 문화가 서구문학의 기술을 전용할 수 있다는 충분한 증거다. 하지만 그것들은 문학적 문화횡단이라는 라마의 사고가 포함하기 힘든 역전된 방식, 혹은 '부정적' 방식으로 나타난다. 구하는 인도의 봉기에서 "읽고 쓸 수 있는 능력의 부족은 농민들로 하여금 새로운 형태로의 시각적 재현을 위해 종종 발성을 무시한다든가 결과적으로 그 애매함을 이용하는 방식과 원래의 의미를 파괴하는 방식으로 문자로 쓰여진 구술과 관계 맺고 있음을 목도한다". 그는 1855년 샨탈 봉기 지도자가 권위의 징표와 운동의 도구로서 그의 추종자들 앞에서 종이다발을 흔들었던 사건을 인용한다. 그 종이다발은 "정확히는 '기관차에 대한 정보를 담은 책, 엔지니어의 방문 기록 카드'와, 일종의 기관지인 1856년의 『캘커타 리뷰』*Calcutta Review*가 성 요한의 찬송을 인도 언어로 번역한 종이였다". 구하는 이를 설명한다.

더 놀라운 것은 나머지 종이들이 하늘에서 떨어졌으며 샨탈 지도자들은 이를 봉기를 인정하는 신의 도움이라고 여겼는데, 쓴 것이나 인쇄된 것에 자신들이 전혀 언급되어 있지 않다는 것이다. '모든 빈 여백의 종이가 하늘에서 떨어졌고, 모든 페이지가 여백인 책도 하늘에서 떨어졌다'고 봉기의 지도자인 칸후Kanhu가 말했다. 명백하게도 문학-이전의 문화는 봉기의 내용과 관련 없는 시각적 형태를 통해 스스로를 각인시키는 행위 능력을 획득하였다. 이는 이슬람화된 아프리카 일부에서 알려진 '단

---

31) Guha, *Elementary Aspects of Peasant Insurgency in Colonial India*, p.259.

어를 삼키는' 행위에서도 근본적으로 같으며 마찬가지 의미로 확장될 수 있다. 잉크는 종이나 파피루스 판자나 피부에 마술적이고 성스러운 문구를 새겨 넣을 때 사용되었다. 또는, 잉크를 통해 메시지의 성스러움이 직접 전달될 수 있다고 믿었기 때문에 병을 치료할 목적으로 잉크를 삼키거나 그것으로 지우곤 했다. 그러나, 이 두 가지 사이에는 차이가 있다. 쓰여진 단어로부터 쓰는 재료로의 초자연적 능력의 환유적 투사가 그러한 순간에 알라의 은총으로 육체적 병을 치료하는 데 쓰이는 반면, 전자의 경우 샨탈인들은 자신들이 직접 세계의 악을 치료하려는 시도를 정당화하는 데에 그것을 사용하고 있다.[32]

위에 인용된 구절은 다양한 층위에서 주목을 받을 만한데, 여기서는 문화횡단과 하위주체성, 그리고 문학과 구술성에 대한 관계를 사고하는 다른 방식을 의미한다. 샨탈 지도자의 행동에는 포스트모던 시뮬라크르는 물론이고 문화횡단의 요소가 존재한다.[33] 하지만 이 문화횡단은 문자화(식민지와 주인의 법)와 구술(토착 농민 문화)을 반대항으로 놓는 이분법을 유지한 채, 문자에 의해 통제된다. 따라서 문화횡단은 위로부터 통합을 시도할 때만 효과를 발휘하는데, 구하는 이에 대해 "발화 언어와 확연히 구분되는 문자화된 언어의 이중적 성격에서 기인하기 때문"이라고 지적한다.[34] 그러나 이 문화횡단에는 반대항으로부터 출발한 통합은 존

---

32) Guha, *Elementary Aspects of Peasant Insurgency in Colonial India*, pp.248~249.
33) 특히, 주디스 버틀러는 '퍼포먼스'(performance)를 정체성을 구성하는 이분법을 즉시 해체하면서도 또한 그 이분법에 깃든 가치의 의미에서 정체성을 '재창조'하는 행위로 본다 (Judith Butler, *Gender Trouble: Feminism and the Subversion of Identity*, New York: Routledge, 1990).
34) Guha, *Elementary Aspects of Peasant Insurgency in Colonial India*, p.249.

재하지 않는다. 책의 사용이 농민과 지주의 계급 모순을 극복하지 못한다. 문화횡단은 하위주체를 재생산하는 것을 넘어서지 못한다. 오히려 하위주체의 위치는 문화횡단의 과정 내에서 그리고 그것을 통해 작동하고 재생산된다. 따라서 문자화와 구술성, 지배언어와 하위언어 혹은 기호의 화해가 이루어지는 '민족'문화를 향한 목적론적 운동은 실제로는 존재하지 않는다.

샤히드 아민Shahid Amin은 간디Gandhi가 1921년 우타 프라데쉬 지방을 방문했을 때, 농민과 중간계급 민족주의자가 보여 준 반응을 연구하면서 다음과 같은 주장을 한다.[35] 두 그룹 모두에게 간디는 현존하는 식민질서에 대항하는 저항의 상징이었지만, 그 너머로 간디가 의미하는 것은 근본적으로 다르다. 농민에게 간디는 초자연적인 힘을 소유한 이전의 것들 혹은 성취되어야 할 것들을 회복하기 위해 나타난 신성한 사람 혹은 마하트마mahatma(성인)로 보여진다. 즉, 식민주의와 지주 통치가 무너뜨린 농민의 '도덕 경제'moral economy와 정신적 삶을 표상한다. '문자 지식인'이며 지방 지주계급 부류에 속하는 민족주의자들에게 간디는 인도가 독립국가를 형성하기 위한 반식민주의 투쟁의 정치적 지도자였다. 간디의 기적에 대한 일련의 소문은 그의 방문 전, 그리고 방문 동안에 『스와데시』Swadesh라는 민족주의 지역 신문에 실렸다. 아민은 간디에 대한 이야기와 신문 사이에 관련이 전혀 없다고는 주장하지 않는데, 왜냐하면 간디의 기적에 대한 신문의 설명은 문자화된 권위를 통해 그 이야기들에 정당성을 부여하기 때문이다. 그들은 농민들의 구술문화가 지닌 풍문의

---

35) Shahid Amin, "Gandhi as Mahatma", eds. Ranajit Guha and Gayatri Spivak, *Selected Subaltern Studies*, New York: Oxford University Press, 1988.

풍차 속으로 다시금 들어가게 된다.

하지만 어떤 순간에 이르러, 신문에서 이야기들과 텍스트는 분리되고 "간디의 '질서'와 '권력'에 대한 사고들은 지역 의회-킬리파트Khilifat의 민족주의 지도부에서 종종 다르게 해석되며, 간디주의 자체의 기본 신조와 충돌한다".[36] 이 분리는 두 가지 성격을 지닌다. 첫째로, 신문의 설명이 농민들에게 선전되기 위해서는 말의 형태로 재번역되어야 했으며, 마을에서 소리 내어 읽히거나 내용이 바뀌어 전해지기도 했다. 따라서, 아민은 "기술적으로 문자화된 인구의 상당수에게, 인쇄된 텍스트는 말을 통해서만 해독될 수 있다. 이런 종류의 읽기에서 …… 그 이야기는 통신원의 권위보다는 동기와 기원된 장소의 이름으로부터 권위를 획득한다. 그것은 입에서 입으로 전해진다"라고 했다.[37]

두번째 측면은 최초에 상호적이고 밀접한 관계로 보여지는 것으로부터 벗어나 지배와 하위자 위치 사이에 남아 있는 커다란 차이를 더욱 강조한다는 점이다. 아민은 이렇게 쓰고 있다.

> 마하트마를 향한 헌신의 태도를 심는 데 주력했던 잡지『스와데시』의 편집장은 후자의 프라탑Pratap에 관한 소문을 활자화하는 데 주저하지 않았다. 그것은 이 잡지가 즉자적으로 부인한, 지주제의 폐지, 집세의 감면 혹은 시장에서 적당한 가격 표시를 요구하는 것처럼 위험한 신념과 행위를 선동하는 것처럼 보이기도 했다.[38]

---

36) Amin, "Gandhi as Mahatma", p.342.
37) Ibid., p.336.
38) Ibid., p.337.

간디를 읽는 민족주의자와 농민 사이의 차이를 통해 아민이 포착한 것은 하위주체에게서는 민족에 대한 감정을 찾을 수 없다거나, 이미 언급된 것을 반복하려는 것이 아니다. 분리주의에 대한 사이드의 근심을 떠올리자면, 더욱이 하위주체 민족주의는 민속지학적 혹은 종교적 근본주의의 형태를 지닐 수도 있다. 하지만 『오얀타이』의 경우에서처럼 근본주의는 자체로 그것을 주변화시키는 것에 의해 약화된다(힌두 근본주의는 여성, 무슬림, 비힌두교들과 부족들을 하위주체화한다. 마찬가지로, 가부장적 체제의 회복에 대한 향수 어린 표현인 잉카 근본주의는 여성과 비-잉카 그룹을 하위주체화한다). '중국식 상자'[39)]와 같은 하위주체 정체성의 논리는 다인종, 다문화적 혹은 문화적으로(그리고 언어적으로) 이질적인 민족에 대한 생각을 갖도록 하는데, 이는 비록 이질적 성격들을 통합하고 있지만, 문화횡단의 논리에 의존하고 있지는 않다.

미국을 포함하여 모든 탈식민지 사회의 틀에 잠재하는 이 가능성에 대해서는 문화이론이나 정치학에서 아직까지 적당한 현대적인 표현을 찾지 못하였다. 6장에서 논의할 이 부재의 상황은 좌파의 기획을 힘들게 해왔다. 이 가능성을 보여 준 하나의 힌트를 안토니오 코르네호-폴라르 Antonio Cornejo-Polar가 1997년 사망 직전에 발표한 에세이에서 확인할 수 있다.[40)] 이는 투팍 아마루 봉기에 관련된 안데스 주민 후손의 현재 상황을 논하고 있기에, 이번 장의 결론으로 적합하다고 생각한다.

---

39) 베벌리는 하위주체성의 논리를 상자를 열면 그 안에 계속 상자가 나타나는 중국식 상자에 빗대고 있다. 즉, 하위주체성은 지배를 근본적으로 반대하는 급진성을 지니지만 이것은 또한 상대적으로 또 다른 하위주체성의 출현을 예고한다. ─옮긴이
40) Antonio Cornejo-Polar, "Una heterogeneidad no dialéctica: Sujeto y discurso migrante en el Perú moderno", ed. Mabel Moraña, *Crítica cultural y teoría literaria latinoamericana*, a special issue of *Revista Iberoamericana* 176~177, 1996.

코르네호의 논문은 지난 반세기 동안 페루의 도시인구는 35퍼센트에서 70퍼센트로 성장했으며, 이 성장의 대부분이 안데스 고원지대로부터 해안 도시들, 그중에서도 수도 리마로의 이민 결과라는 사실을 언급하는 것으로 시작한다. 그 현상은 아무리 같은 민족-국가 내에서 일어난 것이라도 이주로 인한 것이다. 코르네호에게 이것이 바로 재미있는 점인데, 왜냐하면 아르게다스는 도시(해안, 크레올-메스티소의 페루)와 시골(안데스, 원주민의 페루)을 대립시킴으로써 두 가지의 최고 요소를 종합한 '새로운 도시'의 탄생에 주목한 초기 페루 원주민주의 작가들의 기반을 허물어뜨리기 때문이다. 아르게다스의 자살을 설명하는 이유 중 하나는 사실상 안데스 이민에 의해 함의된 문화적 상실에 대한 그의 절망 때문이라는 것이다.

하지만 코르네호는 "이주자를 대안 없는 하위주체로, 즉 이해할 수 없는 적대적 세계로 들어가는 좌절하고 굴욕만 당하는 존재로 범주화하는 사고는 이주자를 이해하지 못한 것이다"라고 주장하며 단순히 수동적인 피해자로 만드는 것을 경계하고자 한다. 이주자는 마찬가지로 자신을 도시에 편입시키며, 향수 어린 과거 자신의 이미지 안에서 재구성된다. "승리와 노스탤지어는 이주자의 담론에서 모순적인 것이 아니다."[41]

레이먼드 윌리엄스Raymond Williams는 아마도 여기서 싹트는 정체성과 앙금으로 남아 있는 정체성 사이의 관계에 대해 말하고 싶을지도 모른다. 그러나 코르네호에게 이 구도에서 나타나는 주제는 문화횡단이나 혼종성이 아니다. 오히려 두 가지의 모순된 정체성의 축은 만나지도 않고 변증법적으로 통합되지도 않으며, 오히려 정신분열적으로 '탈중심화'

---

41) Cornejo-Polar, "Una heterogeneidad no dialéctica", p.844.

된다.

이주담론은 근본적으로 다양하고 비대칭적인 축 주위로 형성되면서 탈중심화되는데, 이는 일정 정도 양립불가능하고 비변증법적인 모순을 의미한다. 혼합의 범주로서 사용되는 것을 거부하며, 마찬가지로 일정 정도 문화횡단의 개념을 벗어나면서 이주는 삶의 두 가지 경험을 포함하되, 어떤 조화로운 공간의 설정을 통해 종합하려고 하지 않는다.[42]

반대로, 코르네호는 또한 이러한 정체성을 '탈영토화'deterritorialization 된다고 보는 견해 ──이러한 견해는 네스토르 가르시아 칸클리니와 동일시된다──를 거부한다. 대신, 안데스에서 도시 공간으로 위치의 이동은 주체의 영토를 "두 배로 만들며", 동시에 한 개 이상의 발화 장소로부터 말하도록 한다. "따라서 그것은 두 개의 혹은 그 이상의 장소를 가진 담론이 된다."[43]

그는 안데스 이산의 맥락에서 나타나는 구술성의 새로운 형태에 관심을 가졌던 두 민속지학자가 수집한 리마의 거리 연극이라는 퍼포먼스를 예로 든다.[44] 퍼포먼스는 "우리는 크레올입니다"라는 진술로 시작하는데, 이는 관객에게 그들이 '개똥 같은 사람들'이라고 평가하는 '촌사람들' 혹은 '산에서 온 지방 사람들'로부터 구별하고 그 자신을 '리마 도회지 사람'으로 묘사하는 것이다. 그러나, 몇 분이 지나고 그는 갑자기 잉카

---

42) Ibid., pp.844~845.
43) Ibid., p.841.
44) Juan Biondi and Eduardo Zapata, *Representación oral en las calles de Lima*, Lima: Unviersidad de Lima, 1994.

와 투곽 아마루를 칭송하며 그 자신을 산지 사람이라 명명한다. "당신이 지방 출신이라면 당신의 고향을 부정하지 마세요. 나는 산지 출신임을 자랑스럽게 여기면서 삽니다."⁴⁵⁾

이 퍼포먼스를 수집한 민속지학자들은 이 같은 구술 퍼포먼스가 우연성과 자유 연상을 중심으로 한 환유적 이동에 의지하는 경향이 있다고 적는다. 코르네호는 이 담론적 성격이 시골 출신 이주자의 공간적 여정을 반복하는 퍼포먼스에서 '두 가지'의 영토성을 표현하는 방법이 아닌가 하고 묻고 있다. 고통스러운 의미의 고리 속에서, 거리 연극은 그가 말할 수 있고 알고 있는 '불평등한 위치'를 찾아내는데, 왜냐하면 그것은 그의 경험으로부터 나온 장소들이기 때문이다. 코르네호는 이것들이 망각을 거부하는 기억의 다양한 목소리라고 결론짓는다.⁴⁶⁾

나는 잊혀짐에 대한 저항, 부정과 '이중화'에 대한 인식이 또한 새로운 민족에 대한 담론 모델이라고 생각한다. 하지만 이것은 더 이상 많은 것이 하나가 되는 민족의 담론이 아니다. 오히려 그것은 하나가 다수가 되는 담론으로서의 민족이다.

---

45) Cornejo-Polar, "Una heterogeneidad no dialéctica", p.843.
46) Ibid., p.843.

3장
우리들의 리고베르타?

『나, 리고베르타 멘추』,
문화적 권위와 하위주체 행위자의 문제

3장 | 우리들의 리고베르타?
『나, 리고베르타 멘추』, 문화적 권위와 하위주체 행위자의 문제

『나, 리고베르타 멘추』와 같은 증언서사의 인식론적·윤리적 권위는 그것들이 개인적 경험을 호소하는 방식에 달려 있다. 즉, 그 형식에 관한 예를 들어 보자.

내가 의미하는 바로 증언은……일종의 서사인데……실제 인물이나 이야기하는 사건의 증언자로서 일인칭으로 서술된다.……스페인어 단어 증언testimonio은 문자 그대로는 법적 혹은 종교적 의미에서 보고 있는 것을 증거하는 영어의 증언testimony으로 번역된다.……증언에서 서사적 상황은 서사 그 자체의 행위에 함축되어 있는 의사소통이 긴급히 필요한 상황, 억압의 문제, 가난, 하위주체성, 감금, 생존을 위한 투쟁을 포함한다. 증언을 읽는 독자들의 위치는 법정에서 배심원의 역할과 비슷하다. 소설과 달리, 증언은 정의 자체로 문학적인 것보다는 진실성에 주요한 무게를 두고 있다.[1]

---

1) John Beverley, "The Margin at the Center: On Testimonio", ed. Georg Gugelberger, *The*

만약 리고베르타의 이야기 중 상당 부분이 사실이 아니라면? 인류학자 데이비드 스톨David Stoll이 1998년 발표한, 『나, 리고베르타 멘추』와 그 연구들을 언급한 책은 국제적으로 상당한 관심을 끌게 된다(우연하게도 이 시기는 증거와 신뢰성에 질문을 던진 클린턴 대통령 탄핵심판의 마지막 단계와 일치한다).[2] 부분적으로 위에 인용된 증언에 대해 내가 내린 정의를 언급하면서 스톨은 "그러한 정의를 통해 『나, 리고베르타 멘추』를 예로 드는 것은 그 장르를 가장 잘 설명하는 예시로 적당치 않다"고 주장하는데, 왜냐하면 "주장하는 것은 눈으로 본 것을 통해 증거하지 않기 때문"이라는 것이다.[3] 실제로, 스톨이 보여 줄 수 있는 것은 멘추 이야기의 많은 부분이라기보다는 그가 "신화적 과장"[4]이라고 부르는 몇 가지를 지칭한다. 하지만 한 가지 짚고 넘어가야 할 지점이 있다. 만약 증언의 힘이 결정적으로는 권력에 대한 진실을 증언하고 말하고 있다는 가정에 근거한다면, '발명된' 점이 있다는 것은 그 자체로 상당히 문제적이라는 것은 두말할 필요가 없다.

　가야트리 스피박은 스톨의 질문에 한 가지 가능한 답을 예견한다. 1990년에 발표된 인터뷰 중에 스피박은 역사의 주체가 되도록 허용되지 못한 이가 할 수 있는 적절한 질문은 아마도 다음과 같이 말하는 것이라고 언급한다. "역사의 텍스트를 생산하도록 강요당하는 이는 무엇을 하는 사람인가?"[5] 서문에서 내가 말했듯이, 하위주체는 말할 수 없다는 악

Real Thing: Testimonial Discourse and Latin America, Durham: Duke University Press, 1996, pp.24, 26.
2) David Stoll, *Rigoberta Menchú and the Story of All Poor Guatemalans*, Boulder: Westview, 1999.
3) *Ibid.*, p.242.
4) *Ibid.*, p.232.

명 높은 장에서 스피박이 강조하고 싶은 것은 하위주체가 우리들에게 진실로 **중요한** 방식으로 말할 수 있다면 그리고 우리가 그것에 경청하도록 이끌린다고 느낀다면, 아마도 그것은 이미 하위주체가 아니라는 주장이다. 다시 말하면, 스피박은 하위주체가 된다는 것 중의 하나가 의미하는 것은 중요한 것도, 들을 만한 가치가 있는 것도 아닌 존재라는 점이다. 반대로 리고베르타 멘추에 관련된 스톨의 논쟁은 그녀의 책이 실제로 '중요하다'고 여기는 것과 직접적으로 관련되어 있다. 마야 농민을 위한(그리고 마야 농민에 관해 말한) 멘추의 운동은 1980년대 과테말라 게릴라 운동이 농민계급의 지지를 잃은 후, 국제적 지원을 얻기 위해 기획한 전략이라고 스톨은 분석한다. 따라서 멘추를 위시한 이 세력들이 어떤 방식으로 나와 같은 외부의 학자들과 인권 운동가들에게 호소하였고, 『나, 리고베르타 멘추』가 문학의 정전이 되었는가에 대해 관심을 기울인다. 스톨이 멘추의 설명에서 발견했다고 주장하는 생략과 불분명함은, 그가 느끼기에는, '폭력을 정당화'하는 것이다.[6] 사실 "어떻게 외부인이 그들을 더 이상 지지하지 않는 농민들을 희생시키면서 전쟁을 지속하는 것을 정당화하기 위해 리고베르타의 이야기를 이용하고 있는가"라는 이슈는 불분명함과 생략보다 스톨에게는 더 큰 문제였다. 멘추의 이야기를 (그녀 자신의 설명에 따르면) '모든 가난한 과테말라인의 이야기'라고 함으로써, 『나, 리고베르타 멘추』는 원주민 농민 사이에 존재하는 훨씬 복잡하고 이데올로기적으로 모순적인 상황을 잘못 재현한다고 스톨은 주장한다.

---

5) Gayatri Spivak, *The Post-Colonial Critic: Interview, Stratagies, Dialogues*, ed. Sarah Harasym, New York: Routledge, 1990, p.33. 이 인용에 대해 테레사 타르디오에게 고마움을 전한다.
6) Stoll, *Rigoberta Menchú and the Story of All Poor Guatemalans*, p.274.

물론 어떤 측면에서, 「하위주체는 말할 수 있는가?」에서 제기된 '길들여진 타자'를 만들어 내는 중심부의 학문적·이론적 담론 생산에 관한 스피박의 우려와, 스톨이 보기에 심각한 오류를 가진 전위적 정치전략을 지지하기 위해 정치적으로 올바른 아이콘으로서 멘추를 받아들이는 태도를 비판하는 데에는 공통점이 존재한다. 스피박에 대답하는 하나의 방식으로, 스톨은 『나, 리고베르타 멘추』와 같은 책은 학자들이 그들이 듣기 원하는 것을 말하고 있기 때문에 높은 평가를 받는 것이라고 말한다. "『나, 리고베르타 멘추』가 대학에서 그토록 매력적인 텍스트가 된 이유는 과테말라인들의 생존을 위한 투쟁을 잘못 이해하도록 만들었기 때문이다. 상징적인 인물에 씌워진 신비화를 떨쳐 버릴 때 실제로 우리는 과테말라 농민들에 대해 좀더 이해하게 된다."[7] 하지만 그의 주장은 『나, 리고베르타 멘추』와 같은 텍스트를 우선시하는 '포스트모던 학문'을 추구하는 스피박과 명백히 조우한다.[8] 이 점에 대해서는 앞으로 다시 논하기로 하겠다. 여기서는 스피박의 경우 엘리트들의 재현이 하위주체의 존재를 제거하는 방식에 대해 비판한다면, 멘추에 반대하는 스톨의 경우는 말하자면, 헤게모니를 열망하는 서사를 재-하위주체화하는 방식이다. 이런 의미에서 스톨의 책은 구하가 '반-봉기의 산문'으로 의미하는 것의 현대적인 예로 보여질 수 있다. 여기서 '반-봉기의 산문'이란 봉기에 반대하는 엘리트와 국가기구가 집행하는 문화 담론과 실천을 의미한다.

　정치적으로 올바른 것을 추구하는 학자와 운동가들이 리고베르타 멘추의 존재를 일종의 성자로 만들었다는 것이 스톨의 주장이다. 그의

---

7) *Ibid.*, p.227.
8) *Ibid.*, p.247.

관심은 부분적으로 이름을 부름으로써 그녀를 친근하게 대하는데, 실제로 그의 책은 그녀의 개인적 권위를 무시하고 있다. 리고베르타 멘추를 리고베르타로 지칭하는 것은 적절한가? 성을 대신하여 이름만 사용하는 것은 한편으로는 친구나 혹은 자기의 반려자, 다른 한편으로는 하인, 아이 혹은 집안의 애완동물——즉, 하위주체——을 호명하는 경우에는 적절하다. 하지만 우리가 리고베르타 멘추를 그녀의 증언에 대한 우리들의 작업에서 친구 혹은 친근한 이름으로써 부를 수 있을까? 예를 들어, 개인적인 관계를 맺고 싶다는 신호를 보내지 않고서야 우리는 쉽게 프레드릭 제임슨을 프레드로, 혹은 가야트리 스피박을 가야트리로 부르지 않을 것이다. 제임슨은 증언이 근대 서사인 '주인 주체'를 해체시키기를 원하지만, 역설적으로 일인칭 목소리와 화자의 이름을 고집한다는 현상을 관찰해 낸다(그럼에도 제임슨은 리고베르타에 대해 말하기를 계속한다).[9]

이름에 대한 의문——이름의 권위에 대한 의문——은 멘추의 증언 제목에 암시되어 있는데, 스페인어판의 첫번째 줄에서 "내 이름은 리고베르타 멘추이며, 그렇게 내 의식이 태어났습니다"라고 반복된다. 하지만 영어판에서는 "나, 리고베르타 멘추, 과테말라의 한 인디언 여성"이라

---

9) "무엇보다 증언 소설이 가진 유사 자서전적 익명성은 이러한 의미에서 이름의 손실이 아니라, 역설적으로 적절한 이름의 확장이다"(Fredric Jameson, "On Literary and Cultural Import-Substitution in the Third World: The Case of Testimonio", ed. Gugelberger, *The Real Thing*, p.185). '주인 주체'는 제임슨이 초기에 안드레 스테판손과 했던 인터뷰에서 나온 개념이다. "나는 오늘날 조직사회에서 볼 수 있는 오래된 부르주아의 자아와 정신분열적 주체를 넘어서는 제3의 가능성을 제기해 왔고, 이는 탈중심화된 하지만 분열적이지 않은 **집단** 주체를 의미한다. 그리고 제3세계 문학의 증언 문학, 소문, 루머 등등에서 볼 수 있는 이야기의 형태로 다양하게 나타난다. …… 이는 탈중심화된 주체로서 개인적 주체가 아니다. 모더니즘의 주인 주체처럼 모든 것을 통제하려 하지 않는다. 모두가 오늘날 제1세계의 정신분열적 주체가 겪는 소외 과정으로만 고통당하는 것은 아니기 때문이다"(Andres Stephanson, "Regarding Postmodernism: A Conversation with Fredric Jameson", *Social Text* 17, 1987, p.45).

고 극적으로 잘못 번역된다. 몇 년 전 한 인터뷰에서, 멘추는 파리에서 함께 대화한 베네수엘라 인류학자인 엘리자베스 부르고스Elizabeth Burgos(레지스 드브레의 전 부인)와의 관계와 책을 출판한 경위에 대한 질문을 받았다. 대부분의 판본에서는 부르고스가 저자로 등장하며, 적어도 일정량의 인세를 멘추에게 넘겨주었지만 그녀가 인세의 수입자였다. 그러나 이제 멘추는 작가 혹은 공동작가로서의 권리를 주장한다. "책에서 실제로 부재하는 것은 작가의 권리입니다. …… 왜냐하면 책의 저작권은 보다 정확해야 했고, 공유되어야 하는 것이었어요, 안 그래요?"[10]

오직 형식적으로 만나 본 이에 대한 예의와 존중은 말할 것도 없이, 정치적 올바름의 관점에서 나는 리고베르타 멘추 혹은 멘추에 대해 말하

---

10) Alice Britten and Kenya Dworkin, "Rigoberta Menchú: 'Los indígeneas no nos quedaos como bichos aislados'", *Nuevo Texto Crítico* 6, no.II, 1993, p.214(번역은 베벌리). 역설적으로, 멘추가 비판했던 것과 반대의 논의가 그녀의 새로운 책 『경계를 넘어서』의 최근 영어판에서 나타난다(Rigoberta Menchú, *Crossing Borders*, London: Verso, 1998). 이 책은 『나, 리고베르타 멘추』에서 시작하여 최근에 이르기까지 멘추의 이야기를 다룬다. 그녀는 이 책을 이탈리아 출판가 지아니 미나(Giani Mina)와 과테말라 문학연구가 단테 리아노(Dante Liano)와 함께 작업하여 준비했음에도 불구하고, 이 둘 모두 전적으로 영어판에서는 배제되었는데, 여기서는 번역가 앤 라이트(Ann Wright)에 의해 기록되고 편집된 멘추의 유일한 생산물로서 나타난다. 엘리자베스 부르고스는 계속해서 그녀가 멘추의 정치학에서 거리를 두려고 했을 때조차도 『나, 리고베르타 멘추』에서 자신이 '유일한' 작가라고 여러 번에 걸쳐 인터뷰하였다. 다양한 층위에서, 증언서사가 갖는 저작권의 이슈는 종종 그 생산과정에 관련된 이들 사이에서 갈등의 요건이 된다. 예를 들어, 쿠바에서 출간된 『어느 도망친 노예의 일생』(*Biografía de un cimarrón*)의 첫번째 판에서는, 비록 텍스트 자체가 하위주체 정보제공자 에스테반 몬테호(Esteban Montejo)의 것임에도 불구하고 미겔 바르넷(Miguel Barnet)이 저자로 적혀 나온다. 하지만 이후 이제는 절판된 영어판에서는 내가 보기에 보다 정확한 제목인 '어느 도망친 노예의 자서전'으로 바뀌었으며(*The Autobiography of a Runaway Slave*, London: Bodley Head, 1968; New York: Meridian, 1969), 여기서 저자는 에스테반 몬테호로 바르넷은 편집자로 나온다. 최근에 커브스톤 출판사(Curbstone Press)에서 바르넷의 승인으로 출간된 새로운 영어판에서, 제목은 다시 '어느 도망친 노예의 전기'(*Biography of a Runaway Slave*, 1995)가 되었고 바르넷은 다시 저자로 등장한다(나는 이 정보를 고프레도 디아나에게서 얻었다).

려 한다. 하지만 나 자신 또한 리고베르타라 부르기를 원한다. 멘추를 어떻게 부르는가에 대한 질문에서 문제가 되는 것은 근본적으로 우리를 위해 존재하는 어떤 사람으로서보다는, 그녀 자신이 가지는 권리의 주체로서 그리고 증언하는 화자로서의 위치다. 여기서 내가 말해야 하는 것은 멘추에게 그녀가 당연히 받아야 할 존경과 자치를 보장해야 한다는 명령과, 그녀를 통해 나 자신(나의 기획과 욕망)을 보려는 욕망 사이에 긴장이 존재한다는 것이다.

리고베르타 멘추가 심령을 가진 것일까 혹은 무의식 그 자체가 하얀 피부에 특권을 부여하는가? 서사적 인물과 그 사회적 기능에 대한 공적·집단적 측면을 증언하는 화자가 자신의 권리를 주장하는 것을 볼 때, 이런 질문은 아이러니하고 삐딱하게 보이기도 한다. 「이야기꾼」The Storyteller에서 발터 벤야민은 이야기를 빌둥스로만[교양소설]의 영역인 심리학적 자기성찰과는 다른 것으로 보았다.[11] 그럼에도 불구하고, 『나, 리고베르타 멘추』는 가족의 이야기가 많이 담긴 오이디푸스적 빌둥스로만으로 읽힐 수 있다(읽어야만 한다?). 화자가 어른이 되어 가는 것, 그리고 과테말라의 마야공동체와 더불어 혁명적 무장투쟁이 시작되는 서사적 순서는 (대문자) 어머니와 모성을 부정하고 농민운동 조직자인 아버지 비센테와 동일시하는 아테네 신화와 유사하다.[12] 멘추가 읽고 쓰는 것을 원하지 않

---

11) "심리학 분석을 이끌어 낸 긴박함보다 이야기를 기억에 더 귀속시키는 작업은 아무것도 존재하지 않는다. 그리고 이야기꾼이 심리학의 그림자를 더 많이 드리울수록, 이야기는 청자의 기억에 더 많이 남아 있으며, 그것은 그 자신의 경험으로 보다 완벽히 통합되며, 그것을 언젠가 다른 사람에게 반복하려는 경향이 훨씬 더 강해진다"(Walter Benjamin, "The Storyteller", trans. Harry Zohn, *Illuminations*, New York: Shocken, 1969, p.91).
12) "여신 아테네와 같은 인물―자궁에 오염되지 않은 채 스스로 생겨난 아버지 딸―은 여성의 이데올로기적인 자기파괴의 기반을 마련하기 위하여 매우 유용하다. 또한, 이것

는 아버지의 권위에 대한 갈등을 겪는데, 아버지는 그녀가 글을 배우면 공동체와 전통적인 여성의 역할로부터 유리되는 것을 의미한다고 생각했기 때문이다. 그의 아버지는 1979년에 과테말라시티의 스페인 대사관을 점거하고 군부 폭력에 저항했으나 군대가 대사관을 둘러싸고 불을 질러 그 안에 있던 모든 사람을 죽였을 때 유명을 달리했다. 그녀의 어머니는 이후 하층민 연설, 풍문이라는 저항 예술의 주인공이 되어 이들에 저항한다. 이후 어머니마저 군부의 손에 죽고 나자(어머니는 납치되어 군부 수용소에서 고문을 당한다), 멘추가 자신의 권리를 가진 조직자이자 지도자로, 증언 그 자체를 행하고, 재현하고, 말하는 주체가 된다.

여기서 증언서사를 일종의 서사적 혼합narrative hybridity으로 파악하는 것이 유용할 수 있겠다. 이는 벤야민이 '이야기하기'를 포스트모던 형태를 가진 지혜와 권위의 서사 형태로 본 것과, '근대적' 문화횡단의 주체화에서 교본적 형태인 자서전 사이의 혼합물과 같다. 리처드 로드리게스의 『기억에의 고픔』에서와 같이, 리고베르타 멘추는 이야기할 뿐 아니라 텍스트에서 자신이 전통적인 방식과 유사하게 어른이 되어 가는 과정에서 느끼는 긴장들을 체현해 낸다. 그 긴장은 전통적 질서와 현대 사이의 전환, 지역과 세계, 구술과 출판 문화(멘추는 자신의 이야기를 구술하며 엘리자베스 부르고스에 의해 텍스트화된다), 민속지학적 서사와 문학, 하위주체와 헤게모니 그리고 라캉이 이론화한 주체의 형성과정에서 상상계와 상징계 사이의 긴장(혹은, 더 정확히 말하면 그 사이에서의 진동)을 의

은 근본주의적 주체를 향한 탈구조주의적 태도로부터 구분된다"(Gayatri Spivak, "Can the Subaltern Speak?", eds. Cary Nelson and Lawrence Grossberg, *Marxism and the Interpretation of Culture*, Urbana: University of Illinois Press, 1988, p.308).

미한다. 로드리게스에게 스페인어는 영어로 재현되는 상징적 질서의(아버지의 법에 의해 지배받는) 권위를 얻기 위해 제거되어야 하는 사적영역인 모성의 언어이다. 따라서 『기억에의 고픔』은 무엇보다 영어 작문 프로그램과 빌둥스로만 비평에 걸맞다. 반면에 멘추는 정치적 경험과 함께 구술문화와 마야 언어의 권위를 대표하는 어머니와의 모순적인 관계 그리고 이후 변화하는 관계를 보여 주는데, 이것이 바로 자신을 화자로 세우는 그녀의 능력과 '의식화'하는 과정의 핵심이다.[13]

『나, 리고베르타 멘추』와 같은 텍스트에서 나타나는, 독자에게 정치적·윤리적 각성을 요구하는 방식 대신, 여기에서 내가 진행한 즉자적 정신분석 읽기는 그 복합적 결과를 가져오는데, 사실 이 분석은 끝이 없으며 자아도취적 사고를 반영하는 거울이 되기를 거부한다. 그녀의 에세이가 유발한 많은 오독에도 불구하고, 부정적인 의미에서의 "하위주체는 말할 수 있는가?"라는 질문에 대답하는 데 있어 스피박은 그 핵심이 되었음에 틀림없다. 그녀는 하위주체가 말할 수 있도록 돕는 자유주의적 학자나 정치적 신념을 가진 민속지학자, 혹은 운동가들의 선한 신념 뒤에 타자에 대한 식민주의적 기획의 흔적이 남아 있다는 것을 보여 주려고

---

13) 인디언 귀족의 아이들에게 문자와 기독교를 가르치기 위해 가족으로부터 분리한 스페인인들의 폭력에서 지적해야 할 부분은 "젊은이들이 낮이고 밤이고 통제된 채 동화과정을 겪는다는 사실에 있는 것이 아니라, 실은 그들의 부모 특히 어머니들과의 대화를 금지당하였다"는 데서 나온다는 월터 미뇰로의 관찰을 주목할 필요가 있다. "모든 지식이 대화에 의해 전달되는, 구술이 주요한 수단인 사회에서 구술 접촉의 금지는 읽고 쓰는 것을 가르치는 노력과 모순된다. 어머니와의 대화를 금지하는 것은 기본적으로 아이들에게 언어에 놓인 그리고 말로써 유지되고 전달되는 살아 있는 문화를 빼앗는 것과 같다"(Walter D. Mignolo, "Literacy and Colonization: The New World Experience", eds. René Jara and Nicholas Spadaccini, *1492~1992: Re/Discovering Colonial Writing*, Minneapolis: Prisma Institute, 1989, p.67).

하였다. 그 타자는 쉽게 우리에게 말할 수 있으며(그와 함께 우리는 말할 수 있고, 말할 수 있는 것을 편하게 느낀다), 이것은 전지구적 체제에서 상대적으로 특권을 가진 우리 자신의 위치가 가져다준 차이와 적대라는 엄연한 현실을 상쇄한다.

엘즈비에타 스크로도부스카Elzbieta Sklodowska는 실제 하위주체들의 목소리에 호소함에도 불구하고 증언은 리오타르의 개념인 **분쟁**differend──논쟁은 거기에 포함되는 당파들의 언어와 개념에 의거해 수행된다──에서와 같이, 실제로 하위주체가 아닌 누군가가 하위주체를 무대 위로 올려 주는 것이라고 주장한다. 특히, 스크로도부스카에 따르면 증언은 탈식민화된 조건에서 '복합적 형태의 민중-주체'의 자발적이고 진정한 대응이 아니며, 오히려 민주화라는 대의를 위해 싸우는 엘리트의 담론일 뿐이다.[14] 증언의 비평적 가치를 평가하기 위해 하위주체를 희생자로 만드는 것에 호소하는 방식은 주체를 현실에서 빼앗아 일방적 시선에 고정시킴으로써 텍스트의 기호학적 유희를 중단시키는 것이다. 증언하는 화자를 주체로 고정하는 것은 그러나 마찬가지로 알튀세르가 결국에는 현실로부터 유리된 하층민 타자를 이상화하거나 절대화함으로써 생기는 이중의 사고라고 부를 만한 것으로 우리를 주체의 위치로 고정시키고 만다.

스피박도 언급했지만 증언서사에서 위치의 문제를 지적한 "다양한

---

14) "탈식민적 조건에 대항해 '다양한 형태의 민중-주체'의 자발적이고 진정한 반응을 재현하지 못한다. 오히려 민주화 요구에 참여하는 엘리트 담론으로 남게 된다"(Elzbieta Sklodowska, "Hacia una tipología del testimonio hispanoamericano", *Siglo XX/Twentieth Century* 8, no.1~2, 1990~1991, p.113). 스크로도부스카가 제시하고자 하는 '복합적 형태의 민중-주체'는 칠레 비평가 호르헤 나르바에스(Jorge Narváez)로부터 빌려 온 것이다.

수준의 고정할 수 없는 복합성과 문학이라는 작업의 개방성"[15])에 호소하는 스크로도부스카의 탈구조주의적 방법 역시 의심해야 한다. 왜냐하면 '고정할 수 없는 복합성과 개방성'은 오직 문자문학 그 자체가 증언의 텍스트에서 하위주체성으로 등록된 차이를 생산하는 사회적 실천 행위의 하나라는 역사적 틀 안에서만 발생하기 때문이다. 증언서사를 연구하는 탈구조주의 경향이 가진 일종의 독서 효과로는, 재현의 오류뿐 아니라, '실제' 사회적 텍스트에서 권력과 착취의 관계를 고착시키는 방식이 불확정적이고 결정불가능하다는 사실만을 드러낸다(혹은 생산한다)는 점에 있다.

그렇다면 증언서사가 라틴아메리카의 '지식인 도시'의 역사에서 또 하나의 새로운 국면이 될 수 있을까? 크레올 엘리트의 계급적 이해와 자기 권위를 위해 사용하는 문화적 형태와 직접적으로 연관된 기반은 그들의 정의에 따르면 민족적인 상징이거나 그것을 만드는 문학과 문학적 지식인 그리고 도시의 공공 영역이었다. 이 질문은 스탠퍼드 대학에서의 서구 문화 필수교재에 대한 논쟁의 소용돌이에서 디네시 드 소우자가 『나, 리고베르타 멘추』가 좋은 혹은 위대한 문학이 아니라고 주장한 것에 대한 적절한 대답이 되겠다. 드 소우자는 정확히 이렇게 말한다. "억압받는 자의 작품을 칭송하기 위해, 다른 예술·역사·문학을 평가하는 가치의 기준을 제외하는 것은 그들의 고통을 낭만화하는 것이며, 창의적인 척하면서, 실제로는 그 억압을 견뎌 내는 이들에 의해 공유되지 않는 미학적 지위를 제공하는 것이다."[16] 나는 『나, 리고베르타 멘추』가 지난 이십 년

---

15) Gayatri Spivak, *In Other Worlds: Essays in Cultural Studies*, New York: Methuen, 1987, p.95.

동안 라틴아메리카에서 생산된 가장 중요한 **문학 작품** 중 하나라고 생각하고 있다. 하지만 스탠퍼드와 같은 엘리트 대학에서 다문화 시민의식을 위한 커리큘럼에 포함되는 어떤 것이라기보다는 드 소우자가 느끼듯이 아카데미에 자극을 불러일으키는 어떤 근본적인 타자성을 보여 주기 때문이다. 나는 스탠퍼드와 내가 가르치는 피츠버그 대학생들이(비록 계급적 특혜와 지적 권위가 약간 다른 층위에 위치하고는 있지만) 『나, 리고베르타 멘추』 같은 텍스트를 읽을 때, 측은함을 느끼기보다는 불편함을 느끼기를 바란다. 나는 그들이 어떤 경우에 있어서는 그들 자신의 개인적인 정체성의 한 부분으로 이 텍스트를 받아들이기보다는, 하위주체가 결코 문학이나 대학 내에서 제대로 재현될 수 없다는 것을 이해하기 바란다. 문학과 대학은 하위주체성을 생산하고 지탱하는 것들 중 하나다.[17] 물론 동시에 스톨이 지적했듯이 『나, 리고베르타 멘추』를 정전으로 만들도록 이데올로기적 성격을 부여한 것은 학계의 권력이다.

물론 멘추 자신은 지식인으로서, 성경을 대중들에게 설명하는 소명을 가진 교리문답 훈련을 받기까지 하였다. 그러나 그녀는 그람시가 명명한 고급문화, 철학 그리고 과학의 권위를 온전히 수행하고 표준을 만족시키는 전통적인 지식인과는 분명히 다른 의미에서의 지식인이다. 종

---

16) Dinesh D'souza, *Illiberal Education*, New York: Free Press, 1991, p.87.
17) 메리 루이스 프랫(Mary Louise Pratt)은 나에게 스탠퍼드의 학부생의 설문조사를 보여 주면서 『나, 리고베르타 멘추』가 학생들에게 가장 커다란 영향을 준 책이라고 말해 주었다. 피츠버그 대학에서는 매우 다른 결과가 나왔는데 내가 생각하기에 이는 부분적으로 이 대학의 학생 대다수가 엘리트라기보다는 노동계급이나 중하층계급 출신이라는 가족배경, 그리고 대체적으로 중간 관리나 낮은 직급의 전문직에 종사하기 때문이다. 『나, 리고베르타 멘추』를 미국 대학의 강의실에서 가르치는 것의 모순에 대해서는 다음의 에세이를 참고하라. Allen Carey-Webb and Stephen Benz, *Teaching and Testimony*, New York: State University of New York Press, 1996.

종 그녀에게서 보이는 지식인, 국가의 교육 체계, 책을 통해 배우는 권위에 대한 반감은 그녀의 증언서사의 중심 주제 중 하나가 된다.[18] 증언서사에서 하위주체 행위자에 대한 고민은 2장에서 언급한 바와 같이, 지식인과 쓰기 그 자체가 지배와 하위주체성의 관계에 있어 모종의 공범관계에 있다는 의심에 기반한다. 증언서사는 우리(즉, 읽는 독자)에게 쓰여진 텍스트로서 자신을 드러내지만, 또한 문화적 표준으로서 유럽 언어로 쓰거나 읽는 것에 특권을 부여하는 근대화 과정의 맥락에서 구술성에 일정한 권위나 인식론적 특권을 부여한다.

스크로도부스카와 스피박은 증언서사가 학계에 등장하는 것과 관련하여 개러스 윌리엄스가 "아카데미가 빠지는 환상"이라고 부르는 것을 우려한다.[19] 하지만 아마도 보다 긴급한 질문은 우리 자신과 같은 지식인들이 데이비드 스톨의 관점에서 우리가 듣기 원하는 것을 말해 주는 일종의 아이콘으로서 멘추와 유사한 증언서사의 화자를 이용하는가가 아니라, 그러한 화자가 그들 자신의 목적을 위해 어떻게 우리를 이용하는가 하는 것일지도 모른다. 스크로도부스카는 하위주체의 목소리가 다큐

---

18) 예를 들어, "그들은 우리가 가진 것들을 없애 버리고 다른 것들을 우리에게 강요했습니다. 종교를 통해서, 토지를 분할함으로써, 학교, 책, 라디오, 그리고 모든 다른 근대적인 것들을 통해서 말이죠"(Rigorberta Menchú, *I, Rigoberta Menchú: An Indian Woman in Guatemala*, ed. Elisabeth Burgos-Debray, trans. Ann Wright, London: Verso, 1994, pp.170~171). 혹은, "교사들이 마을로 들어올 때, 그들은 자본주의와 그것을 삶에 적용시킬 방법을 함께 가져옵니다. 그들은 이 사고를 우리에게 강요하죠. 그동안 우리 마을에 두 명의 교사가 들어와서 사람들을 가르쳤는데, 아이들은 학교에서 배운 것들을 집에 돌아와 말했고, 부모들은 이렇게 대응합니다. '우리는 우리 아이들이 라디노가 되는 것을 원치 않습니다.' 그리고 그들은 선생님을 떠나보냈지요. …… 원주민들은 라디노가 되기보다는 공부를 안 하는 게 더 낫다고 생각합니다"(*Ibid.*, p.205)['라디노'에 관해서는 175쪽, 각주 28번 참조].
19) Gareth Williams, "Fantasies of Cultural Exchange in Latin American Subaltern Studies", ed. Gugelberger, *The Real Thing*.

멘터리적 고유성에 대한 호소와도 같다고 내가 증언서사를 옹호하는 주장의 본질을 잘못 이해하고 있다. 물론, 증언서사에서 목소리가 증언하는 화자의 목소리 그 자체에 의해 재현되기보다는 매우 다른 진술의 장소에 존재하는 편집자에 의해 구성된 텍스트 구조물이라는 그녀의 지적은 올바르다. 그녀가 함축하고자 하는 바는 다른 텍스트보다 허구성이라는 관습이 유예되는 증언서사에서조차도 존재의 형이상학을 인지할 수 있다는 것이다. 하지만 르네 하라René Jara가 "실재계the Real의 자국"이라 부른 고통, 배고픔 혹은 위험에서의 몸의 경험이 또한 증언서사의 본래 성격이다.[20]

그것은 확실히 멘추가 차훌의 마을 광장에서 동원된 군대에 의해 남동생이 고문받은 후 처형당하는 장면을 이야기하는 상황에 대한 자각이다. 그녀는 그 학살의 정점에서 증언하는 행위에서 어떻게 자신도 모르는 분노와 증오로 몸서리치는 경험을 하는지, 그리고 군인들이 이를 감지하고 경계 태세를 취하는지 묘사한다.

> 지휘관은 말을 끝낸 후 부하들에게 '처벌'받은, 벌거벗고 살이 부어오른 사람들로부터 떨어지라고 명령한다. 군인들은 더 걸을 수 없는 그들을 끌고 갔다. 여기로 끌고 와서는 한 줄로 세워 모두가 볼 수 있게 했다. 지휘관은 가장 악질인 범죄자들, 다른 군인들과 다른 옷을 입은 카이빌Kaibiles이라고 하는 자들을 불렀다. 그들은 가장 잘 훈련된 자들이며 막강한 힘을 가지고 있었다. 그리고 카이빌에게 고문당한 이들에게 석유

---

20) René Jara, "Prólogo", eds. René Jara and Hernán Vidal, *Testimonio y literatura*, Minneapolis: Institute for the Study of Ideologies and Literature, 1986, p.2.

를 부으라 명령한다. 지휘관은 말한다. "이것이 처벌의 마지막이 아니다. 아직도 하나가 남아 있다. 이렇게 하는 것이 우리가 잡아들인 모든 반란자들에게 하는 것이다. 왜냐하면 그들은 폭력을 통해 죽어야 하기 때문이다. 만약 당신들에게 이것이 교훈을 주지 못한다면 너희들에게도 똑같은 일이 일어날 것이다. 인디언들은 공산주의자들에게 이용당하고 있다. 아무도 인디언들에게 가르쳐 주지 않아서, 인디언들은 공산주의자들과 어울리게 되었다." 그는 사람들을 설득하려 하지만 동시에 그들을 모욕하고 있다. 아무튼, 군인들은 고문받은 이들을 줄 세워 기름을 붓는다. 그리고 한 사람 한 사람에게 불을 놓는다. 많은 사람들이 자비를 구한다. 몇몇은 소리 지르고, 많은 이들이 길길이 뛰지만 아무 말도 하지 못한다──물론 그들이 숨을 쉴 수가 없기 때문이다. 하지만 내가 더 놀란 것은 많은 사람들이 무기를 가지고 있다는 것이다. 몇몇은 일을 나가며 칼을 손에 지니고 있었으며, 다른 이들은 아무것도 없었는데, 군대가 희생자들에게 불을 놓는 것을 보자 모든 사람들이 무기를 쥐고 있는 군대에 희생을 무릅쓰며 맞서려는 것이었다. …… 겁쟁이 군인들은 놀라며 마을 전체가 싸울 준비를 하고 있다는 것을 깨달았다. 아마 당신은 아이들조차 분노하고 있음을 알 수 있었을 것이다. 다만 이들은 어떻게 자신들의 분노를 표현해야 하는지를 몰랐을 뿐이었다.[21]

이 구절을 읽으면서, 우리들 또한 동일화과정을 통한 이 분노──그리고 죽음에의 위협의 순간에서도 나타나는 반항의 가능성──를 경험한다. 이는 마치 영화 「쉰들러 리스트」에서 크라코우Kraków 수용소의 생

---

21) Menchú, *I, Rigoberta Menchú*, pp.178~179.

존자 선택 과정에서 서로를 격려하던 여성들이 갑자기 자신의 아이들이 줄 세워져 트럭에 실려 가스실로 보내진다는 것을 알게 되는 순간에서와 같다. 라캉이 투케tuché라고 부르는 순간들이 존재한다. 실재계의 경험이 억압에 의해 수동적으로 반복되어 온 것들을 깨뜨려 버리는 순간이다. 반대로, 희생되는 것을 낭만화하게 될 경우 식민지 혹은 제국주의적 지배에 기초가 되는 고통과 구원의 기독교적 서사를 인정하는 결과를 가져오게 된다. 실제 상황에서 그러한 재현은 관련된 모든 이들의 평등관계와 상호주의에 기초한 효과적인 연대보다는 자비로운 부성애주의나 자유주의적 죄의식을 갖게 되는 방식을 야기하고는 한다.[22]

그러나 『나, 리고베르타 멘추』에서 멘추 남동생의 죽음에 대한 내레이션은 스톨이 문제 삼은 바로 그 구절 중 하나이다. 여기서 스톨은 멘추의 고향인 지역(거기서 그는 수년 동안 현장작업을 했었다)에서의 인터뷰를 근거로 군대가 그녀 동생을 고문하고 학살한 것은 다른 방식으로 일

---

[22] 이에 대해서는 퍼트리샤 시드가 나에게 도움을 주었다. 희생을 낭만화하는 것은 19세기 라틴아메리카와 미국 모두에서 자유주의적 엘리트나 그에 준하는 이들에 의해 생산된 반노예서사의 전략이었다. 또한 이것은 영화 「쉰들러 리스트」가 비평적 토론의 대상이 될 때 나타나기 시작한 문제이다. 쉰들러의 이야기를 사용한 스티븐 스필버그는 홀로코스트를 개인화하고 그것이 관객에게 가까이 다가가게 한다. 그것은 알랭 레네의 「밤과 안개」와 같은 홀로코스트를 다룬 모더니스트 방식으로부터 그의 영화를 구별한다. 그러나 그 대가로 그룹으로서의 유태인은 영화에서 오직 쉰들러와 벤 킹슬리가 연기한 구원을 위해 전통적 유태인 지도력의 역할을 상징하는 인물에 의존하는 희생자로서만 재현된다. 시오니스트나 공산주의자의 재현은 유태인 혹은 비유태인 엘리트의 호의에 기대기보다는, 지도자의 역할에 대해서 비판하거나 유태인 자신들이 형성한 아래로부터의 조직 혹은 나치 체제에 대항하는 무장투쟁의 가능성을 강조할 수 있었을 것이다. 다른 말로 하면, 「쉰들러 리스트」에서 홀로코스트의 재현조차도 실제의 희생자 혹은 참여자로서의 문제가 사라지지 않는다. 자본주의 사업으로서의 영화는 쉰들러의 비즈니스에서 모험(무기 사업)을 유태인 구원의 **필요한** 수단으로서 그려 낸다. 영화에서 워싱턴[미국 정부기관]이나 그들의 도움을 얻어 만들어진 유사한 비디오 「홀로코스트의 목소리」와 같이 생존자들이 직접 증언한 집단적 몽타주를 분석하면서 스필버그의 영화적 서사전략을 대비시키는 것은 좋은 교육 방식이다.

어났고, 멘추 자신은 실제로 눈앞에서 볼 수 없는 상황이었다고 말한다.[23] 그러므로 그녀의 묘사는 '신화적 과장'이라고 주장한다.[24] 여기서 스톨의 주장을 이에 근거한 몇몇 우익 논평자들의 비난, 즉『나, 리고베르타 멘추』는 사기라는 주장과 구별하는 것이 중요하다. 스톨은 멘추가 이 모든 것을 지어냈다고 말하지 않는다. 그는 멘추의 남동생이 군대에 의해 살해당했다는 것을 부정하지 않는다. 그는 서문에서 "멘추의 이야기에서 중요한 부분들에 대해 의심할 여지가 없다. 독재는 수천 명의 원주민 농민을 학살했고, 리고베르타의 직계가족 절반이 희생자에 포함된다. 그녀는 살아남기 위해 멕시코로 피했고, 이후 과테말라 해방을 위한 혁명운동에 참여한다"라고 말한다.[25] 하지만 언급된 바대로 그는 그녀의 이야기에 나타난 불명확성, 삭제 혹은 잘못된 재현으로 민중을 위해 말한다는 그녀의 관심과 신념이 덜 믿을 만하게 되었다고 주장한다.

멘추는 공개석상에서 다른 이들의 경험과 이야기의 요소를 그녀 자신의 이야기에 가공했음을 인정했다. 특히 남동생과 그의 동료들의 학살 현장에 있지 않았다는 것과 그 사건에 대한 설명이 (그녀가 주장하기에) 그 자리에 있었던 어머니에 의한 것이었다는 것을 인정했다. 그녀는 이러한 보충이 그녀의 이야기가 단순히 자서전이 아닌, 집단적인 이야기가 된다고 말한다.[26] 그녀의 증언에 대한 핍진성 문제에 의문을 제기한 스톨

---

23) Stoll, *Rigoberta Menchú and the Story of All Poor Guatemalans*, pp.63~70.
24) *Ibid.*, p.232.
25) *Ibid.*, p.viii.
26) 후안 헤수스 아즈나레즈가 한 그녀의 인터뷰를 참조하라. Juan Jesus Aznárez, "Los que me atacan humillan a las víctimas", *El País*, no.997, January 25, 1999. 스톨과 멘추 논쟁의 다양한 입장을 다루는 동시에, 비판자들에 대한 스톨 자신의 답변이 담긴 인터뷰 번역과 자료, 신문 기사, 인터뷰, 논문은 다음의 책을 참조하라. Arturo Arias ed., *The Properties*

을 반박한 그녀의 설명은 텍스트를 읽는 새로운 방식을 제공한다. 예를 들어, "나 자신의 이야기만이 아니라, 민중에 대한 증언이기도 하다"는 것을 분명히 한 멘추의 유명한 첫 문단이 그것이다.

한편, 멘추와 스톨의 논쟁은 무엇이 정말로 일어났는가에 대한 것이 아니라, 누가 이야기를 하는 자격을 갖는가 하는 문제다. 무엇보다 스톨을 불편하게 만든 것은 멘추가 이데올로기적 지향을 가졌다는 사실이다. 그는 멘추에게서 실제로 정보를 모으고 평가하는 그의 목적을 도와줄 '지역의 정보제공자'를 기대했었다. 하지만 대신에 그녀는 헤게모니를 만들려는 '지역의 역사'(플로렌시아 마욘의 용어를 떠올려 보라)의 텍스트를 생산하는 데 관여하는 유기적 지식인이었다. 스톨이 객관성과 사실을 언급하지만, 그 또한 이데올로기적 지향을 가지고 있다는 것이 드러난다. 그는 과테말라에서 군부독재에 반대해 무장투쟁에 무게를 싣는 맑시스트 좌파의 시도가 대부분의 고지대 인디언 주민을 위해 무장투쟁이 '정의'라는 전략적 필요성에서 나온 것이 아니고, 군대의 폭압을 끝내기 위해 어쩔 수 없이 게릴라들을 지지하게 된 '두 총성 사이'의 딜레마였다고 믿는다.[27] 반대로, 『나, 리고베르타 멘추』의 서사 논리는 과테말라의 무장투쟁이 군대 혹은 준군사조직인 학살부대, 그리고 라디노[28] 토지소

---

of Words, Rigoberta Menchú, David Stoll, and Identity Politics in Central America, Minneapolis: University of Minnesota Press, 2000. 이 논쟁에 대해 균형 잡힌 설명을 원한다면 다음의 에세이를 참조하라. Peter Canby, "The Truth about Rigoberta Menchú", *The New York Review of Books*, April 8, 1990.
27) David Stoll, *Between Two Armies in the Ixil Towns of Guatemala*, New York: Columbia University Press, 1993.
28) 중앙아메리카, 특히 과테말라에서 백인과 원주민 사이의 혼혈인 메스티소를 지칭함.─옮긴이

유자에 의한 착취와 토지 몰수에 대항하여 전선을 조직하는 과정에서 직면한 원주민 공동체가 **필수불가결**하게 선택하고 발전시킨 형태라고 말한다. 다른 말로 하면, 스톨은 자신의 가정을 뒷받침하기 위해서는 멘추의 증언의 힘을 공격해야 한다. 책의 말미에 분명히 언급했듯이, 스톨은 과테말라에서 무장투쟁을 회고적인 시선으로 비판하려는 의도뿐 아니라, 멕시코의 사파티스타와 같은 현대적 운동에 반대한다. 사실상 스톨에게는 게릴라 전략이 "도시적 로맨스이며 농촌에서 진정한 연대를 찾으려는 중간계급 출신 급진주의자들에 의해 제기된 신화"와 같은 것이다. 그리고 그 신화는 "하층 계급들을 혼란에 빠뜨리고 국가로부터 폭력적인 대답을 유발함으로써 좌파 자체에게 재앙의 반복이 된다".[29] 『나, 리고베르타 멘추』와 같은 텍스트가 보여 주는, 원주민의 삶과 농촌 현실을 낭만적으로 그리거나 잘못 재현하는 것은 이 도시 로맨스와 공모되어 있다.

그러나 스톨에게 멘추 이야기와 무장투쟁이라는 전략의 입증가능성이 문제가 되는 것일까? 멘추가 설명한 모든 세부사항이 실제로 확인 가능하거나 그럴듯하다면, 스톨은 무장투쟁이 정당하다고 할 것인가? 분명히 그렇지 않다. 그러나 바로 그러한 이유로, 멘추의 이야기에서 스톨이 찾는 차이, 불명확성, '신화적 과장' 등을 무장투쟁의 폐단으로까지 결론 낼 필요는 없다. 아마도 무장투쟁은 실수였을 것이다. 스톨은 멘추의 최근 행보에서 좌파의 측근인 과테말라 민족해방연합UNRG; Guatemalan National Revolutionary Unity과 거리를 두려 하는 것을 관찰한다. 하지만 그러한 판단 자체가 멘추의 서사적 권위를 탈취하려는 것은 아니다. 다시 말하면, 입증가능성의 문제는 무장투쟁의 전략에 대한 스톨의 이데올로기

---

29) Stoll, *Rigoberta Menchú and the Story of All Poor Guatemalans*, p.282.

적인 불일치에 따라오는 것일 뿐이다.

내 견해는 이렇다. 1979년 산디니스타의 승리 과정에서 가장 개량적인 노동조합원들과 선거로 선출된 사회민주주의자, 기독교-민주주의 행정가들조차도 '제거될' 가능성이 높았던 상황으로 볼 때, 군부 통치하에서 많은 과테말라인들에게 무장투쟁이 절망적이긴 하지만 충분히 설득력 있는 전략으로 들렸다는 사실은 놀랍지 않다. 하지만 스톨은 멘추가 반증한 것에 대하여 자신의 논증을 지지해 줄 만한 더 '강하고' 설득력 있는 증거를 제시하지 못한다. 다른 평자들은 게릴라가 실제로 고지대의 원주민 농민을 모으는 데 상대적으로 성공적이었고, 이전 지배세력이었던 라디노, 맑시스트 게릴라 그룹과 원주민 농민의 통합이 군부독재에 강력한 도전이 되었으며, 이들의 연합 가능성이 바로 멘추가 그녀의 서사에서 묘사한 인종청소와도 같은 저항 진압 전쟁을 주도한 군대가 무너뜨리려고 했던 것이었다고 진술한다. 우리는 누구를 믿어야 할까? 클린턴 대통령의 탄핵심판에서와 같이, 종국에는 인식론적인 바탕이 아닌 정치적인 것으로 판단하는 "그가 이렇게 말했고, 그녀는 이렇게 말했다" 류의 문제로 전락해 버릴 것인가?[30]

스톨은 과테말라 화해 과정의 일부로 구성된 진실위원회를 비판하면서, "평화를 위해 범죄를 밝혀내고, 진실을 거부하는 체제를 깨는 것이 목적이라면, 『나, 리고베르타 멘추』는 진실로 기록될 수 없다"라고 주장한다.[31] 그렇다. 하지만 과테말라 군대가 게릴라 조직을 파괴하고 모든

---

30) 스톨에 관한 반박은 다음을 참조하라. Carol A. Smith, "Why Write an Exposé of Rigoberta Menchú", ed. Arias, *The Properties of Words, Rigoberta Menchú, David Stoll, and Identity Politics in Central America*; Canby, "The Truth about Rigoberta Menchú".

인구에 자신의 체제를 강요했다면, 진실위원회가 애초에 존재하지도 않았을 것이다. 그러나 스톨은 게릴라 지도자들이 "1996년 12월 마침내 평화조약을 얻어 낸 것"을 도왔다는 이유로 멘추를 비판한다.[32]

멘추는 이 과정에서 '역사의 주체'로서 기능한다는 의미에서 하위주체가 아니다(이 장 서두에서 지적한 스피박의 논의를 참고하라). 하지만 그녀가 비하위주체가 되는 조건 —그녀의 증언에 나타나는 선택, 침묵, '신화적 과장', '재창조' 등등— 에는 반드시 자신의 이야기의 권위를 상대화하지 않고는 재현하지 못하는 혹은 할 수 없는 '실제로 일어난 것'의 여러 가지 버전이 존재하게 마련이다. 어떤 사회적 상황, 그것이 단지 하나의 계급과 집단의 정체성 내부라고 할지라도, 모순적인 안건과 관심사를 반영하는 다양한 서사적 관점이 발견된다. 스톨은 적는다. "치멜Chimel(멘추 가족의 출신지역)에 관해 솔직하게 설명했다면 서로 간에 반목하는 농민들에게 도움이 덜 되었을 것이다. 사는 이야기를 하다 보면 실제의 인생 경험을 보여 주는 통일되지 못함, 사고, 비동일성과 의구심을 중시하지 않는 경향이 있다. …… 리고베르타의 경우는 그녀가 속한 조직의 이데올로기에 모순되는 상황의 모습들을 생략하고 적당한 혁명적인 주제로 대체함으로써 통일성을 획득한다."[33]

스톨의 설명에서 '타자'의 목소리는 과테말라 원주민 공동체가— 멘추 자신의 직계 가족조차도—내부적 경쟁, 모순, 다른 방식의 말하기로 찢겨져 분열되어 치유가 불가능해 보인다. 스톨은 "리고베르타는 합

---

31) Stoll, *Rigoberta Menchú and the Story of All Poor Guatemalans*, p.273.
32) *Ibid.*, p.278.
33) *Ibid.*, pp.192~193.

법적인 마야의 목소리를 가졌다. 로스앤젤레스나 휴스턴으로 이주하기를 원하는 모든 젊은 마야인들도 마찬가지다. 또한 오래된 조그마한 경지를 소유한, 마지막 남은 산림을 보다 빠르게 벨 수 있는 사슬 톱을 사주기를 바라는 대가족의 가장인 남자들도 마찬가지다. 누구든 간에 마야에 대해 잘못 일반화할 수 있다"라고 말한다.[34] 하지만 한편으로 그는 정치적 투쟁의 가능성을 부정하는데, 왜냐하면 헤게모니 기획은 이러한 모순들 아래 놓인 문화적·정치적 권리를 박탈하는 조건을 변화시키기 위한 집단적 의지나 행위이기 때문이다. 누구나 다르고 오류를 저지를 수 있다는 주장은——'이 사람들 중 누구도'——외부 관찰자의 권위를 건드릴 수 없게 만든다. 따라서 외부 관찰자인 스톨은 이야기를 수집할 수도 있으며, 동시에 여러 증언들을 걸러 낸다. 하지만 '외부' 관찰자는 또한 자신의 사회적·정치적·문화적 의제를 가지며, 그의 행위는 중립적·객관적인 위치로부터 묘사하고자 하는 상황 '내부'에서 효과를 발휘한다. 또한 현존하는 정치적-군사적 지배와 문화적 권위의 구조에 의문을 제기하지 못하게 만든다. 하지만 '사람들 사이의 모순'의 존재는——예를 들어, 스톨이 그토록 강조한 농촌공동체 내부의 혹은 그 사이의 토지와 자연자원에 대한 끝없는 상호파괴적인 싸움——'민중'과 매우 억압적인 그리고 소외를 양산하는 인종, 계급 그리고 국가 형성 사이의 모순의 가능성을 부정하지 못하게 한다(이에 대해서는 다음 장에서 논의를 하도록 하겠다).

    스톨의 논쟁은 과테말라에 대한 것만은 아니다. 또한 북아메리카 학계의 다문화주의와 포스트모더니즘과 관련된 문제로, 스톨은 의식적 혹

---

34) *Ibid*., p.247.

은 무의식적으로 무장투쟁을 지속하려는 목소리와 충돌하며, 『나, 리고베르타 멘추』를 하나의 텍스트로 홍보하는 것과 멘추를 국제적 아이콘으로 만드는 것에 불편함을 느낀다. 한 가지 예를 들어 보자. "『나, 리고베르타 멘추』가 대학의 도서목록에 들어간 것은 다문화주의의 이름으로였다."[35] 또는, "(어떤 한 종류의 사실에 대한 믿음을 의심하는) 포스트모더니즘의 영향과 (희생자 측에 대한 인정을 요구하는) 정체성 정치학과 관련이 있다."[36] 또는 "리고베르타를 아카데미에서 중요한 위치에 놓으려는 요구는 포스트모던 학계가 가진 증거 확립에 관한 취약성과 관련되어 있다."[37] 또는, "재현과 권위에 대한 포스트모던 비평과 함께 다수의 학자들이 특히 그들이 지지할 만한 희생자로서 화자를 해석할 가능성, 증거 입증을 포기하는 것에 매력을 느끼게 된다."[38]

진실에 대한 비평으로서 리고베르타 멘추의 증언과 과테말라 게릴라 운동의 전략에 대한 비판을 위해 시작된 것은 신보수주의 작가 로저 킴벌Roger Kimball이 유럽과 북미 대학에서 "종신교수가 된 급진주의자"라고 부르면서 나를 포함한 이들에게 공격을 가하는 것으로 변모한다. 스톨이 불편해했던 포스트모더니즘과 다문화주의의 결합은 다문화주의(그리고 무엇보다 멘추의 책은 매우 다문화적이고 다언어의 국가로서 과테말라 그 자체를 이해하기 위한 논쟁서다)가 과학에 대한 포스트모더니즘의 비판과 우연히 일치하는 인식론적 상대주의에 대한 요구를 함의하는 사실로 이미 예견된 것이다. 진실에 대한 보편적인 잣대가 없다면, 진실

---

35) Stoll, *Rigoberta Menchú and the Story of All Poor Guatemalans*, p.243.
36) *Ibid.*, p.244.
37) *Ibid.*, p.247.
38) *Ibid.*, p.274.

에 대한 요구는 항상 맥락에 의존한다. 사람들이 세계를 어떻게 다르게 이해하고, 근본적으로 사회적 불평등, 착취, 억압의 상황에서 생기는 역사적 기억을 어떤 식으로 구성하는가와 깊은 관계가 있다. 『나, 리고베르타 멘추』와 같은 증언서사에 대해 진실을 요구하는 것은 하위주체의 경험을 육화함으로써 특정한 종류의 인식론적 권위를 형성하는 데 권위를 부여한다. 하지만 스톨에게는 (그가 보기에) 좋은 점보다 해악을 더 많이 끼치는 연대의 정치학을 위해, 중심부 학계의 청중에게 편견을 갖게 하면서 하위주체에 대한 '신화적 과장'을 더할 뿐이다. 스톨은 그러한 과장에 대항하여 인류학과 저널리즘의 사실을 수집하는 절차의 권위를 주장하는데, 멘추와 같은 증언적 이야기의 경우 더욱 객관적이고 기술적인 사정의 과정을 위해 거쳐야 할 일차적 자료로만 다뤄질 뿐이다. "우리가 텍스트, 서사, 혹은 목소리에 초점을 맞춘다면, 우리가 듣기를 원하는 것—우리의 도덕적 가치나 지식인 저항자로서 우리의 정체성을 확립하기 위해 필요한 것—을 말해 주는 누군가를 찾는 것은 어렵지 않다"고 그는 적는다.[39] 하지만 남동생의 학살에 대한 멘추의 이야기와 다른 세부사항들에 의문을 제기하는 스톨 자신의 기반은 학살이 일어난 지역 주민과의 인터뷰를 통해서였고, 그가 오랜 시간이 지난 후 수행한 인터뷰를 통해서였다. 즉, 멘추의 증언이 대표성을 지닐 수 없다고 간주하는 것을 대신해 그가 내세우고 있는 유일한 증거는 **다른** 증언들, 즉 거기에서 전혀 놀랍지 않게 그가 듣기를 원하는 것들이었다.

유태인 홀로코스트의 증언과 재현에 대한 쇼셔나 펠먼Shoshana Felman과 도리 루Dori Laub의 책에는 이러한 진퇴양난에 관련해 언급한 부분이

---

39) *Ibid.*, p.247.

존재한다. 예일 대학의 홀로코스트 증언을 위한 비디오 자료실에는 아우슈비츠 폭동에 대해 직접 눈으로 보고 증언한 여성 생존자 부분이 있다. 이야기의 한 지점에서 그 생존자는 폭동의 시점에서 그것을 회상하는데, 그녀 자신의 말을 빌리면, "갑자기 우리는 네 개의 굴뚝에서 연기가 피어오르며 폭발하는 것을 보았다. 화염은 하늘로 치솟았고, 사람들은 내달리고 있었다. 믿을 수 없는 광경이었다".[40] 몇 달 후, 그 여성의 증언이 담긴 비디오테이프를 보도록 마련된 홀로코스트에 관한 한 학회에서, 이 광경은 논쟁의 핵심이 되었다. 몇몇 홀로코스트 역사학자들은 그 폭동에서 오직 하나의 굴뚝만 파괴되었다는 사실을 지적하며, 그 여자는 폴란드 지하조직이 폭동을 배신했다는 사실을 언급하지 않았다고 했다. 화자가 이러한 세부사항들에서 잘못되었다는 것을 근거로, 그들은 그녀의 모든 증언을 무화시키고, 차라리 사실 기록의 신빙성에 의문을 던짐으로써 홀로코스트 사실 모두를 부정하는 수정주의자들의 편을 들어 준다.

루와 펠먼은 그 경우에 대해 다음과 같이 설명한다.

그 여성과 인터뷰를 했던 사람들 중 한 정신분석가는 절대로 동의하지 않았다. 그는 말했다. "그 여성은 망가진 굴뚝의 개수에 대해 증언한 것이 아니고, 보다 근본적인 보다 중요한 것을 말하고 있다. 상상할 수 없는 것이 일어난 현실. 아우슈비츠에서 굴뚝 하나가 폭발한 것은 네 개가 폭발한 것처럼 놀라운 것이다. 숫자는 일어난 사건보다는 덜 중요하다. …… 그 여성은 유태인 무장 봉기가 일어나지 않았고 그럴 장소가 없었

---

40) Shoshana Felman and Dori Laub, *Testimony: Cries of Witnessing in Literature, Psychoanalysis, and History*, New York: Routledge, 1992, p.59.

다는 아우슈비츠에 대한 기존의 모든 틀을 깨뜨리는 사건을 증언한다. 그녀는 틀을 깨 버리는 증언을 한 것이다. 그것은 역사적인 진실이다."[41]

루는 이를 정신분석으로 설명한다.

정신분석 실습에서와 같이 트라우마를 증언하는 과정에서 실제로 당신은 환자가 당신에게 말하는 것 외에 어떤 것도 알고 싶어 하지 않는데, 왜냐하면 그 상황에서 중요한 것은 지식의 발견 —— 그 사건과 그 발생 과정 —— 이기 때문이다. 증언에서의 지식은 다른 말로 하면, 증언자에 의해 재생산되거나 복제되는 단순한 사실이 아니라, 그 자체로 진정한 사건의 도래를 의미하기 때문이다. …… (그 여성은) 단지 경험적·역사적 사실을 증언하는 것이 아니라, 생존자와 절멸에 대한 저항의 비밀을 증거하고 있다. 역사가들은 그녀의 침묵이 증언의 한 부분이라는 것을 보지 못한다. 그녀가 생산하는 것은 역사적 진실이다. …… 이것이 바로 그녀가 존재하는, 생존하는 그리고 저항하는 방식이다. 단지 연설이 아닌 그것을 둘러싼 침묵의 경계에서 과거에도 그리고 오늘도 확신에 찬 저항을 증거한다.[42]

우리는 이 문제의 본질에 다가가고 있다. 인간 담론은 그 자체의 외부에 있지 않으며, 기억의 사실이 재현에 우선하는 본질이 아니라 그 자체가 재현에 앞서는 그리고 재현하기 위한 투쟁이기에, 이것 혹은 저것

---

41) *Ibid.*, p.60.
42) *Ibid.*, p.62.

에 대한 재현의 진실을 보증하는 사회적 당파성의 위치에 있다. 이것이 바로 벤야민의 아포리즘 "심지어 죽은 이들조차 안전하지 않다"가 의미하는 바다. 과거의 기억조차 결합되어 있고, 상대적이며 사라질 수 있다. 증언은 예술이자 하위주체가 가진 기억의 전략이다.

리고베르타 멘추와 같은 증언하는 이야기꾼에게 오직 목격하는 자격만을 주는 것이 바로 '토착 정보수집가'의 다른 기능이다. 하지만 진실과 재현의 가능성과 자신의 서사적 권위를 창조할 수 있는 힘으로 보지는 않는다. 이렇게 하위주체는 물론 말할 수 있는데 반드시 우리를 통해서만, 그리고 지식인으로서 우리의 제도적으로 제한된 권위와 객관성을 지향하는 과정을 통해서만 말할 수 있다. 그리고 그것은 우리에게 화자의 일차적 자료에서 중요한 것을 결정할 권리를 제공한다. 하지만, 정확히 제도적으로 통제된 권위와 객관성하에서 덜 자애로운 형태로 그러나 여전히 (대문자) 진실의 자리로부터 이야기하기를 요구하며 하위주체는 전쟁, 경제적 착취, 발전 시책, 강제적 문화화, 정책적 그리고 군사적 억압, 주거지의 파괴, 강제 추방과 같은 문제에 매일매일 직면해야 한다.[43]

스톨은 ('서고의 먼지'에 관해 플로렌시아 마욘이 지적한 것을 떠올리는 방식으로) 인류학의 권위에 대한 질문을 직접 제기하면서, 그가 보기에 인류학은 그들의 실제 모습에 반하여 타자를 우리에게 재현하는 학제적 틀을 가지며 '포스트모던 학풍'에 의해 오염되었다고 한다. 여기서 나

---

43) "권위에 관한 어떠한 진술도 그 발언 자체보다 더 확실한 것은 없으며, 다른 의미를 추구하는 것 또한 핵심을 벗어난 것이다. 여기에서 의미는 어떤 방식으로든 장소의 바깥에서 나타날 수 없다. 내가 의미하고자 하는 것은 어떤 메타언어로도 부족하고, 혹은 정신분석적 측면에서 (대문자) 타자에 대한 (대문자) 타자는 존재하지 않는다는 것이다. (법을 제정하는) 입법가는 그 자신이 그 차이를 메꾸려고 할 때, 사기꾼으로서 그런 행위를 하는 것이다"(Jacques Lacan, *Ecrits: A Selection*, New York: Norton, 1977, pp.310~311).

는 멘추와 마야 전통의 관계에 대해 몇 가지 언급하겠다. 그녀의 대담자(그 역시 인류학자인) 엘리자베스 부르고스는 몇몇 장의 초입에 『포폴 부』 *Popol Vub*[44])의 구절을 끼워 넣음으로써 전통의 회복을 강조하지만, 멘추의 서사에서 특정하게 '전통적인' 것은 전혀 없다. 여기에는 '민중의 모든 현실'을 재현하게 하는 것이 없는데, 왜냐하면 그녀의 서사가 묘사하는 공동체나 삶의 방식에는 특정하게 전통적인 것이 없기 때문이다. '포스트모던' 그 이상의, 전통적 자본주의의 경제적·문화적 힘이 가로지르는 것 그 이상의, 어쨌든 우리가 주장하는 멘추와 그 가족, 친구들이 태어나서 살고 죽는 사회적·경제적·문화적 우연성 그 이상의 것이 아니다. 그녀가 그렇게 강력하게 호소하는 공동체적 형태를 지닌 산골 마을이나 촌락조차도 자세히 살피면 고대의 마야 게마인샤프트[공동체]가 아니다. 오히려 이는 멘추의 아버지 비센테가 이전 거주지역으로부터 최근에 이주한 마을로, 마치 라틴아메리카 도시 주위에 거대한 빈민가가 농촌 지역에 퍼져 있는 것과 같다. 혹은 중앙아메리카로 돌아온 피난민들이 그들의 이전 공동체를 다시 건립하려 했던 것과 같은 형태다.[45]

　나는 멘추가 윗세대들과 전통의 권위에 지속적으로 호소하는 가치를 축소하려는 의도가 없다. 단지 그것은 실제로 호소하며, 동시에 지속적으로 변하고, 또 한편으로 멘추와 그녀의 가족과 같은 주체가 우리 자신의 삶에 영향을 미치는 세계화의 논리를 통해 경험하는 노동자화 혹은 준노동자화의 조건에 대한 하나의 대응이라는 점을 강조하고 싶다. 어

---

44) 마야인들의 탄생 신화와 세계관을 담은, 마야인들에게 성경과도 같은 책이다. —옮긴이
45) 그러한 공동체에 대한 정확한 설명을 위해서는 다음을 참조하라. Beth Cagan and Steve Cagan, *This Promised Land, El Salvador*, New Brunswick: Rutgers University Press, 1991.

떤 측면에서, 글로리아 안살두아Gloria Anzaldúa나 기예르모 고메스 페냐 Guillermo Gómez-Peña와 같은 라티노 포스트모던 행위예술가들은 자신들이 우리를 위한 진실을 대변한다는 권위를 스스로 인정하거나 인정받았다고 가정하는 데이비드 스톨이나 엘리자베스 부르고스와 같은 인류학자보다도 멘추의 세계에 보다 나은 길잡이가 된다.

『나, 리고베르타 멘추』의 독자들은 특히, 멘추가 요리하고 옷을 만드는 것을 소개하는 부분에서 부르고스가 의도하진 않았지만 내비친 동정하는 듯한 구절("그녀는 화려하고 다양한 색깔로 수놓아진 전통 복장을 하고 있었어요."[46])을 기억할 것이다. 그리고 이는 헤게모니를 가진 지식인의 하위주체를 향한 자기이해가 뒤섞인 자비심으로 해석할 수 있다. 하지만 멘추의 옷은 종종 제1세계의 선한 생각을 가진 지식인의 윤리적이고 인식론적인 미덕을 보장하는 하위주체로서의 고유성을 보여 주는 색인이 아니다. 오히려 그녀의 이야기에서 자신을 우리에게 드러내 보여 줄 때, 그 복장은 커피 농장에서 일하는 인부로서 그리고 자신의 신분에 맞게 옷을 어떻게 입어야 하는지 배운 과테말라시티의 가정부의 그것이다. 그러나 지식인들은 마야 여성이 전통 복장을 의식적으로 사용하는 것의 의미를 자신의 정체성과 그녀가 싸우고 있는 가치와 공동체와의 연대를 보여 주기 위한 문화적 기호로 파악하기보다는 일종의 수행적인 복장도착으로 이해한다.[47]

---

46) Menchú, *I, Rigoberta Menchú*, p.xiv.
47) 멘추는 다음과 같이 말한다. "공동체의 눈으로 볼 때, 어떤 이가 옷 입는 방식을 바꾸라고 주장하는 것은 존중심의 부재를 의미한다. 선조들이 물려준 복장을 지키지 않으면 존중은 스스로 파괴되고 만다"(*Ibid.*, p.37). 하지만 그녀와 일한 과테말라 작가 아르투로 아리아스에 따르면 공식 석상 이외의 자리에서 멘추는 주로 청바지와 티셔츠를 입는다. 구하는 자신의 책에서 복장의 기호학을 하위주체 부정성의 한 가지 형식으로 파악하는, 복장에 대한 몇

여기에서 하위주체 행위에 관한 질문이 제기되는데, 이는 증언 텍스트 자체에도 적용된다. 그녀가 『나, 리고베르타 멘추』의 공동저자가 될 권리가 있다고 주장한 인터뷰에서 투쟁에 끝이 있을 것 같냐는 질문을 받았을 때, 멘추는 대답한다. "내 생각에 투쟁에는 끝이 없어요. …… 민주주의는 어떤 것을 이식해 넣는 과정이 아니라, 발전 과정 자체를 의미합니다, 결국 그것이 (대문자) 역사라는 수업에서 전개되는 것이죠."[48] 그녀는 유사한 언어로 그녀 자신의 증언서사를 일종의 전략적 긴급상황에 대응하는 유기적 개입이라고 보는데, 이는 과거에는 포함되지 않거나 그럴 수 없는 것이 현재에 드러나는 불완전한 환유인 셈이다. 즉, 이는 다른 것과 구별되며, 잠재적으로 보다 완벽하거나 대표성을 지니는 텍스트로 기억과 역사의 우연성에 열려 있다. 멘추는 공동저자로 인정받기를 기다리기를 원하는 것에서 멈추지 않는다. 엘리자베스 부르고스가 그녀의 구술을 편집한 방식에 반대하기보다는 오히려 그녀의 관심은 자기 비판의 형식을 취한다.

지금 이 책, 『나, 리고베르타 멘추』를 읽으면서 내가 느낀 것은, 여기에 역사 그 자체의 편린들이 들어 있다는 것입니다, 그렇지 않나요? 가족, 대지, 그리고 다른 많은 것들을 우리의 삶 속에서, 경험 속에서 만나게 됩니다. 이 책이 그 조각들을 가지고 있는 것을 언젠가 우리가 아마도 우리의 손주들을 위해서 이야기할 수 있기를 바랍니다. 또한 이를 우리

가지 통찰력 있는 분석을 보여 준다(Guha, *Elementary Aspects of Peasant Insurency in Colonial India*, pp.65~66).
48) Britten and Dworkin, "Rigoberta Menchú: 'Los indígeneas no nos quedaos como bichos aislados'", p.213.

가 어릴 때 배웠던 일련의 다양한 이야기, 증언, 경험, 신념과 기도의 형식으로 펴내고 싶습니다. 왜냐하면 책이라는 건 많은 한계가 있으니까요.[49]

여기에서 멘추가 『나, 리고베르타 멘추』라는 책을 통해 공동체가 가지는 이질적 형태와 주로 구술 행위와 실천으로서 간주되는 일련의 전설·증언·신념·격언들을 목격하고 '다시' 이야기하는 복수형식적 증언들을 구별하려고 한 의도에 주목해야 한다. 단수로서의 증언서사는 그녀 혼자만을 위한, (소통의 전문용어를 사용한다면) 청자에 특화된 하위주체 문화의 훨씬 더 광범위한 증언적 실천 형식이 되겠다. 그리고 그 실천은 구술된 기억, 이야기하기, 뒷이야기와 풍문을 포함한다. 서사 전반부에 언급하기를 자신의 주요한 정체성이 형성되는 통로는 운동가 혹은 공적 인물인 아버지를 통해서지만, 어머니로부터 배운 것은 바로 '살아 있는 증언'이라고 이야기 끝에 언급하고 있다.[50]

단수의 증언서사는 물론 그 자체로 우리가 경험하는 공동체적 실천의 형태를 취하지만, 커다란 실천에 직접적으로 접근하지는 못한다(또한 일반적으로 관심도 없다). 그러므로 증언 텍스트의 환유적 측면을 설명한다. 그러나 그녀의 개인적 이야기가 '모든 민중'의 이야기라고 멘추가 주장할 때, 더 큰 공동체나 집단의 환유는 단지 증언에서 말하는 화자 개인

---

49) Britten and Dworkin, "Rigoberta Menchú", p.217.
50) 나는 남아시아 농민문화에서 구술성에 대한 하위주체연구가들의 작업의 몇 가지 예를 2장에서 언급하였다. 『나, 리고베르타 멘추』가 또 하나의 적절한 예를 보여 주는 이유는 구술문화의 전승 방식이 일상적인 공동체 생활에 기대고 있으며, 여기서 여성들이 중심적 역할을 한다는 것 때문이다.

의 목소리나 경험만은 아니다. 증언서사 그 자체는 또한 복잡하고 다양한 문화적 실천이나 그 공동체나 집단의 기구들의 환유이기도 하다.

『나, 리고베르타 멘추』에서 우리가 직면하는 것은 역사의 '대표자'로서, 그리고 희생자로서의 하위주체가 아니다. 오히려 그 자신의 권리로 헤게모니를 향한 에너지를 가진, 역사적 전환을 위한 기획의 행위자로서다. 비록 우리가 이 기획을 이해하고 연대하는 관계를 만들어 갈 수는 있지만, 즉자적인 의미에서 결코 우리의 것이 아니며, 실제로 전지구적 체제에서 상대적인 특권적 위치와 권위를 갖는 우리 자신을 돌아볼 때 이는 구조적인 모순을 의미한다. 그녀의 증언에 참여한 부르고스는 멘추와 다른 인물들이 처음부터 과테말라 군대가 조종하는 봉기 진압군에 대항하는 데 대한 하나의 무기로서 사용될 거라는 것을 인지하고 있었지만, 구술서사의 전통으로부터 문학적 텍스트를 만든다는 것, 작가가 된다는 것, 역사적 서사를 만들기 위해 마욘의 『농민과 민족』에서와 같이 증언의 자료를 이용하는 것, 수업에서 텍스트를 읽고 토론하는 것은 우선적으로 증언을 하도록 하는 상황을 만들어 내는 '긴급한 상황'이 요구하는 해결책이 되지 못한다. 하지만 증언을 창조하는 과정에서 멘추 자신이 가졌던 관심은 그것이 어찌되었든 그녀가 신뢰하지 않는 '서구 문화'의 일부가 되는 것, 따라서 우리에게 하나의 대상이 되는 것을 거부하고, 민중 전체의 진실을 만들어 가는 하나의 수단으로 생각한 것이다. 멘추는 전략적으로 그녀가 '재현'하는 민중——그녀가 '가난한' 과테말라 사람들이라고 부르는——의 이해를 관철시키려 하였다. 그것이 바로 그녀의 증언서사가 드 소우자가 주장하는 의미에서 '위대한 문학'이 결코 될 수 없는 이유이다. 그것이 이끌어 내는 대답은 현재의 형태에서 문학과 인류학 양자 모두의 영역 바깥으로 제외될 수밖에 없다.[51]

이제 모든 것이 명백해 보인다. 하지만 우리가 받아들이기에는 여전히 힘든데, 왜냐하면 우리들이 생각하는 적당히 예술적이고 적당히 진지한 하위주체성이 진정한 문화 실천이 아니라는 것을 인식하도록 강제하기 때문이다. 그것이 바로 증언서사의 역할이라면, 스크로도부스카와 스피박이 그것을 일종의 포스트모던 풍속주의costumbrismo라고 보는 지적은 타당하다. 위에 인용된 구절에서 스크로도부스카는 텍스트를 다시 쓸 가능성에 대해 말하면서, 멘추 증언의 진위 여부로 회귀하는 것은 논점을 벗어난 것으로, 그녀가 요구하고 원하는 텍스트 밖의 다른 이야기들이 있다는 점을 명확히 한다. 증언서사와 관련하여 중요한 것은 **우리 학자들**의 욕망이나 목적이 아니다.

그러나 우리 ─ 위에 언급된 '우리의 욕망과 목적' ─ 는 지배/하위주체의 이분법에서 정확히 지배자의 위치 안에 있는 것은 아니다. 우리가 지배계급에 봉사하는 반면, 반드시 그 일부는 아니다. 차이와 타자성을 축복하는 태도는 그러므로 자유주의적 다문화주의에 모든 것을 맡기는 셈이다. 이것은 바로 탈구조적 윤리학으로 정치학을 대체하는 논리다. 스톨이 반대하는, 『나, 리고베르타 멘추』가 호소하는 부분은 우리들 자신 ─ 전문적 중간 계급이자 인문사회분야의 전문가 ─ 과 사회적 하

---

51) 증언서사를 '민속지학 자서전'으로 파악하는 메리 루이스 프랫의 견해는 적절하다. 구술의 역사나 민속지리학적 '생활역사'에서 가장 중요한 것이 대담자의 의도라면, 민속지학 자서전에서 하위주체는 그녀의 이야기가 보다 광범위하게 그리고 '문자'의 대중에게 알려지게 할 수 있는 헤게모니적 위치에 있는 대담자를 **찾는다**. '생활역사'에서 텍스트는 헤게모니 행위의 산물이다. 민속지학 자서전에서 그것은 하위주체 행위의 산물이다. 멘추의 『나, 리고베르타 멘추』의 필기록에 대한 새로운 텍스트 비평은 엘리자베스 부르고스뿐 아니라, 과테말라에서 그녀가 속했던 무장-정치 조직 동료들의 팀에 의해 이루어졌다. 그들은 역사학자 아르투로 타라세나를 포함하며, 파리에서 『나, 리고베르타 멘추』를 부르고스와 작업한 이후에 연구위원회가 결성되었다.

위주체의 효과적인 연대의 관계를 구축하는 것이다. 증언서사는 정체성 정치와 세계화의 새로운 투쟁의 지점들에서 형성된 타자들의 투쟁에 대해 관찰자나 보고자가 되는 것 이상을 함의한다. 우리는 또한 그 투쟁들에서 위험을 안고 있다. 전문직종을 가진 우리는 삶의 경제적이고 또한 윤리적인 기초가 되는 **봉사**라는 사고 안에 갇혀 있으며, 또한 공식적으로 후원받고 도움을 받는 기관이나 행사의 관계망에 의존한다. 지역, 민족 그리고 초국가적 기준을 가진 한 계급이나 그 분파로서 지식인과 전문가가 얻을 수 있는 건 많지 않고, 잃을 것은 많다. 또한 임금과 삶의 기반이 침식당하는 압력을 겪는다. 이러한 현실은 중간층과 지구적/지역적 '가난한 사람들' 사이의 전략적 연대를 한층 더 요구한다.

유사하게, 그것이 비록 문화변용과 근대화의 '대서사'(이는 맑시스트와 부르주아 자유주의적 형태를 모두 포함한다)에 대항한 마야인들의 정체성의 확립에 기초하고 있지만, 『나, 리고베르타 멘추』는 마야의 배타주의에 호소하지 않는다. 오히려 라디노 노동계급 그리고 중간계급의 요소를 포함하려는 과테말라의(그리고, 과테말라를 넘어 전세계에 존재하는 진보적 세력의 도움에 호소하는) 잠재적으로 헤게모니를 가진 정치세력의 형성을 향한 신호에 가깝다. 다르게 말하면, 멘추가 이해하게 된 것은 마야의 정체성 정치와 문화적 생존은 (그녀와 다른) 타자와의 연대를 통해서만 가능하다는 것이다.[52]

하위주체와 지식인 그리고 어떤 방식으로든 그들을 재현하려고 애

---

52) 이에 대해서는 다음을 참조하라. Mario Roberto Morales, *La articulación de las diferencias: Los discursos literarios y políticos del debate interétnico en Guatemala*, Guatemala City: FLASCO, 1999.

쓰는 우리와 같은 교수들 사이에 이해의 합일에 기초한 정치 형태를 실현하려는 가능성은 데이비드 스톨이 리고베르타 멘추에 반대한 주장에서 미리 결론 내리려고 했던 것이다. 이런 방식으로 스톨의 담론은 일종의 반저항 텍스트로 기능을 한다. 우리가 리고베르타 멘추와 공유하는 것은 우리의 이해관계와 기획을 분리시키는 모순을 넘어서는 **새로운 종류의 국가**를 욕망하고 필요로 한다는 점이며, 이와 함께 새로운 초국가적 정치-경제 형태의 제도를 상상하는 것이다. 신자유주의의 이데올로기가 압도적인 헤게모니를 가지는 이 시대에 어떻게 이 가능성을 실천으로 옮길 수 있을까? 이 질문이 바로 내가 이 책의 다음 장들에서 토론하고자 하는 것으로, 하위주체연구와 문화연구 사이의 관계를 다룬다.

4장

혼종이냐 이분법이냐?

하위주체와 문화연구에서 다루는
'민중'의 범주에 관하여

4장 | 혼종이냐 이분법이냐?
하위주체와 문화연구에서 다루는 '민중'의 범주에 관하여

『하위주체연구 선집』*Selected Subaltern Studies*에서 라나지트 구하는 하위주체의 일반적 정의(되돌아보자면, "계급, 출신성분, 나이, 성별, 직업 등의 측면에서 그리고 어떤 다른 방식으로 표현되든 간에 …… 일반적으로 복종 상태에 위치하는 이들을 지칭하기 위한 명칭")에 다음과 같이 설명을 덧붙인다. "물론 우리는 복종이라는 용어에 기반한 이분법적 관계를 제외하고는 이해할 수 없으며, 이 관계에서 다른 쪽은 지배자가 된다."[1] 언급하진 않았지만 이 설명은 정체성을 구성하는 데 교섭자의 역할을 하는 언어학적 가치와 부정의 역할에 관한 문제를 제기하는 페르디낭 드 소쉬르 Ferdinand de Saussure를 생각나게 한다.[2] 이것이 함의하는 바는 하위주체 정

---

1) Ranajit Guha, "On Some Aspects of the Historiography of Colonial India", eds. Ranajit Guha and Gayatri Spivak, *Selected Subaltern Studies*, New York: Oxford University Press, 1988, p.35.
2) "개념은 순수하게 차이를 만들며, 긍정적인 내용이 아닌 체계의 다른 용어와 관련해서 부정적으로 정의된다. 가장 정확한 특성은 다른 것들이 아닌 데에 있다"(Fredinand de Saussure, *Course in General Linguistics*, trans. Wade Baskin, New York: McGraw-Hill, 1966, p.117). 부정을 서구 철학에서 정체성의 구성적 요소로 보는 사고는 물론 스피노자로부터 유래한

체성을 구성하기 위해서는 이분법이 필수불가결하다는 것이다. 의미 생산에 관한 '구조주의적' 설명으로 출발하는 구하에 반해, 호미 바바는 대조적으로 식민화된 주체의 저항은 반드시 고정된 정체성의 가장자리에서 나타나거나 혹은 오해로 인한 순간에 발생한다고 주장한다. 그는 "'민중' 혹은 '민족'의 이름으로 기능하는 문화적 정체성이 형성되는 방식과 담론적 언술의 복잡한 전략은 사회적 적대의 위계적인 혹은 이분법적으로 구조화된 방식으로 재현되는 것보다 성, 인종 혹은 계급 등의 문화적 차이와 정체성화가 절합됨으로써 보다 혼종화된 것이다"라고 주장한다.[3] 따라서 이러한 이해가 갖는 탈구조주의적인 철학적-비판적 기획은 하위주체의 '가면 벗기기'와 '말 돌려주기'의 전략과 밀접하게 연결된다고 말한다.

바바의 주장은 다음의 비판들을 통해, 곧 포스트식민주의 비평에서 믿음의 척도와도 같은 논문이 되었다.[4]

식민지와 탈식민지 선언에서 영국인 라지가 사용한 수사학을 연구하는 것은 지배와 복종을 마치 그것들이 상호적으로 배타적인 용어인 것처

다. 구하는 전통적 산스크리트 문학의 문법적 여백에서 소쉬르의 사고를 예고한다(Ranajit Guha, *Elementary Aspects of Peasant Insurgency in Colonial India*, Delhi: Oxford University Press, 1983, p.46, n.81).

3) Homi Bhabha, "DissemiNation", ed. Homi Bhabha, *Nation and Narration*, London: Routledge, 1990, p.292.

4) 그들은 각각 다음과 같다. Sara Suleri, *The Rhetoric of English India*, Chicago: University of Chicago Press, 1992; Ann Laura Stoler, *Race and the Education of Desire: Foucault's History of Sexuality and the Colonial Order of Things*, Durham: Duke University Press, 1995, p.199; Patricia Seed, "Subaltern Studies in the Postcolonial Americas", eds. José Rabasa, Javier Sanjinés and Robert Carr, *Subaltern Studies in the Americas*, a special issue of *Dispositio/n* 46, 1994[1996], p.220.

럼 이해하게 하려는 비판적 담론의 초기 정신분열증을 무너뜨리려는 시도이다. 이 용어들이 가지는 (본질적으로 유럽중심주의적 전략인) 엄격한 이분법을 연구하기보다는, 이 비평의 영역은 지배와 종속 사이를 가르는 고정된 경계를 무너뜨리려고 노력하는 동시에, 식민지에서의 만남에 의해 의미화되는 심리학적 위축의 문제에 더 많은 관심을 기울이자고 제안한다. …… 어떠한 방식으로 제국적 친밀감의 역학이 식민주의자에게도 혹은 식민지 주민에게도 속하지 않는 민족이라는 사고를 생산하는가? (사라 술레리)

이분법적 대립이라는 식민주의가 반복되는 것은 애매모호한 성격을 가진 식민적 현실보다는 현대정치의 이슈에 관해서 더 많은 말을 해줄지도 모르겠다. 왜냐하면 오늘날의 세계가 무한히 더 복잡하고, 분열되고 또한 더 애매해지기 때문이다. 우리는 왜 식민지 역사가 정치적 전략의 역사인가를 살펴볼 뿐 아니라, 마찬가지로 왜 그렇게나 많은 역사학이 그 신화에 투자하고 또 계속해서 투자하는지 알아볼 필요가 있다. '전략적인 근본주의'는 아마도 인종 담론에서 속박되어 있던 지식이 자신의 공간을 만들려는 형식으로서 대항역사를 의미한다. 그것은 정치적인 미덕이 될 수 있다. 하지만 인종의 문제에 고정과 유동성 모두를 반영하고 사람들이 식민지 상황을 지탱하던 분류학의 경계에 도전하는 역사 다시 쓰기를 지지할 수 없다면, 그것이 바로 문제의 핵심이다. (앤 스톨러)

민족주의와 민족 정체성 ─자신과 타자들에 관한─ 에 대한 반대 (하위주체의) 비평을 꺼리는 것은 혼종성, 이주, 그밖의 정체성을 재구성하는 다양한 맥락을 부정함으로써 근본주의를 유지하기를 원하는 것인데 — 나에게는 일종의 두려움으로 보이는데 —, 실제로 그러한 비평은 민족과 정치적 정체성의 개념을 근본적으로 재구성하는 데 도움을 준다. (퍼트리샤 시드)

그렇다면 하위주체 정체성은 혼종적인가 아니면 이분법적인가? 바바와 구하가 가진 주체에 대한 개념은 식민주의에 적합한 형태로 형성되었는가? 진정한 민중은 이렇다 혹은 저렇다 하고 단정 지을 수 없다는 것을 인정할 때, 하위주체를 안정적인 주체의 위치에 놓는 것은 일종의 본질주의로 부를 수 있는가? 위의 구절이 제안하듯이 식민지나 계급 권력에서 이전에 보여진 형태에 의해 제도화된 이분법적 분류학을 해체하는 것이야말로 전체적인 핵심이 아닌가?

우선 이에 대답하기 위해서 (스피박이「하위주체는 말할 수 있는가?」에서 처음으로 관심을 불러일으킨) 구하 자신에게는 너무나 당연한 논의로부터 시작하도록 하겠다. 논문「식민지 인도 역사학의 몇 가지 측면에 대하여」에 첨가된 '주석'에서, 구하는 하위주체 정체성에 관한 조금 다른 정의를 내리는데, 하위주체의 주요한 특징은 그 정체성이 '민중'의 범주에서 다루어진다는 사실이다. '민중'과 '하위 계급'이라는 용어는 이 주석에서 동의어처럼 사용되고 있다. 이 범주에 포함된 사회계층과 구성요소는 "전체 인도의 인구와 우리가 엘리트라고 간주하는 이들 사이의 인구학적 차이를 나타낸다".[5]

구하는 인도의 식민지 엘리트를 세 가지 범주로 다시 나누는데, 각각

---

5) Ranajit Guha, "A note on the terms 'elite,' 'people,' 'subaltern,' etc. as used above", eds. Guha and Spivak, *Selected Subaltern Studies*, p.44.

은 이전에 언급된 그룹에 종속된다. ① 지배력을 가진 외국 그룹(영국인 관료, 사업가, 지주, 선교사 등등), ② 지배적 힘을 지닌 토착민 그룹(봉건적 지주, 산업과 상업 자본가, 상위 수준의 토착민 관료), ③ 지역 혹은 공동체 수준의 엘리트로서 두번째 범주의 성원이거나 혹은 '지배그룹들보다 계층적으로 밑에 놓인 사회계급에 속하지만, 자신들의 고유한 사회적 존재의 이익에 충실하기보다는 여전히 지배계급의 이익을 위해 행동하는 이들'을 지칭한다.

약간 수정된 구문을 가진 구하의 이 문장은 그의 이분법적 분류학에서 개념적인 문제점을 드러낸다. 왜냐하면 이것은 엘리트와 하위주체(예를 들어, 카스트제도의 밑에 존재하나 계급 혹은 행정 측면에서 보다 상위의 위치로 올라간 구성원들), 혹은 엘리트 지위를 잃은 이들을 결합할 수 있는 사회적 계층이나 그들의 정체성을 포함하기 때문에, 세번째 범주에 대해서 다음과 같이 설명한다.

그 구성 면에서 이종의 형태를 띠며 지역적 혹은 경제적, 사회적 발전의 불균등한 성격으로 인해 지역마다 다르다. 위에서 제시된 정의에 따라 한 지역에서는 지배력을 가진 동일한 계급에 속한 성원이 다른 지역에서는 지배를 받는 쪽이 될 수도 있다. 이것은 태도와 연합, 특히 가장 낮은 층에 위치한 농촌 신사들, 빈곤화된 지주, 부유한 농민 그리고 중상위층 농민 모두가 **이상적으로** 말해서 아래 정의된 것과 마찬가지로 '민중'이나 '하위주체 계급'에 속하는 모순적이고 애매한 상황이 만들어질 수도 있었다는 것이고, 실제로 그런 일이 벌어졌다.

'민중'과 '하위주체'를 동일화하는 '주석'에 인용된 이 문장은 하위주체에 대해서 다음의 정의를 따른다.

> (하위주체라는) 범주에 포함된 사회그룹과 구성요소는 전체 인도의 인구와 우리가 '엘리트'로 묘사하는 모든 이들 사이의 인구학적 차이를 의미한다. 이 계급과 그룹의 일부, 즉 '자연스럽게' '민중'과 '하위주체' 사이에 위치한 농촌지역의 신사들, 빈곤해진 지주, 부유한 그리고 중상위층 농민들은 어떤 상황하에서는 위에서 설명한 대로 '엘리트'를 위해 행동할 수 있다.[6]

스피박이 지적하듯이, 구하가 규명하는 민중과 하위주체의 정체성은 민중을 하위주체로 간주하는 **내부적인** 긍정적 정체성이라기보다는 실제로 **공적인 것**의 산물이다. 적어도 동일한 사회적 행위자——즉, '엘리트의 세번째 범주'——가 구하의 텍스트에서 거의 동일한 단어로, 하지만 엘리트/하위주체의 이분법의 반대의 위치에서 즉 다른 두 장소에서 나타나는 것은 이상하다.[7] 우선, 엘리트가 세번째 범주로서 분류됨에도 불구

---

6) Guha, "A note on the terms 'elite,' 'people,' 'subaltern,' etc. as used above", p.44.
7) 아이자즈 아마드는 "구하가 부분적으로는 그람시와 부분적으로 미국 사회학에서 가져온 언어를 새로운 민주주의라는 마오주의를 통해 '민중 내부의 모순'을 화해시키려는 변형의 노력으로 본다면" 이 구절은 경이적이라고 말한다(Aijaz Ahmad, *In Theory*, London: Verso, 1992, p.321, n.7). 스피박도 유사한 언급을 했다. "그 그룹의 연구 대상은 민중 그 자체가 아니라 지역의 엘리트-하위주체의 점이지대에서 그 자체로 엘리트로부터의 차이로 구별되는 **이상적인 민중 혹은 하위주체로부터 벗어난다.** …… 그들 자신이 그것을 인식하든 그렇지 않든——실제로 구하는 '민중'의 정의를 주인-노예의 변증법 틀에서 보려고 하는데——그들의 텍스트는 자신의 불가능성의 조건을 가능성의 조건으로 다시 쓰려는 어려운 임무를 지닌다"(Gayatri Spivak, "Can the Subaltern Speak?", eds. Cary Nelson and Lawrence Grossberg, *Marxism and the Interpretation of Culture*, Urbana: University of Illinois Press, 1988, p.304).

하고, 이 그룹(들)을 이상적으로 **말하는 것**은 하위주체 그룹들을 지나치게 광범위화할 위험을 안고 있다. 그리고 둘째, 비록 그들은 "어떤 상황에서 '엘리트'를 위해 일할 수 있지"만, 그들은 '자연스럽게' 민중이나 하위주체의 범주로 정의된다. 엘리트의 세번째 범주는 다른 말로 하면 중간 혹은 가장자리에 위치한 주체로서, 전통적 맑시즘이 프티-부르주아를 부르주아와 노동계급 사이에서 '왔다 갔다 하는' 계급적 위치를 가진 이들로, 따라서 힘의 역학적 관계에 따라 양자 모두에 의해 움직일 수 있다고 본 것과 매우 흡사하다.

구하는 이 결정불가함이 "역사가들에게 증거를 신중하고 자세히 독해하기 위한 기초를 제공하는 것을 힘들게 하는 애매함"이라고 설명한다. 하지만 문제는 단지 역사적인 혹은 방법론적인 것만이 아니다. 마찬가지로 이렇게 매개하는 주체의 위치는 이데올로기적으로 호명되거나 interpellated 혹은 '서술'되는 방법과 관련이 있다. 하위주체-민중의 정체성은 **절합적**articulatory이고, 그런 의미에서, 정의상 이미 구성된 계급이나 집단의 이해나 위치의 **총합**으로 볼 수 없는데, 왜냐하면 그들 모두가 공통적으로 가지는(혹은 가졌을 수 있는) 어떤 것을 의미하기 때문이다. 다른 말로 하면, 정체성은 그들의 이해와 위치를 재정의한다.[8]

구하가 사용한 방식에서 '민중'의 범주는 구체적으로 인민전선the Popular Front의 담론으로부터 유래한다. 인민전선의 절정기로부터 우리를 분리하는 상당한 역사적·이데올로기적 거리가 존재하기에 여기에서 간

---

[8] 스피박은 구하가 "(인구구성의 차이를 강조하는) 표면적이고 수량화된 실증주의적 언어와 (인구구성의 **차이**라 할 수 있는) 탈구조주의적 태도를 가져온 명백한 차이의 담론" 사이에서 모순적 상황에 처하게 된다고 지적한다(Spivak, "Can the Subaltern Speak?", p.297).

략한 역사적 배경을 설명하겠다. 인민전선의 정책은 1935년 7차 코민테른 회의에서 불가리아의 공산당 대표 게오르기 디미트로프Georgi Dimitrov의 기조연설에 의해 정식화되었다.[9] 이 연설은 대공황 이후 스탈린의 등장과 소비에트연방의 강제집단화 시기인 소위 제3코민테른이 '계급을 부정하는 계급'을 지향한다는 구절에서 무엇이 잘못인가를 수정하려고 하였다. 이 세번째 단계에서 맑시즘의 정치적 특징은 사회민주주의자, 자유주의자, 비공산주의 조합 그리고 대중 조직과 연계된 코민테른 당에 대한 끊임없는 적대감을 표출한 것이었다. 논쟁의 핵심은 자본주의가 종국의 위기의 순간에 다다랐다는 것이다. 대공황은 자본주의가 경제적으로 몰락할 수 있다는 것을 보여 주었으며, 볼셰비키 혁명은 혁명의 객관적인 가능성이 전세계적으로 명백하다는 것을 보여 준 사건이었다. 공산당은 노동계급의 가장 선진적인 단계를 대표하며, 레닌주의는 맑시즘 중에서도 이론적으로 가장 높은 단계이다. 사회민주주의자와 노동당은 노동계급의 요구를 선거 정치와 개혁주의, 그리고 노동조합주의 안으로 제한하면서 혁명적 의식의 주요한 장애물이 되고 있다. 그러므로 '복수 조합주의'라는 유명한 정책에서와 같이 사회민주주의자, 가톨릭 당, 자유주의자, 대안적 '혁명주의' 대중 조직과 경쟁하는 것, 그리고 동시에 가능한 지역에서의 봉기의 성숙을 지원하는 것(예를 들어, 1929년 중국의 상하이 봉기와 1932년 엘살바도르의 봉기)이야말로 공산주의자들의 임무다.

이 전략적 계산에 개입한 변수는 독일과 같은 국가에서 파시즘의 승

---

9) Georgi Dimitrov, "The Fascist Offensive and the Tasks of the Communist International", *The United Front: The Struggle against Fascism and War*, New York: International, 1938.

리였는데, 당시 독일은 코민테른에서 가장 커다란 희망으로 여겨지고 있었다. 파시즘의 발호와 싸우면서, 디미트로프는 파시즘과 대항하기 위해서는 가능한 가장 넓은 민주적 세력들의 연합이 필요한데 이는 다양한 사회적 세력, 조직, 당의 연합이라고 주장했다. 디미트로프는 그의 연설에서 특히 다음의 이름들을 열거하였다. 젊은이들, 여성, 소농민과 경작자들("파시즘은 사회민주주의자들이 노동계급의 이름으로 실제로 반농민적인 정책을 추구하였다는 사실로 인해, 많은 농민 대중을 포섭할 수 있어서 승리했다"[10]), '흑인들'(특히, 미국의 맥락에서), 장인들, 조직된 노동자들, '가톨릭', 무정부주의자와 비조직된 노동자들, 독립적 사회주의자, 교회, 지식인, 프티부르주아들, '식민지와 반식민지의 억압받는 민중들' 그리고 민족해방운동, 그리고 그가 명명하길 '민주적 자본주의자들'이다.

　디미트로프에게 '민중'은 정체성의 공통분모를 가리킨다. 따라서, 그러한 정체성은 그가 자본주의자나 지주들을 다양하게 명명하며 '부자들', 파시스트 독재, 반동주의자들, '상업 자본의 권력', '은행, 신용금고, 독점가', 제국주의, '대大부르주아'라고 부르는 일반적으로 파시즘의 커져 가는 헤게모니로 이해되는 어떤 것에 반대하여 부정적으로 위치 지어져야 한다. 유사한 방식으로, 마오는 위험에 처한 모든 사회 계급과 그룹에 의해 형성된, 일본 침략에 맞서는 인민의 블록을 상상하였다. 즉, 민족 부르주아, 가난한 자들과 보통 수준의 농민들, 도시 노동자, 지식인 그리고 전문직을 지칭한다.

　여기에 명백한(따라서 잘 알려진) 아포리아가 있다. '민중'은 ─ '아메리카의 민중'이라는 사고에서와 같이 ─ '우애적인' 관계에 접붙여진

---

10) Dimitrov, "The Fascist Offensive and the Tasks of the Communist International", p.76.

사회적인 혹은 민족적인 것을 의미한다. 하지만 동시에 적대적인 타자 혹은 '적'(칼 슈미트에 의하면 파시즘 이론 그 자체의 의미에서)을 만들어 냄으로써 민족에서 다른 계급이나 그룹의 구성원을 배제하고 만다. 그러나 디미트로프에게는——이것이 그의 핵심인데——민중의 범주는 일원적('Volk'의 파시즘적 사고)이기보다는 오히려 다른 정체성, 목표, 이해를 가진 사회적 행위자들로 구성되는 이질적heterogeneous 형태를 지닌다. 민중의 통합은 그러므로 차이와 불일치에 대한 관용과 인정에 전적으로 달려 있다. 이것이 마오가 '민중들 사이의 모순들'(즉, 민중의 블록 내에서의) 이라는 유명한 개념에서 의미하는 것과 같다. 하지만 반대로 민중이 아닌 것——즉, 파시즘——은 차이와 불일치를 인정하지(혹은 같은 방식으로 허용하지) 않는다는 것을 함의한다. 대신에 이는 종속과 인종 동일화라는 논리를 보여 준다. 다른 말로 하면, 이질성은 민족 공동체의 모든 공간을 투과하는 일반적 가치나 성격을 표현한다기보다는, 민중에게 **내재적**인 것이다(이에 대해서는 다음 장에서 논하도록 하겠다).

디미트로프가 표현하기에 인민전선의 정치적 목표는 프롤레타리아의 소비에트식 독재나 의회 사회민주주의 혹은 노동자 정부가 아니다. 오히려 그가 명명하는 '통일된 전선' 정부를 의미한다.[11] 통일전선 정부의 성격은 각각의 민족적 전통에 스며 있는 민주주의, 자유 선거, 표현의 자유, 국가권력으로부터 의회의 독립, 시민적 권리, 인신보호 영장 등

---

11) "우리는 '노동자의 정부'라는 용어를 사용하기를 원치 않으며, 정치적 성격에서 전적으로 다른, 일반적으로 자신을 '노동자'(혹은 노동) 정부라 부르는 모든 사회민주적 정부로부터 그 원칙에서 다른, 통일전선 정부에 대해 이야기한다. 사회민주주의 정부가 자본주의 질서를 유지하는 이해의 측면에서 부르주아와 계급 협력 관계에 있는 도구라면, 통일전선 정부는 프롤레타리아의 혁명적 전위와 전체 노동 인구의 이해를 위해 다른 반파시스트 당과 협력하기 위한 기구이다"(Ibid., p.73).

등을 보호하고 확대시키는 것을 의미한다. 그들은 (그것들 자체를 민중이 '정복'한 것으로 간주하는) 민주적 권리와 특권을 유지하기 위해 싸우며, 파시즘 국가를 '예외'인 체제로 보는 것에 반대한다. 디미트로프는 통일 인민정부를 파시즘의 높은 파고로부터 헤쳐 나와 이후에 '민중의 민주주의'로 전환되는 전환기의 형태로 보았다. 이들은 2차 세계대전 이후 동유럽이나 중국에서 체계화되었다(바로 그 이유로, 나는 원칙적으로 '민중'의 개념에 함의되어 있는 이질성이 '실제 사회주의'라고 불리게 된 어떤 종류의 체제에도 효과적으로 각인되어 있다고 생각하지 않는다. 이런 의미에서 여전히 실현되어야 할 이상으로 남아 있다).

그러나 디미트로프는 통일 인민 정부의 '전환적' 기능을 계속 주장하지는 않는다. 실제로, 그의 주장은 다른 방향을 지시하는 것으로 보인다. 대공황과 파시즘의 발현으로 야기된 자본주의 위기의 조건에서 자유주의적 민주주의 성격을 지닌 민족-국가와 민족의 문화가 성취되고 지켜질 수 있는 것은 민중 블록이 헤게모니를 가지고 있을 때에 한한다.

디미트로프는 파시즘이 자본주의의 위기와 혁명적 분위기의 고양에 겁을 먹은 다양한 분야의 중간층과 농민층에 호소할 뿐 아니라, 조직된 노동계급에도 호소한다는 것을 이해하였다.[12] 이러한 호소가 성공하는 이유는 정체성과 민족의 '이해'를 대변한다는 파시즘의 입장에 놓여 있다. 이에 대해 디미트로프는 인민전선의 담론은 볼셰비즘 제3기의 '민

---

[12] "파시즘은 대중을 끌어들일 수 있는데, 그 이유는 그것이 선동적으로 가장 긴급한 필요와 요구에 호소하기 때문이다. 파시즘은 단지 대중에 깊이 각인된 편견에 불을 지필 뿐 아니라, 대중의 더 나은 감정에, 정의에 대한 느낌을 이용하며, 그리고 종종 혁명적 전통을 위한 역할을 한다"(Dimitrov, "The Fascist Offensive and the Tasks of the Communist International", p.13).

족적 허무주의'를 벗어나 특정한 민족문화에 기반을 두어야 한다고 주장했다. "프롤레타리아의 전세계주의는 말하자면 자신의 땅에 깊이 뿌리내리면서 '그 토착적 기후에 맞추어야' 한다. 각각의 국가에서 프롤레타리아의 계급 투쟁과 노동운동의 **민족적 형태**는 프롤레타리아의 세계주의와 결코 모순되지 않는다. 반대로, 이것이야말로 프롤레타리아의 **전세계적** 이해가 성공적으로 방어되는 형태가 된다." 특히 디미트로프에게 사회주의 그 자체는 "**민족을 구원하는 것을 의미하는 것이다**".[13]

디미트로프의 개념 '민중'은 객관적이면서도 실천을 통해 확인하는 범주에 속한다. '민중'에 속한다는 것은 사회적 관계에서 복종하는 계급에 속함을 의미하는 것으로, 이는 구하의 첫번째 정의('계급, 출신성분, 나이, 성별과 직업 또는 어떤 다른 방식')로 표현된다. 다른 한편으로, 이러한 복종의 잣대는 그 자체로 어느 하나가 주어진 역사적 상황에서 하위/지배의 이분법에서 하위주체의 편에 서 있다는 것을 증명하기에는 충분하지 않다.

민중의 요소에 대한 이 결정불가능성은——이것은 결국 이데올로기적 호명에 종속되는 현상을 야기하는데——구하의 세번째 범주인 엘리트를 상황에 따라서 엘리트나 하위주체의 어떤 한쪽 편으로 움직일 수 있는 돌쩌귀와 같은 주체로 위치시킨다는 것과 동일선상에 있는 것처럼 보인다. 하지만 이러한 상황은 물론 단순히 호명이나 '휩쓸리는 것'hailing 의 문제가 아니다. 그들은 또한 식민적, 탈식민적 사회 형성의 **구조적 특질**과 자본주의에 결합된 불평등한 발전 논리에 근거를 두고 있다. 고전

---

13) Ibid., pp.79~80. 인민전선 시기 CP - USA의 대표였던 얼 브라우더(Earl Browder)에 의해 작성된 슬로건은 '21세기 아메리카의 공산주의'였다.

적 형태로서의 종속이론은 경제주의에 우선권을 둔다. 그러나 1960년대에 이르자 종속이론가들 자신이 이미 민족 혹은 지역 경제가 불균등하게 외부 시장의 수요와 생산, 교환의 관계(주변부와 중심부 사이의)에 종속되어 있음을 인지하게 되었다. 종속의 구조는 단지 모순적인 생산의 계급관계를 반영하고 창조하는 것에만 국한되지 않는다(형식적 노동자화가 확장된 곳에서도, 종속 경제의 특징은 농부가 농업 임금 노동자로서 계절적으로 고용되듯이, 노동자화가 매우 불평등하게 구조화된다는 사실에 있다). 그것은 또한 수요자인 지주와 부르주아, 상위 계층인 국가 관료, 군부와 이에 협조하는 외국 자본에 의해 형성된 블록이 아닌 모든 사람에게 부정적으로 영향을 미치는 권력과 축적의 일반적 메커니즘을 만들어낸다. 수요와 노동의 기대와는 다른 상위계층을 통제할 수 있는 확장된 내부의 상품시장이 부족해지면서, 사회체제는 주로 특히 군대와 경찰이라는 억압적 국가 기구를 통해서 직접적인 정치적/군사적 통제를 요구하는 경향으로 나아간다. 구하가 제기한 특징에 의하면, 그들은 헤게모니보다는 지배의 방식으로 통치한다. 그것들은 정치적으로 매우 제한적인 명령에 의지하며, 수출에 대한 외부 시장의 요구가 커다란 변화를 겪을 때 마침내 위기에 봉착한다.

중심부 자본주의 경제는 '자체적으로 움직인다'. 말하자면 확장된 재생산(가격, 임금의 가치, 이윤의 비율 등등)의 조건은 노동을 포함한 모든 사회 행위자들이 형식적으로 동의하는 시장의 '정상적'인 기능에 의해 결정되거나 적어도 그렇게 보인다. 그러나 탈식민적인 혹은 주변부의 국가나 지역에서는 지배적 계급이나 계급 분파가 다른 계급이나 이해 집단을 주로 정치적-행정적 관계를 통해서 통치하며, 그 논리의 최종 단계에서는 그들이 통제할 수 없는 시장보다는 행정, 관직, 국가 수입 그리고 경찰과 군대에 의지한다. 정치적인(종종 문화적-인종적이기도 한) 논리는 경제적 '이해'나 생산과 소유의 관계의 관점에서 주로 정의되는 사회적 정체성보다 우선한다. 공식적 혹은 비공식적 국가의 억압은 단지 노동자나 농민 —— 즉, 가난한 자들 —— 에게만 가해지는 것이 아니라, 마찬가지로 비헤게모니적 사업의 영역들, 교사, 서비스 노동자, 노동 귀족, 학생, 몇몇 범주의 전문가들, 가사 도우미와 섹스산업 종사자들 등등에도 가해진다. 이들의 유동적인 결합은 주로 농업지역의 가난한 농민, 다양한 인종, 부족 혹은 종교 그룹, 정식 노동자, 실업자, 여성, 그리고 구하의 '제3의 범주에 속하는 엘리트'에 속하는 것으로 알려진 중간 계급, 게다가 정치적·문화적·경제적인 권력을 충분히 나누려고 하지 않는다는 이유로 밀려난 새로운 도시전문가 계급 사이에서 발전할 수 있다. 이것이 민족해방투쟁의 사회적 주체로서 '민중'의 기틀을 다지는 객관적인(순수하게 수사적이거나 주체 호명적인 것에 반대하여) 토대를 만드는 불평등 발전의 '과잉결정' 논리다.

이는 에르네스토 라클라우와 샹탈 무페의 책 『헤게모니와 사회주의 전략』*Hegemony and Socialist Strategy*의 유명한 구절에도 나타난다. 즉, 고도화된 자본주의 사회의 민주주의에서는 정체성이나 권리를 향한 민주적 투쟁의 증식과정이 존재한다. 하지만 그들은 필연적으로 다양한 성격을 지니기 때문에, 그 투쟁은 민중의 형성에 이르지 못하는 경향이 있는데, 즉 (민족의) 정치적 공간에서 두 개의 적대적인 진영, 민중의 진영과 권력 블록의 진영이라는 이분법적 관계가 성립하기 힘들다는 것이다. 다음의 전문을 읽어 보자.

중요한 차이점은 이미 고도화된 산업 사회와 주변부 사이에 이미 확립되어 있는 듯이 보인다. 전자는 민주주의 투쟁의 다양화를 허용하는 데 반해, 이 투쟁은 다양성으로 인해 '민중'을 형성하기에 어려움을 겪는다. 즉, 그들 사이에 어떤 합치점을 찾기가 어려우며, 두 적대적인 진영이 정치적으로 공간화되지 못하는 경향을 보인다. 반대로, 제3세계 국가에서는 제국주의 착취와 야만적이고 중앙집권화된 지배의 형태는 처음부터 중심부에 대한 그 유일하고 명확하게 정의된 적에 대한 대중투쟁의 환경을 제공하는 경향을 보인다. 여기에서 정치적 공간이 두 진영으로 분기되는 것이 보다 명확해진다. 우리는 **민중적 주체**라는 용어를 정치적인 것을 두 개의 적대적 진영으로 나누는 기초 위에 세워진 장치로 이용하고자 한다. 그리고 **민주적 주체**의 위치는 사회를 그러한 방식으로 나누지 않는 명백히 제한적인 적대주의의 장소를 의미한다.[14]

도리스 소머는 여기서 무페와 라클라우의 구별이 제3세계 문학에서 '민족의 알레고리'에 대한 프레드릭 제임슨의 주장과 마찬가지로 제1세계와 제3세계 사이의 근본적인 차이와 분리에 의지하고 있다고 본다.[15] 그녀는 논점을 잘 포착하고 있다. 하지만 여기서 우리의 목적은 그 구별이 또한 다른 방식으로 기능한다는 것을 인지하는 것이고, 그것이 더 유용하다는 것이 내 생각이다. 즉, 권리의 증식 ── 또는 정체성을 향한 투쟁이 소위 제3세계 국가의 성격이라고 말할 수 있다(원주민 운동과 여성

---

14) Ernesto Laclau and Chantal Mouffe, *Hegemony and Socialist Strategy*, London: Verso, 1985, p.131.
15) "어떠한 이유로, 계급과 주체가 안정된 기호로서 시들어 버린 이후로, 제3세계나 민중과 같은 용어도 마찬가지로 '허구적'인 것이 되어 버렸다"(Doris Sommer, "No Secrets", ed. Georg Gugelberger, *The Real Thing: Testimonial Discourse in Latin America*, Durham: Duke University Press, 1996, p.156).

운동은 지난 15년간 라틴아메리카에서 가장 중요한 정치적 세력 중 하나였다)―을 의미한다. 그리고 역으로 정치적 공간이 두 개의 적대적 영역으로 양극화되는 것은 적어도 발전된 자본주의 민주주의에서는 가능성을 의미한다.

만약 라클라우와 무페가 민중주체의 위치를 사고하면서 민중의 존재 이유를 민족해방투쟁의 주체로 상정한다면, 그 구별이 보여 주는 다른 측면―개인화된 투쟁과 이에 상응하는 민중주체의 위치의 증식이라는 사고―은 마찬가지로 민중의 탈구조적 한계를 확증한다. 그리고 이것은 선진국가나 주변국가 모두에서 일어난다. 헤게모니를 가진 반식민지 혹은 반제국주의 민족주의 담론은 민중의 범주를 계급이나 그룹의 구성원들이 일정 정도로 혹은 완전히 공유하거나 그러지 않을 수도 있는 어떤 일정한 서사(공통의 이해, 공동체, 임무, 희생, 역사적 운명)를 정당화한다. 수사학적으로 그것은 차이와 하위주체의 불만족을 봉합하는 역할을 한다. 근대 인도의 경우에서처럼 민족주의 기획은 토착 부르주아와 지주계급들이 민족 통합에 호소하여 좌파와 민중계급의 저항운동을 제한한다. 그리고 다른 한편으로 동일한 장소에서 민중계급 자신의 기획이 나타나 그들 스스로를 동원하고자 한다.

이제부터 산디니스타의 경우를 위의 두번째 경우의 한 가지 예로 들겠는데, 왜냐하면 내가 서문에서 설명했듯이, 그것은 나를 처음으로 하위주체연구로 인도했던 니카라과 혁명과 연대의 작업과 바로 나 자신이 관련되어 있기 때문이다. 잘 알려져 있듯이, 산디니스타는 니카라과에서 1920년대 후반 미 해군을 몰아내는 데 성공적인 투쟁을 이끌었던 지역의 해방 정치가이자 토지소유자였던 아우구스토 산디노^{Augusto Sandino}라는 인물을 중심으로 다양한 층위의 계급전선을 조직했었다. 산디노는 소모사Somoza 왕조의 설립자들에 의해 중앙아메리카에 개입한 미국의 묵인 아래 살해되었다. 산디니스타 민족해방전선FSLN; Sandinista National Liberation Front은 1979년 권력을 잡게 되는데 광범위한 민중적 요구를 가지고 급진적 사회변화에 시동을 걸었다. 하지만 혁명이 진행되면서, 내부적 계급투쟁과 미국이 지휘하는 반군Contra war의 압력에 전선은 분열되기 시작했다. 이전의 산디니스타, 토지 없는 농민 혹은 소토지 소유 농민, 징집에 반대한 어머니들과 젊은이들, 미스키토Miskito족과 다른 원주민 그룹과 결합했던 반소모사 분파인 상인 공동체들은 반감이 커졌거나 도덕불감증에 빠졌다. 특히 1985년 이후 산디니스타의 경제적 안정화(미국의 봉쇄령과 화폐 불안정화로 인한 인플레이션 효과를 제어하기 위해 발주한) 기획이 도시 노동계급과 시골의 가난한 농민들의 생활 수준을 떨어뜨렸을 때, '민중'은 몇 개의 다른 분파로 갈라지기 시작했고, 그 결과로 산디니스타는 헤게모니를 잃어 갔다.

산디노는 근본적으로 산디니스타 이데올로기에서 라클라우가 "비어 있는 기호"——그 주위로 민중의 통합이나 '사회적인 것'이 그 자체로 나타나는, 그러나 그 자체로 어떤 필요한 혹은 결합된 이데올로기적 함축을 가지고 있지 않은——라고 부르는 것과 같은 기능을 한다.[16] 하지만 산디노는 정확히 완전히 '비어' 있지는 않았다——다시 말해, 모든 형태의, 모든 종류의 민중 정체성과 절합될 수 있었던 것은 아니다. 미스키토족과 영어를 사용하는 니카라과 대서양 해안의 아프로-카리브 주민에

---

16) Ernesto Laclau, "Why Do Empty Signifiers Matter to Politics?", *Emancipation(s)*, London: Verso, 1996. 내가 라클라우의 주장을 정확히 이해했다면, 쿠바 정치학에서 호세 마르티(José Martí)라는 인물은 '빈 기표'일 것인데, 왜냐하면 그것은 혁명과 쿠바 이민자 공동체의 문화정치학 모두에게 전유될 수 있기 때문이다.

게, (북미의 제국주의와 문화적 가치에 대항하는 스페인계 메스티소-가톨릭 문화를 상징하는) 산디노는 니카라과의 주요한 인구 구성 그룹에게보다는 훨씬 다른 어떤 것을 의미했다. 대서양 해안을 흔들기 위해 이 마찰을 이용한 캠페인을 주도한 미국 CIA에 대한 대응으로, 산디니스타는 우선 군사적 억압에 의존했고, 이후 지역의 그리고 부족의 자기통치의 조건들을 협상했는데, 이는 자치autonomía라는 스페인적 시스템의 연장선상에 있었으며, 결과적으로 어느 정도 성공을 거두었다.[17]

찰스 헤일Charles Hale은 산디니스타/미스키토 연합의 분열은 단지 산디니스타의 문화적 불감성이나 혹은 무지의 문제가 아니었다고 주장한다. 오히려, 이렇게 기술한다.

> 다양한 니카라과 인구를 통합하는 데 성공했던 산디니스타의 바로 그 총체적인 전제들 ── 그들의 요구를 밀봉했으며, 사회 변화에 대해 넓게 승인된 비전, 증가하는 반혁명의 공격에 대항해야 하는 긴급한 요구를 결집하려는 노력 ── 이 직접적으로 미스키토를 배제하였다. 거칠게 말해서, 산디니스타 니카라과 해방전선은 미스키토 원주민에게 깊이 뿌리박힌 인종적 전투주의의 측면을 무화시키는 반反헤게모니적 이데올로기를 주입했다. …… 니카라과 민족주의의 근본적으로 새로운 형태 ── 주권의 강조, 자기충일성 그리고 다른 국가와의 평등 ──는 모든 시민들이 적응하도록 기대되는 메스티소가 기준이 되는 문화적 동일성

---

17) 대서양 해안의 민족 소수자에 대한 산디니스타 정책의 진화에 대한 자세한 설명으로는 Carlos Vilas, *State, Class, and Ethnicity in Nicaragua*, Boulder: Lynne Rienner, 1989 참조. 역설적으로, 한때 미국 CIA가 주요한 타깃으로 붕괴시키려 했던 대서양 연안은 1990년 선거에서 산디니스타를 지지하게 된다.

을 유지하도록 했으며, 그 안에서 미스키토의 정체성을 지킨다고 하는 것은 반혁명적인 것으로 간주되기에 충분한 이유가 되었다.[18]

하지만 헤게모니 재현의 한계에 대한 문제는 헤일이 언급한 '메스티소가 기준이 되는 문화적 동일성' 내에서조차 생겨났다. 산디니스타를 위한 두 가지 근간의 경우를 고려해 보자. 여성과 가난한 농민들이 그들이다. 주로 가톨릭이거나 가톨릭 전통을 가진 인구를 동원하기 위해, 산디니스타는 해방철학과 민중의 교회라는 사상을 고수했다(신부이자 시인인 에르네스토 카르데날Esnesto Cardenal은 맑시스트 사회사상과 가톨릭 원리의 관계를 확립한 주요한 이데올로기 건축가 중 한 명이었고, 많은 저명한 가톨릭 신부와 지식인들이 산디니스타와 입장을 같이했다). 하지만 이러한 결합으로 인해 산디니스타들은 낙태와 출산 제한에 반대하는 교회를 법적으로 혹은 사실상 따르지 않을 수 없었다(또한 산디니스타는 가장 가난한 지역에서 빠르게 기반을 얻어 가고 있던 개신교 급진주의자들과 교섭할 수 없었다). 낙태 합법화의 실패는 특히 산디니스타 여성 조직AMNLAE을 진퇴양난에 빠뜨렸다. 산디니스타 조직이 당의 규율과 제국주의 공격에 대항해 '민중'의 통일을 위한 표현에 묶여 있었기 때문에, 여성 조직은 그 결정에 따라야 했다. 하지만 마찬가지로 가부장적인 사회에서 아래로부터 올라온 여성의 요구와 투쟁을 혁명과정에 포함시키고자 했기에, 낙

---

18) Charles Hale, *Resistance and Contradiction: Miskitu Indians and the Nicaraguan State, 1894~1987*, Stanford: Stanford University Press, 1994, pp.35~36. 이 주제에 대한 새로운 책이 있다. Jeffrey Gould, *To Die in This Way: Nicaraguan Indians and the Myth of Mestizaje, 1880~1965*, Durham: Duke University Press, 1998. 하지만 나는 이 책을 쓰는 동안 언급한 책을 읽을 기회를 갖지 못했다.

태와 출산 제한, 이혼, 여성에 대한 폭력과 관련된 문제에서 다른 기준(혹은 적어도 전선의 공식적 입장을 상대화시키는 것)을 택해야 하는 압력 아래 놓여 있었다(문제를 특히 어렵게 만든 것은 여성의 권리와 해방에 대한 질문이 처음부터 혁명과정 자체로부터 독립되어 제기될 수 없었다는 사실이다).

농촌 경제 발전에 관한 산디니스타 정책이 혁명과 농지개혁에 의해 떨어져 나간 토지소유자 엘리트들뿐 아니라, 그들의 정책이 옹호하고자 한 바로 그 사회그룹들의 저항에 직면하기 시작했다. 농촌의 가난한 농민들이 그들이었다(많은 반군 지원자가 가난한 농민들이었다). 마리아 호세피나 살다냐María Josefina Saldaña는 이 명백한 역설을 다음과 같이 설명했다.

> 산디니스타 민족해방전선은 유목 노동자와 소농민 형태를 노동자 혹은 집단의식을 갖기 이전의 상태와 동일시했고, 토지에 대한 그들의 열망을 사적 소유를 위한 프티부르주아적 갈망이라고 해석했다. …… 산디니스타 민족해방전선의 발전 모델은 모든 측면에서 이들 그룹의 생활에 개입했는데, 농민들에게 이 개입의 측면에서 교섭을 위한 수단을 결코 제공하지 않았다. …… 결과적으로, 토지를 빼앗긴 가난한 농민들은 내부로부터 산디니스타에게 로비를 할 방법이 없었다. 물론 이에 대한 관리는 두 진영의 생명력 넘치는 혹은 혁명적 의식의 이성적 형태에 대한 당이 보여 주는 근본적인 불신의 징후였다. …… 산디니스타는 농업의 이상화된 혁명 주체들과 일하고 있었다.[19]

살다냐는 산디니스타에게 한 가지 가능한 해결책은 "그들 자신의

(경제적 근대화에 대한) 진보적이고 전위적인 민족주의 비전과 농민들의 '보수적'인 그러나 전적으로 반혁명적이지는 않은, 경제적 발전에 대한 대중에 기반한 민족주의 비전 사이에서 교섭을 하는 것"이라고 제안한다.[20] 그것은 미스키토와 대서양 해안의 경우에서처럼 토지와 개인적 자치에 대한 열망, 제한된 영토성에 대한 자각, 전통에의 유대와 같은 농촌 분야의 세계관에 대해 눈을 뜨게 한 계기를 의미했을 것이며, 반동적인 과거에 반해 역사 진보의 힘을 대변하는 전위당으로서 자신의 정당성을 주장하는 산디니스타에 반대하는 세력에 대항하는 개방을 의미한다.

하위주체 정치학에 대한 라틴아메리카 하위주체연구 그룹 내의 논쟁 과정에서, 알베르토 모레이라스Alberto Moreiras는 "헤게모니 관계는 바로 하위주체를 그 자체로서 제외시키는 것이다"라고 주장한다. 그는 다음과 같이 기술한다.

> 탈민족적 하위주체를 향한 우리의 작업은 계속되며 그리하여 탈헤게모니적인 것이 되기 위해서만 우리는 헤게모니의 개념을 필요로 한다. …… 내가 여기서 생각하는 것은 구체적으로 하위주체 정치 실천의 기반을 다지는 것에 관한 가능성이다. 만약 우리가 포퓰리스트라면, 우리는 하위주체주의자가 아니다. 우리가 하위주체주의자라면 우리는 포퓰리스트가 될 수 있다. 하지만 그것은 두 가지 모두를 가져야 하거나 혹은

---

19) María Josefina Saldaña-Portillo, "Developmentalism's Irresistible Seduction-Rural Subjectivity under Sandinista Agricultural Policy", eds. Lisa Lowe and David Lloyd, *The Politics of Culture in the Shadow of Capital*, Durham: Duke University Press, 1997, pp.164~166.
20) *Ibid.*, p.166.

이론과 실천의 영역에서 이중으로 절합되어야 한다. 학계의 지식인으로서 이데올로기적 국가장치라 명명하는 중요한 지위를 차지하면서, 나는 하위주체주의자로서 우리의 기능이 잠재적으로 포퓰리스트로서 우리의 기능보다 더 중요하다고 생각한다. 포퓰리즘 내에서, 우리는 민중에 대한 재현의 기능을 담당한다고 가정한다. …… 하지만, 하위주체주의 내에서 우리의 기능은 주요하게, 아마도 독점적으로 재현에 반대하는 것이 된다. 하위주체주의는 거부의 측면을 가지는 데 반해, 포퓰리즘은 전략적으로 본질주의적이거나 그렇지 않거나 긍정성의 측면을 반영한다.[21]

위에서 내가 제시한 민중의 범주를 둘러싼 이데올로기의 유동성 문제는, 하위주체는 헤게모니 절합에 의해 남겨진 것, 혹은 거기에서 떨어진 탈구조적 대용물이며, 그러므로 하위주체연구는 헤게모니의 한계를 탐구하는 데 관심을 기울여야 한다는 모레이라스의 주장을 지지하는 것처럼 보인다. 하지만 역으로 산디니스타를 지지한 그룹과 계급은 하위주체가 아니었으며, 가난한 농민, 원주민 그룹, 여성 분야, 그 밖의 다른 이들이 이끌어 낸 혁명 과정에서 주변화되는 대상인 남성, 백인 혹은 메스티소, 중간계급, 대학 교육을 받은 이들이다. 그런데 이 결과는 운동의 지도력 내의 이데올로기적·인식론적 맹점의 결과라기보다는 산디니스타 헤게모니가 필요로 했던 결과 그 자체였다. 헤게모니라는 사고 그 자체가 문제일까? 혹은 (사회주의와 포퓰리즘 민족주의가 보여 준 다른 '근대

---

21) Alberto Moreiras, "Populism in a Double Register", paper presented at the Latin American Subaltern Studies meeting, College of William and Mary, May 2~4, 1997.

화' 형태에서 나타난 것과 같이) 산디니스타 기획에 내재된 문제가 같은 방식으로 일어나지 않도록 하기 위한 보다 '다문화적인' 헤게모니 형태를 상상하는 것은 가능한가? 본질적으로 이것이 바로 이 책의 나머지 부분을 차지하는 우리의 질문이다.

헤게모니와 하위주체성의 불일치성을 강조하는 모레이라스에게서 보이는 문제는 정치적 상상력과 실천의 새로운 형태의 모델로서 탈구조주의가 과연 적절한가이다. 이 가능성에 대해 더 토론하기 위해, 우선 이번 장의 서두에서 간략하게 소개했던 바바와 포스트식민주의 이론에서 강조하는 혼종성의 사고로 돌아가도록 하겠다. 그런 후에 아마도 의도하지는 않았지만 그럼에도 불구하고 문제가 되는 스피박의 하위주체의 개념의 결과에 대해 논의하겠다.

바바에게 최초로 하위주체의 저항을 허용하는 기호학적 구조주의적 이론에 의해 드러나는 것은 의미화의 임의적이고 '기반 없는' 성격이다. 민족-민중 정체성의 서사는 그러한 정체성을 생산하는 실제 역사를 '망각하거나' 숨긴다. 바바는 그가 민족주의의 '수행적 시간'이라고 부르는 것에 특히 관심을 보이며, "민중이 그 형태를 만들어 가는 유동적인 운동"이라는 프란츠 파농Frantz Fanon의 말을 언급한다. "민중의 역사의 현재는 종종 리얼리즘과 스테레오타입의 반복된 형태로 재현되는 '진정한' 민족의 과거로 돌아가려고 시도하는 민족문화의 지속적 원칙을 파괴하는 실천이다." 하지만,

민중은 단순히 역사적 사건이나 애국주의적 정치 공동체의 부문이 아니다. 그들이 또한 사회적 표현의 복잡한 수사학적 전략으로서 이를 그대로 재현한다는 주장은 의미화와 담론적 언술의 과정에서 위기를 유발

한다. 우리는 민중이 이중의 시간에 위치하며, 도전을 받는 문화적 영토를 지닌다고 생각한다. 민중은 담론에 이미 주어진 혹은 이미 성립된 역사적 기원이나 사건에 기반하여 권위를 부여해 주는 민족주의 교육하의 역사적 '대상'이다. 민중은 또한 광대하게 살아 숨쉬는 민중의 과거 기반이 민족적 삶이 반복되고 재생산되는 과정으로 존중받고 의미화되는 계속적인 과정이다. 따라서 다른 어떤 것 이전에 이미 존재하는 혹은 기원적 존재로서 작동하는 민족-민중의 의미를 지워야 한다.[22]

그러한 서사를 탈구조주의적으로 읽는 것은 민중과 역사(민중, 세계의 역사 혹은 '보편적' 역사)의 성격을 복합적 갈등과 문화와 위치를 넘나드는, 단선적이라기보다는 혼종적으로 보는 것을 암시한다. 문화적 차이와 적대성의 절합은 단순히 이분법적인 '우리와 그들'이 될 수 없는데 왜냐하면,

> 문화적 차이는 단순히 반대되는 내용이나 문화적 가치의 적대적인 전통 사이의 경쟁을 유발하지 않는다. …… 문화적 대항의 바로 그 가능성, 지식의 기반을 이동하는 능력 혹은 '위치의 전쟁'에 가담하는 것은 단지 개념의 명성이나 그것을 대체하는 데 달려 있지 않다. …… 모든 형태의 문화 담론이 의미화의 규칙에 종속되는 방식에 따라, 모순되는 혹은 반대가 되는 순간에 대한 단순한 부정은 질문거리가 될 수 없다. …… 문화적 차이의 기호는 따라서 통합적이거나 개인적인 형태의 정체성이 될 수 없는데, 왜냐하면 다른 상징체계에서 벌어지는 지속적인 함의는 그들을

---

22) Bhabha, "DissemiNation", p.297.

언제나 '불완전'한 것으로, 혹은 문화의 번역에 열려 있는 형태로 만들기 때문이다. …… 문화적 차이는 의미의 '상실'이 최첨단의 상태로 문화적 요구의 충족에 대한 재현의 형태가 된다.[23]

바바가 '의미화의 규칙'에 주의를 기울이는 것은 모든 문화가 기호학적 혹은 임의적 성격을 갖는다는 인식뿐만 아니라, '제3의 공간'Third Space으로 들어가기 위해 필요한 행위이기도 하다. 여기서 '제3의 공간'은 언어의 일반적인 조건과 수행적 그리고 제도적인 전략에서 언술의 구체적 함의를 의미한다. 이 '제3의 공간'은 또한 바바가 대안적인 혼종성, 번역, 보안, 다학문, 경계선, 최첨단, 그리고 의미의 상실이라 명명하는 공간이다.[24]

바바의 제3의 공간을 앤서니 기든스Anthony Giddens의 '제3의 길'이나 토니 블레어의 새로운 노동당New Labour과 합치시키는 것은 지나치게 단순한 생각일지도 모른다. 하지만 바바의 주장에는 이들과 유사한 정치적·개념적 문제가 존재한다. 혼란스러운 것은 알튀세르가 일반적으로 이데올로기라 부르는 것의 메커니즘이다. 즉, **모든 이데올로기가 '상상적**

---

23) Bhabha, "DissemiNation", p.313.
24) 예를 들어, "민중은 민족의 서사에서 시작 또는 끝이 아니다. 그들은 사회적인 것을 총체화하는 힘과 전체 인구 내에서 이견이 분분하며, 불평등한 이해관계와 민족으로 통합되지 않는 정체성을 더 자세하게 보여 주려는 세력 사이의 전선에 위치한다"(Ibid., p.297). 혹은, "혼종성은 그것이 삶의 충만성의 재현을 부정하며 복합적인 삶을 의미한다. 그것은 소수자의 담론에서 반복과 인위적 신호—'그 기원에서 감소를 의미하는'—이며, 그것을 통해 모든 형태의 문화적 의미가 번역에 열려 있게 되는데, 왜냐하면 그들의 발화는 총체화에 저항하기 때문이다. 교육학적 언술과 수행적 언술 사이의 양가적 운동에서 형성된 문화의 도래를 인정하는 것은 다제학문적이다. …… 문화적 차이는 번역이라는 경계적 순간으로부터 발생한다"(Ibid., p.314).

관계'에서 실재계the Real와 관계하는 주체를 창조하는 방식이 바로 역사적으로 생산되는 구체적인 이데올로기로서, 하위주체의 저항을 위한 기반은 기호 그 자체의 운동이 된다. 이렇게 생산된 모든 종류의 주체는 최종적으로 결정불가능성을 그 성격으로 가진다(왜냐하면, 의미화는 우선 결핍과 부재의 기반 위에 세워지는 것이기 때문이다). 주인과 노예의 변증법에 따르면 하위주체 혹은 (그가 선호하는) '주변화된 이들'은 인식론적으로 특권적 위치에 있다고 바바는 주장하는데, 종속의 조건이 그들로 하여금 그들이 직면하는 권력 기호의 권위와 존재의 환상을 '통해서 깨닫게 하기' 때문이다. 권위를 가진 인물들이 부정하거나 혹은 단순히 모방하는 순간은 구하가 하위주체의 '부정'이라고 묘사한 순간이다(리고베르타의 증언에서는 바로 마을 사람들이 군대의 고문과 살인이라는 폭력에 대항하여 군인들을 퇴각시키는 순간이다). 다른 말로 하면, 칼데론의 『인생은 꿈이다』에서 세히스문도처럼, 하위주체는 권력이 기호의 효과라는 사실을 알고 있다. 그러지 않다면 부정이나 저항을 위한 근거는 없을 것이다. 부정은 하위주체성을 그 자체로 의미 있는 것으로 만드는 본질의 일부가 된다.

하지만 반드시 이로부터 하위주체 이데올로기가 정확히 이런 방식으로 '탈구조주의적'일 필요는 없다. 지배 이데올로기의 거부는 동시에 고유하며 진정으로 다른 형태의 정체성, 습관, 가치, 영토성과 역사를 지닌 **다른 이데올로기**로 쓰이게 된다. 왜냐하면 우리는 알튀세르의 "이데올로기는 외부가 없다"라는 구절을 연상해 내기 때문이다. 사회적 분쟁은 '거짓 의식'으로서의 이데올로기와 이데올로기가 아닌 어떤 것, 즉 '과학' 혹은 '혼종성' 혹은 탈구조주의 자체와 같은 것 사이에 있지 않다. 오히려 분쟁은 인간 공동체와 그 가능성의 관점에서 근본적으로 다른 결과를 가진 적대적이고 다른 이데올로기 사이에 존재한다. 탈구조주의를 통해 하위주체성과 사회적 한계성을 이론화하려는 의도에도 불구하고, 바바의 주장이 제안하는 것은 초월할 수 없는 수평선으로서 '문화' 자체의 곡해된 주도권(헤게모니)이다. 결과적으로 발생하는 것은 말하자면 미국 언어/문학 학회Modern Languages Association, MLA 내에서 하위주체를 재영토화하는 것이다.[25]

스피박으로 돌아가자면, 그녀의 작업은 탈구조주의의 틀을 통해 문화이론과 정치학을 하위주체연구에 결합하려는 또 다른 주요한 작업이라 볼 수 있다. 스피박이 바바의 주장(그리고 일반적으로 기호학적 반-본질주의)이 이끌어 내는 문제를 특히 하위주체연구 역사학과 '전략적 본질주의'의 사고를 적절히 적용함으로써 해결하려고 노력했다는 것은 잘 알려진 사실이다.[26] 스피박은 이렇게 쓴다. "어떤 하위주체나 농민의 의식을 조사하고, 발견하고 확립하려는 것은 처음에는 실증주의 기획 ─ 적절하게 정의된다면 확증될 수 있는 어떤 것의 토대를 다지는 것을 가정하는 기획 ─ 으로 보인다."[27] 하지만 재현의 운동에서 "'하위주

---

25) 존 크라니아우스카는 다음과 같은 통찰력을 보여 준다. "우리는 바바에게서 정신분석적 방식으로 문화횡단을 다루는 것을 본다"(John Kraniauskas, "Hybridity in a Transnational Frame", eds. Avtar Brah and Annie Coombes, *Hybridity and Its Discontents: Politics, Science, Culture*, London: Routledge, 2000). 바바는 혼종성이 "매우 문화적이면서 동시에 야만적"이라고 대답할지도 모르겠다고 언급한다(Homi Bhabha, *The Location of Culture*, New York: Routledge, 1994, p.158). 야만적이라는 것의 의미는 혼종성이 문화의 주체를 심연에 위치하는, 언제나/이미 분열된, 부족하며 따라서 그 자체가 세계화에서 헤게모니를 갖게 된다는 것이다. 즉 자유주의적 다문화주의로서 혼종성과 '차이'라는 '문화적' 정치학으로는 재현할 수 없거나 혹은 회복할 수 없다.
26) 『하위주체연구 선집』에서 「역사학을 탈구조화하기」라는 제목의 서문을 참고하라. 여기서 내 인용은 그녀의 다른 책에 실린 버전으로부터 가져온 것이다. Gayatri Spivak, *In Other Worlds: Essays in Cultural Studies*, New York: Methuen, 1987.
27) *Ibid.*, p.202.

체'는 '엘리트라는 사고의 전제' 없이는 나타날 수 없기 때문에, 그룹 내에서는 언제나 하위주체 의식은 엘리트가 가진 에너지에 종속되어, 결코 완전히 회복될 수 없고, 수용된 기호에 완벽히 조응하지 못하며, 확증될 때조차도 지워지며, 환원할 수 없이 담론적이라는 반론이 제기된다".[28] 그러므로 하위주체연구는 하위주체를 완전히 자기명백한 존재로 그려 낼 수 없다. 대신에 생산하는 것은 '하위주체-효과'이다. "반-저항의 텍스트는 '의지'를 주권의 근거로 위치시킬 때, 하위주체-효과의 결과로 나타나며, 그 자체는 다양한 **하위주체연구**에서 위기라 불리는 특정한 결합 과정의 형태가 된다."[29]

"농민을 자신의 봉기를 스스로 만들어 가는 이들로 인정하는 것은 의식이 그들에게서 생겨났음을 인정하는 것"[30]이라고 한 구하의 주장은 존재론적인 근거라기보다는 오히려 '전략적'—즉, 정치적—인 것으로 볼 수 있다. "그렇다면 나는 하위주체연구가 가진 용의주도한 정치적 관심으로부터 실증주의가 가지는 전략적 근본주의를 읽어 낸다."[31] 구하와 하위주체연구 역사학에서 하위주체를 복구하는 것에 대해 스피박이 '전략적'이라고 한 것은 그것이 고전적 맑스주의가 가진 '생산방식의 서사'를 포함하는 지배적 문화와 지식이 가지는 권위를 깨뜨린다는 점에서다. 따라서 "하위자로서의 의식을 새로 나타나는 집단의식으로 인식하는 이 이론에 대해서 하위주체연구 그룹은 계급의식을 자본주의 이전 하위주체로 강등시켜 버리는 서구 맑시즘 맥락 속에 가두어 버린다. 그리고

---

28) *Ibid.*, p.203.
29) *Ibid.*, p.204.
30) Guha, "On Some Aspects of the Historiography of Colonial India", p.4.
31) Spivak, *In Other Worlds*, p.205.

이 전통은 특히 제국주의의 극장이라는 틀 속에 갇힌다".[32] 더욱이, "만약 담론 이론이나 휴머니즘 비평을 근본주의적 역사학으로 번역하려는 데서 하위주체 역사가가 그 자신을 하위주체의 행동패턴과 일치시키려 한다면, 그것은 하위주체를 열등하게 진단하는, 즉 그러한 동일성이 개입할 가치가 없는 것으로 보는 진보주의자의 관점을 보여 줄 뿐이다".[33]

그러나 동시에 스피박의 주장이 가지는 탈구조주의적 측면은 "하위주체의 지속성이 나타나는 영역에서 헤게모니를 가지는 쪽은 언제나, 그리고 정의 그 자체로 훈련된 역사가의 노력이며, 하위주체는 본질적으로 이질적인 것이라는 결론에 도달한다. 역사가는 그 자신의 노력으로 하위주체연구는 역사학자 자신의 논리가 서사화되는 장소라는 절대적 한계를 지속적으로 인지해야 한다".[34] 하위주체를 서사화하는 데 있어서 '절대적 한계'로 느끼는 것은 스피박에게 식민, 탈식민 세계에서 하위주체는 반드시 '민중' 이외의 것이 된다는 것, 그리고 특히, 그람시의 접합어인 '민중-민족'the people-nation에서 제안한 전체화에 저항해야 한다는 것을 의미한다. 마하스웨타 데비Mahasweta Devi의 이야기 「젖어미」Breast Giver를 민족의 알레고리로서 해석하는 그녀 자신에 대한 스피박의 비평은 이러한 관점에서 징후적이다. 스피박은 그러한 해석이 엘리트 출신인 데비가 작가로서 지니는 주체-위치의 산물이며, 따라서 작가의 의지와는 상관없이 "제3세계를 동일화하고 그것을 오직 민족주의와 인종의 맥락 안에서 보는 미국-앵글로 틀 안에 갇힘으로써 **급진적인 독자**"와 충돌한다고

---

32) Spivak, *In Other Worlds*, p.206.
33) *Ibid.*, p.207.
34) *Ibid.*, p.207.

생각한다. 그녀 자신의 이야기에 대한 데비의 해석은 그녀가 가공한 유모의 성격이 가진 물질성과는 정반대로 흘러가는데, 왜냐하면 "하위주체는 오직 어떤 더 커다란 의미를 담는 운반체로서만 보여져야 한다는 것"을 암시하기 때문이다. 하지만 "만약 민족주의가 제국주의 극장에서 해방적 가능성을 가진 유일한 담론이라면, 제국주의 그리고 제국주의 이전의 세기를 통해 수많은 하위주체가 가진 저항의 예들, 즉 영토적 제국주의가 신-식민주의로 지정학적인 결합을 이끄는 데 있어 도구가 되는 민족주의 세력과 그 힘에 의해 억압된 것들을 무시해야만 한다".[35]

구하에게 하위주체 범주가 노동계급, 농민 그리고 농업 노동자뿐 아니라, 정확히 계급적 용어로 기록되지 않는 소위 '중간' 계층의 정체성을 포함한다면(그리고 그람시에게 하위주체는 노동계급과 농민에 대한 일종의 다른 이름이다), 스피박은 하위주체가 데비의 이야기에서 유모와 같이 언제나 재현으로부터 벗어나며, 하위주체연구의 작업이 제안하는 재현조차도 마찬가지라고 주장한다. 그것은 줄리아 크리스테바가 상스러운 것the abject을 통해 이해한 것과 마찬가지다. 재현의 가능성을 넘어서는 그 어떤 것, 왜냐하면 단순히 재현으로 나타나는 것 ─라캉에게 있어 상징계와 같은─은 이미 하위주체의 성격을 잃어버린 것이기 때문이다.

---

35) *Ibid.*, pp.244~246. 또한 "특히 중심지 문화에 대한 비판에서, 정치적 독립이라는 사건은 자동적으로 식민지와 탈식민화 사이에서 반대로 기능하는 연구되지 않은 상품으로 가정할 수 있다. 하지만 새로운 국가를 위한 정치적 목표는 역전된 이해와 함께 이전 식민지로부터 유래한 규범적인 논리에 의해 결정되어야 한다. 세속주의, 민주주의, 사회주의, 민족적 정체성, 자본주의 발전. 그 가정이 무엇이든 간에, 새로운 국가에서 이 반대 경우의 에너지에서 공유할 수 없는 공간이 언제나 존재한다. 이 공간은 제국주의의 문화와 함께 교통의 확정된 행위를 가지고 있지 않다. 역설적으로 이 공간은 또한 자본의 논리가 역전된 상황하에서 조직된 노동의 바깥에 존재한다. 관습적으로, 이 공간은 **하위주체**의 거주지로 간주된다"(Gayatri Spivak, *Outside in the Teaching Machine*, New York: Routledge, 1993, p.78).

다시 말해, 스피박의 작업에서 하위주체의 기능은 바바에게 있어 '의미화의 규칙'과 유사하다. 보충의 수사로서 혹은 탈구조주의 그 자체의 행위로서의 수사를 의미한다. 하위주체의 타자성은 역사에서 하나의 혹은 주역으로서의 주체로 엘리트를 위치시키는 가정에 반기를 든다. 하지만 동일한 징표에 의해(왜냐하면 탈구조주의는 정치적 연합이나 그것에 상응하는 구체적인 기획을 가지고 있지 않기 때문에) 탈구조주의는 언제나 역사의 주체로서 하위주체의 확립을 방해하는 데 관련되어 있다. 스피박의 논의는 따라서 바바의 주장, 즉 결정불가능성 그 자체가 하위주체 저항을 위한 기반이 되며, 반대로 하위주체의 정치학은 탈구조주의 행위와 객관적으로 상호관련이 있다(스피박이 오용──의미화하려는 의도의 붕괴──으로 이해하려고 하는 모든 의도와 목적은 바바가 혼종성을 이해하려는 맥락과 같다).

스피박에게 하위주체 정치학은 식민지/토착, 하위/지배, 안쪽/바깥쪽, 근대/전통의 구성적인 이분법을 계속적으로 이동/탈구조화하는 과정에서만 일어날 수 있다는 결론에 도달한다. 그러한 가능성에 대한 스피박 자신의 실천은 위에서 언급했듯이 마하스웨타 데비와 그녀의 개인적인 관계 속에서 볼 수 있다.[36] 하지만 여기에 포함된 행위자의 이동은 두 가지를 의미하는데, 왜냐하면 데비는 스피박에게 있어 실제로 리고베르타 멘추와 같이 하위주체에 대한 유기적 지식인의 기능을 수행하기 때문이 아니다. 하위주체의 장소는 데비의 이야기에서 그녀 자신이 재현하는 여성으로 더 이동한다. 「젖어미」에서 유방암으로 죽는 유모인 자쉬오가 바로 그 대상이다. 또는 「드라우파디」Draupadi에서 인도 군대에게 잡혀

---

36) 이 부분은 마리오 카로(Mario Caro)에게 도움을 받았다.

고문당하는 낙살라이트 게릴라가 이에 속한다. 스피박은 농담으로 "하위주체는 이동하는 장소의 이름이며, 그것이 말하도록 하는 것은 고도가 버스를 타고 도착하는 것과 같다"고 말한다.[37]

이 짧은 진술은 스피박과 바바의 정치적 문제 그리고 인간이 처한 상황과 이들이 발전시킨 문화, 하위주체, 탈식민성의 문제를 완벽하게 설명해 낸다. 마찬가지로 나는 그들이 이데올로기적으로 반드시 같은 장소에 도달했다고 말하려는 의도는 없다(바바는 '자유주의' 다문화주의의 한계를 넘는 다문화주의의 가능성을 열고자 하였다. 스피박은 지치지 않는 목소리로 맑시스트 문화이론과 실천에서 여성과 페미니즘을 심화해 왔다). 하지만 유사한 어떤 것이 1960년대 신좌파의 문화정치학 형성에 큰 영향력을 지니고 있었던 헤르베르트 마르쿠제Herbert Marcuse의 작업에서 일어났듯이 현재 일어나고 있는지도 모른다. 학계에서 엘리트의 위치에서 지배적인 시스템에 반대하는 논리는 가장 주변적이거나 한계에 있는 사람들에 의해서만 상상되고 만들어질 수 있다는 주장이 정당화된다. 마찬가지로 이들의 위치는 학계 이론의 한 형태로——스피박과 바바의 경우 탈구조주의, 마르쿠제의 경우에는 프랑크푸르트 학파 스타일의 비평이론에 의해——그 급진적 부정성이 도드라지며, 이 두 경우 모두 모더니스트 미학을 높이 평가하고 있다.

하위주체를 상징화하는 데 있어 '절대적 한계'로 표현하는 스피박의 전략은 실제로 혁명적 정치학은 언제나 인구의 가장 억압받는 계층이 주

---

[37] Gayatri Spivak, "Politics of the Subalterns", *Socialist Review* 20, no.3, 1990, p.91. 스피박 자신의 「하위주체는 말할 수 있는가?」에서 절망적인 상황에 처한 하위주체 여성의 역할은 민족주의 운동가인 부바네스와리 바두리(Bhubaneswari Bhaduri)의 자살이 그녀의 가까운 가족에게서조차 '잘못 이해된' 사실을 통해 암시된다.

도해야 한다는 레닌의 명령을 충실히 이행하려고 한다. 하지만 이 입장의 정치적 문제는 디미트로프가 제기하려고 했던 제3기 맑시즘의 문제와 결코 다르지 않다. 반대로, 하위주체를 민중과 동일시한 구하는 그 정체성의 절합적 원칙으로 이분법적 적대주의의 사고를 포기하지 않으며 (즉, 민중을 시민사회의 이질성과 동일시하지 않는데 이에 대해서는 다음 장에서 논의하도록 하겠다), 하위주체의 정체성에 대한 보다 포괄적인 의미를 추구한다. 나는 인민전선을 낭만화하려는 것은 아닌데, 모두가 알다시피 그것은 자신의 환상, 한계 그리고 모순을 가지고 있었다. 내가 제안하고자 하는 것은 인민전선이 기틀을 다진 민중-민주적 호명의 원칙이 하위주체연구의 목표와 양립불가능한 것이 아니라는 점이다.

하위주체연구는 민족, 민족주의, 아카데미 지식, 하위주체를 재현하려는 정치적 좌파의 형식에 대한 탈구조적인 주장과 집합적인 정치, 문화적 행위자 간의 구성적인 ─ 스피박에게는 '전략적'인 ─ 절합에서 발생하는 긴장 가운데 존재한다. 그러나 이 두 가지 다른 정치적 안건은 이 이중적 긴급함으로부터 나온다. 하나는 하부 혹은 초민족적 수준에서 새로운 사회운동과 풀뿌리 저항이다(이것이 바로 스피박 자신이 선호하는 선택으로 그녀의 작업으로 연결된다). 다른 하나는 잠재적으로 헤게모니를 가진 정치-문화적 '민중' 블록, 하나의 혹은 또 다른 방식으로 '민중'과 '민족'의 범주를 요구하는 이데올로기적인 절합을 형성하는 것이다. 첫번째 경우에서는 정치적 헤게모니 그 자체가 형성하는 민족-국가의 통합은 결코 하위주체를 재현한 적이 없으며 현재 세계화의 도래와 함께 아마도 좌파와 마찬가지로 기능적으로 뒤처진 구시대적인 것으로 보인다(따라서 모레이라스에게 하위주체연구는 동시에 '반-재현적인', '초민족적인', '탈-헤게모니적인' 것이어야 한다). 두번째 질문은 대신에 하위주체연구가 새로운 형태의 아래로부터의 헤게모니를 조직할 수 있는가 하는 점에서 출발한다. 이를 구하는 '민중의 정치학'으로 명명한다.

이번 장과 그리고 5장에서 보다 포괄적으로 내가 제기하고자 하는 것은 이 두번째 가능성으로, 하위주체연구와 문화이론의 관계에 관한 질문이기도 하다. 스튜어트 홀Stuart Hall이 "문화연구는 명백히 '정치적' 성격을 지닌다"라고 언급할 때, 그는 문화연구가 학문적 기획이 된 것은 넓게 말해 정치적 좌파와 연관되어 있으며, 특히 신사회운동과 관련되어 있다고 말하는 것이다.[38] 이 분야에 이름을 선사한 버밍엄 현대문화연구센터(홀 자신은 1970년대에 부학과장으로 이곳에 재직했었다)는 영국에서 고등교육을 민주화하기 위해 2차 세계대전 이후에 노동당 정부에 의해 세워진, 소위 붉은 벽돌Red brick이라 불리는 공립대학들 중 하나로, 이 노동계급도시(버밍엄)에서 조직되었다. 버밍엄은 의식적으로 영국 노동계급과 두 가지 방식으로 유기적 관련을 맺고자 했다. 첫번째는, 이들 계급이 역사적 형성에 있어 주인공이라는 관점과 연관된 학문의 기획이다(그러므로 이 센터는 에드워드 톰슨E.P. Thompson과 같은 영국 맑시스트 역사학자나 레이먼드 윌리엄스, 초대 소장 리처드 호가트Richard Hoggart와 같

---

38) "문화연구는 정치화를 추구하는 아카데미의 영역이 아닌가? 사람들이 무엇을 하든 간에, 그들이 스스로를 문화연구의 실천과 기획 속에 놓는다면? 나는 그러한 방식에 만족하지 못한다. 비록 기획으로서 문화연구가 열린 결말을 가지고 있더라도, 그것은 그 과정에서 단순히 복수화를 의미하는 것은 아니다. 그렇다, 그것은 주인의 담론이나 어떤 종류의 초-담론이 되는 것을 거부한다. 그렇다, 그것은 언제나 아직 알지 못하는 것, 아직 이름이 없는 것에 언제나 열려 있는 기획이다. 하지만 연결이 되는 지점들도 존재한다. 그것을 선택함으로써 생기는 위험성이 존재한다. 문화연구는 어쩌면 이것이냐 저것이냐의 문제이다. 심각한 기획 혹은 사업이며, 따라서 '정치적' 측면으로 해석되는 것을 피할 수 없다"(Stuart Hall, "Cultural Studies and Its Theoretical Legacies", eds. Lawrence Grossberg, Cary Nelson, and Paula Treichler, *Cultural Studies*, New York: Routledge, 1992, p.278).

은 노동 사회학자들과 밀접한 연관성을 갖게 된다). 둘째로, 전통적 영국 노동계급의 문화의 주변에서 1970년대에 생겨나기 시작한 사회운동을 소개하고 연구하기 위한 진지가 되었다. 즉, 펑크와 청년문화 일반, 여성 운동, 게이 인권, 아시아와 카리브로부터의 새로운 이민자들의 문화가 그 것이다.

프랑크푸르트 학파는 좌파 정치의 안건과 연관된 대중문화에 관한 이론적 접근의 초석을 다졌다. 이론적으로 그리고 일반적으로 자신을 확립하기 위해, 그러나 버밍엄 스타일의 문화연구는 맑스주의의 정치경제학에 프랑크푸르트 학파를 혼합하는 것에서 벗어나야 했다. 따라서 미학적 모더니즘, 정신분석 이론, 행동주의, '반복', '허위의식', '조종'Marcuse과 같은 단어들을 제외시켜야 했다. 프랑크푸르트 학파와 연관된 지식인에 의한 대중문화의 경험이 1930년대 파시즘의 발호와 일치하며, 따라서 그 두 가지가 그들의 작업에서 내연적으로 연관되어 있었다(예를 들어, 미국 대중문화의 전체주의적 성격에 대한 테오도르 아도르노의 사고를 상기하라). 홀이나 나와 같은 베이비붐 세대들에게 자본주의 대중문화 — 특히, 영화, 텔레비전, 록 혹은 댄스 음악 — 는 **우리의** 문화였고 혹은 적어도 중요한 일부인 문화로 정치적 급진화와 전혀 양립불가능한 것이 아니었기 때문이다. 사실상 그 반대가 오히려 더 사실이었다. 대중문화는 1960년대 급진주의가 결합되는 주요한 영토 중 하나였다.[39]

---

39) "프랑크푸르트 학자들에 의하면 예술의 상품으로의 변환은 불가피하게 상상력을 약화시키고 희망을 시들게 한다 — 이제 상상할 수 있는 모든 것은 이전에 있던 것들이다. 하지만 예술적 충동은 자본에 의해 파괴되지 않는다. 그것에 의해 변환이 된다. 유토피아주의가 새로운 과정의 문화 생산과 소비의 과정을 통해 매개되는 것처럼, 공동체와 레저에 대한 새로운 종류의 투쟁이 시작된다"(Simon Frith, *Sound Effects: Youth, Leisure and the Politics of Rock 'n' Roll*, New York: Pantheon, 1981, pp.264~268).

이 장의 첫번째 부분에서 내가 언급했듯이, 인민전선은 민중을 두 가지로 간주하였다. ① 그 구성 면에서는 이질적이지만, 잠재적으로 엘리트나 '권력 블록'과 적대적인 관계를 가지기에 통합을 기대할 수 있는 주체. ② 수동적인 사회적 주체로서가 아니라, 자신의 문화 자원과 안건을 가진 적극적인 주체. 인민전선이 당시 보여 준 결합의 모델은 냉전 시기의 반-공산주의에 의해 부분적으로 숨겨졌다 하더라도, 문화연구는 효과적으로 이 논의를 재창조해 왔다.[40] 민중적인 것에 호의를 부여하면서 그리고 그것을 민주적 대중문화의 사고에 연결함으로써, 인민전선이 지향한 문화이론과 실천은 좌파 지식인 그룹, 예술가, 기술자들의 노력으로 새로운 분야로 떠오르던 영화, 상업 음악, 라디오 그리고 1940년대 텔레비전과 같은 문화산업으로 확장해 나갔다. 하지만 이 영역 내에서도 역시 애매함, 긴장 그리고 상업화에 대한 반대가 있었다. 인민전선은 활동가들로 하여금 문화산업 내부로 들어가도록 장려했고, 부르주아 영화나 미디어 산업에서 노동자들을 조직하는 동시에, 민중문화Popular culture[41]를 근본적으로 '민속' 혹은 전통문화로 동일시하면서 특히 미국 음악, 예를 들

---

40) 스탠리 아르노비츠는 이 관계의 몇몇 부분을 재추적한다. "인민전선의 반문화는 결코 고급문화의 영역에 도전하지 않으려 한다. 오히려, 미국문화에 개입하는 것은 합법적으로 표현된 형태의 복수성을 고집하는 것이다. …… 그것은 여전히 끝나지 않은 문화 전쟁에서 시작이 되는 전투를 승인하기 위해 싸운다. 민족문화에 대한 민주적 의식을 위한 투쟁과 민중문화를 '저급'한 것으로 간주하는 고급문화의 태도를 제거하기 위한 싸움이다"(Stanley Aronowitz, *Roll over Beethoven: The Return of Cultural Strife*, Hanover, NH: Wesleyan University Press, 1993, p.166). 미국에서 인민전선의 문화정책에 관한 그리고 그 결과로서의 풍부하고 다양한 생산물에 관해서는 다음의 백과사전적인 책을 참조하라. Michael Denning, *The Cultural Front: The Laboring of American Culture in the Twentieth Century*, London: Verso, 1996, pp.423~463.
41) Popular culture에서 'popular'는 영어에서는 '대중적', 스페인어로는 '민중적'이라는 의미에 가깝다. 베빌리는 이 책에서 두 가지 의미를 혼용해 사용하는데 문맥에 따라 '대중문화' 혹은 '민중문화'로 번역하였다. ― 옮긴이

어 팝음악보다는 초기의 재즈에, 리듬 앤 블루스와 소울 음악보다는 시골의 블루스에, 컨트리 음악보다 아파치족의 민속 발라드에, 그리고 록이 아닌 다른 것들에 우선 순위를 두었다. 초기 재즈나 포크(민속) 음악을 듣는 것이 정치적으로 올바른 것으로 간주되었는데 ―여기에 아주 친숙한 논쟁이 나오는데―, 왜냐하면 장인들이나 자본주의 이전의 생산방식에 의해 사회적으로 형성된 '민중의 음악'의 형태로, 새로이 나타나는 자본주의 문화산업이 장려하는 상업적 생산물이 아니기 때문이다(우리가 '민속' 음악과 초기 재즈로 간주하는 많은 형태가 사실은 생산과 유통 모두에서 라디오와 음반회사에 의존하고 있다). 이 편견이 실제로 대량문화 Mass culture와 민중문화 Popular culture의 구별을 낳았으며, 또한 많은 혼란과 과열된 논쟁을 가져왔다(예를 들어 1964년 밥 딜런Bob Dylan이 그의 노래에 전자 악기를 사용하며 록 밴드와 함께 공연했을 때 엄청난 스캔들을 일으켰다).

이렇게 인민전선이 취했던 문화정책이 보여 주는 겉으로 모순되는 두 가지 측면―새로운 문화산업에 대한 열린 태도와, 민속이나 포스트모던 문화 형태를 '민중의 의식과 저항'의 레퍼토리로 특권화하는 것―은 실제로 모두가 '민중적/대중적'인 영역에서 잠재적으로 반자본주의적인 문화적 행위자를 보고자 하는 열망과 깊이 연관되어 있다. 세계에 대한 과학적인 인식보다는 근본적으로 '기본 상식'과 얽힌 '민속적인' 것, '자발적인' 것으로 하위주체 문화를 보는 그람시의 관점은 6장에서 보다 상세히 보여 주려고 한다. 인민전선을 위한 루카치의 대안적 전략―리얼리즘 소설에서 가장 잘 드러나듯이, 부르주아 고급문화에 담겨 있다고 믿는 민주적이고 과학적인 유산을 계승한 좌파적 경향을 옹호한다―은 가장 진일보한 문화와 공산주의의 기획 사이에 일정 정도의 공통점이 존재한다고 주장하지만, 그것은 민중문화와 미학적 모더니즘의 힘을 부정한 결과로서 나온 것이다.

그러나 가장 중대한 한계를 가지고 있었던 인민전선 맑시즘은 (많은 부분에서 여전히) 프랑크푸르트 학파의 비판이론보다 문화연구에 훨씬 더 많은 기여를 하였고, 심지어 매카시즘으로 인해 그것은 분명한 프로그램이나 이론적 패러다임이라기보다는 문화연구의 '정치적 무의식'으로서 기능하기까지 하였다. 그것은 민중과 대중문화가 단순히 '허위의식'이나 시대착오적인 것이 아니라, 하위주체 행위자의 형태라고 전제했다는 점에서 그렇다. 나는 앞서 미학적 모더니즘의 원칙인 낯설게하기와 거리두기의 목표와 연관된 스피박과 바바의 주장에 담긴 유사성을 설명하였다. 이 유사성은 때로는 암묵적이며, 종종 명백하고 실용적일 때도 있고, 모더니즘과 정치적 급진주의 사이에 만들어진 형식주의자와 프랑크푸르트 학파에 뿌리를 가지고 있다. 특히, 프랑크푸르트 학파에게 모더니스트 예술은 포디즘이나 소비주의에 의해 노동계급이 포섭되거나 박제화되어 버리는 자본주의 사회의 도구적 이성에 반기를 들 수 있는 곳이다. 반대로, 1960년대 '청년문화'에서 유래한 모더니즘인 문화연구는 ─ 당시 부르주아 고급예술로서 정전화되고 상품화된 ─ 경제, 사회적 분화(문화적 분리·구별·종속)를 위한 조건과 이미 형성된 권력구조에 깊은 관심을 보인다.[42]

형식적 측면에서 문화연구의 '정치적 측면'이라 함은 반-헤게모니

---

42) 『파르티잔 리뷰』(Partisan Review) 혹은 『텔켈』(Tel Quel)과 같은 저널에서 사회주의 리얼리즘과 포퓰리즘에 반대하여 모더니즘에 대한 좌파적 신뢰를 보내는 많은 지식인들이 오늘날 신보수주의에 침묵하고 있는 것은 결코 우연이 아니다.

적인 문화의 형태를 찾아내어 이와 동일시하는 것이었다. 어떻게 이것을 정의할 수 있을까? 하위주체 정치성을 이와 같은 방식으로 구성하는 이 분법적 논리에 의해서, 하위주체는 부르주아와 중간계급 문화의 가치, 그리고 아방가르드 혹은 정치적으로 '진보적'인 형태의 모더니즘까지도 부정하는 문화적 형태이어야 한다. 즉, 그들은 문자 그대로 하나의 다른 문화여야 한다. 그들은 루카치와 소비에트의 문화 논쟁의 주요 분파가 제안한 것처럼 단순히 아래로의 확장이나 부르주아 고급문화의 가치와 형태에 관한 민주화를 의미하는 것이 아니다. 대중문화에 깔린 유토피아적인 역동성을 이해하고 그것 속으로 자신을 던진 프랑크푸르트 학파와 관련된 작가는 물론 발터 벤야민이었다. 「기술복제 시대의 예술작품」이라는 위대한 에세이나 파리 아케이드에 대한 프로젝트의 초안에서, 벤야민은 프랑크푸르트 학파의 유산과 1970년대와 80년대에 막 일어나고 있던 문화연구 사이에서 일종의 다리가 되었다.

버밍엄 센터의 창시자인 리처드 호가트는, 대중문화가 여전히 근본적으로 한편으로는 고급문화의 변화이고, 다른 한편으로는 '고유한' ─즉, 전근대적인 ─영국의 민중적 노동계급문화 ─톰슨이 『영국 노동계급의 형성』*The Making of the English Working Class*에서 연대기적으로 풀어 나간 일종의 '유기적' 계급문화 ─라고 말한다. 하지만 버밍엄의 작업이 진전되면서, 고급문화와 저급문화 사이, 대중과 민중문화 사이, '고유한' 문화와 '상업' 문화, 토착과 식민문화 사이의 구별은 홀과 다른 이들이 ─이데올로기에 대한 알튀세르의 세미나 에세이를 통해 알 수 있듯이 ─문화와 이데올로기가 서로에게 침범하면서 발전한 것과 마찬가지로 점점 더 구별하기 힘들게 되었다.[43]

버밍엄이 도달한 지점은 다음과 같다. 일정 정도로 대중문화는 소비자적 측면에서 민중적이다. 즉, 민중의 대변인, 민중과 민족-민중, '진보적'인 것의 사회적 의지를 체현하는 것이다. 이런 측면에서 중요한 열쇠가 되는 작업은 폴 윌리스Paul Willis의 『노동하는 법 배우기』Learning to Labour라는 책으로, 음악, 헤어스타일, 패션, 말하는 방식에서 창출한 '저항의 문화'를 기술하기 위한, 또한 자본주의 생산관계로 편입시키는 하나의 방식으로 '승인된' 문화, 학교, 가족, 교회가 선호하는 문화 정형화의 형식에 대항한 영국 노동계급 청년문화에 대한 보고서다.[44]

소비자의 일상적 행위와 그들이 사는 상품의 성격을 분석하는 문화 연구에 장착된 커다란 장점은 ─ 그리고 여기서 문학 수용이론의 영향이 결정적이다 ─ 종종 소비 그 자체가 특별한 영역의 자유와 이데올로기적 형태와 자본주의 현실 원칙에 대한 낮은 수준에서 저항하는 방식이라는 주장을 유도하는데, 이는 마치 소비 그 자체가 일종의 정치학이라고(혹은 대안의 정치학은 근본적으로 상품화와 소비자 선택 안에서 기능한

---

43) 존 크라니아우스카스는 이렇게 말한다. "문화연구는 '모든 생활 방식'이라는 문화의 인류학적 개념의 민주적 제스처를 이데올로기로 확장시키며, 포퓰리즘이 아닌 방식으로 존재하는 구조의 힘을 인식하고, '이데올로기'의 이데올로기에 대한 지식인적 엘리트주의를 포함한다. 이제 문화는 '모든 투쟁의 방식'으로 간주된다. 오히려 단순히 민중 혹은 대중문화 그 자체로서의 위상을 평가하는 것을 넘어서, 문화이론이 반드시 그리고 올바르게 위험을 감수하며 포퓰리즘을 넘어서는 문화적 작업을 회복하는 것이다"(John Kraniauskas, "Globalization is Ordinary: The Transnationalization of Cultural Studies", *Radical Philosophy* 90, 1998, p.11).

44) Paul Willis, *Learning to Labour*, Ashgate: Aldershot, 1993. 윌리스 자신은 노동계급 청년문화를 모순적이라고 판단한다. 한편으로, 이 젊은이들이 흡수되는 계급 사회의 가치에 대한 날카로운 분석을 보여 준다. 반면에, 그가 보기에 그것은 반헤게모니 행위자로서의 힘이 부족하다고 지적한다. 최근 문화이론에서 실천의 재정치화를 위한 하나의 도전적인 선언이라 할 수 있는 청년문화의 문제를 재진술하려는 버밍엄 스타일을 이해하려면 다음 책을 참조하라. Phill Cohen, *Rethinking the Youth Question: Education, Labour, and Cultural Studies*, London: Macmillan, 1997.

다고——즉, 국가와 이데올로기적 국가장치보다는 시민사회의 영역에서 움직인다고) 주장하는 것과 같다.[45] 여기에서 자치적인 민중적 행위자를 이론화하는 '좌파'의 위치는 묘하게도 프랜시스 후쿠야마Francis Fukuyama가 주장한 역사의 종말 이론과 유사하다. 왜냐하면 만약 시장과 대중문화(혹은 더 일반적으로, 시민사회)가 하위주체 그룹에서 문화적 저항을 허락하는 것이라면, 그것들은 하위주체의 부정성에 직면하는 것이라기보다는 하위주체 행위자의 조건 그 자체가 된다. 미국에서, 톰 울페Tom Wolfe와 '신저널리즘' 혹은 카밀 패글리아Camille Paglia의 작업은 예상된 우익 포퓰리스트 형태의 문화연구라 불리며, 솔직하게 새로운 형태의 세계화된 상품 문화가 탑재한 '민주적' 측면을 축하하는 것으로 읽힌다(이런 측면에서 장 보드리야르는 보다 묵시론적인 열쇠로 읽힐 수 있을 것이다).

이것은 문화연구 그 자체의 기획의 핵심에 있어서의 역설을 의미한다. 만약 문화연구가 미국과 영국에서 그 생성기 동안, 즉 1985년과 1990년 사이의 반동적인 분위기에서 성공적이었다면, 그것은 부분적으로 두 가지 현수막을 동시에 들고 행진하였기에 가능했다. 말하자면, 하나는 '붉은 것'이고 다른 하나는 '하얀 것'이다. 1960년대의 급진적 안건을 대학으로 가져오려는 기획은——학제 패러다임을 비판하고, 구조를 민주화하고, 요구조건을 수정하고, 정전을 뒤흔들고, 새로운 형태의 이론을 소개하고, 학계의 연구에서 새로운 다학문적 공간을 창조하는 것에 의해서——부르주아 헤게모니를 재조직하려는 기획과 겹쳐지는데, 이는 국

---

45) 수용이론을 주로 논하는 문화이론으로는 다음의 논문을 참고하라. Jane Feuer, "Reading Dynasty: Television and Reception Theory", *South Atlantic Quarterly* 88, no.2, Spring, 1989. 일상의 저항 형태에 대해서는 미셸 드 세르토(Michel de Certeau)의 작업이 이와 관련하여 상당한 영향력을 가진다.

가와 사적 기반, 그리고 싱크-탱크로부터 발산되는 것으로 세계화와 후기-포디즘의 맥락에서 고등교육의 개혁과 근대화를 포함하는 기획이다.

문화이론의 등장은 1960년대 혹은 그 직후에 베이비붐 세대가 대학의 엄청난 팽창에 의해 아카데미에 진입하면서 아카데미 내에서 위상이 높아진 것과 맥락을 같이한다. 문화이론을 몇몇 의미에서 신좌파의 연장으로 만드는 이 세대의 논리는 세계화의 도래와 소비에트연방의 붕괴에 반영된 자본주의의 대안 조직에 있어서의 증대하는 불안정한 상황과 일치한다. 거기에 인문학이 제대로 기능하지 못하고 이미 낡았다는 일반화된 감정이 드러났고, 그것들이 이제는 더 이상 부르주아 헤게모니로 기능할 수 없을 것 같았다. 문화이론과 '이론'에 반대한 신보수주의는 전통적 휴머니티와 서구 문명의 권위를 재정립하려 하였다. 그러나 그들의 캠페인은 실패했다. 왜냐하면 교육의 문제(교육의 행정, 연구 재단, 재정위원회)와 직접적으로 연관된 엘리트의 관념과 조응하지 않았기 때문이다. 이 엘리트들은 교육의 미래가 문화이론, 커뮤니케이션, 학제간 연구, 다문화주의와 같은 방향으로 가고 있다는 결론에 도달했다. 인문학에서 전통적인 커리큘럼을 복구하려는 생각은 좋든 싫든 학제의 체계가 통일성과 그 기능을 상실해 가고 있는 것이 명백한 대학에서는 새로운 출발점이 될 수 없었다.

문화연구에서 떠오르는 이러한 결합이 보여 주는 모순적이고 역설적인 성격을 가장 잘 표현하는 책은 아마도 장-프랑수아 리오타르의 『포스트모던의 조건』*The Postmodern Condition*(이 책은 단순히 고등교육의 현재를 진단하는 것만은 아니다)일 것이다. 이 책을 주의 깊게 읽으면 독자는 리오타르가 68세대의 꿈이었던 '사회주의냐 혹은 야만이냐'라는 젊은 트로츠키주의를 포기하고, 대신에 실제로 존재하는 대학과 지식 센터의 한계 내에서 급진화를 신행시키러 했던 의도를 눈치챌 것이다. 그는 실제로 다음과 같은 질문을 한다. 인식론적 기준과 경계가 허물어지는 시대에 학제를 어떻게 재편할 수 있을까? 하지만 이것은 오직 시스템 그 자체 안에서만 답할 수 있는 질문이며, 어떤 경우에서든 사고와 행위에서 더 많은 유연성을 제공하면서 종종 그 자체를 급진화할 수 있다. 다른 지구화된 문화와 사회적 삶과 마찬가지로, 문화이론은 리오타르에게는 "시스템의 목표에 완전히 종속되지 않으나" 그것에 의해 인정받을 수 있는 것이었다.[46]

이것은 문화연구가 인문학 분야에서 고급문화와 대중문화의 차이가 붕괴된 결과로 나타난 것임을 보여 준다. 이는 포스트모던 미학 이데올로기가 찬양한(혹은 진단한) 상품화라는 과정이 보여 주는 자본주의 대중문화의 파괴적 영향과 같은 맥락에 있다. 보다 전통적인 맑스주의 언어로는, 문화연구는 대중문화와 세계화의 초구조적인 효과라고 말해질 수 있겠다. 하지만 물론 문화이론이 다시 일으켜 세우려고 한 것은 몰락한 혹은 몰락하고 있던 맑시즘이었다.

내가 제안한 방식으로 하위주체/지배층 그리고 기존의/새롭게 등장

---

46) "일시적인 계약은 그 실천에서 정치적 사건뿐 아니라, 전문적, 감정적, 성적, 문화적, 가족적 그리고 국제적 장소에서 영속적인 제도를 대체하고 있다. 물론 이 진화는 애매한 성격을 지닌다. 일시적인 계약은 더 큰 유연함과 낮은 비용, 그것이 동반하는 동기유발의 창조적인 격동성으로 인해 체제가 선호하게 되며, 이 모든 요소들은 상향된 기능성에 공헌한다. 그러나 어떤 경우이든 간에, 체제에 대한 '순수한' 대안을 제안하는 질문이 여기에는 없다. 우리 모두는 1970년대가 끝나 가고 이런 종류의 대안적 시도가 그것이 대체하려 했던 체제를 닮아 버리고 말았다는 것을 잘 알고 있다. 우리는 일시적 계약의 경향이 애매하다는 것에 행복해해야 한다. 그것은 체제의 목표에 완전히 종속되지는 않지만 체제는 그것을 품어 안는다" (Jean-François Lyotard, *The Postmodern Condition*, trans. Brian Massumi, Minneapolis: University of Minnesota Press, 1985).

하는 기획의 충돌은 문화이론에서 만나, 불가피하게 하나의 길로 모이기 시작하는데, 왜냐하면 가장 최근의 다양한 계급의 이해를 대변하기 때문이다. 우리는 이러한 의미에서 문화연구가 정치적인 측면에서 반드시 진보적이거나 반-헤게모니라고 미리 가정하지는 않는다. 즉, 그것 자체로서 '민중적'이라는 가정 말이다. 이 깨달음은 일반적으로 프랑크푸르트 학파(하버마스와 함께든 그렇지 않든, 개인적인 비판의 성향에 따라)로 돌아가려는 형식을 지닌 좌파 문화이론이 '포퓰리즘'에 대해 비판하는 논리다. 영국 문화이론연구 작업 중, 미건 모리스Meaghan Morris의 '생산 없는 소비'의 가정에 대한 분석, 혹은 포스트모더니즘을 미학적 포퓰리즘으로 동일시한 제임슨과 그 결과로 다시 주목받은 아도르노의 비판은 잘 알려진 두 가지 영향력 있는 예이다.[47] 베아트리스 사를로의 (아르헨티나에서 포스트모던 소비문화의 효과에 관한) 책 『포스트모던 삶의 장면』*Escenas de la vida posmoderna*은 라틴아메리카적 맥락에서 유사한 논쟁을 대표하는 책이다.[48]

제목이 암시하듯이, 사를로가 부에노스아이레스에서 일련의 현대의 문화 행위들을 목격한다. 이 책은 그녀를 벤야민과 같은 도시 산책가의 위치에 놓는다. 비디오 게임, 텔레비전, 쇼핑센터, 성형수술 등등을 묘사한다. 하지만 역사로부터의 구원이라는 현현의 순간 epiphany에 대한 가능

---

47) 예를 들어, 다음을 참조하라. Meaghan Morris, "Banality in Cultural Studie", *Discourse* 10, no.2, 1988; Fredric Jameson, "On 'Cultural Studies'", *Social Text* 34, 1993.
48) Beatriz Sarlo, *Escenas de la vida posmoderna*, Buenos Aires: Ariel, 1994. 이 책에 논의된 상당수의 주제가 사를로의 논문에서 나온다. Beatriz Sarlo, "Aesthetics and Post-Politics: From Fujimori to the Gulf War", eds. John Beverley, José Oviedo and Michael Aronna, *The Postmodernism Debate in Latin America*, Durham: Duke University Press, 1995.

성이 박탈된 도시 풍경이라는 히드라석 얼굴 뒤에 보이는 도시 산책가와는 달리, 사를로는 자신이 '미디어 신포퓰리즘'이라고 명명한 것에 대해 비판한다. 매스미디어와 비디오 게임, 쇼핑몰 혹은 텔레비전 파괴zapping와 같은 새로운 소비자의 가능성은 이데올로기 실행의 장소인 학교와 가족이 이전에 점유했던 장소를 대체한다. 그러한 방식으로 그들은 새로운 주체의 위치와 정체성을 생산한다. 특히, 이들은 시민으로부터 미디어에 대한 페티쉬(집착)를 보여 주는 대중이나 관객의 개념으로 이동한다. 비디오 게임에 대한 가벼운 중독의 효과는 부르주아의 공적 영역——하버마스의 '소통 이성'의 장소——담론보다 더 거대한 힘을 가지며, 따라서 지배자에 대한 정치적 반대나 저항의 가능성은 침식된다. 미디어가 생산한 시뮬라크르는 장소의 권위를 변화시킨다. 더 이상 기댈 오리지널 혹은 경험의 기반은 이미 존재하지 않는다. '텔레비전 인식론'(사를로의 표현)은 자신의 자기반영적인 상호텍스트성의 기반이 된다. 대중은 사물의 성스러운 것과 세속적인 것, 직접적인 것과 먼 것의 구별을 지우며, '일상적 환상'의 형태로 계급과 집단의 차이를 초월하는 경험과 가치의 유사-보편화를 만들어 내는 텔레비전이나 쇼핑과 더 가까워졌다고 느낀다. 마찬가지로 미디어는 국가의 거울이다(신자유주의 경제와 세계화에 의해 요구되고 생산된 새로운 종류의 국가이다).

만약 미디어가 실제로 현대사회에서 정당성을 생산하는 주체라면, 이것은 헤게모니를 안전하게 하는 데 있어 전통적인 지식인 기능을 위기에 놓는다. 사를로는 전통적인 문학 지식인과 '미디어 포퓰리스트' 양자에 대항하여 (그녀가 책에서 주장한 것과 같이) 새로운 형태의 소비를 재현할 수 있다는 것과 동시에 비판을 생산해 낼 수 있는 '비판적 지식인'을 제시한다.[49] 비판적 사고와 효과적인 시민권은 오직 고급문화의 형태로 제공된 관점이나 거리를 통해서만 가능하며, 또한 읽고 쓰는 능력의 확장과 미디어에 대항한 공식 교육의 강화를 요구한다. 이렇게 사를로는 2장에서 논의된 '문학과 저발전'에 관한 안토니우 칸지두와 같은 맥락에서 논쟁한다. 그녀에게는 현재에 대한 부정적 비판을 만들 가능성이야말로 상품화와 '부드러운' 권위주의로 진화하는 묵시론에 반하는 작은 희망의 창이 된다. 특히, 고급문화는 하이데거의 용어를 사용하자면 존재가 후기 자본주의 소비사회의 '퇴락한' 경관에 거주하는 장소로 남는다.

라틴아메리카 중간계급의 초상인 신자유주의 헤게모니에 대한 사를로의 주장에도 불구하고, 그녀는 프랑크푸르트 학파 계열 비판이론의 한계를 보여 준다. 한편으로, 사를로는 존재한 적이 없거나 오직 라틴아메리카에 문제적으로 불안하게 존재했던 부르주아의 공적 영역을 회복하려는 향수에 젖어 있다. 이런 의미에서 그녀의 주장은 하버마스적이다. 하지만, 그녀 역시 윌리엄 베넷이나 앨런 블룸Allen Bloom과 같은 북미 신보수주의자와 함께 상품화된 대중문화를 '해로운' 문화로 본다. 이러한 정의 아래 실제로 공동체는 커뮤니케이션으로 대체된다. 그녀는 이렇게 쓴다. "텔레비전 화면에서 근대성이 파괴한 사회적 유대를 복구하려는 에너지를 찾는 신포퓰리즘 이데올로기에 대항하여, 어느 정도로 텔레

---

49) '미디어 신포퓰리즘'을 비판하는 사를로는 제임스 페트라스의 의도와 맞아떨어진다. 그는 신자유주의 헤게모니가 라틴아메리카에서 새로운 형태의 지식인을 만들어 내는데, 이들 '제도적 지식인'은 "신자유주의 경제모델에 겉으로는 비판을 하지만 사실은 수입지향적 재정 구조에 기반한 엘리트로서 그들의 적인 해외 네트워크와 깊은 종속 관계에 놓여 있다. …… 제도적 지식인의 등장과 세력화는 민중 투쟁을 조명하는 지식인의 주요한 개념을 추방해 버린다. 즉 제국주의, 사회주의, 민중 권력 그리고 계급 투쟁이 기억의 뒤안으로 사라져 버린다―그것들은 이제 유행이 지난 것이다"라고 말한다(James Petras, "The Metamorphosis of Latin America's Intellectuals", *Latin American Perspectives* 65, 1990, pp.106, 108).

비전이 사회를 요구하는지 분석할 필요가 있는데, 그 사회에서는 사회적 유대가 약화되고 그들의 목소리나 요구를 듣지 않는 사람들에 의해 무시당하고 위협당한 민주적이고 공동체적인 사회가 진정한 자신을 드러내려고 한다."[50]

하지만 '커뮤니케이션'에는 소통적인 어떤 것이 확실히 나타나 있다. 대중문화와 미디어 앞에서 사를로와 같은 전통적 지식인이 느끼는 불편함은 부분적으로 민주화와 그 효과에 관한 불편함이다. 이 효과 중의 하나는 해석학적 권위가 문학 지식인의 장소에서 대중의 문화수용으로 전이되는 현상에 기인한다. 실비아누 산티아구Silviano Santiago는 사를로와 같은 비평가들이 위험에 처한 것은 "민주적인 혹은 민주화가 진행되는 사회에서 모든 것을 감수한 공적 여론의 보존으로, 그들은 그 가능성이 오직 대중소비를 위해 이용되는 매스미디어와 이미지의 증폭에 대한 파괴적 비판을 통해서만 얻어질 수 있다"고 주장한다. 하지만 미디어와 그것이 확립하는 수용의 조건은 대신에 다음과 같은 함의를 지닌다.

> 상징적 그리고/혹은 문화적 생산에서 의미는 복수적이지만 그 복수성 안에서 획득할 수 없는 것이 된다. '전체적' 의미(혹은 의미의 총체성)는 더 이상 전통적 지식과 그들을 돕는 제도에 의해 반드시 절합된다는 목적성의 산물은 아니다. 하위주체와 소수자 그룹에서 나타나는 그들 자신의 정체성을 향한 투쟁은 갈망, 회복을 통해 자신의 집중된 ('객관적인') 기호에 기반하여 근대적 전통이 열등한 것으로 판단한 문화적 사물로서 자신을 드러낸다.[51]

---

50) Sarlo, *Escenas de la vida posmoderna*, p.87.

여기에서 우리가 산티아구의 논지를 받아들인다면——나는 이에 동의한다——문화연구의 문제는 제임슨이나 사를로가 포퓰리즘이라고 명명한 것이 아니라, 오히려 문화연구가 충분히 **대중적(민중적)**이지 못하다는 사실에 있다. 특히, 문화연구는 인식의 탈거주화라는 형식주의 프로그램을 고급문화의 영역에서 대중문화의 형태로 보다 미학적으로 역동적이고 효과적인, 더욱 생산적인 능력을 가진 것으로 간주한다. 문화연구는 무의식적으로 그것이 변화시키려는 모더니스트의 미학적 이데올로기, 즉 사를로와 다른 문화연구 비평가들이 변화시키려는 이데올로기를 무의식적으로 영속화하는 것일지도 모른다.

이것이 낭만주의적 숭고함과 민중 정신의 '팝'적인 형식과 유사한 어떤 것을 생산하는 본질적으로 대중문화의 지식인적인 전유라면 그것은 인정받아야 할 것이다. 대중문화는 이런 식으로 재-미학화되며 동시에 실용적으로 경제적 세계화의 부가물로서 헤게모니에 편입되면서 아카데미의 학제로 가능하게 되며, 문화연구가 자연과학의 영토를 탈취하고 그 경계를 희미하게 할 것이라는 위협에 맞서 자연과학은 자신을 포함하여 재그룹화한다. 하지만 해석학적 권위가 전통적 지식인에서 대중의 수용으로 변화하는 것으로부터 나오는 우려는, 산티아구가 제안했듯이 모든 종류의 아카데미 학제의 용어로 그 수용의 효과가 **재현될 수 없다는 것**에 의해 유발된다(가장 복잡한 여론조사일지라도 브라질과 같은 나라의 극단적으로 이질적이고 모순적인 등급의 사회적 위치를 가진 3천만 혹

---

51) Silviano Santiago, "Meaning and Discoursive Intensities: On the Situation of Postmodern Reception in Brazil", eds. Beverley, Oviedo and Aronna, *The Postmodernism Debate in Latin America*, p.249.

은 4천만 시청자들이 동시에 시청하는 텔레노벨라telenovela[52]의 효과를 심리적-이데올로기적으로 어떻게 측정할 수 있단 말인가?). 산티아구에게 전자 미디어는 사실상 문화 시민권의 새로운 조건이 되었다.

나는 아마도 여기서 이전과 마찬가지로 인민전선을 이상화하는 방식으로 대중문화를 이상화하는 위험을 무릅쓰고 있는지도 모른다. 하지만 그것은 적어도 아카데미와 부르주아 공적 영역에서 재현되어 온──하위주체성을 생산하며 그것을 유지해 왔던──과학적-인간주의적 문화가 대중문화와 그 수용 효과를 입법화하고 재현할 수 없다는 우려라기보다는, 사회적 하위주체를 위해 더 많은 것을 할 수 있는지에 대한 질문을 열어 놓으려는 의도 때문이다. 모든 포퓰리즘 선언과 마찬가지로 이것은 약간 선동적이다. 나는 학계와 대중문화가 보이는 것처럼 그렇게 근본적으로 분리되어 있다고 생각하지 않는다. (제임슨이 보여 주듯이) 부르주아 고급문화와 상품 물신화는 언제나 숨겨진 논리에 의해 연결되는 것이 아니다. 우리는 대중문화에 의해 호명되며, 반대로 대중문화의 모든 생산자들과 소비자들은 어떤 수준에서든 교육 체계에 의해 영향을 받고 그곳을 통과한다. 교실은 소비주의의 정치적·사회적인 결과가 교섭하는 장소이다.

하지만 나는 또한 자본주의의 문화적 모순에 대한 대니얼 벨의 명제에도 주의를 기울이고자 한다. 그 명제는 포스트모던을 다음과 같이 정의한다. 자본주의는 더 이상 자본주의 노동 윤리의 요구에 일치하지 않는 문화적·기술적 경험의 형식을 현재까지 생산해 왔다. 소비주의의 가치──반숭고화, 쾌락주의, '가벼운' 주체, 자아도취주의, 지출──는 자본

---

52) 브라질 드라마 장르의 일종.──옮긴이

주의에서 착취자(당국의 모습)와 착취당하는 자(추상 노동) 모두에게 주체-위치에 필요한 오이디푸스 성격을 가진 구조와 가치를 무너뜨린다.

벨은 이 모순을 현대 자본주의 사회의 정당성 위기를 예견하는 것으로 보았다. 이는 그가 정치적 자유주의자로 남아 있을 때조차도 신보수주의 문화정치학과 이를 연결하는 기초가 된다.[53] 반대로 문화연구는 이 모순을 무페와 라클라우의 민중 주체-위치의 양태로 절합하려고 하며, 가치의 법칙에 의해 강요된 억압적인 '퍼포먼스적인 원칙'과 소비자의 욕망에 담긴 '유희의 원칙'이 상호 맞서는 이분법적 분리를 절합하려고 시도한다.[54]

하지만 그러한 가능성은 이번에는 일련의 어려운 질문을 불러일으킨다. 벨이 제안하듯이, 자본주의 문화(소비주의의 가치)와 자본주의적 경쟁의 요구 사이의 모순인가(즉, 맑스가 생산력과 생산관계 사이의 관계에서 모순을 보았듯이). 혹은 이것은 새로운 '체계'나 자본주의의 새로운 단계에 진입했음을 알리면서 이제 가치의 법칙은 그 힘을 잃어버렸다는 것을 의미하는 것일까? 개인을 주체로 호명하는 것은 사를로와 그녀가 비판하는 '미디어 신포퓰리즘'이 표방하는 소비인가 아니면 개인과 그룹이 계급, 성, 인종과 그들이 소비자로서 행동하는 방식을 구조화하는 다른 차이에 의해 주체로 이미 위치 지어져 있는가? 정체성 정치학과 소비의 관계는 무엇인가? 문화연구가 실제로 시민사회의 이론인가? 마찬가

---

53) Daniel Bell, *The Cultural Contradictions of Capitalism*, New York: Basic, 1976.
54) 마르쿠제, 특히 그의 『에로스와 문명』(*Eros and Civilization*)을 이런 측면에서 다시 읽는 것이 필요할 수 있다. '탈노동 주체성'에 대한 마리아 밀라그로스 로페스의 작업에서 공공정책과 그것이 유발하는 문화적 호명에 대한 새로운 전략은 매우 암시적이다. 그 예로 다음을 참조하라. María Milagros López, "Postwork Society and Postmodern Subjectivities", eds. Beverley, Oviedo, and Aronna, *The Postmodernism Debate in Latin America*.

지로, 더 이상 효과적이지 못한 정치적 좌파를 대신해 문화연구는 문화적 생산과 소비 그 자체를 민중적-민주적 행위의 형태이자, 아마도 현재 세계체제에서 유일하게 가능한 혹은 생명력을 지닌 형태로 인정함으로써 이론적으로 기능할 수 있을까? 혹은 문화연구가 가정하는 소비와 시민사회 사이의 관계가 최종적으로는 이데올로기 장치를 포함하는 국가 기구와 사회제도 일반(작업 공간, 국가 밖의 문화적 제도와 산업, '상식', 일상적 형태의 행위와 기대 등등)에 대응하는 민중계급과 사회운동이라는 정치적 사건에 기대고 있는가? 푸코가 '통치성'의 요구조건이라고 부른 것과 민중적, 하위주체-위치의 역학 사이의 관계는 무엇일까? 그리고 최종적으로 문화연구와 하위주체연구의 관계는 무엇일까?

    다음 장들에서, 나는 네스토르 가르시아 칸클리니와 그의 중요한 책 『혼종문화』에서 제안된 라틴아메리카 문화연구의 절합에 집중함으로써 이러한 문제들에 대한 답변을 시도할 것이다. 하지만 나는 특히 마지막 질문에 대한 대답을 여기서 조금 보여 주려 한다. 만약 문화연구가 적절하게 '민중'의 역동성을 재현한다면, 하위주체연구에의 요구가 필요하지 않을 것이고 혹은 문화연구로부터 구별되는 혹은 일정한 부분에서 적대적인 정치적-지식인 형성을 추구하는 하위주체연구가 필요하지 않을 것이다.

5장

시민사회, 혼종성 그리고 "'문화연구'의 정치성"

가르시아 칸클리니에 관하여

5장 | 시민사회, 혼종성 그리고 "'문화연구'의 정치성"
가르시아 칸클리니에 관하여

하위주체연구의 관점에서 문화연구를 다루는 것은 2장에서 논의했던 문화횡단의 논의로 되돌아가는 것과 같다. 왜냐하면 문학이 고급문화라는 가정을 부정하는 문화횡단은 포스트식민주의 문화연구를 위한 이데올로기로서 사용될 수 있기 때문이다. 그렇다면 문화연구의 한계는 문화횡단의 한계와 같은 선상에 있을까?

　이 질문에 대답하기 위해 나는 '작은 이야기'로 시작하도록 하겠다 (이는 사실 문화연구 실행자들이 수행하면서 종종 비판을 당하는 일종의 '즉자적' 민속지학의 위험을 지니고 있다). 1996년 여름 나는 에콰도르 키토에 있는 안데스 대학의 라틴아메리카 문화연구 프로그램에서 대학원 세미나를 열었는데, 주제는 바로 네스토르 가르시아 칸클리니의 『혼종문화』였다. 학기의 중간 즈음에, 에콰도르 육상선수가 올림픽에서 금메달을 땄다는 소식——이 나라의 역사상 최초의 금메달이었다——사이로 한 가지 센세이셔널한 이야기가 뉴스에 나왔다. 두 여성 메스티소 쿠란데라 혹은 민간치료사curandera/healer가 남쪽 고지대의 원주민 마을 사람들에게 고소를 당했는데, 이 마을에서 일어난 일련의 죽음이 이들 때문이었다는 것이다. 치료를 받고 많은 돈을 지불했으나 죽은 환자 중 적어도 몇몇은 다른 수단으로——즉 근대 혹은 전통적 방법에 의해——충분히 치료받고 회복할 수 있었다는 이유에서다. 마을의 회의에서 심문을 당하면서, 그들은 사실 돌팔이 사기꾼이었다는 것을 자백하였다.

'공중부양을 시킬 수 있다'던 쿠란데라가 실제로는 돌팔이라는 사실이 의미하는 것은 내가 미처 대답할 준비가 되어 있지 않은 질문이었다(하지만 안데스 대학에서 이 사건을 연구하는 한 의료 인류학자는 서구에서 의사와 돌팔이를 구별하듯이, 전통의학에 정통한 쿠란데라와 가짜를 구별하는 근거가 존재한다고 나에게 말해 주었다). 더 흥미로운 것은 범죄가 다루어지는 방식이었다(마치 미국의 O. J. 심슨 재판이 생중계로 미국 전역에 전파를 타고, 샤먼에서부터 인류학자나 변호사 등 각계각층의 다양한 명사가 이 사건에 나섰던 것을 생각해 보라!).

마을 사람들은 이 범죄가 공동체의 통합에 나쁜 영향을 미쳤다는 것을 근거로 이들을 처벌하기를 원했다. 국가와 지방 당국은 사기라는 시민범죄의 명목으로 재판을 위해 이들을 가까운 도시로 데려가야 한다고 했다. 그러나 이것은 마을 의지에 반하는 것으로 이 여성 민간치료사들을 구조하기 위한 경찰 혹은 군대의 행위로 해석할 수도 있다. 왜냐하면 마을 사람들은 이들을 넘겨주는 것을 거부했기 때문이다. 도지사는 마을 사람들에게 잘못된 쿠란데라를 판결하도록 신중하게 허용하면서 도시로 데려오려는 계획을 접었다. 마을 사람들은 당국이 걱정한 것처럼 여자들을 죽이지는 않았다. 대신 옷을 벗기고 채찍질을 한 뒤 그들을 마을 밖으로 쫓아냈다.[1]

---

1) 스페인 문학 전공자들은 이 사건에서 이사벨과 페르난도 시절의 절대왕정 형성과 농민봉기

이 에피소드는 세미나 내에서 토론과 논쟁의 주제가 되었다. 몇몇의 여성들은 쿠란데라들에 대한 마을 주민들의 잔인한 처벌에서 여성에 가해지는 폭력에 대한 관용——시민적 권리의 관점에서 여성 조직이 제기해 온 에콰도르 사회에 일반적으로 퍼져 있는——을 읽어 낸다. 즉, 공식적 법리를 따라야 한다고 주장한다. 다른 학생들은 에콰도르 국가와 시민사회(하버마스의 이름이 여기에서 명백히 언급되었다)의 '약한' 기반을 반영하고 또한 동시에 이에 기여하기도 하는 마을이 여성 쿠란데라들을 처벌하는 것을 허용해야 한다고 생각했다. 반면, 세미나에 참여한 두 명의 원주민 참여자들은——한 명은 사건이 발생한 지역 출신인데——사기 사건에 대해서 법률적으로 처리하려는 것은 가짜 쿠란데라가 일으킨 해악과, 그 해악에 대한 마을 사람들의 인식(이것들이 처음에는 분리될 수 있다고 가정하면서) 모두에 부적당하다고 주장했다.

그러나 세미나에 참여한 우리 모두는 이 사건이 가지는 잠재적 역설을 인지하고 있었다. 라틴아메리카 국가 형성의 성격상, 헌법의 우선성과 법의 규칙은 몇 가지 측면에서 그 반대, 즉 독재적 혹은 '예외적인' 체제와 연결되어 있다. 역사적으로 라틴아메리카의 군대는 제도적, 그리고 그 정당성을 어디에 두더라도 부분적으로 헌법에 저항하는 이들과 공동체에게 이 헌법을 강제하는 프로젝트로부터 유래한다.[2] 예를 들어, 선지자 안토니우와 브라질의 카누두스의 농민 유토피아에 대한 군사작전

에 관한 로페 데 베가(Lope de Vega)의 유명한 연극 「푸엔테오베후나」(Fuenteovejuna)와의 유사성을 알아챌 것이다.
2) 이에 대해서는 다음의 책을 참조하라. Ricardo Salvatore, "Stories of Proletarianization in Rural Argentina, 1820~1860", eds. José Rabasa, Javier Sanjinés and Robert Carr, *Subaltern Studies in the Americas*, a special issue of *Dispositio/n* 46, 1994[1996].

은 『오지에서의 반란』Rebellion in the Backlands이라는 에우클리지스 다 쿠냐Euclides da Cunha의 19세기 고전과 마리오 바르가스 요사의 소설 『세계 종말 전쟁』The War at the End of the World의 주제로서, 명백히 '법이 존재하지 않는' 공동체 혹은 법 너머의 공동체에 대해 브라질 연방 국가의 권위를 부여하려는 작전이었다.

쿠란데라의 사건에서 과연 누가 옳은가? 근대 혹은 전통? 마을 혹은 국가? 법과 규칙의 원칙(하지만 누구의 법인가)? 시민사회 혹은 국가? 여성의 권리에 관심을 가진 조직 혹은 원주민 정체성과 자치에 관심을 가지는 사람들——이 양자가 시민사회의 영토 내에서 작동한다고 말할 수 있는가? 이 경우에 여성의 권리를 주장하는 것은 원주민들의 권리의 주장과 배치, 모순되는가, 혹은 반대인가? 실제로 마을의 행위는 일반적으로 이해되는 것처럼 시민사회의 일부인가?

카누두스와 브라질 국가의 분쟁에서 나는 국가에 대항한 선지자 안토니우와 그의 지지자들이 '근대와 진보'에 대항한 행위에 동의를 보냈을 것이다. 바르가스 요사는 『세계 종말 전쟁』에서 반대로 근대성의 이름으로 카누두스를 제거해야 하는 '비극적' 필요성을 그려 내고자 했다. 쿠란데라를 둘러싼 분쟁에서, 나는 마을의 주장과 여성에 대한 폭력에 우려를 표명하는 여성주의자들 양자의 편에 서 있다. 물론 나는 이러한 자세가 모순적이라는 것을 알고 있다. 그들을 통합하는 것은 각각의 경우에서 나는 하위주체의 위치에 서 있다는 것이다. 뿌리 깊은 인종차별적인 사회에서 원주민의 위치, 뿌리 깊은 남성 우월주의 사회에서 여성의 위치를 의미한다. '민중'의 문제는 어떻게 다른 편의 주장을 부정하지 않으면서 각각의 주장을 지지하느냐 하는 것이다.

시민적 법에 의해 통치를 받는, 하지만 국가의 직접적인 감독 아래 있지 않은 자치권을 지닌 개인들 사이에 자유로운 결합과 관계로서 이해되는 시민사회의 개념은 최근의 사회이론에서 실용적인 성격을 획득했는데 이는 유럽에 기원을 두면서 유럽의 주변부로 흘러들어 갔다. 마흐무드 맘다니Mahmood Mamdani는 이러한 이동이 두 가지 분석 불가능한 가정에 기초하고 있음을 지적한다. ① 시민사회는 유럽에서와 같은 방식으로 포스트식민주의 사회에서 완전한 형태로 구성되어 존재한다. ② 민주화 이후의 주요한 힘은 시민사회와 국가의 길항인데 탈식민지 사회는 충분히 발전된 혹은 강한 시민사회가 부족하다.[3]

시민사회 개념에 대한 최근의 권위는 부분적으로 1980년대 동부 유럽과 소비에트연방에서 반-소비에트 운동을 위한 이론적 설명을 위해 사용한 데서 유래한다. 그 주장은 대체로 다음과 같다. 자유주의-민주주의적 성향을 지닌 독립된 정당이 허용되지 않았기 때문에(모든 정당이 본질적으로 국가의 창조물일 것이다), 실제로 존재하는 공산주의 사회의 중심적인 정치적 모순은 가족, 종교 조직, 비공식적 네트워크, '연대'와 같은 초-공식적 노동조합, 사미즈닷samizdat(지하출판), 신사회운동 등과 같은 시민사회와 그것의 모든 기능과 형태를 자신에게 귀속시키기를 원했던 당-국가 사이에 있다.[4] 시민사회 범주를 특권화시키는 것이 국가가 사회를 조직하는 능력, 즉 자본주의에서나 사회주의의 형태로 근대성을 생산

---

3) Mahmood Mamdani, *Citizen and Subject: Contemporary Africa and the Legacy of Late Colonialism*, Princeton: Princeton University Press, 1996, pp.13~23.
4) 주요한 텍스트는 다음과 같다. Anthony Arato and Jean Cohen, *Civil Society*, Cambridge: MIT Press, 1993. 시민사회의 개념에 대한 유용한 계보학은 다음을 참고하라. Dominique Colas, "Civil Society: From Utopia to Management, from Marxism to Anti-Marxism", ed. Valentin Y. Mudimbe, *Nations, Identities, Cultures*, Durham: Duke University Press, 1997.

하려는 능력에 대한 '포스트모던'적 환멸에 연결된다는 것은 두말할 필요가 없다. 따라서 행위자는 국가에서, 시민사회에서 자치적으로 작동하는 세력에게로 이동한다. 즉, 사적영역에서의 '문화'로 그리고 '시장'으로 이동함을 의미한다. 이런 측면에서, 시민사회-국가라는 이분법의 우익적 절합은 신자유주의이고, 그 좌파적 결합은 신사회운동이나 푸코주의적 미시정치학으로 실체화된다.

국가와 하위주체의 합치불가능성으로 인해, 시민사회는 그 자체로 하위주체와 인접한 것으로 보인다. 그러므로, 예를 들어 그람시는 "(하위주체의) 역사는 시민사회의 그것과 상호 교직된다"라고 주장한다.[5] 하지만 만약 시민사회 개념에 대한 현재 권위의 상당 부분이 공식 정치의 영역에서뿐 아니라 문화적-윤리적 영역에서 '지위의 전쟁'을 위해 싸워야 한다는 그람시의 주장으로부터 왔다면, 시민사회와 국가의 구별에 대해 가장 많은 비판의 언급을 한 사람도 다름 아닌 그람시였다. 「현대의 군주」The Modern Prince라는 제목으로 묶인 수기에서 그람시는 신자유주의의 원조가 되는 형식을 이른바 '레세 페laissez-faire/let do(방임) 자유주의'로 명명했다. 그람시는 이것의 주요한 사고가 "경제적 활동은 시민사회에 속하며 국가는 그것을 규제하거나 개입하지 말아야 한다"는 것이라고 썼다. 하지만 국가와 시장의 구별은 여기서 '유기적'이라기보다는 '단순히 방법론적'이다. "실제로 시민사회와 국가는 하나이며 동일"한데, 왜냐하면 "방임 역시 입법과 강제적인 수단에 의해 소개되고 유지되는 국가적 '규제'의 형태이기 때문이다. 자신의 목적에 대해 의식하는 미묘한 정

---

5) Antonio Gramsci, *Selections from the Prison Notebooks*, eds. and trans. Quintin Hoare and Geoffrey Nowell Smith, New York: International, 1971, p.52.

책으로 결코 자발적인 것이거나 경제적 사실의 자동적인 표현이 아니다. 그것은 정치적 프로그램이다".[6]

『옥중수고』의 영국판에서, 퀸틴 호아레Quintin Hoare와 조프리 노웰 스미스Geoffrey Nowell Smith는 그람시의 국가/시민사회 관계의 다양성에 관해 잘 요약하고 있다. 그들은 그람시의 시민사회는 국가에게서 권리를 넘겨받기 전에 종종 헤게모니 프로젝트에 의해 정복당하며, 다른 경우에 있어서는 국가에 의해 정복당하거나 지배를 당한다고 지적한다. 종종 시민사회는 '문화'이며 사적인 영역(가족, 종교, 개인적 내부)으로 정의된다. 다른 경우에 있어, 그것은 '경제행위의 방식' ──소유권에 대한 개인주의──을 의미하며, 국가의 '바깥'에 존재하고 서로 반대되는 위치에 있다고 한다. 또 다른 경우는 그람시가 '국가의 윤리적 내용'이라고 부른 것이다. 호아레와 스미스는 다음과 같은 결론에 이른다. "그람시는 유일하고 모든 부분에서 만족스러운 개념의 '시민사회' 혹은 국가를 찾는 데 성공하지 못했다. …… 국가는 시민사회를 경제적인 구조에 순응하도록 하는 도구이지만, 여기서 국가가 이것을 '기꺼이 하려는 의지'를 가지는 것이 필요하다. 즉, 경제 구조에서 일어나는 변화의 대표자들을 국가의 통제하에 두도록 말이다."[7]

이 다양함은 명백히 어떻게 헤게모니가 유지되는가에 대한 질문과 관련이 있으며, 가치, 사회형태, 생산관계에 대한 헤게모니의 상호효과와 관련을 가진다. 그러나 그들은 그람시가 제기한 시민사회의 자치적 성격을 칭송하지는 않는다. 기껏해야 그들은 당-국가가 모든 경제영역 그리

---

6) Gramsci, *Selections from the Prison Notebooks*, p.160.
7) *Ibid.*, pp.207~208.

고 모든 혹은 대부분의 독립 시민 조직이나 행위형태를 통제하는 전체주의적 야심에 대한 사전경고 정도로 읽는다. 하지만 그들은 국가의 통제 ─즉, 헤게모니─ 가 종국에 시민사회 그 자체의 활동에서 위기에 처한다는 것을 부정하지 않는다. 반대로 시민사회를 형성하는 것이 바로 헤게모니다.

나의 '작은 이야기'로 돌아가자면, 적어도 두 가지 측면에서 가짜 쿠란데라에 대한 논쟁을 전제적 혹은 대표성이 부족한 국가에 대항해 시민사회를 부각시키는 것으로 파악하는 것은 분명히 잘못된 것이다. ① 부르주아의 법률성과 시장에 연결된 시민사회의 개념은 마을이 느끼는 해악의 정도와 그 해악을 치유하기 위해 제안한 수단 모두를 관통하는 것으로는 부적절하다. ② 그리고 이 경우에 있어서, 국가는 마을에 나쁜 짓을 하지 않았다. 이 사건을 집단적으로 판결하려는 것에서 마을은 시민사회에 **반대한/대항한** 공동체의 권리를 제기한 것이라고 볼 수 있다. 반대로, 세미나에서 농민들이 한 것에 대해 보인 몇몇 학생들의 놀라움이나 분노의 감정은 공동체(원주민, 시골의, 가난한 농민, 케추아어를 말하는)에 대항한 에콰도르 시민사회(중간 혹은 상위 계급, 도시, 근대적, 백인 혹은 메스티소, 스페인어 사용, 유럽과 자신을 동일시하는, '법을 준수하는')의 태도를 보여 준다. 적어도 한 가지 수준에서(그리고 그것은 널리 인정되고 있는 것처럼 극단적으로 복잡한 사건이다), 누가 가짜 쿠란데라를 판결하고 처벌할 권위를 가지는가에 대한 분쟁은 한편으로 시민사회와 다른 한편으로 하위주체 공동체와 계급(가난한 농민) 사이에 존재하며, 국가와 지방 정부가 이 경우에 중재자의 위치에 있다.

파르타 차테르지는 그가 "근대 유럽적 사회이론이 공동체의 독립적 서사를 억압이라고 부르는 것에 주의를 기울인다. 자본의 서사에서, 공동체는 정치화되기 이전의 역사, 자연에 가까운 원시적 사회 상태로 강등된다".[8] 식민세계에서, 시민사회와 국가의 이분법은 식민국가가 효과적으로 시민사회를 제도화하지 못하는 문제로 불거지는데, 왜냐하면 식민화된 주체를 완전한 시민으로 인정하지 못하기 때문이다. 결과적으로, "반식민주의 민족주의의 역사에서 중요한 균열은 식민화된 주체들을 시민사회의 일원으로 받아들이기를 거부하는 곳에서 시작한다".

식민화된 주체는 (시민사회가 아니라) 다른 서사의 공동체 내에서 민족 정체성을 형성하기를 원한다. 그들은 결과적으로 물질적인 것과 정신적인 것, 외부와 내부 사이의 구별에 의해 각인된 매우 다른 영토──문화적 영토──를 창조한다. 이 문화의 내부적 영토는 외부의 영역이 식민권력에 둘러싸여 있을 때조차도 식민지 국가는 출입이 허용되지 않는 민족의 주권적 영토로 선언된다. 이 시도는 …… 역사의 대서사에 반대하거나 교섭하면서 자신의 문화적 자원을 찾으려 하는데, 이를 통해서 다른 공동체에 사는 사람들은 이 커다란 정치적 단위 내에서 평화롭게, 생산적으로 그리고 창조적으로 공존할 수 있다.[9]

차테르지는 "동구유럽이나 이전 소비에트연방, 혹은 이 경우 중국에서 사회주의-부르주아 체제에 대항한 투쟁에 국가/시민사회의 대립항을 들이미는 것은 서구유럽의 역사를 복제하는 것 이상이 아니다"라

---

8) Partha Chatterjee, *The Nations and Its Fragments: Colonial and Postcolonial Histories*, Princeton: Princeton University Press, 1993, p.235.
9) *Ibid.*, pp.237~238.

는 결론을 내린다.[10] 그는 시민사회 개념이 근대성과 시민적 참여에 관한 규범적인 의미와 깊은 관련이 있다고 지적하는데, 이는 자신의 요구조건(문자화, 핵가족, 공식 정치와 사업 소식, 소유권 혹은 안정적인 수입 원천에의 관심)을 쟁취하기 위해 인구의 상당한 부분에 대해서는 시민권을 박탈하는 결과를 낳는다. 라틴아메리카 철학자로 글을 쓰면서, 엔리케 두셀Enrique Dussel은 "맑스를 포함한 많은 헤겔 철학자들이 인지하지 못한 어떤 것" 중에서 시민사회와 근대성 사이의 연관성에 대한 계보학적 측면을 드러낸다. 시민사회의 등장을 식민주의 자체의 기획으로 연결하는 '변증법적 자극'이 그것이다.[11] 두셀은 특히 헤겔이 『법철학』*Grundlinien der Philosophie des Rechts*에서 말한 다음의 두 구절에 주의를 기울인다.

> 변증법적 자극을 통해서 자신 자체를 초월하는데, 그러한 사회(자본주의 시장사회)는 첫째로 자신의 바깥에서 새로운 소비자를 찾는 경향이 있다. 이러한 이유로 그들은 풍부함, 혹은 일반적으로 산업 자원의 측면에서 자신보다 열등한 다른 이들 사이에서 움직이는 방법을 찾는다.

> 이러한 관계의 발전은 또한 우연적이거나 구조적인 방식으로 완전한 시민사회가 강제되는 방향을 향하여 식민화의 수단을 제공한다.

두셀은 다음과 같이 언급한다. "이 구절에서 헤겔은 이 수단(식민지)

---

10) *Ibid.*, p.238.
11) Enrique Dussel, "Eurocentrism and Modernity", eds. John Beverley, José Oviedo, and Michael Aronna, *The Postmodernism Debate in Latin America*, Durham: Duke University Press, 1995, p.73.

이 다른 이들로부터 빼앗은 것이라는 사실을 간과한다. 유럽의 주변부는 자본주의 발전의 모순에 의해 생겨난 가난한 이들이 식민지에서 그들 자신이 자본가 혹은 토지소유자가 되는 것을 허용하는 '자유의 공간'이다."[12] 여기서 핵심은 시민사회에 대한 헤겔의 사고는 소통이성에 대한 하버마스의 이상과 같이 (교육학적, 경제적, 위생적 등등의) '발전'의 필요성에 대한 믿음과 긴밀하게 묶여 있는 '획득된' 근대성을 요구한다는 것이다. 하지만 "헤겔과 마찬가지로 하버마스에게는 아메리카의 발견이 근대성의 구성적 요건이 아니다". 반대로, "아메리카의 정복과 근대 유럽의 형성 사이의 관계에 대한 인식은 새로운 정의, 근대성에 대한 세계적인 시각을 허용하는데, 이는 단지 근대성이 해방적인 것만이 아니라 또한 파괴적이고 인종청소를 단행했던 것이라는 부분을 보여 준다".[13]

구하는 식민지 이전 인도 대륙에서 관습적인 법과 전통의 형태가 일종의 문자 이전 시민사회를 성립시켰으며, 영국에 의해 강제된 식민국가는 이 시민사회 혹은 여러 측면에서 이에 반대하여 존재했다고 말한다. 이러한 형태는 그러므로 식민국가에 대한 저항의 장소로 기능할 수 있었

---

12) Dussel, "Eurocentrism and Modernity", p.74.
13) Ibid., pp.74~75. 국가가 그 내부적 모순을 식민지로 전이시킨다는 사고는 유럽의 정치학적 사고에서 적어도 마키아벨리까지 거슬러 올라간다. 도미니크 콜라스는 헤겔의 시민사회의 개념에서 부르주아에 의한 계급 지배와 식민주의-제국주의 사이의 관련성을 다음과 같이 설명한다. "독일어로 'koinonia politiké' 혹은 '시민사회'와 동일하게 사용되는 헤겔의 용어는 'Burgerliche Gesellschaft'이다. 'Burger'는 다중적 용어로 헤겔은 이 다중어를 잘 사용했다. 이것은 우선 도시의 거주민, 즉 시민적 권리를 즐기는 사람──예를 들어, 회사의 주인──을 지칭하며, 헤겔에 따르면 시민사회의 전형적인 일원은 프랑스어적 의미에서 그러한 '부르주아'다. 하지만 시민사회가 한 극단에서 부르주아를 만들어 내는 동시에, 다른 한편에서는 헤겔의 용어로 '평민'이 형성되며 이 둘 사이의 차이는 점점 커진다. 헤겔에 따르면 시민사회를 규범화하는 하나의 방법은 그가 평민의 잉여라고 부르는 이들이 나가서 식민지를 개척하는 것이다"(Colas, "Civil Society", pp.36~37).

는데, 국가는 시민사회를 완전히 정복하거나 지배력을 행사할 수 없었다. 식민지에서, 하위주체는 국가의 경계 가장자리나 밖, 혹은 그 틈에서 존재할 수밖에 없었다. 시민의 (법적-윤리적) 범주는 개인의 (도덕-공동체적) 범주와 함께 존재하지 않는다.[14]

여기에서, 그리고 **오직** 역사적으로 구체적인 맥락 안에서, 반식민지 투쟁은 때때로 구하에게는 국가에 대한 시민사회의 투쟁으로 개념화된다. 하지만 이 경우에 시민사회가 의미하는 바——집과 세계의 이분법 구도에서 '집', 민중의 '정신', '토착' 종교, 음식, 예술, 복식, 관습——는 차테르지의 공동체가 의미하는 바와 본질적으로 동일하다. 유사한 방식으로, 사파티스타가 오늘날 지방·국민정부에 대항하는 그들의 투쟁에 함께하자고 '멕시코 시민사회'에 호소할 때, 그것은 민주주의와 사회정의에 동의하는 멕시코 사회의 다양한 정체성을 지닌 그룹들과 앙상블을 이루는 것을 의미하며, 국가는 대자본가와 큰 정치 보스들의 과두정치를 의미한다.[15] 하위주체 부정성의 존재와 힘은 이 경우들에서 보듯 시민사회의 개

---

14) 이는 구하의 식민지 국가는 '헤게모니 없는 지배'에 관여한다는 사고에 기초한다. "유럽의 헤게모니 국가에서 부르주아가 모든 시민을 위해 말하도록 힘을 보태는 동의의 행위는 부르주아가 각각의 (토착적) 시민사회를 그들 자신에 동화시키려고 사용하는 면허증과도 같다. 하지만 그러한 동화도 외래의 권력이 시민 없이 국가를 통치하는, 시민의 동의보다 정복의 권력이 그 기본적 성격을 규정하는 곳, 따라서 지배의 형태가 결코 헤게모니를 획득할 수 없는 식민적 조건하에서는 약하게 진행된다. 결과적으로 식민국가와 자신의 시민사회에 의해 성립된 인도를 동일시하는 것은 성립하지 않는다. 후자의 역사는 언제나 영국 식민통치(Raj)의 그것을 넘어선다"(Ranajit Guha, "The Small Voice of History", *Subaltern Studies* 9, no.6, 1996, p.3). 이에 관련해서는 또한 구하의 초기 저작을 참조하라. Ranajit Guha, *A Rule of Property for Bengal: An Essay on the Idea of Permanent Settlement*, Durham: Duke University Press, 1995[1963].
15) 예를 들어, "멕시코 시민사회는 위기에 대한 평화로운 해결을 위해 범국가적 대화를 기도하는 차원에서 사파티스타를 포함하는 국제적 지지를 보여 주기 위해 '가상의 행진'이라는 방식에 호소한다. 멕시코시티로 행진하면서 사파티스타의 구성원들이 멕시코 시민이

넘을 사용함으로써 숨겨진다. 즉, 다르게 말하면 비록 개념이 문제적이라 할지라도 말이다.

어떻게 이것이 나의 '작은 이야기'와 관련이 있는가? 요점은 호세 호아킨 브루네르가 가브리엘 가르시아 마르케스의 『백년 동안의 고독』을 마콘도주의라고 언급한 것과 같이 또 다른 형태로 라틴아메리카의 '차이'를 찬양하려는 것이 아니다. 결국, 마을의 투쟁은 단지 '전근대적'인 문화적 정체성에 대한 것이 아니다. 문화 정체성과 권리에 대한 투쟁, 세계화 효과에 대한 경제적 투쟁은, 아르투로 에스코바르Arturo Escobar가 말했듯이, "하나이고 동일한 것. …… 자본주의 체제는 정체성이 사회화되는 가치 형태의 재생산을 방해한다. 또한 존재하는 문화적 행위들을 파괴하면서 발전의 기획은 문화적 확인에 필요한 요소들을 파괴한다".[16]

그 마을의 행위는 분명히 에콰도르 공식 시민사회를 통치하는 논리라기보다는 다른 시간-공간적 논리를 따른다. 두셀이 주장한 바대로 근대성이 시민사회의 완전한 발현을 의미한다면, 원칙적으로 필요한 조건은 바르가스 요사의 『세계 종말 전쟁』에서와 같이 쿠란데라를 처벌하기로 한 마을의 결정 그 자체의 공동체적 논리(가치, 이해, 정체성)에 대한 억압을 의미한다. 하지만 투쟁의 실제 결과는 또한 그러한 공동체적 논

라는 사실과, 따라서 헌법에 의해 공화국 내의 어디로도 문제없이 여행할 자유가 있다는 사실과, 멕시코 정부는 그들을 범법자 혹은 테러리스트로 간주하지 않는다는 사실이 주어질 때…… 멕시코 정부를 압박하여…… 사파티스타 협의회가 10월 7일 열릴 예정인 원주민 국민의회로 자유롭게 여행하도록 보장하게 하는 것은 매우 중요하다"(사파티스타의 이메일 행동 지침. Zapatista, "Cyberspace Demonstration, Support Zapatista Delegation to Indigeneous Congress", October 7, 1996).

16) Arturo Escobar, *Encountering Development*, Princeton: Princeton University Press, 1995, pp.170~171.

리가 근대성과 근대 국가와 '평화롭게 공존'할 수 있다는 것을 암시한다. 국가는 그러한 행위나 신념 체계를 없애거나 변환한다기보다는 비틀즈의 노래처럼 단순히 그냥 내버려 둔다(Let It Be). 하지만 이 같은 것이 일어나기 위해서는 국가를 역사의 주체로 구성하는 담론과 이해의 측면에서 변화가 요구된다. 하위주체연구가 제안하는 비평적-이론적 개입이 중요한 역할을 하는 것은 이러한 변화를 이끌어 내는 데 있다.[17]

지금까지 언급한 긴 우회를 통해 앞의 장에서 언급된 "문화연구의 '정치적' 성격"에 관한 스튜어트 홀의 핵심적 관심과, 내가 이 장에서 토론하기로 약속한 가르시아 칸클리니의 『혼종문화』로 넘어가 보자.[18] 가

---

17) 현재 볼리비아의 아이유(ayllu) 공동체에 대한 실비아 리베라 쿠시캉키의 연구는 그러한 개입의 모델이자 그에 관련된 복잡한 사안에 대한 조심스러운 참여적 모델이기도 하다. 리베라는 "자유주의자, 포퓰리스트 그리고 좌파가 자유주의적 민주주의 모델을 아이유 공동체에 강제하려는 시도는 실제로 민주적 실천과 제도가 생기고 발전하는 것을 방해한다"라고 주장한다. 그녀는 대신에 "근본적인 인간의 권리로서 다를 수 있는 권리에 대한 인정"을 요구한다. 그러나 동시에 그녀는 아이유 공동체 내에서의 갈등이 —예를 들어, 남성과 여성 혹은 젊은 세대와 기성세대 —빈번하며, 경제적 개인주의와 시장의 요구, 개인적 '권리'에 기초한 공식적 시민사회, NGO의 활동, 집단 생산과 아이유 공동체 자체 통제의 논리 사이의 복잡한 결합을 설명하려고 한다. 이러한 갈등은 또한 권력과 위신의 불평등을 포함한다. 따라서 우리는 하위주체의 문제가 '공동체' 대 국가 혹은 시민사회로 근본화될 수 없으며, 오히려 시민사회와 공동체 사이, 그리고 그 내부에서 일어난다는 결론에 이른다(Silvia Rivera Cusicanqui, "Liberal Democracy and Ayllu Democracy in Bolivia", ed. Jonathan Fox, *The Challenge of Rural Democratization: Perspectives from Latin America and the Philippines*, London: Cass, 1990). 이 부분에 대해서는 알베르토 모레이라스의 조언에 고마움을 전한다. 동일한 목적으로 19세기 벵갈 지방의 가난한 농민들 사이에서 형성된 서툰 낙태 현실과 여성의 자가-도움 네트워크에 대한 구하의 훌륭한 설명을 참조하라. Ranajit Guha, "Chandra's Death", ed. Ranajit Guha, *A Subaltern Studies Reader, 1986~1995*, Minneapolis: University of Minnesota Press, 1997.
18) Néstor García Canclini, *Hybrid Cultures: Strategies for Entering and Leaving Modernity*, trans. Christopher Chiappari and Silvia López, Minneapolis: University of Minnesota Press, 1995. 스페인어 초판은 *Culturas híbridas: estrategias para entrar y salir de la modernidad*, Mexico: Grijalbo, 1990.

야트리 스피박이 하위주체연구를 '우리 시대를 위한 전략'으로 정의한 것과 마찬가지로, 가르시아 칸클리니는 문화연구의 역할에 대한 전략적 관념과 라틴아메리카 사회에서 세계화의 효과라는 맥락에서 문화연구와 국가와의 관계를 발전시켰다고 말할 수 있겠다. (비록 이렇게 말하지는 않았지만) 베아트리스 사를로에게 가르시아 칸클리니는 '미디어 포퓰리스트'인 셈이다. 사를로와 달리, 가르시아 칸클리니는 고급문화에 의해 좌지우지되지 않는 소비자나 대중문화의 영역에 자율적인 창조성이 있다는 근본적인 전제를 받아들인다(반대로 고급문화로 인정되거나 고급문화로 받아들여진다면, 그것은 본래의 성격에서 탈구되어 반대항적인 힘을 잃어버리게 된다). 이것은 단순한 조종이나 상업화의 문제가 아니며, 오히려 상업화는 자율적 창조성이 작동하는 **수단**의 하나이다. 민중문화와 대중문화는 전적으로 분리된 전체가 아니다. 그것들은 더 이상 민족-국가라는 영토적 구도로 묶이지 않는다. 이러한 핵심적인 것을 수정함으로써 그것들은 시민사회라는 범주로 공존하게 된다.

가르시아 칸클리니는 라틴아메리카의 정치적 좌파가 앙헬 라마의 '지식인 도시'(라마 자신의 문화횡단 서사는 이 개념의 한 가지 예일 것이다)의 정치적·인구학적 한계와 동일하게 문화정치학에 있어서 '구텐베르크'적인 관념에 갇혀 있다고 주장한다.[19] 가르시아 칸클리니는 라틴아메리카에서 1960년대 혁명의 꿈에 참여했던 그러나 이에 실패한 후, 공산주의에 의해 중심적으로 대표되던 자본주의에 대한 대안의 몰락을 포

---

19) "문화정치학, 신자유주의를 비판하는 당, 사회운동은 문화에 대한 구텐베르크식 사고를 뛰어넘어 미디어 행위 전략에 지속적으로 참여하는 것이 요구된다"(García Canclini, *Hybrid Cultures*, p.190).

함하는 실제의 조건에 맞추어진 새로운 프로그램을 가지고 돌아온 세대에 속한다. 그러나 가르시아 칸클리니가 깨달은 것은 현대 멕시코와 같은 자본주의 사회에서도 국가를 정당화하고 조직하는 서사가 시민사회의 복합적인 논리와 더 이상 일치하지 않게 되었다는 문제에 직면한다는 사실이다. 실제로, 시민사회의 범주가 조명을 받으며 등장한 계기를 제공한 것은——가르시아 칸클리니에게 그람시의 '민족-민중' 개념의 위기와도 같은——세계화에 의해 야기된 민족-국가의 부적합성에 대한 인식이나 그 위기다. 즉, 그가 "소비자들의 해석적 공동체"라고 명명한 것처럼 부분적으로 민족적 범주에서 벗어난 것이다.[20] 그리고 민족-국가는 시민사회가 시민사회로서 작동하도록 허용하거나 시민의 권리가 최종적으로 국가적 그리고/혹은 세계적 시민법에 의해 규정되는 자율적 관계가 되는 것을 인정할 위치에 있지 않다.

가르시아 칸클리니는 일반적으로 국가와 국가형성, 근대화의 한계에 관한 자각이라는 포스트모던적 전환을 공유한다.[21] 그러나 특히 하위주체연구와 다른 지점은 주로 민중적 혹은 대중문화의 작용에 대해 그 스스로가 주로 정의하는 행위자에 대한 개념은 명백히 엘리트/하위주체에 함의된 강한 이분법을 초월하는 데 있다. 가르시아 칸클리니는 특

---

20) "시민사회를 재정의하는 주요한 쟁점은 …… 민족의 위기로서 발생한다. …… 시민사회는 영토적, 언어적, 정치적 통합체인 민족공동체로서의 성격을 점점 잃어 간다. 오히려 **소비자들의 해석적 공동체**로서 즉, 공유되는 정체성을 제공하는 식사, 스포츠, 음악 등에 관련된 취향과 동의를 공유하는 사람들의 통합체로서 나타난다"(Néstor García Canclini, *Consumidores y ciudadanos: Conflictos multiculturales de la globalización*, México, D.F.: Grijalbo, 1995, pp.194~195).
21) 특히 가르시아 칸클리니는 멕시코 국립 인류학 박물관이 "문화를 기념화하며 민족적 의례를 박제"하는 방식으로 멕시코의 유산을 전시하는 방식을 비판한다(García Canclini, *Hybrid Cultures*, p.120).

히 근대화와 근대성에 관련되어 일반적으로 이해되던 하위주체싱과 헤게모니의 '탈구조적'(본인이 이 용어를 사용하였다) 범주에 주된 관심을 두었다. 호미 바바와 마찬가지로 가르시아 칸클리니에게 민중문화의 역동성을 표현하는 범주는 하위주체성보다는 혼종성이다. 혼종성은 "전통과 근대가 혼합"[22]되는, 국가나 이데올로기적 국가장치Ideological State Apparatuses, ISAS보다는 시민사회에 위치하게 되는 사회문화적 형식을 지칭한다.

『혼종문화』의 핵심적 논의는 책의 중심이 되는 5장 「민중적 요소의 무대화」The Staging of the Popular에서 나타난다.

근대성의 구성적 과정은 정치적 방식으로 합쳐진 반대항들의 사슬로서 이해된다.

근대적	=	문화화된	=	헤게모니의
↓		↓		↓
전통적	=	대중(민중)적인	=	하위주체의

문화에 대한 문헌서지는 근대성을 장려하는 헤게모니 영역에 대한 본질적인 관심이 있다는 것과, 전통에 뿌리를 두고 있는 대중영역이 사라질 운명을 예고하는 경향이 있다. 이 반대항의 입장에서 근대화에 앞장선 이들은 역사 진보에의 약속을 통해 그들의 헤게모니적 위치를 정당화하는 도덕을 발명한다. 그러는 동안, 대중계급의 퇴행적 성격은 그들을 하위주체에 위치시킨다. 만약 대중문화가 근대화된다면, 또한 이는 실제로 일어나는데, 이것은 헤게모니를 가진 집단에게 전통주의자들

---

[22] García Canclini, *Consumidores y ciudadanos*, p.2.

은 아무런 출구도 대안도 가지고 있지 않다는 것을 확증하는 것이다. 이것이 바로 민중적인 것을 변호하는 이들이 보다 대중적이 되는 것을 지배자들이 방해하는 확실한 이유가 된다.

　　　[하지만—베벌리] …… 전통주의는 오늘날 헤게모니를 가진 사회적 계층에게 유행이 되었다. 그리고 전통에의 환호가 문화 영역에 국한되고 근대화가 사회적인 것과 경제적인 것에 특화될 때, 거의 아무런 갈등이 없이 근대적인 것과 합치될 수 있다. 이제 대중적 영역이 어떤 의미에서 그리고 어떤 목적으로 근대성과 접합되며, 그것을 추구하며, 전통과 근대성이 섞이는가에 대한 질문을 해야 하겠다. 첫번째 분석은 근대적/전통적, 문화적/대중적인 것의 대립항이 수공예 영역과 축제에서 어떻게 변화하고 재구성되는지에 관한 것이다. 다음으로 나는 도시 대중문화의 몇 가지 사례를 분석하도록 하겠는데, 근대적인 것을 추구하는 것이 대중적 영역의 생산 운동으로 나타난다. 마지막으로, 전통적인 것과 더불어 대중적이라 여겨져 왔던 것들이 어떻게 변형되는지를 살펴볼 것이다. 그들의 지역적 성격과 민족 그리고 하위주체와의 관련성도 더불어서 논의하도록 하겠다.[23]

　　가르시아 칸클리니에게, 대중문화와 근대성과의 관계에 대한 여섯 가지 테제는 이 논의로부터 발생하며, 그의 입장을 그람시의 주장과는 전혀 별개의 것으로 만든다. ① "근대적 발전은 전통적 대중문화를 억압하지 않는다." ② "농민과 전통문화는 더 이상 대중(민중)문화의 대다수를 대표하지 않는다." ③ "대중적인 것은 대상에 집중하지 않는다." ④

---

23) García Canclini, *Hybrid Cultures*, pp.145~146.

"대중적인 것은 대중 영역의 독점체가 아니다." ⑤ "전통에 대한 멜랑콜리한 기쁨으로서의 주체가 대중적인 것을 살리지 않는다." ⑥ "순수한 전통의 존재가 언제나 자신을 재생산하고 그 상황을 다시 만들어 내기 위한 가장 대중적인 요소인 것은 아니다."[24)]

가르시아 칸클리니에게 혼종성의 개념은 두 가지 약간 다른 것을 지칭한다. 첫째로, 그것은 미국과 접한 멕시코 국경도시 티후아나^{Tijuana}에 의해 대표된다(그러나 데리다의 개념에 따르자면 경계는 지리적인 국경뿐 아니라 국가의 내부로 함입한^{invaginated} 것과 비슷한 그 어떤 것을 의미한다). 이는 '경계' 상황에서 탈영토화나 세계화의 효과와 관련이 있는 것으로, 여기에서 다른 역사적 시간과 사회적 형성으로부터 발생한 문화적 요소가 접촉하고 결합한다. 『혼종문화』는 중요한 영역 ─ '탈영토화' ─ 을 포함하여 티후아나에 나타나는 문화적 갈등을 연구하기 위해 가르시아 칸클리니 자신이 참여한 다학문적 프로젝트의 결과를 요약한다 ─ 티후아나는 세계에서 가장 역동적이고 빠르게 성장하는 거대도시화를 보여 주는 도시 중 하나이다. 티후아나에 대한 가르시아 칸클리니의 'zero-degree' 비전은 다음의 구절에 잘 나타나 있다.

혁명로의 모퉁이에는 얼룩말이 서 있다. 실제로 그것들은 페인트를 칠한 당나귀다. 미국 관광객들은 그것들을 사진으로 담아 내는데, 뒷배경에는 멕시코 각지의 다양한 요소들이 혼재되어 있다. 화산, 아즈텍 전사들, 선인장, 뱀과 싸우는 독수리. "피라미드와 같이 남부지역에서 볼 수 있는 것들이 여기에는 없기 때문에, 그것들은 마치 '그링고'들을 위해 새

---

24) García Canclini, *Hybrid Cultures*, pp.153~168.

로 발명된 것처럼 보인다"고 그룹의 어떤 이가 지적한다. 다른 그룹은 "미국인들이 자신들의 신화를 국경을 가로질러 과거로, 황무지로, 말을 타고 갈 수 있을 것 같은 생각을 티후아나에 가지고 왔다"라고 말한다.[25]

가르시아 칸클리니는 그러한 배경으로 인해, 민족과 민족 통합의 서사(영토적, 언어학적, 상징적 등등)가 더 이상 문화적 시민권을 재현하거나 효과적인 문화적·교육적 정책을 디자인하는 데 도움을 주지 못한다고 생각한다. (오인meconnaissance이라는 라캉의 사고에서 자아의 상상적 통합을 창조하는 것과 같이) 민족이라는 사고와 그 실제 인구의 이질성과 그들이 살고 있는 '혼합된 시간' 사이의 접속의 끊김 혹은 오해가 존재한다. 그람시는 이 접속의 끊김을 민족적인 것과 민중적인 것 사이의 불일치라고 지적했다. 하지만 바바와 마찬가지로 가르시아 칸클리니는 명백히 이 언어를 거부하면서 이것이 여전히 전통/근대성이라는 이분법에 묶여 있다고 보았다. 그리고 그는 패스티시pastiche라는 포스트모던적 방식을 선호한다.[26]

혼종문화의 개념은 또한 가르시아 칸클리니에게 문화적 연구와 생

---

25) Ibid., p.236.
26) 예를 들어, "신그람시주의자들은 문화를 계급 간 정치적 투쟁과 구획의 공간으로 보기보다는 헤게모니를 위한 투쟁의 부분으로 본다. 따라서 이 모델은 자율성과 하위주체 영역에서 창의성과 저항의 능력을 강조하는 이들에게 사용된다. …… 이것은 일방향적인 그리고 유토피아적인 관점을 자극한다. …… 그들의 모델이 하나의 초패러다임으로 사용되고, 모든 사실의 총체를 실현하려는 민중적 전략을 고안할 때 그 어려움은 더 심각해진다. 헤게모니를 갖지 않은 모든 것은 하위적이거나 혹은 그 반대다. 따라서 다양한 계급의 상징적 운동이 가지는 헤게모니적인 것과 하위주체적인 것의 분류, 근대와 전통의 분류 아래서 정돈될 수 없는 과정을 양산하는 해석과 혼합의 애매한 과정들을 생략하는 결과를 가져온다"(Ibid., p.199). 또한 Ibid., pp.180~181도 참조하라.

산 분야의 전통적인 분화를 깨뜨리는 것을 의미한다. 예를 들어, 고급, 중간, 민중문화 혹은 대중문화, 민중문화 그리고 민속문화 사이, 혹은 수제 생산과 대량 생산, 광고와 예술, 진품과 시뮬라크르 등등. 인문학과 사회과학에서 전통적 학제의 프로토콜은 세 쌍으로 구분되며(예를 들어 '문화화된' 영역에서의 예술 사학/민중-전통 영역에서의 인류학/민속학), 문화적 혼종성은 결과적으로 문화에 대한 혼종적 혹은 다제적 방법을 요구하는데, 들뢰즈의 방식으로, 가르시아 칸클리니는 이를 '노마드적 사회과학'으로 명명한다.[27] '노마드적 사회과학'은 문화이론에 대한 가르시아 칸클리니의 정의로 읽힐 수 있다.[28]

이를 바라보는 가르시아 칸클리니의 사고방식은 실제로 사람들이 문화를 경험하고 생산하는 복잡하고, '비순수한' 방식을 드러내는 데 장점을 가지며, 반면에 하위주체연구의 이분법은 인위적으로 지나치게 정치적인 정체성(헤게모니 대 하위주체, 전통 대 군중, 수공업 대 공장제, 또는 나 자신의 경우에 '문학에 반대하는' 하위주체)을 만들어 낸다. 가르시아 칸클리니는 특히 이 책 4장에서 토론한 바바의 주장과 일치하는데, 민족의 형태는 "사회적 적대주의라는 어떠한 사회적 계층 혹은 이분법적 구조화

---

27) García Canclini, *Hybrid Cultures*, p.2.
28) 혼종성의 개념에 대한 가르시아 칸클리니의 이중 절합은 『혼종문화』의 첫번째 멕시코판 표지의 이중적 이미지로 드러난다. 표지에는 미국과 멕시코 국경 사진이 담겨 있으며, 그 국경은 해변에서 끝난다. 영토성의 법적 한계가 만조 라인이기에, 간조 시에는 물이 빠져 멕시코와 미국을 큰 어려움 없이 건널 수 있다(사진은 피크닉용 아이스박스를 든 그러나 국경에 의해 서로 양쪽으로 떨어진 가족을 보여 주고 있다). 이 흑백 사진을 배경으로 일반적 창문의 형태를 가진 컬러 사진의 대비는 미학적 실용주의, 아우라를 가진 것과 탈아우라의 경계의 붕괴를 형상화한다. 같은 증거로 해변의 사진과 이 사진의 혼합은 고급문화와 민중문화의 가로지르기를 암시하며, 결과적으로 패스티시의 성격을 드러낸다. 하나의 예술 대상이 보여주는 불일치의 혹은 모순적인 미학적·문화적 기호 체계의 결합―이 경우에는 책의 표지―인 셈이다.

에 의해 재현된다기보다는 문화적 차이와 정체성화——성, 인종 혹은 계급——에 의해 절합되는 보다 혼종적인 성격을 가진다". 하지만 분류학으로서의 혼종성과 문화이론을 위한 규범적 개념——하나의 이데올로기로서, 다른 말로 하면 바바나 가르시아 칸클리니에서 나타나는 것——으로서 그것이 절합될 수 있는 가능성은 구별할 필요가 있다. 혼종화에 대한 가르시아 칸클리니의 개념은 문화횡단이 그 자체로 라틴아메리카의 정치성(들)의 본질로서 이전부터 존재해 온 사상인 혼혈mestizaje이나 크레올화에 연결되는 것과 마찬가지로, 말하자면 문화횡단과 친족 관계에 있다는 것을 분명하게 해두어야겠다(이 장의 서두에서 내가 제기한 문제에 대한 대답을 여기서 제시한다).[29] 그 차이는 앙헬 라마나 페르난도 오르티스와 같은 작가들은 문화횡단을 민족-국가가 근대적 형태로 자신을 만들어 나가는 과정에서 이질적 인구와 지역을 통합하는 능력을 배양하는 것으로 보았다. 반면에, 가르시아 칸클리니는 보다 포스트모던한 방식으로 혼종성을 국가의 가장자리에서 일어나는 것뿐만이 아니라, 어떤 의미에서는 국가에 반대하는 것으로 보았는데, 왜냐하면 국가와 ISAS의 대표성의 적합성에 대해 의문을 제기하기 때문이다. 따라서 가르시아 칸클리니에게 문화횡단의 장소는 고급문화——라마의 문화횡단 서사——로부터 민중 혹은 대중문화——오르티스가 강조한 일상 문화(음식, 옷, 사회언

---

29) 비록 그가 문화횡단을 명백하게 언급하지는 않지만, 가르시아 칸클리니는 혼종의 개념이 나온 연유를 다음과 같이 설명한다. "빈번하게 언급되는 **제설혼합주의**(sincretism), **혼혈**(mestizaje) 등의 용어가 혼종화의 과정을 지시하기 위해 사용된다. 나는 마지막 용어를 선호하는데 그 이유는 혼혈이 가지는 제한된 인종적 결합의 의미를 넘어서는 다양한 문화의 내부적 혼합을 포함하기 때문이며, 또한 거의 언제나 종교적 혼합 혹은 전통적인 상징적 운동을 지칭하는 용어인 '제설혼합주의'보다 근대적 형태의 혼종화를 선호하기 때문이다"(*Ibid.*, p.11, n.1).

어학, 대중 음악)——로 회귀한다.

가르시아 칸클리니의 주장에서 만약 혼종화가 시민사회의 역동성과 실제로 공존한다면, 혼종화와 상호연결되는 이론으로서 수사학적으로 기능하는 탈구조주의적 경향에도 불구하고 탈구조화되지 않은 이분법은 혼종성 그 자체의 개념을 구성하는 요소가 된다. 국가 대 시민사회라는 반대항에서 국가는 민족과 민족적인 것의 개념에서 일원적이고 환원론적이라면, 시민사회는 이질적이며, 변화하며, 자체적으로 창조적이고 (소비자의 선택과 시장이라는) 대중의지에 달려 있다. 2장에서 제기된 것처럼, 혼합이나 문화횡단의 개념에 민족-국가라는 역사적 목적론이 간접적으로 깃들어 있다면, 유사한 방식으로 혼종문화에는 탈국가적인 목적론이 숨어 있다. 왜냐하면 혼종화는 혼종에 발생하는 결합의 과정이 반드시 필요하며 문화이론가로서 가르시아 칸클리니가 일상생활의 실천에서 탈구조화하려 한 이분법적 반대항을 무너뜨리려고 하기 때문이다. 다른 말로 하면, 혼종화는 어떤 주체, 사회 집단 혹은 계급, 민족 혹은 지역적 정체성의 형성 과정에서 존재하는 모순이나 불일치라는 이전 단계의 변증법적 극복 혹은 초월의 과정으로서 기능한다. 이 경우에, 가르시아 칸클리니의 주장은 처음에 보이는 것처럼 반 혹은 포스트 모더니스트라기보다는 근본적으로 모더니스트다. 단순히 국가에서 시민사회로 근대화의 거점을 이동한 것뿐이다.[30]

문화연구에서 가르시아 칸클리니의 절합을 강조하는 것은 새로운

---

30) "국가의 마술적 변형에 대한 모든 환상을 수용하여, 프롤레타리아 혹은 민중 계급에게 다가올 모든 변화를 신뢰하는 이들이 직면했던 시기와 달리, 현재는 어떻게 국가와 시민사회의 역할을 재구성할 것인가를 볼 시기이다"(García Canclini, *Consumidores y ciudadanos*, p.189).

현실의 지식을 방해하는 전통적 학제의 틀을 깨뜨림으로써, 학제를 뒤섞는 실험을 허용함으로써, 우리가 새로운 방식의 사고와 그 결과로 새로운 방식의 커뮤니케이션과 교육적 정책을 생산할 수 있을 것이라는 데 기인한다. 또한 이것들은 법적·문화적 시민권의 개념을 확장시키는 데 일조한다. 리오타르의 『포스트모던의 조건』에서처럼, 이 기획은 현재 단계의 자본주의에서 '선과 악을 넘어' 새로운 삶의 조건 ──먹거나 자야 하는 것처럼 불가피한 어떤 것──을 가정한다. 리오타르와 가르시아 칸클리니 양자 모두에게 세계화에 반대하여 만들 수 있는 세계화의 '바깥'에 존재하는 것은 없다──'전통', '제3세계', '자연', 혹은 어떠한 대중문화의 자율적 영역이나 심오한 모더니스트적 해석학은 존재하지 않는다. 이는 더 이상 (지배적) 중심과 (지배를 당하는 혹은 하위에 위치하는) 주변의 관점 안에서 내부적으로 존재하는 관계에 대해 혹은 세계체제에 대해 생각하는 것은 불가능하다는 것을 말한다. 1960년대의 급진적 기획이었던 모든 것이 이제 이 공간에서 발생한다. 하지만 잠정적으로 세계화와 탈영토화가 새로운 학제적 넘나듦, 과학에서의 새로운 프로토콜과 학문 지식의 구조에 대한 수정을 요구하고 동시에 이를 가능하게 한다는 의미에서 바로 그 자리에서 발생할 수 있다. 문화연구에 관한 가르시아 칸클리니의 절합은 이제는 탈식민지 시대에 불가능하거나 바람직한 것처럼 보이지 않는 좌파의 정치적 실천에 대한 보완적 대용물로서 기능한다. 하지만 이것은 또한 우리에게 모든 희망을 포기하지는 말라고 이야기한다. 여전히 중요하고 긴급한 임무가 존재한다. 지식의 기반을 민주화하는 것, 새로운 형태의 문화적 대상과 담론을 생산하고, 미디어 교육을 위한 프로그램을 개발하는 것, 또한 대학원생들에게 텔레노벨라나 마돈나와 같은 주제에 관해 연구할 공간을 제공하는 것과 같은 어떤 것이 될 수 있다. 학문적 의미에서 세계화 시대에 문화가 어떤 것이고 어떻게 기능하는가를 인지한다면, 이전 자본주의 발전 단계에 상응하는 학제적 분할에 빠진 채 헤어나지 못하는 대신, 현재와 미래의 경향에 대한 '인식론적 지도화'를 제공할 수 있다.

하지만 여기 가르시아 칸클리니의 기획에는 내가 이전에 언급한 위험이 다시 나타난다. 일종의 포스트모던 민속지학이나 풍속주의가 되는 경향 말이다. '원시적'인 부족이나 농민을 연구하는 대신에, 이제 우리는 티후아나에 간다. 혹은 우리는 텔레노벨라를 분석하지만 여전히 밀림으로 들어갔던 이들과 동일한 시선을 가지며, 수많은 말로 우리 자신에게 "아하, 이 사람들, 새로운 타자들의 기이한 관습들을 보자고!"라고 말한다. 물론, 새로운 타자는 또한 우리 자신을 포함하는데, 현대문화의 분야에서 관찰자는 동시에 관찰되는 대상이 되기 때문이다——가르시아 칸클리니의 강점 중 하나는 문화연구의 작업에서 피드백이 되는 고리에 대한 그의 성찰에 있다. 가르시아 칸클리니는 민중문화에 대한 그람시의 개념화가 근대 이전 혹은 반근대적인 하위주체의 부정성을 (자본주의) 근대성에 관한 '민속'문화 혹은 전통의 급진적 저항이라고 본 부분은 정확하다고 보았다. 하지만 하위주체가 오직 전통이나 '민속'문화의 틀 내에서 작동하는 것만은 아니다. 그것은 오히려 근대성과 전통의 대립항을 포함하거나 그렇지 않은 이분법적 적대주의의 논리 안에서 작동한다. 그람시의 오류는 첫째로 하위주체가 문화적으로 타자가 됨으로써만——즉, 문화변용이나 문화횡단에 의해 지배문화를 자기 자신에 통합시킴으로써만——헤게모니를 가질 수 있다고 가정하는 것이며, 둘째로는 지배적 문화가 반드시 근대적이라고 보는 것이다. 그럼에도 불구하고, 가르시아 칸클리니는 '하위주체/지배'의 구별을 무너뜨리고 '민중적/문화화된' 그리고 '전통적/근대적'이라는 구별로 이동했기에, 그는 어떻게 하위주체의 역동성이 근대성과 혼종성 내에서 계속 작동하는가를 분별하지 못한다. 마리아 밀라그로스 로페스가 지적하듯이, 현대의 하위주체는 동시에 "목가적인 과거와는 아무런 공통점이 없으며 근대성의 규범적인 훈육의 상태로 포함되는 것에 저항하는 것 같다".[31]

가르시아 칸클리니에게, 구체적 지식인 그리고 새로운 학제간 연구 분야로서의 문화연구는 국가(그리고 초국가적인 유사-국가 조직)와 시민사회 사이에서 중재자 혹은 매개자로서 활동한다. 문화연구의 위치에서 국가에 질문하는 것은 문화연구가 국가의 '거울'로서 기능하기를 원하는 것으로, 국가가 무엇인가가 아니라, 국가가 무엇이 되어야 하는가에 대한 고차원의 형태를 추구하는 것이다. 가르시아 칸클리니 자신의 작업은 이론적 모델이자 동시에 실천을 위한 새로운 방법론을 제시한다. 하지만 호르헤 카스타녜다Jorge Castañeda의 『무장해제된 유토피아』*Utopia Unarmed* ——많은 방식에서 『혼종문화』의 동료가 된——에서 제안된 라틴아메리카 사회민주주의의 새로운 형태에서와 같이, 가르시아 칸클리니의 기획은 반대항의 공간을 창조하거나 그 시스템의 모순을 자극하는 대신에, 근본적으로 지배적 시스템 논리 내에 남게 된다. 더욱이, 그것은 민중-민주적 주체로부터 문화연구와 '이론'에 의한 그의 작업과 목표에서 정의된 새로운 종류의 구체적 지식인으로 행위자가 이동하는 결과를 가져온다.

계급이나 다른 형태의 사회적 불평등과 갈등이 사라지지 않았는데

---

31) María Milagros López, "Postwork Society and Postmodern Subjectivities", eds. Beverley, Oviedo, and Aronna, *The Postmodernism Debate in Latin America*, p.189.

(예를 들어, 문화적 생산과 자원에 접근하는 것에 있어서의 불평등에 관한 문제가 그에게는 생생하게 존재한다), 가르시아 칸클리니는 스스로를 여전히 좌파에 속한다고 생각한다.[32] 그러나 이분법적 '헤게모니 대 하위주체' 그리고 그람시적인 민족–민중의 몸체와 함께 진정으로 사라진 것은 구조적 변화, 보다 정확히 말하자면 구조적 개혁의 가능성이다. 가르시아 칸클리니에게 정치적인 것은 부분적으로 그 자체로 시민사회에 위치한 사회적 행위자의 문화주의적 측면으로 이동한다. 그러나 또한 '문화 내에서' 그리고 시민사회에서 갈등하는 사회적 모순과 투쟁 ─예를 들어, 작업장에서의 계급 투쟁, 인종적 혹은 공동체를 위한 투쟁, 세계화 내에서 보다 평등한 민족 혹은 지역을 위한(이전에는 소위 '반–제국주의'로 불리곤 했던) 투쟁, 평등을 위한 여성의 투쟁, 문화연구에 의해(혹은 그것을 위해) 호명된 새로운 사회적 주체로 보던 신사회운동의 미시정치학조차도─, 하위주체의 정체성 자체를 설명하는 지배와 종속, 모순과 부정에 지속적으로 기대고 있으며, 관련된 사회적 주체가 혼종화의 영토 내에서 작동할 때조차도 그렇다. 그들은 혼종적이라기보다는(혹은 혼종적인 만큼) 이분법적이다. 시민사회 그 자체는 하위주체/지배, 선/악의 이분법에서 하나의 극단이라기보다는, 하위주체/지배의 관계가 생산되고 재생산되는 공간인 셈이다.

만약 혼종화가 시장, 소비자의 선택 그리고 소유적인 개인주의와 공

---

32) 예를 들어, "상징의 전통적 교환은 국제적 소통의 순환구조로서, 문화산업, 이주, 정체성과 민족에 관한 질문, 주권의 수호 그리고 지식과 예술의 불평등한 전유는 사라지지 않는다. 신보수주의적 포스트모더니즘이 보여 주듯이 갈등은 지워지지 않는다. 그들은 다르게 보여지고 보다 다중적이며, 각각의 문화의 자율성은 종종 근본주의적 위험성을 통해 재고된다" (García Canclini, *Hybrid Cultures*, pp.240~241).

존한다면, 그 자신의 작업이 좌파 기획을 재형식화하는 데 공헌한다고 주장하는 가르시아 칸클리니 자신의 도전에도 불구하고, 원칙적으로 혼종화는 세계화와 신자유주의 헤게모니와 양립하는 결과를 가져온다. 실제로 시장의 메커니즘을 통한 문화적 혼종화는 좌파가 해낼 수 없는 것, 즉 정체성과 가치의 가장 기본이 되는 민주화를 성취해 내지 않는가? 가르시아 칸클리니는 『혼종문화』에서 제기된 이 질문에 대해 스스로가 『소비자와 시민』*Consumidores y ciudadanos*에서 대답한다. 이 책의 주요한 목적은 "신자유주의적 패러다임의 숙명을 깨는 데 있다".[33] 가르시아 칸클리니는 시장의 한계를 명백히 인식하며 따라서 존재하는 민족-국가가 세계화가 가져온 훨씬 더 커다란 부정적인 영향력에 대항하거나 그것을 수정할 능력을 배양해야 한다는 데 공감한다. 그러나 그의 주장이 가지는 논리는 순환적이다. 소비는 시민권이 현대사회에서 행사되는 핵심적 장소이며 그렇게 되어 가고 있다(이 책의 중심적 사고는 소비가 일종의 사고의 행위로서 긍정적으로 기능한다는 것이다). 그러나 그것이 사실이라면, 분명 소비와 가장 폭넓게 소비자의 가능성에 접근하는 것을 보증하는 것은 국가 그리고/혹은 지역 통합체의 책임이다——'민족'의 문화생산물을 포함하는(멕시코 영화나 대중음악과 같은) 것은 마찬가지로 문화 수출 상품으로 기능할 수 있다. 세계화는 지역 생산가와 생산물을 파괴하고 주변화함으로써, 그리고/혹은 사람들의 삶의 기준과 그들 소비의 가능성을 협소화함으로써 이러한 종류의 문화적 시민권에 잠재적인 위협으로 나타난다.[34]

---

33) "유럽의 현재 논쟁에서 신자유주의의 패러다임을 넘어서려는 시도를 본다"(García Canclini, *Consumidores y ciudadanos*, p.88).

이러한 동일화의 위협에 대한 대응으로, 가르시아 칸클리니는 『소비자와 시민』에서 부분적으로 지방화되고 지역화된 문화연구의 작업에 기반한 라틴아메리카의 '지역적 연합주의'라는 아이디어를 제시한다. 그러한 기획은 문화정책의 활동적인 성격을 부각시키는데, 소비에 대한 접근 불평등을 제거하고 공적, 사적, 세계적 그리고 지역적 영역 사이의 행위를 조절하는 데 보호 혹은 특별한 후원을 요하는 문화적 생산의 영역에서 국가의 개입을 포함한다.

하지만 알베르토 모레이라스가 지적하듯이, 지역적 연합주의에 관한 가르시아 칸클리니의 사고 ─ 혹은 모레이라스 자신의 '비판적 지역주의'(케네스 프램튼Kenneth Frampton으로 시작해 프레드릭 제임슨을 경유해 만들어진 용어) ─ 는 지역이나 지방의 힘이 세계화 시스템에서 라틴아메리카 사회의 상대적인 약점을 가진 상황에서 비롯된다는 의미에서, 이분법을 제거하려는 의도로 시작한 담론의 심장에서 하위주체/지배라는 이분법을 재사용하게 된다. 라틴아메리카가 중심부에 대한 인식론적 우위를 주장할 수 있다면, 그것은 이러한 약점 때문이다. 모레이라스는 이런 방식으로 정리한다. "라틴아메리카 문화연구는……라틴아메리카 지역에 기반한 지식을……세계화의 맥락에서 라틴아메리카 하위성의 차이에 대한 지식을 주요하게 포함시키려는 체계적인 노력으로 이해된다.……지역적 관점으로부터 비롯된 문화적 소비를 의미하는 사고로서 '비판적 지역주의'는 지역적, 지방의 정체성이 세계화 시대에 자리 잡도

---

34) George Yúdice, "Civil Society, Consumption, and Govermentality in an Age of Global Restructuring", *Social Text* 14, no.4, 1995. 그는 "이 사회가 더 이상 그러한 사고를 소비 능력이 부재한 시민적 권리와 민주주의로서 받아들이는 것을 불가능하게 하는 역사적인 문턱에 다다랐다"라고 주장한다(Ibid., p.20).

록 하는 전략하에서 소비를 저항하는 사고로 이해하는 독창적인 용어이다."[35]

그러나 모레이라스 또한 적당히 넘어가는 부분이 없지 않다. 그가 주장하는 하위주체 지역주의가 '부정' 혹은 '비판적' 성격을 가지는 반면에, 그 지역의 특수성은 (완전하게는 아니지만 소멸해 가는) 차이를 소비함으로써 신자유주의의 재생산에 봉사하는 측면이 분명히 존재한다. 게다가 만약 '지역적 독창성', '부정적 균열', '혼성화된 시간', 혼종성, 문화횡단, '이질성'과 같은 것들이 모든 사회, 모든 시간 그리고 모든 장소에서 일반화될 수 있다면, 그것들은 자체로 라틴아메리카 사회와 민족-국가의 구조적 특별함을 표현할 수 없으며, 그들 내에 계속적으로 우세한 하위주체성과 지배의 관계를 통해 세계체제에서 하위주체로 계속 남게 된다(혹은 그것들은 하위주체가 되는 과정으로 접어든다).[36]

문화연구는 최초로 사회적 평등을 아카데미 투쟁 내에서 (우리가 두 가지 의미에서 사용하는) '재현하려는' 노력으로서 그리고 학계 바깥에서 일어나는 것을 인식하려는 노력으로 생겨났다. 반대로 가르시아 칸클리니는 우리 사회를 괴롭히는 착취, 불평등, 통치불가능성의 문제에 대한 학제적 해결을 제시한다. 그의 프로젝트는 국가 대 시민사회의 대립에 모든 다른 대립과 모순을 포함시키며, 문화연구를 새로운 종류의 국가/비정부기구 실천을 위한 자율적 모델로 승격시키면서 이 대립과 모순의 구도를 약화시킨다. 우선적으로 특권을 가진 혹은 하위에 위치하는 정체

---

35) Alberto Moreiras, "A Storm Blowing from Paradise: Negative Globality and Latin American Cultural Studies"의 초고에서 인용.
36) 이에 대한 정보를 제공해 준 우고 아추가르에게 고마움을 전한다.

성을 구조화하는 권력관계가 유발하는 상호작용 속에서 생산의 지배적 방식을 형성하고 마찬가지로 이에 놓인 관계에 어떤 변화도 없이 이러한 문제를 단순히 '생각함으로써' 왜 결론에 도달할 수가 없는지 이해해야 한다. 따라서 이러한 인식은 문화연구와 좌파의 기획 사이에 놓인 관계를 전략적으로 사고하는 것을 요구한다. 이런 측면에서 가르시아 칸클리니의 제안에서 가치 있는 점은 좌파가 문화와 정치학의 '구텐베르크'적 사고를 넘어서야 한다는 필요성을 강조한 것이다. 특히, 대중 미디어의 영토에서 활동하기 시작해야 한다는 필요성에 관한 역설이다. 마찬가지로 고려해야 할 점은 가르시아 칸클리니가 혼종성의 개념에서 강조하는 '혼합된 시간'의 사고로서, 이는 정치적 행위자와 개입에서 역사가 결코 직선적이지 않다는 역사관, 즉 비역사주의적 역사관을 제안한다. 좌파의 기획이 더 이상 동질적이거나 '근대화'의 동질화 서사에 묶일 필요는 없다('혼합된 시간'은 알튀세르와 그의 그룹이 분석한 바와 같이 문제적으로 어떤 사회의 지배적 생산양식의 아래 생존하면서 여기에 개입하여, 지배적인 생산양식과 경쟁하는 이데올로기적 초구조의 문제를 시간성과 문화에 결합한 것이다).

여기서 나는 문화연구가 또한 포스트식민주의적 의미에서 행위자 시민권과 세계화에의 '참여'의 방향을 제시할 수 있다는 것을 상기하려고 했다. 이러한 관점에서, 문화연구는 가장 번성한 연구가 되었다. 루틀리지Routledge출판사의 '문화연구 읽기 시리즈'를 평가하면서, 제임슨은 '문화연구라 불리기를 원하는 욕망'에 대해 말하며, 문화연구가 가진 욕망을 "이론적으로 새로운 학제를 만들기 위한 것이라기보다는 '역사적 블록'을 구성하려는 기획"이라고 묘사하였다.[37] 만약 내 논의가 옳다면, 그러한 역사적 블록의 형성——즉, 신자유주의의 헤게모니를 변화시킬 능력──이 문화연구에 기대고 있지만, 문화연구 그 자체를 가지고는 이루어 낼 수가 없다는 것이 나의 주장이다. 하위주체연구를 통해 비판적으로 문화연구에 대한 문제제기가 이루어져야만 그 목표에 도달할 수 있다.

---

37) Jameson, "On 'Cultural Studies'", *Social Text* 34, 1993.

6장
영토성, 다문화주의 그리고 헤게모니

민족의 문제

6장 | 영토성, 다문화주의 그리고 헤게모니
민족의 문제

안토니오 그람시에 따르면 "하위계급은 그 정의상 통일되지 않으며 그들이 '국가'가 될 때까지는 통일될 수 없다".[1] 사실이다. 하지만 만약 하위계급과 그룹이 헤게모니를 획득하고, 이미 헤게모니를 가진 상황이 된다면, 그것은 어떤 의미에서 구 통치계급과 지배문화는 패배했음에도 불구하고 승리한 것이다. 어떻게 하위주체 의식의 부정성이 헤게모니로 옮겨 가는가? 이것은 바로 하위주체/지배의 이분법 비판에 대해 네스토르 가르시아 칸클리니와 호미 바바가 제기한, 앙헬 라마의 문화횡단 사고에 의한, 그리고 플로렌시아 마욘이 페루와 멕시코의 근대 국가 성립 시에 농민과 농민공동체의 효과적인 존재를 역사의 기록으로 읽으려 했던 시도를 통해 제기되는 문제다. 하지만 이 질문에 대한 그들 자신의 대답은 우리가 토론하였듯이 여러 면에서 불충분한 것이었다.

아마도 우리는 다음과 같이 질문을 재구성해야 할 것이다. 하위주체

---

1) Antonio Gramsci, *Selections from the Prison Notebooks*, eds. and trans. Quintin Hoare and Geoffrey Nowell Smith, New York: International, 1971, p.57.

와 민족-국가의 불합치성에 대한 인식에 기반한 민족의 형태와 민족주의에 대한 하위주체주의자들의 비판은 반드시 민족-국가와 그 기능을 재정의하는 데 공헌하는 것을 막는가? 혹은 하위주체연구는 탈민족주의의 일종인가? 라나지트 구하는 『기본적 성격』을 농민 도적 무리가 정치적인 것에 도달하기 이전 상태라는 에릭 홉스봄의 주장에 대한 비판으로 시작하면서, 대신에 그것은 식민지 시민사회에 의해 국가나 법적 형식으로 재현되기보다는 다른 방식의 정치학으로 이해되어야 한다고 주장한다. 이를 구하는 '민중의 정치학'으로 부른다. 하지만 구하는 또한 그것은 정치 이전 단계가 아니라, 그것이 체화하는 정치학에 한계가 있다는 것을 암시하는 방식으로 식민지 권력과 농민봉기와의 관계를 설명한다.

> [농민봉기는—베벌리] 아직 성숙한 긍정적인 관념의 권력이 성립되기 이전이며, 따라서 이에 따르는 대안적 국가나 일련의 법과 처벌 규칙이 갖춰져 있지 않다. 이는 물론 몇몇 보다 급진적인 농민봉기가 …… 실제로 적어도 어느 정도의 권력을 예상하고 그것을 복수와 결부된 거친 정의와 인과응보적인 폭력의 형태로 희미하지만 날것 그대로 표현한다는 것을 부정하는 것은 아니다. 그러나 그것을 넘어 반란자들이 그들 자신을 결합시키는 기획은 그 방향에 있어 부정의 성격이 지배적이다. 그 목적은 세계를 재구성하기보다는 그것을 뒤집는 것이다.[2]

문제는 농민봉기가 영국 식민통치의 정치적-행정적 공간과 관련이

---

2) Ranajit Guha, *Elementary Aspects of Peasant Insurgency in Colonial India*, Delhi: Oxford University Press, 1983, p.166.

있다는 것이다. 구하는 봉기는 근본적으로 두 가지 방식으로 영토성을 창조한다고 주장한다. 하나는 친족관계(혈연이나 부족관계에 있는)나 인종그룹이고, 봉기가 영토성과 연결되는 또 다른 방식은 '지역적 유대'로 인종그룹과 가까운 거리에 있는 다른 그룹 사이를 뛰어넘는 것이다. 농민들의 유토피아는 일반적으로 영토성에서 민족보다 하위의 형태로 기능하는데, 왜냐하면 법적 추상체로서의 민족(그리고 보다 엄밀히, 식민 혹은 탈식민국가)의 회복을 추구하는 것은 기억된 혹은 환상에 의한 다른 시공간에 대비되어 농민들에게는 적대적이고 비재현적인 공간으로 경험되기 때문이다.[3] 따라서 긴급한 "토지를 향한 싸움이 조국을 위한 보편적 투쟁으로 통합되면서"[4] 그것은 이후 인도의 민족주의 운동으로 성장하는데, "가장 강력한 농민봉기조차도 종종 지역적 경계를 뛰어넘을 수 없었다".[5] 이는 봉기가 이렇게 제한된 영토 내에서만 성공적일 수 있고 결국에는 식민국가라는 광범위한 권력에 의해 버려진다는 것을 의미한다(잘 알다시피 이와 유사한 문제가 아메리카에서도 일어났는데, 아이티를 제외하고는 도망친 노예들이 공동체를 건설하려는 노력은 극히 제한된 영토에서만 성공을 거두었다). 구하는 이렇게 결론을 내린다. "봉기의 장소는 민족의 장소로는 부족하다. 그리고 영토성의 두 팔은 …… 영국 식민통치에 대항한 저항에 제동을 걸 만큼 크지 않다. 좁은 지역주의는 결정적

---

3) 구하는 "[농민봉기에서—베벌리] 공간 범주의 상호연결성은 시간에 대한 감각이다. …… 나쁜 현재에 의해 부정되는 과거라는 상반된 한 쌍의 시간(이전/지금)의 일반적인 형태로 표현되면서, 과거를 미래로서 회복하는 임무와 함께 외래인에 대항한 투쟁을 부여하는 기능을 한다"라고 말한다(Guha, *Elementary Aspects of Peasant Insurgency in Colonial India*, p.291).
4) *Ibid.*, p.290.
5) *Ibid.*, p.278.

순간에 반란군의 승리를 방해한다."⁶⁾

구하가 묘사한 농민봉기에서 영토성의 이중적 결합은 그 성격상 민족보다 부차적이거나 그것을 뛰어넘는 규모인 현대의 사회적 투쟁과 운동에 있어 중요한 함의를 가진다.⁷⁾ 그럼에도 불구하고, 구하가 연구한 역사적 봉기들은 하위주체의 위치에서 헤게모니의 위치로 발전할 수 없었다. 그들은 지배에 대항하는 바로 그 행위에서 하위주체로 남는데, 왜냐하면 그람시가 이해했듯이 민족은 헤게모니와 일치하는 영토성의 형태였으며(반대로 민족은 어떤 측면에서 헤게모니의 **효과**이다) 현재도 그러하기 때문이다.⁸⁾

하위주체 영토성의 한계와 연관되어 정치적 문제는 하위주체 정체성 그 자체의 성격으로 구성된다. 하위주체에 대한 구하의 정의는 "종속에 대한 일반적 성격은 …… 계급, 신분, 나이, 성별과 직업 혹은 다른 어떤 방식의 용어로든 표현될 수 있는 것을 의미한다는 것은 사회적 정체성의 문화적 그리고 경제적 결정체임"을 강조한다. 생산관계의 의미에서 계급은 한 가지 결정요인이지만 그것 자체로 하위주체의 정체성을 구성하는 유일한 요소는 아니다. 하지만 이것은 미국 스타일의 정체성 정치학과 근본적으로 같다. 한 가지의 정체성은 다른 것과의 차이에서만 위치 지어질 수 있다. 구하가 하위주체를 민중과 일치시키기는 하였지만

---

6) *Ibid.*, p.331.
7) 이에 관한 예는 데이비드 슬레이터를 참조하라. David Slater, "Rethinking the Spatialities of Social Movements", eds. Sonia Alvarez, Evelina Dagnino and Arturo Escobar, *Cultures of Politics/Politics of Culture: Revisioning Latin American Social Movements*, Boulder: Westview, 1998.
8) 즉, 민족 혹은 민족-국가는 '물건'이 아니라, 일종의 개념이거나 베네딕트 앤더슨의 개념을 빌리자면 '상상의 공동체'다.

이 동일화는 실제로 4장에서 우리가 본 것처럼 조심스러운 것인데, 왜냐하면 민중은 잠재적으로 통합되고 헤게모니를 가진 사회 블록을 구성하며, 반면에 하위주체는 구체적으로 종속된 사람들을 지칭하기 때문이다.

이것은 우리를 다시 하위주체의 존재에 대한 복원과 하위주체 그 자체를 구성하는 담론의 탈구조화 사이에 놓인 하위주체연구 프로젝트 자체의 모순으로 돌아가게 한다. 예를 들어, 하위주체의 '목소리'를 회복하려고 하는 것은 마찬가지로 그 목소리를 지우는 것이라고 지적한 가야트리 스피박처럼, (예를 들어, 증언서사에서) 우리가 하는 재현의 방식에서 하위주체성의 공간에 그들의 목소리가 더 이상 들어 있지 않으며, 오히려 복화술사의 모조품과 같은 것이 되어 버리기 때문이다. 문제는 기안 프라카시Gyan Prakash가 말한 대로, "인간주의적 주체-행위자를 찾는 하위주체주의자의 노력은 종종 하위주체 행위자의 실패를 확인하는 것으로 끝난다. 봉기의 순간은 실패의 순간을 동반한다".[9]

그람시는 『옥중수고』에서 여러 번 반복하여 하위주체성과 헤게모니의 관계에 관한 질문을 제기한다. '철학 연구'라는 제목의 부분에서, 그는 맑스주의의 성격을 생산 방법의 서사와 그것의 불가피성, 보편성에서 아마도 가장 강력하게 표현되는 역사적 결정주의로 간주했다. 속류 맑스주의에 대한 그람시의 반감은 잘 알려져 있다. 하지만 그는 여기에서 결정론의 질문에 예상치 못한 접근법을 보여 준다. 그는 결정주의를 하위계급과 그룹 의식에 **포함되어** 있는 특징으로 본다. "어떻게 결정론적·숙명론적·기계적 요소가 (감각을 마비시키는 효과에서) 종교나 마약과 같이

---

9) Gyan Prakash, "Subaltern Studies as Postcolonial Criticism", *American Historical Review* 99, 1994, p.1480.

(맑스주의) 실천의 철학으로부터 발산되는 직접적인 이데올로기의 '향기'가 되어 왔는지가 연구되어야 한다." 하지만 그 결과로,

> 어떠한 사회적 계층은 '하위주체적' 요소에 의해 역사적으로 정당화되고 필요하게 되었다. …… 당신이 투쟁에서 주도권을 가지고 있지 못하고 투쟁 그 자체가 결과적으로 일련의 패배로 일단락될 때, 기계적 결정론은 도덕적 저항, 단결, 그리고 인내와 강인한 지속성을 엄청난 동력으로 삼는다. …… 실제로 일정한 이성의 역사는 원시적이고 경험적 형태의 열정적 종말론에 대한 믿음이라는 행위의 덮개를 쓰는데, 이는 예정론이나 신앙고백과 같은 종교의 섭리에 상응하는 대용물로서의 역할을 한다.[10]

하지만 만약 기계적 결정론[에 대한 신념]이 하위적 문화와 정체성의 한 측면——상위계급의 이상주의가 보여 주는 부정, 베르톨트 브레히트의 『거친 사고』 *Plumpen Denken*, 구하가 역사적 기록으로부터 복원한 것과 관련되어 농민봉기가 가지는 '의지'의 구성적 부분——이라면 그람시는 그것이 또한 투쟁의 과정에서 극복되어야 하는 것이라고 믿는다. 왜냐하면,

> '하위주체'가 직접적으로 대중의 경제적 활동에 책임을 진다면, 결정론은 어떤 순간에 굉장한 위험이 된다. '상황의 힘'의 경계와 지배는 제한된다. …… 만약 어제 하위주체의 요소가 작은 것이었다면, 오늘은 더 이

---

10) Gramsci, *Selections from the Prison Notebooks*, p.336.

상 작은 것이 아닌, 역사적 인물이며, 역사의 주인공이다. 과거 외부의 의지에 '저항'하는 역할에 국한되면서 하위주체의 책임이 크지 않았던 데 반해, 이제는 자신이 더 이상 저항하는 존재가 아닌 제안을 발의하고 실행하는 것을 요구받는 행위자라는 사실에 책임을 느끼기 때문이다.[11]

그람시에게 결정론은 그 자체로 계급 분할과 갈등을 이미 '결정된' 효과로서, 최종적으로는 운명주의적인, 더욱이 거의 종교적인 개념으로 이해하면서 노동자 운동에 제동을 건다.[12] 그의 전략은 스탈린주의와 소위 '생산력의 발전'과 사회주의의 성취 사이에 목적론적 연결을 강조하고, 역사적 '필요성'을 역설하는 소비에트 맑스주의 서사를 비판하는 것이다. 하지만 보다 근본적인 하위문화의 개념적 이해의—하위주체를 니체가 주장한 노예 도덕성의 범주와 동일화한—한계에 대한 전제가 되기도 하는데, 이것이 훨씬 더 문제적이다.

바로 이전 장에서 언급했듯이, 그람시는 하위주체를 '전통적', '민속적' 혹은 (가장 자주) '자발적'(가르시아 칸클리니가 하위주체성과 헤게모니의 범주를 동시에 포기하는 것이 필요하다고 생각한 이유가 여기에 있는데, 왜냐하면 그가 보기에 하위주체의 위치는 근대성에 의해 휩쓸려 간 전통이나 민중문화의 개념과 관련해서만 개념화될 수 있기 때문이다)인 것으로

---

11) Gramsci, *Selections from the Prison Notebooks*, pp.336~337.
12) "기독교 발전사를 연구하는 것은 기계론적 관념이 일종의 하위주체를 종교화하는 것임을 알게 해준다"(*Ibid.*, p.337). 그람시는 노동조합주의에도 유사한 문제의식을 가지고 있었다. "우리는 이 이론에 의해 지배적이 되거나 혹은 경제적 동맹 단계를 넘어서서 시민사회에서 윤리적-정치적 헤게모니를 가지는 상태로 그리고 국가를 지배하는 단계로 도약하는 것이 좌절된 하위주체 그룹을 다루고 있다. …… 종속된 그룹이 지배적 위치가 되는 변화는 여기서 제외된다"(*Ibid.*, p.160).

보는 경향을 가진다. 그람시에게 있어 '자발적'인 것은 이미 의식 있는 지도자 그룹의 부분에서 어떤 체계적인 교육적 행위의 결과로서가 아니라, '상식'에 의해 조명된 매일매일의 일상적 경험을 통하여 형성된 것이다. 즉, 세계에 대한 전통적인 민중적 관념——비록 실제로 이것 역시 원시적이고 기본적인 역사라고 불리지만——, 비상식적인 '본능'으로 불리기도 한다.[13] 하위주체의 저항과 봉기에 대한 믿을 만한 자료의 부족을 지적하면서 그람시는 이렇게 말한다. "자발성은 그러므로 '하위계급의 역사'의 특징이며, 실제로 가장 주변적이고 소외된 요소다. 그들은 '그들 자신을 위한' 어떤 계급 의식도 성취하지 못했으며, 결과적으로 그들의 역사가 중요성을 지닌다거나, 그것의 문서적 증거를 남겨 두는 것에 가치를 부여하는 일이 결코 일어나지 않았다."[14] 직접적 추론은 하위주체가 베네딕트 앤더슨이 민족을 '상상의 공동체'로 명명한 측면에서 민족을 '상상할' 능력을 갖지 못한다는 것이다(마찬가지로, 그람시에게 하위주체를 재현하는 지배적 문학적-인문주의적 문화의 난관은 이탈리아 민족주의가 가진 아킬레스건이었다).[15]

그람시는 『옥중수고』에서 '자발성'과——사회역사의 역동적 에너지로 작용하는 하위주체 부정성의 요소로서——(그가 보기에) 헤게모니에 필요한 '의식적 지도력'을 종합하려고 노력한다. 하위주체 운동에서 의

---

13) *Ibid.*, pp.198~199.
14) *Ibid.*, p.196.
15) 『상상의 공동체』에서 앤더슨의 가정은 근대 민족-국가는 그 전제로서 문학적-과학적 출판문화 혹은 (앤더슨 자신이 선호하는) '출판 자본주의'의 형태를 요구한다는 것이다. 하지만, 2장에서 투팍 아마루 봉기를 이야기할 때 중요한 것은 하위주체가 민족을 '상상하는' 능력의 부족이 아니라 오히려 다른 의미에서의 민족적 영토성과 역사적 감각을 만들어 내는 경향이 있다는 사실이다.

식적 지도력이 부족한 것은 아니다. 하지만 지도력에 의해 소유된 이론은 '민속적'이거나 '민중 과학'에 제한된다. 이것은 『옥중수고』 안팎을 직조한, 헨리 드 만Henri de Man(폴 드 만의 삼촌)에 대항한 그의 논쟁의 핵심이다. 양차 세계대전 사이의 시기에 벨기에 사회민주주의 지도자 중 하나였던 드 만은 맑스주의 이론의 '과학적' 권위에 민중의 미신, 민속과 같은 경험적 사실을 대항시킬 필요성에 대해 역설했다. 그람시는 이것이 하위주체성에서 하위주체 사상을 회복하는 데 이바지할 것으로 생각했다.[16] 그러나 동시에 그는 조직된 좌파가 (많은 경우에 있어 종교적이거나 혹은 천년왕국적인) 그들의 즉자적 이데올로기 성격이 무엇이든 간에 '자발적' 운동에 가치를 부여하고 통합하는 것이 필요하다고 봤다. 이것을 하지 않는 비용은 반동, 복고 혹은 쿠데타라고 볼 수 있는데, 왜냐하면 지배적 계급과 그들의 대표들은 그러한 운동 속에서 그들의 이익에 대한 위협을 느끼기 때문이다. "소위 '자발적' 운동을 무시하거나 더 나쁜 경우로 이를 경멸하는 것은 즉, 의식적 지도력을 부여하는 데 혹은 그들을 정치에 끌어들임으로써 더 높은 비행기에 태우는 데 실패하는 것은, 종종 극단적으로 심각한 결과를 가져온다."[17]

하위주체의 '자발성'과 '의식적 지도력'이 함께 나타나는 그람시의 모델은 1920년대 초반 토리노의 파업운동이었는데, 그의 말에 따르면 이것은 "군중에게 **역사적**이고 **제도적**인 가치의 창조자가 되는, 국가의 창립자가 되는 '이론적' 의식을 제공한다". 그는 군중 정치학과 하위주체성의

---

16) 드 만은 결국 벨기에의 파시스트 체제에 가담하게 되는데, 이 사실은 아마도 그의 조카가 어린 시절 파시스트에 동조하게 되는 것을 설명한다.
17) Gramsci, *Selections from the Prison Notebooks*, p.199.

관계를 암시적으로 언급함으로써 결론을 내린다. "'자발성'과 '의식적 지도력' 혹은 '훈육' 사이의 통합은 이것이 군중 정치학이고 단순히 군중을 대표한다고 주장하는 그룹에 의한 모험이 아닌 한, 하위계급의 진정한 정치적 행위다."[18]

그람시가 "더 높은 비행기"(그리고 그 더 높은 비행기는 지역 문화보다는 근대 정치학에 의해 구성된다고 주장함)를 언급한 것은 그의 논쟁에서 잠재적인 역사주의의 징후를 보여 준다. 이것은 경제적 '단계'에 대한 질문이 아니다──그람시는 경제적 결정론을 거부한다. 하지만 사상과 이데올로기의 '단계'의 문제다. 특히, 하위주체가 (보관된 혹은 쓰여진) 역사를 가지고 있지 않다는 그의 선험적 가정은 헤겔에서 온 것으로, 그를 명백히 유럽중심주의의 길로 인도한다.[19] (간접적인) 역사주의와 그람시 논쟁의 (명백한) 모더니즘은 정식 교육의 중요성에 관한 잘 알려진 사고와 연결되어 있다. 그람시에게, 엘리트/하위주체의 구별은 그 자체로 부분적으로 교육적 구분이다. "정식학교, 직업(전문)학교로의 근본적 구분은 이성적인 형태이다. 기능적 수업(그람시에게 'classi strumentali'는 하위계급이나 중소계급이란 용어로 교체해 쓰일 수 있다)을 위한 직업학교, 지배계급과 지식인을 위한 정식학교."[20] 전통과 직업학교의 분리는 따

---

18) *Ibid.*, p.198.
19) "비록 다른 문화가 세계가 문명화하는 '위계적' 통합의 과정에서 중요하다고 인정하더라도, 그 문화는 역사적으로 그리고 구체적으로 유일한 보편적 문화인 유럽문화에 구성요소가 되는 한에서만 보편적 가치를 가진다. 즉, 그들이 유럽문화에 동화되는 과정을 통해서 유럽적 사고에 공헌할 수 있을 때 발생한다"(*Ibid.*, p.416). 하위주체의 역사가 산발적이거나 부분적이라는 그람시의 사고에 대한 로이드의 비판을 알려 준 호세 라바사에 고마움을 전한다. David Lloyd, *Anomalous States: Irish Writing and the Post-Colonial Moment*, Durham: Duke University Press, 1992, p.122.
20) Gramsci, *Selections from the Prison Notebooks*, p.26(괄호 속 설명은 편집자).

라서 엘리트와 하위계급의 분리를 낳는다. 다른 종류의 직업학교의 증식은 민주화의 첫번째 단계에서 나타날 수 있는데, 이는 사회적 이질성과 이론적 지식에 반대한 실용적 지식을 향한 태도의 측면에서다. 그러나 민주화는 "모든 '시민'이 '통치하고' 비록 추상적이라 할지라도 사회는 모든 시민이 이를 획득할 수 있는 일반적 조건을 충족시키는 것을 의미한다". 이것이 바로——그람시가 어쨌든 주장한——직업학교는 제공하지 않았고 그럴 수도 없는 것이다. 반대로, 정식학교에서는 철학적인 것으로 명백히 시대착오적인 것으로 간주되는 것조차도 학생에게 "두번째——거의 자발적인——본성이 되는 세계와 삶의 역사주의적 이해"를 허용한다.[21]

그러나 여기에서 그람시가 인정해야 했던 문제가 나타난다. 그것은 정규 학교 교육——즉, 국가 혹은 교회가 주도하는——에 대한 하위주체의 반감과 저항의 일상적 힘이다. 그람시는 "육체적 자기훈육과 자기통제를 배우려는 노력은 계속될 것이다. …… 이것이 많은 사람들이 공부의 어려움이 그들을 약하게 하는 '속임수'를 숨긴다고 생각하는 이유이다——즉, 그들이 단순하게 원래 어리석다고 믿는 것을 거부하는 순간에서다"라는 것을 지적한다. 그는 약간 비관적인 톤으로 "만약 우리의 목적이 전통적으로 적절한 태도를 발전시키지 않은 사회그룹으로부터 가장 높은 수준의 전문적 능력을 지닌 사람들을 포함하여 새로운 지식인 계층을 만드는 것이라면, 우리는 전례가 없는 어려움에 빠진 것이다"라고 말한다.[22]

---

21) Gramsci, *Selections from the Prison Notebooks*, pp.39~40.
22) *Ibid.*, pp.42~43.

하지만 배움에 대한 저항은 하위주체 정체성과 하위주체 부정의 전형——리처드 로드리게스의 『기억에의 고픔』에서 가난한 자들의 '침묵'의 저항이나, 증언서사에서 리고베르타 멘추가 표현한 학교와 '책'에 대한 양가적 반응——이다. 만약 정식교육 그 자체가 지배/하위성의 관계를 생산하고 재생산한다면, 하위주체가 헤게모니의 위치가 되는 것은 어떻게 가능한가? 그람시는 하위문화의 '자발적인' 성격을 헤게모니의 가능성으로 번역할 능력을 가진 새로운 형태의 지식인 형성에 기대를 걸었고 그것은 유명한 '유기적 지식인'으로 정식교육의 재료를 가지고 하위계급과 그룹의 이해와 관점에 결합시킨다. 하지만 『기억에의 고픔』이 지적하듯이, 정식교육의 메커니즘은 그러한 지식인이 자신의 본래 계급 혹은 집단에 기초하여 동일화하는 것을 방해하거나 문제시하며, 이는 지식인이 더 이상 '그들 중 하나'가 아니며 실제로 하위주체의 위치에서 말하지 않기 때문이다——말하자면 이제 다른 언어로 말하게 된다(역사, 미학, 철학 그리고 문학비평, 과학, 정치 경제, 정식 철학, 법과 행정 등등).

정식교육을 '의식적 지도력'을 위해 필요한 훈련으로 보는 그람시의 이상은 전위그룹을 하위주체가 헤게모니를 가지는 과정을 대표하도록 행동하는 '집단적 지식인'으로 간주하는 레닌의 개념과 연결되어 있다. 당의 권위는 전략과 전술을 알고 있으며, 민주집중제의 방식을 통하여 의지를 관철시킬 수 있는 능력, 혹은 민중의 최종적 이해라는 명분으로 그들이 대표한다고 주장하는 종종 다루기 어려운 민중 주체를 잘 다룰 수 있다는 주장에 기초한다. 하지만, 어떻게 그리고 왜 당이나 당-국가가 그들의 이해가 무엇인지를 결정하는 권위를 갖게 되는가? 지도력을 행사하고 권리를 소유하도록 '교육받는 것'이 필요한가, 혹은 그 사람이 되는 것으로 인해 단순히 그 권리를 획득할 자격을 갖는가? 그람시는 스탈린주의의 구체적 특징을 하나의 이데올로기라고 혹은 일종의 관료적 중앙주의의 형태라고 비판한다. 하지만 그는 레닌주의에 대한 비판을 발전시키지 않았다. 오히려, 전위당은 하위주체가 헤게모니를 획득하고 행사하는 데 요구되는 '현대의 군주'다.

따라서 그람시의 논의는 일종의 막다른 골목에 도달하는데, 이 막다른 골목은 맑스주의의 현재의 위기를 예견한다. 구하가 부정으로 명명하곤 했던 하위주체의 '자발성'은 투쟁을 위해 필요하다—그것은 말하자면 투쟁의 '내용'이다(그러므로 "하위그룹 측에서 가지는 독립적인 발의의 자취를 따라가는 것은 통합적 역사가에게는 셀 수 없이 많은 가치를 지닌다"[23]). 하지만 본래—즉, 하위주체로서—헤게모니를 갖게 되는, 즉 '형식'을 만들 수 있도록 저항하는 것이다. 그람시에게는 헤게모니의 기획을 구성하는 하위주체의 의식에서 충분한 '역사'나 '훈련' 혹은 '문화'가 있지 않다. 하지만 '의식적 지도력'의 기능을 수행하는 당이나 당-국가는 지배/하위성이라는 반명제의 구조를 몇 가지 중요한 방식으로 재생산하는 것으로 끝난다.

문제는 그람시가 이미 헤게모니를 가진 것의 문화적 형태로부터 분리되는 헤게모니를 상상할 수 없다는 데 있다. 즉, '근대' 예술, 문화, 과학, 수학 등등. 하위주체는 다음의 구절로 대답할 수 있겠다.

> 나는 맑스주의의 해방적 수사와 그것이 가지는 지배, 변증법 혹은 다른 것을 통한 사회적 변화의 상상력 사이의 모순을 지적하는 이러한(억압받거나 주변화된 이들을 대신하는) 운동을 기술하는 데 감명을 받았다.

---

23) Gramsci, *Selections from the Prison Notebooks*, p.55.

내가 그런 것처럼 여성이거나 게이이거나 혹은 피부가 검거나 가난하기 때문에 침묵을 강요당해 본 사람은 누구라도 어떤 언술은 본질적으로, 인식론적으로, 역사적으로 혹은 다른 어떤 방식으로 특권을 갖는다는 생각에 저항하려 할 것이다. 주변적 요구에 의해 기록된 위치로부터 역사적 위치화의 반복과 지식의 권위를 통해 이를 규범화하려는 태도에 저항하려고 한다. 권위에 도달하는 차이가 존재하고, 이러한 차이를 존재의 질서, 특권화된 접근이 가능하도록 선택된 위치로 상승시키는 신화는 단순히 허위의식이 아니라 잘못된 정치학으로, 전략적으로 저항해야 한다.[24]

나는 교육에 대한 그람시의 토론을 현대 좌파에 대한 하위주체의 관계 문제의 출발점으로 삼고자 한다. 잡지『뉴레프트리뷰』에서 몇 년 전 처음으로 등장한 에세이에서, 낸시 프레이저는 좌파가 찰스 테일러로부터 명칭을 빌려 '인정의 정치학'과 '재분배의 정치학'으로 부르는 것 사이에서 길을 잃었다고 주장한다.[25] 첫번째 인정의 정치학은, 그녀가 보기에 문화적 불공정의 질문을 포함하며, 정체성 정치학에서 그룹의 차이를 옹호한다. 두번째는 정체성 그룹의 차이를 가로지르며 사람들에게 영향을 미치는 경제적 불균형 혹은 불공정의 질문을 포함하는 것인데——즉, 일반적인 사회 집단(즉, '가난한 자들') 혹은 계급을 지칭한다. 결과적으로 좌파는,

---

24) Linda Singer, "Recalling a Community at Loose Ends", ed. Miami Theory Collective, *Community at Loose Ends*, Minneapolis: University of Minnesota Press, 1991, p.128.
25) Nancy Fraser, "From Redistribution to Recognition?: Dilemmas of Justice in a 'Post-Socialist' Age", *New Left Review* 212, 1995.

문화적이고 경제적인 종속을 상호 증폭시키는 악순환에 갇혀 있다. 이러한 불공정함을 자유주의 복지국가와 합쳐진 주류 다문화주의의 결합을 통해 재규정하려는 우리의 노력은 사악한 결과를 가져온다. 오직 대안적인 개념의 재분배와 인정을 추구함에 의해서 우리는 정의라는 요구 조건을 제대로 만족시킬 수 있다.[26]

그람시가 헤게모니적 절합으로 이해하는 것은 아마도 프레이저가 '전략을 사용하는' 것으로 표현하듯 이 딜레마를 초월하는 것이다. 왜냐하면 그것은 게임의 법칙을 바꾸기 때문이다. 헤게모니 절합 과정에서 개인, 당, 그룹 혹은 계급의 이해와 요구가 관련되는가의 여부에 대해 미리 아는 것은 불분명한데, 이는 그들이 자신의 이해와 요구를 그 과정 자체에서 바꾸기 때문이며, 정의 그 자체로 헤게모니의 가능성은 최초로 그들 정체성의 위치를 규정하는 하위주체성의 구조를 수정하거나 뒤집기 때문이다.[27] 하지만 좌파가 여전히 국가 기구의 위치에서 헤게모니를 위해 경쟁할 수 있을까, 그리고 만약 실제로 헤게모니를 획득할 수 있다면, 국가를 경제적·커뮤니케이션적 세계화의 결과물로서 통치하는 하위

---

26) Fraser, "From Redistribution to Recognition?", p.93.
27) 라클라우와 무페는 다음과 같이 이를 설명한다. "정치적인 지도력을 가진 참여자들이 자신의 독립적 정체성을 유지한 채 이해가 합치되는 결절점을 찾는다면, 지적·도덕적 지도력은 '사고'와 '가치'의 조화가 다양한 영역에 의해 공유되는 것을 의미한다. 혹은 우리 자신의 용어를 사용하자면 어떤 주체 위치는 다양한 계급의 영역을 가로지른다. 지적·도덕적 지도력은 그람시에 의하면 높은 수준의 통합을 통해 '집단적 의지'를 구성하는데, 이는 이데올로기를 통해서 역사적 블록을 통합하는 유기적 개념이 된다." 따라서 "어떤 계급은 **국가권력을 획득하지 않는다, 그것은 자신의 정체성을 다양한 투쟁과 민주적 요구로 결합시켜 변화함으로써 국가가 된다**"(Ernesto Laclau and Chantal Mouffe, *Hegemony and Socialist Strategy*, London: Verso, 1985, pp.66~67, 70).

민족적 그리고 초국가적 한계를 가지고 있는 상태에서, 그 성취는 무엇을 의미하겠는가?

그람시의 논의는 주어진 사회적 프로젝트가 그 자신을 다른 계급 혹은 그룹의 기획과 절합할 수 있을 경우에만 헤게모니를 가지게 된다는 것이고, 따라서 그것은 '민족'의 이해라는 것으로 육화되어 나타난다. 그렇게 될 때 그것은 '지적·도덕적 지도력의 위치'에 올라서게 된다. 즉, 헤게모니가 된다는 의미이다. 민족이 영토적 혹은 사법적 측면 ─퀘벡이냐 캐나다냐, 체첸이냐 러시아냐─에서 의미하는 것은 민족의 기능을 헤게모니 절합에 필요한 기표로 바라보는 것보다는 부차적인 것이다.

하지만 세계화가 진행되면서 민족-국가의 상징적 영토성이 점점 제한적인 것처럼 보인다. 마찬가지로 가르시아 칸클리니도 지적했듯이 구하가 제기한 농민봉기의 영토성, '민족-민중'과 헤게모니의 개념은 구식이 된 것처럼 보인다. 이 아이디어는 민족, 계급, 성, 인종이라는 위치가 가지는 정체성을 안정화하려는 시도가 세계화의 논리로 귀결되며, 따라서 저항은 권력 관계를 지속적으로 탈구조화하는 형태를 지닌다. 만약 그렇지 않다면, 정체성에 기초한 정치학은 비록 하위주체 정체성에 기반을 둔다고 하더라도 '인종 청소'라는 학살의 정체성으로 바뀔 위험성이 있다.

동시에, 우리는 스피박이 '전략적 본질주의'라고 부르는 인식론적 그리고 정치적 문제가 무엇을 의미하는지 상기할 필요가 있다. 탈구조주의는 어떤 구체적인 정치학을 가지지 않는다. 즉, 그것은 그 자체로 정치학은 아니다. 정치학은 반드시 이데올로기적 재현을 포함하며, 그것은 재현이 일어나는 이데올로기의 성립과 불일치의 공간으로 보여지는, 넓게 말해서 문화의 영역에서 일어난다. 사회적 투쟁은 과학과 이데올로기 혹은 허위의식과 '진실' 사이에 있지 않다. 대신에 자신을 정당화하는 데 있어서 과학 혹은 일종의 과학에 호소하거나 그렇지 않을 수도 있지만, 언제나 (하위)주체를 주권의 주요 원인에 위치시키는, 스피박이 '대체' metalepsis라고 부르는 것을 의미하는, 대당하는 계급과 그룹의 이데올로기 사이에 존재한다.[28]

프레이저는 또한 하위주체성과 행위자의 문제에 있어 민감하다. 그녀는 자신의 논문에서 이론적으로 "재분배-인정의 딜레마의 판을 바꾸는 가장 좋은 시나리오는 문화의 탈구조주의와 경제에서의 사회주의를 합친 것이다"라고 주장한다. 그럼에도 그녀는 "이 시나리오가 심리학적으로 정치적으로 실현 가능한 것이 되려면 민중의 이해를 문화적 정체성을 구성하는 현재의 방식으로부터 떼어 놓는 것이 요구된다"라고 조심스럽게 말한다. "이것이 사회주의에서 항상 문제가 되어 왔다"고 프레이저는 덧붙인다. "비록 인식론적으로 저항하기 어렵다 하더라도, 경험적으로 실현 가능성이 적다. 탈구조주의를 추가함으로써 문제를 제거할 수 있다. 그러나 그것은 부정적이거나 반발이 클 수 있는, 즉 지나치게 탈구조적일 수 있어서 종속된 집단이 이미 존재하는 정체성에 기대는 대신에 투쟁을 자극할 수 없다."[29]

다른 말로 하면, 사회복지에 탈구조화를 포함하는 프레이저의 형식에 대한 즉자적인 호소에도 불구하고, 그녀 자신의 평가에 의해 그 자체로 헤게모니를 가진 정치적 절합을 위한 기반을 구축할 수 없다―기껏

---

28) 이것은 물론 알튀세르와 그 학파의 주요한 교훈이다. 우리가 3장에서 보았듯이, 데이비드 스톨이 '증명'에 호소하는 것은 좌파를 '과학'과 동일시하는 것을 암시한다.
29) Fraser, "From Redistribution to Recognition?", p.91, n.46.

해야 실천을 위한 기반으로서 기능할 수 있는데, 이로부터 헤게모니 절합이 결과적으로 가능하기도 하다. 그러므로 그녀가 규정짓는 좌파 딜레마의 해결책이 되지 못한다.

아마도 최근 미국에서 잠재적으로 좌파의 헤게모니 형성에 가장 가까웠던 경험은 (비록 몇몇은 이에 이의를 제기할 수도 있겠지만) 무지개 연합Rainbow Coalition이었다. 무지개 연합은 조심스럽게 그리고 오직 한순간 그람시가 토리노의 파업운동에서 기반을 닦은 '자발적'이고 '의식적'인 것의 통합을 성취했다. 무지개 연합과 관련해서 내가 떠올리고 싶은 것은 4장에서 소개한 에르네스토 라클라우와 샹탈 무페의 민중 주체-위치와 민주적 주체-위치 간의 구별이다. 이것은 교대로 신사회운동과 이와 관련된 일련의 정치학에 관한 질문에 대답한다.

본질적으로, 민주적 주체-위치에서 라클라우와 무페가 의미하는 것은 정체성 정치학이다. 즉, 분리된 그룹의 가치·이해·권리에 기초한 정치학이다. 반대로, 민중 주체-위치는 정치적 공간을 두 분야로 나누는 구분을 통해 생산을 추구하는 정치학을 의미한다. '지배 권력 블록'에 대항하는 '민중 블록'이라는 이항대립 말이다. 무페와 라클라우는 무지개 연합이 첫번째 범주에서 생산된 논리 혹은 '민주적' 형태에 의해 통치되는 것으로 보았다. 즉, 여성 더하기, 아프리칸 아메리칸 더하기, 라티노 더하기, 게이 더하기, 노동자 더하기, 가족 농민 더하기, 가난한 노동자들, 그리고 실업자를 포함하는 일반적인 무지개 연합의 구성과 일치한다. 하지만 이 그룹이나 범주에서 각각은 독특함과 내부적 이질성을 보유하고 있다. 이 모두를 아우르는 호명의 순간이 없는 이유로, 제시 잭슨Jesse Jackson과 같은 인물을 제외하고는 이러한 그룹들을 '민중'으로 통합하지 못한다. 결국, 무지개 연합——그것에 관련된 사람들이 증언하듯이, 매우 다양한 사회적 구성체(예를 들어, 여성주의자, 백인 급진주의자 그리고 흑인농동체 조직)를 하나로 이끄는 인권운동 이후로 지금껏 가져 본 적이 없는──은 잭슨의 대통령 후보 캠페인의 몰락과 함께 추락했다. 물론, 문제는 부분적으로 잭슨이 무지개 연합을 이용했다는 것과, 민주당을 헤게모니 권력으로 재건하려는 그 자신의 야망이었는데, 그것은 빌 클린턴이 미국이 선택할 수 있는 '가능한 좌파'라는 논리였다. 하지만 무지개 연합의 가능성을 무페와 라클라우가 가졌던 두번째 정치적 논리의 관점에서 상상할 방법은 과연 있을까? 민중과 지배 권력의 모순의 논리로 말이다.

신사회운동에 의해 재현된 정치학의 종류──즉, 무페와 라클라우가 이론화한 이해와 가치가 위치의 차이를 만드는 것에 기반한, 공공의 자발적인 연합으로 시민사회에 기초한 정치학──가 민중을 행위로 이끌도록 했다는 데는 의심할 여지가 없다. 반대로, 토드 기틀린Todd Gitlin의 『모두가 품는 꿈의 황혼』*The Twilight of Common Dreams*, 혹은 리처드 로티의 『우리나라를 성취하는 것』*Achieving Our Country*과 같은 책이 제안한 신-페이비언, 사회-민주주의 계열을 따르는 좌파의 재건축을 위한 설계도는 중간 혹은 상위 계급이 약간의 사회 평화를 위해 더 많은 세금을 내는 것에 동의하도록 하는 문제를 넘어선다. 그들의 정치학에서는 급진적인 대화의 중요성에 대한 믿음이 부족한데, 따라서 문화적으로 일원화된 공적 영역을 가정하게 된다.[30]

---

30) Todd Gitlin, *The Twilight of Common Dreams: Why America is Wracked by Culture Wars*, New York: Metropolitan, 1995; Richard Rorty, *Achieving Our Country: Leftist Though in Twentieth-Century America*, Cambridge: Harvard University Press, 1998. 이전에 내가 언급했듯이, 호르헤 카스타녜다의 『무장해제된 유토피아』는 라틴 아메리카 좌파의 실패의 (다른) 상황에 대한 유사한 경우를 제시한다.

한편으로, 실제로 움직이는 민중과 신사회운동이 아무리 강력한 영역을 지니고 있더라도 근본적으로 종속의 위치로부터 국가와 권력구조의 변화를 단지 '요청'하는 위치에 있다고, 그 형태와 실천에 있어 가장 엄밀한 이론가 중 하나인 아이리스 매리언 영은 지적한다.[31] 즉, 구하의 농민봉기에서처럼 그것들은 헤게모니를 가지지 않으며, 권력과 자원의 통제에 대한 구조적 관계를 변화시킬 가능성을 주장하지 않는다. 그들은 그리고, 그리고……라는 첨언적 논리에 기대고 있는데, 이는 무페와 라클라우가 정체성과 그것에 대한 가치를 요구하는 것이 오직 다른 것과의 구별을 통해서만 가능하며, 게다가 그것은 보다 커다란 그룹으로의 연대와 멤버십이 원칙적으로 존재하는 무지개 연합에서 정의하고 있는 것이다. 이런 측면에 대해서는, 미국에서 O. J. 심슨 재판의 매우 애매한 이데올로기적 결과를 언급하는 것으로 충분하다 하겠다.[32]

『변증법적 이성비판』*Critique of Dialectical Reason*에서, 장 폴 사르트르는 한 그룹(말하자면, 버스를 기다리는 일군의 사람들)이 분리된 소그룹이나 개인들로 분리되는 경향을 '원자화'로 불렀다. 좌파의 헤게모니적 위치가 성립하는 데 있어 이러한 원자화를 더 악화시키는 것은 물론, 인구를 분류 가능한 정체성 그룹들로 분리하는 기업의 상품화, 광고화 전략

---

31) Iris Marion Young, *Justice and the Politics of Difference*, Princeton: Princeton University Press, 1999.
32) 심슨 재판 이후 「ABC 나이트라인」(ABC Nightline)의 특별 대담에서, 「로스앤젤레스 나우」(Los Angeles Now)에서 나온 패널리스트는 판결이 여성의 권리를 침해한다는 것을 매우 날카롭고 유려하게 지적했는데, 반면 흑인 커뮤니티와 다양한 좌파 대표자들은 판결을 인종차별적 경찰 권력을 통제하려는 공동체들의 투쟁의 승리로서 보았다. 「로스앤젤레스 나우」 대변인은 결과적으로 여성의 이슈를 인종적 불평등과 편견의 이슈에 반대하는 것으로 보이게 한 데 대해 비난을 받았다. 하지만 상황은 이미 벌어진 것이었다.

은 말할 것도 없이, 국가의 도구론적 이성이다. 이것이 프레이저에게 주류 다문화주의가 "자유주의 복지국가의 문화적 동일물"[33]인 이유이다.

그러나 신사회운동과 다문화주의가 단순히 첨가적인 것이 아닐 가능성이 있을까? 즉, 하위주체 정체성을 권력 구조에 맞서 싸울 수 있는 그리고 실제로 사회적 불평등이 형성되고 유지되는 방식을 고칠 수 있는 '민중' 블록으로 통합할 수 있는가? 그것은 프레이저가 지적하듯이[34] 단지 인종과 성의 이슈가 '두 가지 성격'을 지녀서가 아니고, 즉 그들은 동시에 문화적-인정의 성격과 경제적-재분배의 성격을 포함한다. 여기에는 그들의 효과를 계산하여 스스로 발견하는 혹은 충분히 가능한 요소가 있다. 구체적 투쟁은 별개로 하고, 특별한 그룹이나 계급의 이해의 지평선이 무엇인지 결정하는 것은 불가능하다. (이를 증명할 수는 없지만) 나는, 예를 들어, 이전 장에서 말한 에콰도르의 원주민 공동체나 미국의 흑인들이 주장한 문화적 인정과 평등에 대한 요구가 최종적으로 자본주의의 팽창된 재생산이라고 믿어 의심치 않는다. 즉, 이런 요구를 인식하는 것이 기본적으로 새로운 헤게모니 가치 구조로서 이해될 새로운 형태의 생산 형태를 요구한다. 그러나 그것은 요구에 달려 있다. 만약 그 요구가 근본적으로 기회의 균등──동일한 권리──을 위한 것이라면, 신자유주의 헤게모니하에서도 얻을 수 있다. 실제로 그들은 여러 방식으로 자신을 민주적 주체의 위치에 올리기 위해 시장과 합법적 '이해집단'을 요구한다. 하지만 그들의 요구가 **실제로** 문화적·경제적·인식론적·정치-시민적 평등함을 위한 것이라면, 그 헤게모니 내에서 해결될 가능성을 넘어

---

33) Fraser, "From Redistribution to Recognition?", p.87.
34) Ibid., pp.76~82.

서게 된다.

한편, 정체성 정치학인 차이의 정치학이 가지는 논리는 헤게모니가——국가권력을 '잡든' 혹은 국가권력이 '되든'지 간에——더 이상 가능성이 아니라는 것을 추정하도록 하는데, 왜냐하면 민중적 주체-위치의 요구를 구성하기 위한 공통의 기반이 더 이상 존재하지 않기 때문이다. 푸코식으로 말하면, 권력은 국가와 이데올로기적 국가장치들에 몰려 있기보다는 오히려 모든 사회공간과 실천에 확산된 관계로서 이해된다. 무폐와 라클라우는 이와 관련해서 "만약 각각의 투쟁이 그 구체성의 순간을 정체성의 절대적 원칙으로 변환한다면, 이 투쟁의 무대는 **차이의 절대적인 체계**로만 생겨날 수 있으며, 이 체제는 일종의 닫힌 전체성으로만 간주된다"라고 말한다.[35] 반면에 어떤 특정한 정체성을 계속 유지하려면——모든 그러한 주장이 구체적 역사와 자본주의 자체의 구조로부터 연유하는 종속과 주변성의 관계에 기반한다——실제로는 간접적으로 혹은 다른 방식으로 무폐와 라클라우가 '평등주의적 상상체'라고 부르는 공통의 기반이 제공되어야 한다. 따라서,

> 복수주의는 정체성들의 복수성을 구성하는 각각이 자신의 내부에서 자신의 유효성을 찾는 방식을 통해 **급진적**이라 불릴 수 있는데, 따라서 그들 모두가 가지는 의미의 서열이나 그들의 적합성에 대한 자원이나 보증을 위한 초월적 이유를 강조하는 기반을 찾을 필요가 없다. …… (하지만) 이 급진적인 복수주의는 용어 각각의 자기 구성성이 평등적 상상력에 의해 움직인 결과라는 점에서 **민주적**이다. 그러므로 급진적·복수적

---

35) Laclau and Mouffe, *Hegemony and Socialist Strategy*, p.182.

민주주의를 위한 기획은 **우선적으로** 동등하고 평등한 논리의 기반 위에 각 영역의 최대 자치화를 위한 투쟁이라고 할 수 있다.[36]

무페와 라클라우는 프레이저의 사고의 원재료가 되는 논문에서 '평등주의적 상상체'의 개념을 통해 "다문화주의는 동등한 가치를 가정한다"라는 찰스 테일러의 '인정'에 대한 주장을 간접적으로 언급하고 있다.[37] 이 논문에 대한 최근의 토론에서, 호미 바바는 테일러에게 "그러한 전제는 사실상 문화적 가치에 대한 보편적인 언어에 참여하고 있지 않은데 …… 왜냐하면 그것은 전적으로 소외된 이들의 인정에만 초점을 맞추기 때문이다"라고 말한다. 다른 말로 하면, 그 가정은 문화적 인정 그 자체에 대한 요구에 선행해 존재하는 윤리적 원칙에 의해 진술될 수 없다는 것이다. 오히려, 그 전제는 테일러가 새로운 '지평선의 혼합'에 다다르기 위해 문화적 차이를 통해 작업하는 것을 포함하는 '진행적 판단'이라고 부르는 것에 의지하고 있다. 하지만 바바는 다음을 언급한다.

타자에 의해 변환되기 위해 문화적 차이를 통해서 작업하는 것은 실제로 들리는 것만큼 그렇게 완벽하게 타자에게 열려 있지는 않다. 기준—**새로운** 판단의 기준—들 사이에서 '지평선의 혼합'이라는 가능성은 전혀 새로운 것이 아니기 때문이다. 그것은 서두에서 자세하게 논의했던 문화의 대화적 주체의 개념에 기반한다. …… 그것은 문화적 차

---

36) Laclau and Mouffe, *Hegemony and Socialist Strategy*, p.167.
37) Charles Taylor, "The Politics of Recognition", ed. Amy Gutman, *Multiculturalism*, Princeton: Princeton University Press, 1994.

이가 근본적으로 동시적이라는 개념에 기반하며, 지평선의 혼합이 광범위하게 동의를 받으며 동질적인 문화적 가치가 된다.[38]

차이의 비동시성에 관한 바바의 논점에서 분명한 것은 '동등한 가치라는 전제'를 이끄는 것은 추상적인 윤리적 혹은 인식론적 '원칙'이 아니라는 것이다. 오히려 그것은 자본주의적 근대성 그 자체의 역사인 종속, 착취 그리고 주변화의 다양한 관계의 **구체적** 성격이며, 이는 인종주의, 유럽중심주의, 식민주의, 원주민 혹은 식민지 인구의 이동이나 파괴, 거대한 이주 물결, 이와 관련하여 불균등한 발전, 성장과 쇠퇴의 사이클, 여성의 불평등을 생산하는 자유주의의 무능력 등등, 이 모두를 포함한다. 정체성 요구와 자본주의 자체의 구조적 성격 사이의 이러한 등식은 왜 무페와 라클라우가 '급진적 민주주의'를 좌파의 근본적인 전략으로 보는가를 설명해 준다. 재분배와 인정의 측면에서의 정체성의 요구를 자본주의 헤게모니와 자본주의적 이해를 보호하는 국가의 기능적 관계의 구조적 층위와 양립할 수 없게 하는(혹은, 그렇게 보이는) 지점까지 밀어붙이는 것이 그것이다. 정치적 급진화와 '영역의 최대치적 자치화' 사이에서 그들이 만드는 정체성화는 다른 어떤 것들 사이에서 무엇보다도 "제한적인 전통적 분야의 '시민권'을 넘어서는 민주적 권리에 대한 실천의 장소를 확장시킨다. …… 경제가 '사적인 것'의 장소이며, 자연권의 자리라고, 그리고 민주주의의 범주가 그 안에서 적용될 이유가 없다고 주장하

---

38) Homi Bhabha, "Editor's Introduction", *Front Lines/Border Posts*, a special issue of *Critical Inquiry* 23, no.3, 1997, pp.458~460. 4장에서 문화적 차이에 대한 바바의 주장을 언급했듯이, 나는 테일러의 이러한 정의가 그 자신의 작업에도 적용될 수 있는지의 여부(혹은 대안적으로, 내가 바바가 도달하려고 한 것을 혹시 잘못 이해했는지)가 궁금하다.

는 경제적 자유주의 승리자들에 대항해, 사회주의 이론은 사회적 행위자들이 평등과 참여를 가질 권리를 시민이 아니라 생산자로서 변호한다".[39] 반대로 바바가 옳다면, 테일러 입장의 핵심은 존재하는 세계화된 자본과 학문을 포함하는 제도적-이데올로기적 초구조가 제공하는 가능성 내에서 다문화주의를 옹호하는 것이다.

'투쟁의 복수성과 민주적 요구'에 관한 무페와 라클라우의 요점은 다양한 운동 혹은 '인정'recognition에의 요구로 나타나는 위치의 정체성을 민중이나 '노동계급'의 정체성으로 환원하는 것이 잘못되었다는 것이다. 왜냐하면 사회운동이 절합되고 힘을 가지는 성패는 위치의 정체성에 달려 있기 때문이다. 정체성은 라캉이 리비도의 에너지가 점화되는 '누빔점'(이는 마치 그 매끈한 표면을 굴절시키는 매트리스 위의 단추와 같은)이라고 부른 것이다. 좌파정치학은 현재 유행하는 주장들(예를 들어, 이미 언급한 기틀린의 『모두가 품는 꿈의 황혼』, 혹은 로티의 『우리나라를 성취하는 것』)을 정체성 정치학이나 권리주장으로 범주화하면서 이들은 결국 '다리를 만드는 것'에 반대한다고 지적한다. 결과적으로, 이들은 프레이저가 제기했던 인정/재분배의 딜레마에서 좌파를 타자나 재분배의 부가적인 위치에 놓는 중간계급이 고안한 환상에 다름 아니다.

반면에, 좌파가 하위주체의 위치에서 헤게모니 정치학을 구성하기 위해서는 정체성 정치학 혹은 권리의 주장은 자유주의적 다문화주의를 넘어서는 방법으로 절합되어야만 한다. 이러한 요구는 자본과 이데올로기 상부구조의 요구와 양립불가한(혹은 그러하게 보이는) 한계까지 밀어붙여져야 한다. 만약 이것이 가능하다면, 정의상 임의적이고, 이질적이

---

39) Laclau and Mouffe, *Hegemony and Socialist Strategy*, p.185.

며, 차이를 지닌 민중적 주체-위치에 있는 (그람시의 용어인) '집단적 의지'를 이러한 요구로부터 얻어내는 것이 가능하다. 다양한 하위주체 위치는 그들의 구체적 요구가 실현될 가능성이 있는 다른 타자와 연대를 이루어 헤게모니의 구조나 그들을 하위주체로 만드는 구조를 전복할 때 생기는 우발성이라는 것을 인식하게 될 것이다. 그들이 자신의 정체성의 요구를 반드시 자치적이고 차이를 가진 것으로 보는 대신, 일반적인 동등성의 관계를 가진 것으로 보는 유사 하위주체, 그들의 정체성 요구가 수직적 권위에 대한 어떤 저항이든 간에, 전복적인 부정의 순간을 필요로 한다는 것이다. 단순한 반대의 수사조차도 ──첫번째가 마지막이 되며 마지막은 첫번째가 되고, "우리는 아무것도 아니었지만, 모든 것이 될 것이다"라고 구하는 하위주체의 행위를 강조하는데 ──그 중심에는 평등주의적 상상의 공동체의 변형된 형태가 자리 잡고 있다(왜냐하면 만약 주인과 노예의 관계가 역전된다면, 거기에는 단순히 '역할들'만이 존재하고 존재론적 운명은 없기 때문이다). 다시 말하면, '평등주의적 상상의 공동체'는 하위주체 정체성의 우연적인 측면이라기보다는 오히려 ('전략적으로') 본질적인 것이다.

하지만 이 '평등주의적 상상의 공동체'는 일종의 보편주의 그리고 무페 자신이 주장했듯이 복수성을 대표하고 연합의 결합 원칙으로서 복무할 수 있는 '보편적 시민'을 암시하는가?[40] 시민권의 사고 자체가 "차이를 사적인 것으로 추방하면서 공적인 것을 동질성과 보편성의 영역으로 제시하는 공적인 것과 사적인 것의 분리 위에 세워진다"는 아이리스

---

40) Chantal Mouffe, "Feminism, Citizenship, and Radical Democratic Politics", eds. Judith Butler and Joan Scott, *Feminist Theorize the Political*, New York: Routledge, 1992.

영의 분석을 빌려서, 마리아 밀라그로스 로페스는 이 분리에 반대한다. 그녀는 그러한 분리가 "억압이라는 역사적 징표를 지워 버리는 경향을 가지며 동등한 것들 사이의 연합이 상처로 시작하도록 강제하곤 한다"라고 분석한다. "시민이 이미 지정된 일반적 이해와 공통의 선에 대해 토론하기 위해 특정한 그룹에 속해야 할 필요를 없애는 공적 영역의 기준을 세우는" 대신에, 급진민주주의의 기획에서 영은 "모든 목소리를 효과적으로 대표하기 위한 메커니즘을 제공하는" 이질적인 **공공영역**이라고 부르는 공간을 창조하고자 한다. 로페스는 부가적으로 다음을 언급한다. "무페에게 이것이 근본주의가 될 위험성을 지니고 있다면, 나는 이것이 공식적 이론에 종속되지 않으며 정서성과 욕망의 중요성을 인정하는 집단의 역사적인 성격을 인정하는 것으로 본다."[41]

잠재적으로 헤게모니를 가진 좌파의 절합은 무페와 라클라우가 이것을 생각했을 때조차도 신사회운동이나 정체성 정치학을 넘어서려고 하지 않았다. 대신에 그것들을 인민전선의 포스트모던적인 어떤 것으로 조직하려고 하였다. 그러나 이 정체성의 구조나 조합이 역사적인 인민전선과 마찬가지로 다양한 정체성을 어떻게 **민족적인 것** ─ 즉, 민족이라는 사고와 '이해'에 '공통적으로' 관련된 것 ─ 으로 절합할 것인가? 그러한 호명이 그들의 독특함을 지우는 위험(니카라과에서 미스키토의 경우에서처럼, '민족'과 문제적인 관계를 갖는 것을 포함할 수 있는)을 감수하지 않는

---

41) María Milagros López, "Postwork Society and Postmodern Subjectivities", eds. John Beverley, José Oviedo, and Michael Aronna, *The Postmodernism Debate in Latin America*, Durham: Duke University Press, 1995, p.190. 마찬가지로 아이리스 영의 다음의 에세이를 특별히 언급하고자 한다. Iris Marion Young, "Politics and Group Difference: A Critique of the Ideal of Universal Citizenship", *Ethics* 99, 1989.

가? 하지만 여기서 민족-국가가 세계화의 조건하에서 영토적 형태로서 **적합성**을 갖는지에 대해 이 장에서 이전에 언급했던 질문에 다시 직면한다. 레닌이 생각했듯이, 자본주의의 제국주의 단계에서 민족-국가를 행위의 자치적인 힘을 가진 주체로서 보는 것은 적절한데, 왜냐하면 포디즘 기업을 위해 필요한 다양한 기능이 국가를 매개로 진행되었기 때문이다. 수입과 보호주의 정책, 이민 정책, 가격의 통제와 제한되지 않은 독점이나 과점, 원재료나 시장에 대한 접근, 노동과 사회 보호에 대한 입법화, 기술 관료의 조직 기반, 박물관, 기념비, 교육을 통한 민족 서사 자체의 구성. 국가의 정복은 적어도 경제적·사법적·이데올로기적 장치라는 '명령의 최상부'의 수준에서의 정복을 의미한다. 이것이 바로 레닌이 세계적 차원에서 독점 자본주의의 모순에 '계급'의 차원보다도 오히려 '민족'을 우선시한 이유이다.

반대로, 세계화는 스피박이 지적한 것처럼 다음과 같은 상황을 유발한다.

> 사회적 재분배의 가능성은 (물론, 종종 다루기 어렵고 부패한) 민족-국가로부터 떨어져 나간다. 그러므로 이는 그 토대를 바꿀 가능성을 의미한다. 사스키아 사센이 제기한 '경제적 시민권'——권위와 정당성——은 금융 자본 시장과 초국가적 기업의 손으로 넘어간다. …… 구체적 시민사회의 한계와 열림은 전통적으로 어떤 하나의 국가와 묶여 있기 때문에, 전지구적 자본의 초국가화는 국가-이후의 체제를 요구한다.[42]

---

42) Gayatri Spivak, "More on 'Imperialism Today'", *Against the Current* 63, July/August 1996, pp.20~21.

스피박은 지구화 시대 좌파를 위한 비전은 "비-유럽중심적 지구-축으로 연결된 환경, 생명의 다양성, 여성, 대안적 발전" 운동이라는 "새로운 얼굴의 사회주의"라고 주장한다.[43] "유럽연합 혹은 미국이 제한적 관점에서 미국과 유럽의 좌파만을 인정한다면, 그들은 '한 국가 내에서의 사회주의'의 또 다른 형태에 다름 아니며 착취의 다른 측면을 보여주는 전위주의의 예인 셈이다."[44]

스피박의 논점은 "이민이 현재 민족국가와 세계경제 사이의 모순을 그 무엇보다 잘 드러내는 장소"[45]라는 생각과 "새로운 코즈모폴리터니즘Cosmopolitanism"을 제안한다. 나는 곧 이 이슈에 대해 다룰 작정이다. 그러나 여기서는 세계화의 정치적 결과에 대한 '탈국가적'인 스피박의 이해는 하위주체의 민족에 대한 탈구조적인 대체와 연결되는데, 우리는 이것을 4장에서 이미 논의했다. 하지만 그녀가 공유하려고 하는 민족-국가가 실제로는 자치적이고, 자본주의의 초기 단계에서 자기포함적인 주체의 형태라고 가정하는 것은 여러 가지 측면에서 상당히 문제적이다. 이는, 예를 들어 러시아혁명 그 자체가 국제 자본주의 영역과 가지는 복잡한 관계를 고려한다면 곧 이해할 수 있을 것이다. 시작부터 결과로서의 몰락까지, 소비에트 공산주의의 문제는 근본적으로 점점 더 복잡하고 기술적으로 발전된 형태의 자본주의에 의해 지배되는 세계경제에서 어떻게 국가-사회주의 경제를 건설하고 유지하는가에 대한 것이었다. 잘 알

---

43) Spivak, "More on 'Imperialism Today'", p.21.
44) Ibid., p.20.
45) Lisa Lowe, "Work, Immigration, Gender: New Subjects of Cultural Politics", eds. David Lloyd and Lisa Lowe, *The Politics of Culture in the Shadow of Capital*, Durham: Duke University Press, 1997, p.370.

려져 있듯이, 스피박이 암시한 '한 나라에서의 사회주의' 논쟁에서 주요한 이슈로 1930년대 스탈린주의의 발호를 이끌었다. 어떤 측면에서, 스탈린이 제공한 대답(로자 룩셈부르크의 국제주의와 레닌의 테일러리즘에 대한 볼셰비키의 비판에 기대고 있다)은 한 국가에서의 사회주의가 가능하다는 것인데, 하지만 이는 소비에트연방이 그 생산뿐 아니라 전체적인 사회의 조직에서 소위 '원시 사회주의 축적'과 강제된 산업화를 통해 자본주의와 같이 되어야 한다는 것이다. 그러나 그 메커니즘은 특히 농민뿐 아니라, 노동 계급과 관련하여 국가와 당의 상호적 행위에 달려 있는데, 그들은 사회주의 기획, 혹은 적어도 그들이 보기에 ——그리고 자기 자신을 이렇게 호명하는——사회주의라 부르는 것으로부터 소외되는, 중요한 결과를 가져온다.

그래서 한편으로, 아마도 세계경제로부터 경제적으로 그리고 이데올로기적으로 '떨어져 나갈' 가능성에 대한 새로운 비관주의 혹은 현실주의를 제외하고는 민족-국가에 대한 자본주의적 탈영토화의 효과에 대해 특별히 새로운 것은 없다. 실제로, 민족-국가를 오늘날 훨씬 더 저항하기 힘든 정치-문화적 절합을 위한 영토성의 형태로 만드는 세계화에 의한 민족-국가의 경제적 자율(에 대한 환상)은 부분적인 방해가 될 것이다. 여기에는 (경제적인 것과 정치적인 것의 상대적인 자율성에 대한 알튀세르의 요지와 관계가 있는) 이 역설에 관련된 두 가지 측면이 있다. 첫째, 민족(혹은 지방) 국가는 정치-문화적 동원에 용이한 것으로서 받아들여지는 데 반해, 전체적 구조와 전지구적 자본의 운동은 그렇지 못하다. 둘째로, 국가는 세계화에 의해 생산된 초국가적 인구, 문화, 자본의 이동의 결과를 제한하거나 줄일 수 있는 힘을 소유한 것으로 보인다. 그렇다면, 이것은 세계화에 대해 '찬성하느냐' 혹은 '반대하느냐'에 대한 문제가 아니라, 세계화 내에서 자신을 위치시키는 방법에 대한 질문이다. 특히 ─라틴아메리카나 아프리카에서와 같이 ─국가가 역사적으로 그것이 포함한 국민의 상당 부분에서 역사적으로 보잘것없는 영향력을 가지고 있었던 나라에서 그러하며, 세계화는 다음과 같은 질문을 제기한다. 비록 국가가 과거의 '당신'을 대표하지 않았더라도, 현재 당신과 초국가적 권력 구조 사이를 매개하는 지위에 있는 사람은 누구인가? 이런 관점에서 볼 때, 국가의 역할과 민족 '정체성'의 질문은 세계화에 의해 약화되기보다는 오히려 우선순위가 될 수 있다.

(이러저러한 방식으로 우리가 공유하는) 현대적 삶의 진정한 특징인 국가에 대한 믿음 혹은 적대의 상실은 자본주의 정치 경제의 요구에 대한 국가의 관계에서 재구성될 필요가 있다. 2차 세계대전 이후 1970년대 초 침체 속으로 빠져든 자본주의 성장의 장기 순환에서, 국가는 고전적 케인스주의의 용어로 축적의 동력이자 그 팽창을 통한 부와 자원의 분배를 위한 수단으로서 기능하였다. 반대로, 지난 세기의 마지막 사반세기의 후기-포디즘 맥락에서 축적을 유지하기 위해 국가의 분배와 조정의 기능에 대한 엄청난 축소가 요구되었다. 그 결과, 모든 수준에서 국가는 결코 우선적으로 민중과 정확히 일치하지 않게 된 비효율적이고, 효과적이지 못하며, 대표성이 없고, 적대적인 '차가운 괴물'로서 인식되게 된다. 그러나 이러한 인식 그 자체가 자본주의 헤게모니가 가진 중심적 모순의 결정적 효과인데, 자본주의 헤게모니의 '경제적' 요구는 이제 축소와 사유화를 통해서 국가를 폐기하는 것을 포함하며, 동시에 신자유주의 이데올로기는 국가 계획의 메커니즘보다도 시장과 시민사회의 메커니즘을 환영한다. 신자유주의에 대해, 국가는 본질적으로 경찰력을 행사하고 시장 사회에서 '이성적 선택'을 위한 게임의 법칙을 확립하는 사법적 기능

을 하기 위해 존재한다. 하지만 국가에 대한 공격은 단지 이데올로기적으로 결정된 것이 아니다——즉, 신자유주의 정치경제의 헤게모니에 의해 호명된다. 신자유주의 헤게모니 그 자체는 현재 단계에서 새로운 자본주의 현실의 원칙을 표현한다. 좌파는 국가 자체의 질문이라기보다는, 국가는 자본의 논리에 적합하고 유용하게 기능한다는 선험적인 가정에 답할 필요가 있다. 문제는 이제 어떻게 그 사고를 창조하며, 그리고 이후 다른 종류의 국가라는 제도적 형태를 어떻게 만들어 낼 수 있는가 하는 것이다. 그리고 이 새로운 국가는 민주적·평등주의적·다민족적·다인종적 그리고 다문화적 성격의 민중, 즉 '민중-국가'에 의해 통치되는 것을 의미한다.

미국에서 이민 논쟁에 관해 마이클 린드에 의해 진행되어 온 논의는 이에 관련해 적절한 예를 보여 준다.[46] 린드는 그 자신을 헤게모니를 가진 정치적 세력으로 재정립하기 위해, 좌파(린드 자신은 중도-좌파라는 사고를 선호한다)는 미국의 민족-국가를 효과적으로 재영토화할 필요가 있다고 주장한다. 우선 다른 방법 중에서도 불법 이민에 대한 사실상의 관용이라는 일반적 정책을 뒤집고, 이민에 대한 보다 강력한 통제를 지원해야 한다는 것이다. 값싼 노동력이나 수입으로 일하고자 하는, 그리고 집단적으로 조직하는 데 어려움을 겪는 대량의 새로운 노동자들을 미국으로 들여오는 것은 문제가 있다. 왜냐하면 그들 중 상당수가 서류가 없고 따라서 사법적으로 권리가 없기에, 다소간 통제되지 않은 이민은 계속적으로 노동, 여성, 흑인 그리고 현존하는 라티노와 아시안 인구가 적

---

46) Michael Lind, *The Next American Nationalism and the Fourth American Revolution*, New York: Free Press, 1996.

대척인 힘으로서 위치할 가능성을 줄이는 효과를 가져온다. 린드가 자신의 정치적 노선을 1차 세계대전 전의 비스마르크 국가의 모델과 유사한 클린턴이 표상하는 일종의 좌절된 중도주의와 동일시하는 모순은 그것이 자신의 정치적 기획이 자본, 정보, 기술과 노동의 자유로운 흐름을 이끄는 세계화의 요구를 포함한다는 것이다. 이 '자유로운 흐름'은 그러나 클린턴을 정치적으로 지지할 것으로 예상되는 특히 조직된 노동자와 흑인들과 같은 바로 그 사회적 그룹의 이해를 약화시킨다.

린드에 반대해, 그의 제안이 우파 민족주의나 쇼비니즘에 도움을 줄 위험성이 다분하며, 제한 없는 자본의 움직임과 통제되지 않는 이민의 부정적인 결과가 국제적 노동 운동의 발전 혹은 심화에 의해 더 나아질 것이라는 논의가 제기될지도 모른다. 그러한 운동이 결코 바람직하지 않다는 것도, 가능하지 않다는 것도 아니다. 하지만 그것이 일반적으로 어떤 자리에 있다면 ─그래서 국가의 경계를 넘어서는 노동 행위를 생각하게 되며─ 이것은 지역적, 국가적 혹은 국제적으로 자본주의 헤게모니에 **정치적인 반대를 구체적으로** 조직하는 작업이 쉽지 않다는 것을 의미한다. 그것은 『무엇을 할 것인가?』*What is to be done?*에서 레닌이 언급한 노동조합주의 ─그것은 헤게모니를 가진 정치적 행위의 형태가 아니다─ 의 고유의 한계를 단순히 초국가적 장소로 옮겨 놓은 것이다.

물론, 산디니스타의 패배로 알 수 있듯이, GATT 조약, IMF와 세계은행의 안정화와 조정 프로그램에 의해 지배받는 세계경제에서 어떤 민족-국가에서 권력을 지닌 어떤 정부가 성취할 수 있는 것의 경제적 선택의 폭은 극단적으로 좁다(이것은 현재 혹은 최근 권력을 가지고 있는 모든 사회주의 정부가 근본적으로 신자유주의 경제 정책과 공모의 관계를 갖게 만든다). 이러한 의미에서, 국제 노동조합주의와 자본의 권력에 저항하거나 한계를 두려는 초국가적 기획은 국가적 혹은 지역적 차원에서 (데리다가 『맑스의 유령들』*Specters of Marx*에서 요구한 새로운 인터내셔널과 같은 문화지식인의 형성과도 같이) 움직이는 공간을 확장시킬 수 있다. 하지만 좌파 정치학을 언급할 때 있어 하나의 지점으로서 민족-국가를 넘어서는 것은 스피박이 제안하듯이 '극-좌파'적으로 보인다. 더 이상 민족의 영토성에 의존하지 않는 새로운 형태의 헤게모니를 상상하는 것이 가능하지 않다면, 헤게모니는 여전히 민족-국가 그리고/혹은 지역 국가의 수준에서 얻거나 잃게 된다. 이를 다른 식으로 말한다면, 헤게모니는 여전히 어떤 순간에서는 민족-국가를 **경유**해서 나가야만 한다.

물론, 헤게모니를 사고하는 것이 세계화 주변을 둘러싸고 나타나는 새로운 형태의 정치적-문화적 역동성에 부적합하다고 부정할 수 있을 것이다. 내가 언급했듯이, 이는 가르시아 칸클리니와 시민사회 이론가와 신사회운동가들이 논의한 주장에 효과적이다. 하지만 헤게모니를 위한 투쟁을 거부하는 결과는 진보적이거나 사회-민주적인 정부조차도 신자유주의의 헤게모니를 존중해야 하는 결과를 낳는다. 스피박이 '한 국가에서의 사회주의'의 문제에 대해 옳을지도 모르겠다. 하지만 그녀가 호소하는 초국가적 사회운동은 그들 자신을 어찌 되었든 민족적 맥락(그 맥락은 물론 공식적 의미에서의 민족보다는 민족공동체, 곧 새로운 민족이나 민족공동체를 창조할 필요나 욕망을 말한다)에 절합시키지 않는다면, 자신이 헤게모니를 가질 수 없다. 이에 실패하면서, 국제적 사회운동은 '저항'의 운동에 머무른다——권력과 축적의 중심부에서 중간계급에 필요한 윤리적 요구 목록이나 엘리트들의 정치적 올바름을 위한 요소들 말이다.

아마도 여기서 오해를 피해야겠다. 나는 국제적 노동운동이 존재하지 않아야 한다고 말하는 것이 아니다. 혹은 NGO, 유엔 평화군, 국제 여성의 날, 그린피스, 국제엠네스티 등등이 중요하지 않다거나, 혹은 투쟁할 가치가 없다고 말하는 것도 아니다. 아래에 기술하듯이, 반이민이라는 무대는 미국이나 이 문제와 관련 있는 다른 어떤 장소에서도 좌파를 위한 좋은 '누빔점'이다. 하지만 린드의 주장은 적어도 우리가 세계화 시대에 민족-국가의 장소에 대해 생각하도록 강제하는 미덕을 지닌다. 반대로, 긍정적 행위, 가난한 이들과의 연대 그리고 구체적 이슈나 그 그룹들 주위를 둘러싼 운동에 대한 호소는 그 운동들이 시작되는 시점에서 프레이저가 암시한 문제를 유발한다. 실제로 수입의 쇠퇴, 구조적 실업 그리고 소위 발전된 민주주의에서 사회적 이동이 줄어드는 시대에 차이의 증식은 정치적 에너지를 분배함으로써, 자본주의의 작동을 위해 도움이 된다. 하지만 좌파는 축적되는 긴장과 모순을 위한 대가를 치르게 된다.[47)]

내가 가장 근접해 있고, 그러나 또한 아마도 내 논의의 중요한 부분으로 생각하는 대안은 무페와 라클라우의 '평등주의적 상상체'와 '차이의 정치학'을 결합하는 것이다. 나는 민족-국가의 관계를 법적-영토적 전체와 정치적-문화적 헤게모니로 보는 것에 대한 그람시의 질문으로 돌아가도록 하겠다. 일반적으로, 민중/권력 블록이라는 적대주의의 절합은 민중을 과두층, 지배계급, 외세의 이익 등등의 도구로서 존재하는 국가에 **대항하는** 것으로 위치시킨다. 이와 유사한 이해는 하위주체와 민족-국가 사이의 합치불가능성에 대한 하위주체연구의 전제다. 오늘날 세계화의 조건하에 그리고 국가 기능에 대한 신자유주의적 비판과 사유

---

47) 토드 기틀린이 자세히 설명했듯이, 미국에서 "백인 남성의 공화당 성향은 우리 시대 정체성 정치학의 가장 잠재적인 형태다"(Gitlin, *The Twilight of Common Dreams*, p.253).

화 앞에서 민중/권력 블록의 적대주의를 만든다는 것은 반대로 국가의 **재정당화**를 요구하고 있다. 즉, 좌파의 기획은 그것이 하위주체의 의지와 행위성을 체현함에 있어 민족-국가에 '대항하거나' 혹은 '넘어서는' 것보다도, 역설적으로 민족-국가에 대한 **방어**로 위치 지어져야 한다. 물론, 이를 변호하는 데 따라오는 것은 또한 새로운 종류의 국가에 대한 필요성을 반복하는 것이다.

그람시에게 '민중-민족'의 통합의 기반을 마련하는 것은 민중과 민족(그는 때때로 민족적-민중적 대신에 '민중-민족'의 표현을 사용하곤 했다)의 이해 사이의 추정의 정체성이다. 민족적인 것과 민중적이라는 용어 사이의 관계는 누가 그들을 재현하느냐 하는 이데올로기적인 것으로 여기서 저기로 유동하면서 균형을 찾는다. 그람시는 민족이 민중적 삶의 수준에서 겪는 진정한 문화적 경험보다는 지식인과 경제 엘리트에 의해 만들어진 보다 법적이고 수사적인 개념이었다고 주장한다. '민중'과 '민족'은 다르게 말하면 분리되어 있었다. 하지만 민족과 민중 혹은 하위주체의 분리는 또한 민족과 국가가 화합하지 못하게 만드는 결과를 가져왔다는 것을 상기할 필요가 있다.

라클라우가 그의 중요한 에세이에서 보여 주듯이,[48] 포퓰리즘에 대한 호명은 국가의 기계를 (일반적으로 강탈로 추정되는 행위에 의해) 통제하는 권력 블록이 대표하는 이해에 의해 이러저러한 부분에서 과소평가되어 온 민족 혹은 민족 공동체의 통합을 보여 주고자 한다. 권력 블록은 계급이나 사회적 정체성의 용어——관료, 중세적 귀족, 과두정, 식민경영,

---

[48] Ernesto Laclau, "Towards a Theory of Populism", *Politics and Ideology in Marxist Theory*, London: New Left, 1997.

자본주의 계급, 매판 부르주아, 외세의 이해, 다국적 금융 자본과 기업 등 등——로서 호명에 대한 계급-이데올로기적 성격에 기대고 있는데, 이 호명은 종교적 근본주의로부터 파시즘과 다양한 종류의 우파 민족주의, 그리고 미국의 뉴딜 시대 민주당, 영국 노동당과 같은 사회-민주당, 그리고 마오주의 혹은 산디니즘까지 그 스펙트럼이 다양하다.

　인민전선의 반파시스트 정치학의 경우, 그러한 '민중-민족'은 (모두는 아니지만) 일군의 자본주의자와 엘리트 그룹들, 국가 내부(매판 부르주아와 지주, '금융 자본')와 국가 외부(외세의 이해, 군사적 침략, 식민주의 혹은 제국주의)의 이익에 의해 그 집단 혹은 개인의 정체성이 위협을 받고 있는 것으로 호명된다. 그러나 우리가 산디니스타의 경우에서 보듯이, 민족-민중의 이름을 호명하는 것은 민족의 통합 서사와 다른 중요한 분야를 제외하거나(이 배제는 모든 실제적 목적을 달성하기 위한 과정에 내재되며 결과적으로 그들을 하위주체로 [재]위치시킨다) 그럴 가능성이 있는 정체성을 만들거나 강제할 위험성을 지니고 있다.

　스탠리 아로노비츠는 이에 따르는 딜레마를 다음과 같이 기술한다.

베네딕트 앤더슨이 '상상의 공동체'로 불렀던 민족적인 것을 긍정적인 측면에서 받아들여야 한다는 그람시의 논의는 식민주체적 관점으로 볼 때, 재난에의 초대로 보인다. …… 긍정적인 민족문화에 호소하는 것은 불가피하게 이것은 남부로부터 최근에 들어온 이민자들에 …… 반대하도록 …… 사용되는 …… **배제**라는 범주를 낳는다. 하위주체의 입장에서 본 이러한 비판의 유효성은 부정할 수 없어 보인다. '유럽' 혹은 '민족' 공산주의는 계급, 인종, 성 정체성, 혹은 다른 측면의 인종중심주의와 반대되는 민족의 권력과 문화를 불가피하게 의미하게 된다. …… 그러나 그람시의 질문은 남아 있다. 만약 사회적 변화의 길에서 중대한 임무 중 하나가 민족-국가의 경계 내에서 도덕적·지적 지도력을 획득하는 것이라면, 넓은 의미에서 좌파는 어떻게 그들이 민주주의의 지적 전통과 문화적 성취를 가장 잘 보여 주는 진정한 계승자라고 주장할 수 있을까?[49]

앞에서 언급된 '다른 성질의 대중'이라는 아이리스 영의 주장을 떠올리면서, 아로노비츠의 질문에 내가 생각하는 가장 적절한 답변은 '민중-민족'의 성격은 근본적으로 이질적이라는 것이다. 이런 방식으로, 다문화주의 '민중'은──그 자체의 구성적 성격의 하나로서 알려진──자유주의적 복수주의라는 가정에서 떨어져 나와 민중적 주체-위치가 되는 잠재적 반-관료적, 반자본주의적 단위를 위한 기표가 될 수 있다(적어도 최초에 형성되는 지점에서, 다문화주의적 사고는 사회적 불평등과 불균등에 대한 하위주체연구가 가지는 강조점을 명백하게 포함할 수 있다).[50]

'민중'을 이질적이고 다문화적인 것으로 정의하는 것은 이민에 관한 린드의 주장에 잠재된 우려를 떨쳐 내게 하는데, 왜냐하면 특별하면

---

49) Stanley Aronowitz, *Roll over Beethoven: The Return of Cultural Strife*, Hanover, NH: Wesleyan University Press, 1993, pp.116~117.
50) 예를 들어, "다문화주의는 '민족성'에 대한 관광객의 시선을 말하는 것도 아니요, 민족을 일종의 '서구 문화'로 불리는 지식으로 통합하고 적절하게 서로를 존중하며, 행복하게 함께 사는 다양하고 복수적인 미국 신화에 대한 찬가를 의미하지도 않는다. 다문화주의는 미국 대학이 적어도 립서비스로 주의를 기울이는 조직의 원리로서 가장 간단하게는 다른 문화에의 노출을 의미한다. 그러나 단순한 노출은, 지식이 조직되고 분산되고 불공정한 권력 차이를 지지하는 데 사용되는 방식을 재고하고 재구조화하지 않고는 아무런 의미가 없다"(Ted Gordon and Wahneema Lubiano, "The Statement of the Black Faculty Caucus", ed. Paul Berman, *Debating P.C.: The Controversy over Political Correctness on College Campuses*, New York: Dell-Laurel, 1992, pp.249~250).

서도 배타적인 '민족적'인 정체성은 존재하지 않기 때문이다. 그러나 이 것은 이민자의 동화 혹은 관용이라는 자유주의적 서사에 호소하는 것과 같지 않다. 왜냐하면 민중 블록은——그것이 다문화주의에 의해 정의되어야 한다면——형성될 수 있기 때문이다. ① 민족이 '되는' 비민족 이민자뿐 아니라, 마찬가지로 비-이민자들에 의해 형성된다(아메리카 대륙에서 일반적으로 원주민들과 미국에서 특히 많은 히스패닉 인구는 바로 비-이민자들이며, 미국의 흑인들은 비자발적인 이민자들이다). ② 법적 거주민뿐 아니라, 공식적 서류를 가지지 않은 주체들(즉, 시민과 비시민)에 의해 형성된다. ③ 지배적 '민족' 문화와 언어에서 형성된 주체-위치에 의해서뿐 아니라, 다른 영토성, 다른 언어, 다른 가치-체계, 다른(비동시적) 역사성으로 여전히 묶여 있는 것들에 의해 형성된다.

보니 호니그Bonnie Honig는 미국이 '이민자의 나라'라는 사고——즉, 린드에 대항해 사용될 수 있는 정확히 말해 일종의 '자유주의적'인 주장——는 역설적으로 또한 이 나라가 상속이 아닌 선택에 의한, 인종적 결합이 아닌 시민적 결합에 기초한 '특별한' 사회라는 이민배척주의적 신념을 당연시하게 되는 역설적인 결과로 끝난다고 말한다. 신시아 오지크Cynthia Ozick와 줄리아 크리스테바Julia Kristeva의 룻[51]의 이야기에 대한 모순적 독해를 돌아보면서, 호니그는 각각의 작가에게 다른 방식으로 룻이 '이민자의 모델'이 된다고 말한다.[52] 이야기의 중요한 세부를 회상해 보자. 룻은 이방인 족속, 모아비트 출신이다. 그녀는 일을 찾아 이스라엘

---

51) 『구약성서』에서 「룻기」의 주인공.—옮긴이
52) Bonnie Honig, "Ruth, the Model Emigree: Mourning and the Symbolic Politics of Immigration", eds. Pheng Cheah and Bruce Robbins, *Cosmopolitics*, Minneapolis: University of Minnesota Press, 1998. 인용은 출판 전 원고에 근거한다.

밖으로 이민 온 히브리 가족에 시집을 간다. 남편이 죽을 때, 룻은 시어머니인 나오미에게 충성을 맹세하고 그녀와 이스라엘로 돌아가기로 결심하는데, 이 선택에서 첫번째 히브리 국가를 기초한 다윗 왕조가 나타난다. 그녀의 자매 오르파는 반면에 출신 부족과 그들의 신에 충성을 다하며 남는다.

호니그는 오지크에게 룻의 선택은 "이스라엘이 선택받은 민족이고 선택될 자격이 있는 민족이라고 주장하는 것이다. 여기 이민자의 '우리'에 대한 선택은 현재의 우리에 대해 만족을 느끼게 한다"라고 말한다.[53] 오지크의 판단으로, 룻은 비히브리인, 이방인임에도 불구하고 그 부족이 나라가 되도록 도우며 부족의 사회문화적 질서를 재활성화하고 완성하는 대용품이다. 반대로, (『민족주의 없는 민족』Nations without Nationalism이라는 제목으로 묶인 책에서) 크리스테바의 경우, 룻은 "질서를 혼란스럽게 한다. …… 왜냐하면 그녀는 (이스라엘의) 정체성에 관한 환상을 바로잡으며 그것들이 차이와 타자성에 열리도록 하기 때문이다"라고 본다.[54] 룻은 그녀 자신이 하나의 타자가 됨으로써, 유대주의로 바꾸고 여기에 다가간다. 하지만 그녀는 결코 완전히 그렇게 타자이지는 않다. 그녀의 '외래성'은 왕조를 일으켜 세우는 데 있어 결코 우연적이지 않으며, 왕국의 미래가 정당성을 인정받는 데 있어 문제적 지점으로 남는다.

크리스테바에게, 룻의 이야기는 그것이 '민족적', 종교적 혹은 다른 어떤 것이든 간에 정체성에 대한 전통적인 경계를 초월하는 새로운 종류의 코즈모폴리터니즘에 대한 알레고리를 의미한다. 호니그가 지적하듯

---

53) Ibid., p.9.
54) Ibid., p.7.

이, "룻은 크리스테바에게는 이민자의 모델이다. …… 왜냐하면 룻이 나오미, 그녀의 사람들, 그리고 신에게 기꺼이 신의를 보내려 하기 때문이다. 크리스테바의 코즈모폴리터니즘은 '민족은 여전히 중요하나, 모든 정체성의 집합 장소는 아니다'라는 시민권에 대한 새로운 틀 안에서 프랑스 시민과 이민자 모두로부터의 헌신을 요청한다".[55] 마찬가지로, 룻은 크리스테바에게 "받아들이는 체제에 흡수되는 것에 저항하는 경향이 있는 ―예를 들어, 프랑스 학교에서 베일과 차도르를 계속 입는 무슬림 여성― (프랑스로 온) 현대 무슬림 이민자들을 위한" 규범이 되는 예로 기능한다. 크리스테바(자신이 루마니아에서 프랑스로 온 이민자이다)는 프랑스의 민족 정체성이 토착민이 아닌 구성체에 집중된다고 보기에, 무슬림 여성은 그들이 일원이 되는 사회의 규정을 받아들여야만 하고, 그들 자신을 사회에서 근본적으로 떨어져 있다고 보아서는 안 된다고 본다. 반대로, '프랑스인이 된다는 것'이 인종이나 토착민 정체성의 문제가 아니기 때문에, 기존의 프랑스 거주자가 새로운 이민자를 프랑스인으로 받아들이지 못할 이유가 없다. 하지만, 호니그가 지적한 대로, 이 '코즈모폴리터니즘'은 크리스테바에 의해 구체적으로 몽테스키외와 계몽주의에서 일반 정신으로 집약한 사고와 연결된다. 즉, 역설적으로 "프랑스 정체성을 극복하고 넘어서려고 해도, 독특하게 프랑스적인 정체성에 맞닿아 작동하는" '프랑스적' 형태의 코즈모폴리터니즘이다.

호니그는 룻 이야기에 대한 크리스테바와 오지크의 독해 모두가 "이민자가 우리에게 그리고 우리를 위해 무엇을 할 것인가의 관점에서 판단하는 완성형 패러다임의 일부"라고 결론짓는다. 완성형 패러다임은 또한

---

55) Honig, "Ruth, the Model Emigree", p.24.

자기-극복의 서사를 체현한다는 점에서 다른 방식으로 작동한다. 크리스테바와 오지크에게, 이 이야기는 게마인샤프트Gemeinschaft[공동체]에서 게젤샤프트Gesellschaft[사회]로, 가족에서 종족으로, 종족에서 국가로, 전통에서 근대로 이동하는 알레고리적 서사인 빌둥스로만의 하나이다 (따라서 룻의 개종과 유대주의로의 동화는 이전의 신에게 충성하기로 마음먹은 룻의 자매 오르파와 반대되는 중요한 의미를 지닌다). 하지만 "이민자를 자체의 완성을 위한 자원으로 보는 공동체는——다른 순간에 혹은 다른 이민자들에 대해——(대문자) 타자를 체제의 완성에 있어 하나의 위협의 대상으로, 희석과 분쟁의 요인으로 보는 **바로 그 동일한** 공동체다. 그것이 바로 각각의 대응을 유발하는 이민자의 외래성과 **동일한** 특색을 가지기 때문이다".[56]

호니그에게, 반대로 룻의 이야기는 "이민자의 심오한 결정불가능성을 그려 내며", 따라서 근본적으로 다른 민족 공동체와 소속감을 지칭하며 이를 "민주적 코즈모폴리터니즘"으로 명명한다.

민주적 코즈모폴리터니즘은 룻에 대한 오지크와 크리스테바의 독해를 지배하는 완성형 패러다임을 무너뜨리며, 크리스테바의 코즈모폴리터니즘이 민족-국가(프랑스)의 강화에 에너지를 지나치게 소진하는 것에 저항한다. 토착민을 **일반 정신**을 가진 민족 정체성의 구성체로 대체하는 것만으로는 충분하지 않은데, 왜냐하면 이 대체는 특수성과 보편성이라는 이분법이 재작동하도록 돕기 때문이다. 대신에, 이분법은 무너져야 하며 다른 그러나 아마도 양립가능한 보편성의 복합적 장소가 연구

---

56) Ibid., p.10.

되고, 우리를 구성하는 많은 특수성의 안과 그 사이에서 재현되어야 한다.[57]

의심할 여지없이 호니그가 "민족 정체성과 통합에 대한 지속적인 공적영역에서의 우려"라고 부른 것은 다문화주의 그 자체와 마찬가지로 식민주의와 자본주의 세계화가 초래한 모순의 결과이거나 초구조적 효과이다. 다른 말로 하면, 호니그가 그렇듯이 단순히 윤리적-인식론적 이상에 호소하는 것만으로는 충분치 않으며, 법적인 정비를 새롭게 함으로써 파생되는 가능성에 기댈 수도 없다(예를 들어, 호니그는 서로 연결되고 동시에 감정적인 자매결연 도시의 관계와 같은 제도적인 초국가주의의 형태와 외국인 참정권에 대한 의견에 찬성한다). 그것은 충분치 않지만 동시에 필요한 것이기 때문이다.

나는 여기서 호니그의 '민주적 코즈모폴리터니즘'을 넘어서 요구되는 것은 민족의 영토성 내에서 그리고 민족의 영토성 사이에서 다문화주의와 계급 간 평등성의 원칙에 기반을 둔 정치-문화적 헤게모니 프로젝트임을 제안하고자 한다. 여기에서 나의 논의는 「민족의 이산」 DissemiNation에서 바바와 다시 만난다.

구분된 (대문자) 민족 그/자체는, 영속적인 자가-생산에서 벗어나, 문화적 차이와 구성원의 이질적 역사들, 적대적 권위, 긴장된 문화적 위치 등등에 의해 내부적으로 표시되는 공간, 사회적 재현의 경계가 되는 형태를 지닌다. 민족은 그 자체의 양가적이고 동요하는 재현 속에서, 그 자

---

57) Honig, "Ruth, the Model Emigree", p.27.

신의 역사성에 대한 민속지학을 드러내며, 민중과 차이에 대한 다른 서사의 가능성을 열어 놓는다. 민중은 플라톤 전통에 반해 리오타르가 서술한 것처럼 특권을 가진 대상으로 정의하는 사회적 서사의 산포적 행위 안에서 이교도가 된다. …… 민족-국가의 주변성이 확립되고, 그것의 '차이'가 '바깥'의 경계로부터 한정된 '내부'로 옮겨진다면, 문화적 차이의 위협은 더 이상 '다른' 사람들의 문제가 아니다. 그것은 민중을 하나로 파악하는 타자성에 관한 문제가 된다. 민족적 주체는 문화의 현대성의 민속지학적 관점으로 쪼개지며 이론적 입장과 소수자 담론의 주변적 목소리를 위한 서사에 권위를 제공한다. 그것들은 더 이상 수평적이고 동질적인 것으로 간주되는 '헤게모니'의 지평에 반대하는 전략을 주창할 필요가 없다.[58]

'소수자 담론의 주변적 목소리'는 그들 자신을 '헤게모니의 지평'이라고 주장할 필요가 왜 없는가? 이교도라는 리오타르의 아이디어를 언급한 것을 신호로, 바바는 여기서 민중은 하나로 완전히 전체화될 수 있는 것이 아니며, 그럼에도 불구하고 권력에 관한 효과를 가진 집단적 사회 주체에 대한 감각을 가지고 있다는 데 긍정적이다. 이 주체는 아마도 파올로 비르노Paolo Virno가 '다중'multitude이라고 부르는 것에 매우 가깝다. '다중'의 의미에서, 헤게모니는 간단히 특권을 가진 그룹 —— 그리고 무엇보다 지식인들 —— 이 이질적인 다양한 형태의 민중적 주체로 중심이 이동하는 것에 대한 우려를 반영한다.[59]

---

58) Homi Bhabha, "DissemiNation", ed. Homi Bhabha, *Nation and Narration*, London: Routledge, 1990, pp.299~301.

바바와 비르노가 민중/다중의 성립을 주류 정치학의 바깥에서―헤게모니를 넘어서, 민족의 서사의 경계에서, '문화 주체의 합치될 수 없는 시간' 안에서―일어나는 것으로 보는 지점과 반대로, 나의 관심은 반대로 문화적 '차이의 정치학'으로부터 과연 대항-헤게모니를 가진 '민중의 정치학'을 창조할 수 있을까에 놓여 있다. 바바의 주장―"비-복수적인 차이의 정치학"[60]―의 이론화에도 불구하고 실제로는 라클라우와 무페의 민주적 주체-위치를 이론화하는 것으로 귀결되며, (기억하자면) 거기에는 "적대주의의 논점의 증식이 민주적 투쟁의 증식을 허용하지만, 다양성이 주어진 이 투쟁은 결코 '민중'을 성립시키지는 못한다". 하지만 정체성 정치학과 호니그의 '민주적 코즈모폴리터니즘'이 주장하는 최종적인 지평선이 존재한다. 그 지평선은 생산의 방식에서 자본주의 헤게모니이며, 그 헤게모니는 반드시 정체성 정치학에 연료를 공급하는 사회적·문화적 불평등의 형태를 만들어 내고 영속화한다.

자본주의 헤게모니의 문제는 시장에 관한 언급을 필요로 한다. 알튀세르는 그의 자서전의 한 부분에서 공산주의는 근본적으로 그리고 필연적으로 모든 시장의 관계를 넘어서는 사회를 의미한다고 말한다.[61] 나는

---

59) '민중'에 대비되는 '다중'에 대한 자세한 설명은 비르노의 에세이를 참고하라. Paolo Virno, "Exodus in Radical Thought in Italy", eds. Paolo Virno and Michael Hardt, *A Potential Politics*, Minneapolis: University of Minnesota Press, 1996. 또한 Michael Hardt and Antonio Negri, *Empire*, Cambridge: Harvard University Press, 2001. 존 비즐리-머레이가 이에 대해 많은 제안을 내게 해주었다. 바바는 또한 이렇게 말한다. "푸코의 가장 늦게 발표된 책이 공헌한 바는 민중이 근대 국가에서 '개인들의 주변적 통합'의 영속적인 운동으로서 나타난다는 것이다"(Bhabha, "DissemiNation", p.301).
60) Bhabha, "DissemiNation", p.305.
61) Louis Althusser, *The Future Lasts Forever*, New York: The New Press, 1993. 제임슨은

많은 부분에서 알튀세르 추종자이지만, 이 부분만은 그렇지 않다. 오히려 나는 가르시아 칸클리니나 문화이론가들에 동의한다. 불평등과 결합된 발전이라는 성격을 지닌 사회(그리고 어떤 사회가 그렇지 않겠는가?) 형성 과정에서 그람시가 이탈리아 역사를 진단했을 때, 지식인과 민중 영역 사이의 명확한 분리에 의해 정의된 전자본주의 문화적 계층의 이러저러한 형태와 달리, 시장과 상업 대중문화의 작동을 통한 문화생산의 상품화는 새로운 방식의 문화 소비를 허용할 뿐 아니라, 사회적 하위주체에 의한 문화 생산의 수단에의 접근을 증가시킬 것이라는 믿음을 그들은 가진다. 반대로, 소비에트의 국가 사회주의 모델과 라틴아메리카와 다른 지역에서 나타난 포퓰리즘적 민족주의의 다양한 형태가 취한 문화정치학은 문학과 고급문화에의 표준에 기초한 문화적 이데올로기의 지속을 암시하는데, 이 이데올로기는 부르주아 휴머니즘, 그리고 라틴아메리카에서는 식민 혹은 신식민문화 특권층과 밀접한 친밀성을 유지한다.

농민에 관한 하위주체연구 작업은 시장에서 하위주체의 영토성이 수행적으로 행해지는 경우에 보다 풍부하다. 가족과 친구, 다른 마을에서 온 농민과 수공업자가 함께 만난다. (2장에서 보았듯이) 이야기, 소문, 수다가 입에서 입으로 전달된다. 거기에서는 선동가들이 군중 사이를 거닌다. 노동에의 요구가 축제적 소비와 권위의 가면을 벗긴다. 하지만, 시장

'실제로-존재하는' 맑스주의에 대한 그의 논문에서 시장에 대한 거부에 공감하는데, 그 논문은 동시에 맑스주의가 하위주체연구의 도전에 대해 어떤 노력을 해야 하는 것인지를 보여 준다. "여기에서 나는 동부 유럽에서 그 파괴적 힘을 증명한 시장과 사회주의 사이의 체계적인 불합치성을 지적하고자 한다. 그것은 단지 공산국가의 몰락 이후 사회 관계의 해체뿐 아니라, 이 몰락을 위한 방식을 준비하고 선행한 서구 대중문화와 소비의 환상에 의해 만들어진 초구조적 부패와도 연관되어 있다"(Fredric Jameson, "El marxismo realmente existente", *Casa de las Américas* 211, 1998, p.17. 번역은 베벌리).

의 민주적 그리고 반란적이기까지 한 성격을 인정함에도 불구하고, 시장을 자본주의와 동일화할 수 없으며, 시민사회를 우리 삶에 있어 선하고 가치 있는 모든 것의 원천으로 감싸고 싶지도 않다. 내가 가르시아 칸클리니를 비판하면서, 시민사회와 소비를 저항으로서 인정하는 것의 주요한 모순은 (이질적이고 다중의 시간을 가진) 시민사회와 (통일성을 추구하는) 국가 사이의 모순으로 보이게 함으로써 두 가지 측면에서 오류를 범한다. ① 그것은 국가의 통제가 여전히 대항하는 계급과 사회그룹 사이의 권력 투쟁에서 위험에 처해 있다는 사실을 감춘다. ② 그리고 시민사회 자체로 위치 지어지는 것 내에서 계급, 성, 인종, 종족, 종교적 정체성에 대한 모순의 논리에 대해 사고하는 것을 연기한다.

시장에 대해 질문하면서, 헤겔이 주장했듯이 시장을 자본주의하에서 사회 자체와 동일하게 되는 어떤 것으로부터 **시장의 장소**—즉, 주변적 기구—로서 구분해 내는 것이 핵심적이다.[62] 구하와 하위주체연구 역사가들은 물론 시장을 부르주아 게젤샤프트인 '시장-사회'가 아니라 시장이라는 장소를 의미한다고 본다. 내가 여기서 상상하는 것은 '시장 사회주의'와 동일한 것이 결코 아니다.[63] 시장 사회주의에서 경제적 행위자로 기능하는 기업은 경쟁에서 생존하기 위한 노동 생산성의 조직에서 가치의 법칙을 따르는 경향이 있다. 하지만 내 주장이 옳다면, 진정으로 평등한 사회는 자본주의 가치의 법칙에 의거한 경제적 수준에 지배적으로 결합되지 않는데, 왜냐하면 그것은 사회적으로 필요한 노동시간

---

62) 이 정의는 장-크리스토프 애그뉴(Jean-Christophe Agnew)의 도움을 받았다.
63) 보다 최근의 설명을 원한다면, 다음을 참조하라. John Roemer, *A Future for Socialism*, London: Verso, 1994.

과 그것이 이끌어 내는 작업의 계층적 조직에 기초하지 않는 다른 가치의 형태를 부정하는 것과 다름 아니기 때문이다(유사하게, 맑스주의가 자주 시장 사회주의를 옹호하기 위해 동반하는 '이성적 선택'의 사고는 마찬가지로 다른 형태를 희생하면서 이성과 '개인적 소유'라는 주체성의 단 한 가지 형태를 보편화한다). 그러한 사회는 그 중심에서 민중 블록에 놓여 있는 다양한 이해와 가치를 옹호하는 국가에 의해 그리고 국가를 통해 규정되는 사회적 소유와 서비스를 보유하여야 한다. 말할 필요도 없이, 그러한 이해는 비모순적이지 않고 모순적이지도 않을 것이다. 하지만 그것들은 '민중'의 이해와 자본주의 헤게모니의 이해 사이에서 다른 방식으로 모순적이다.

여기에서 질문은 국가의 계획에 대항하는 자유시장, 집단 소유 대 사적 소유, 생산 대 소비보다는 오히려 어느 쪽의 이해가 국가와 시민사회 **양자**에서 헤게모니를 가지며 결합되는가이다. 즉, '조종할 수 있는 정치학'의 질문인 것이다. 특히, 내가 위에서 말한 것과 같이, 시장 메커니즘이 몇 가지 경우에서 민주화의 효과를 가지고 있다는 사실은 모든 것이 시장에 의해 통치된다(혹은 시장 가치의 법칙에 의해 지배되어야 한다)는 것은 아님을 뒷받침한다. 시장경제와 민주주의 사이에 대한 밀접한 관계를 주장하는 밀턴 프리드먼Milton Friedman이나 시카고학파의 주장과는 반대로, 신자유주의 정치경제는 오늘날 세계에서 가장 반동적이고 권위주의적인 체제와 들어맞으며, 실제로 종종 효과적인 수단의 이행을 위해 그러한 체제를 요구한다(이것은 몇몇 부분에서 여전히 칠레의 교훈이다). 세계화에서 자본주의 헤게모니는 사회 통제와 착취의 측면에 보다 억압적인 방향으로 작용한다는 주장의 기초가 된다. 국가-권력이 신자유주의의 정치적-법적 선행조건인 것과 마찬가지로, 그람시가 보았듯[64] 국가

권력은 또한 다문화적, 민중-민주적 헤게모니에 의해 절합된 경제적 형태의 선행조건이다. 다른 이유들 중에서, 국가는 경제적 정의를 위해서 그리고 개인 사업이나 사회 전체의 수준에서 그들을 묶고 있는 것으로부터 계급 혹은 그룹 불평등에 기초한 생산 관계를 유지하기 위해 재분배적-억압적 기능을 실행해야 한다.

이러한 기능을 행하는 국가의 능력은 사회적 생산의 커다란 분야들을 내부적으로 국가화(혹은 '사회화')할 필요성을 수반한다. 하지만 이것이 시장의 폐지를 의미하는 것은 아니다. 시장은 자본주의에 대한 독점적인 기관이 아니며, 시장 관계는 자본주의를 그 생산방식으로 정의하지도 않는다. 여기서 나는 시장 관계에서 혹은 생산의 관계에서 ─즉, 임금-노동의 상품으로서의 특별한 성격─변화가 있는가에 대한 유명한 논쟁을 언급한 것 이상 보여 줄 것은 없다. 그 변화는 봉건주의에서 자본주의로의 이행에서 명확하게 드러난다.[65] 자본주의가 시장을 통과하고 실제로 자본주의는 사회 자체를 시장과 합치되도록 한다면(바로 『자본론』의 원시 축적에 관한 장에서 맑스 자신은 근대 민족-국가를 자본주의의 선행조건이라고 본다. 혹은 반대의 경우도 마찬가지다), 시장은 자본주의와 합치되지 않거나 또는 이 문제에서 계급 착취의 체제와 일치하지 않는다. 시장 관계에 의지하지 않는 계급 착취의 관계가 존재한다. 예를 들어, 봉건적 관계가 있다. 같은 증거로서, (적어도 자본주의의) 가치 법칙에 따르지 않는 시장 관계가 존재하며, 따라서 그것은 소위 원시 공산주의 사

---

64) 이에 대한 내 의견은 4장에 자세히 설명되어 있다.
65) 주요한 문서들은 다음의 책을 참고하라. Rodney Hilton ed., *The Transition from Feudalism to Capitalism*, London: New Left, 1976.

회에서 사이의(혹은 내의) 무역 관계의 경우에서처럼 비자본주의적 혹은 심지어 반자본주의적일 수 있다. 독립혁명 시기에 미국 북부에서 태동한 그리고 내전 이후 재건 과정(노예 소유 과두층의 부동산 몰수와 재분배를 통하여 남부에서 이전에 노예였던 흑인들과 토지를 소유하지 못한 백인을 자기 기반을 가진 자유 농민으로 만들려는 계획)에서 소상품 생산의 일반화된 사회적 체제는 공식적 의미에서는 계급 없는 사회다. 종족 간의 교환 체계 혹은 소상품 생산의 경우에서 현실은 시장 관계가 없다는 것이 아니라, 통치하는 자본주의의 착취와 축적 이외에 교환-가치의 논리가 그 안에서 표현되고 있기 때문이다.[66]

그러므로, 우리는 문화적 상품화, 시장, 대중문화의 민중적 수용 그리고 민주화가 자동적으로 성립된다고 가정해서는 안 된다. '민족' 문화의 민주적 성격은 민중 블록과 민중적 축제와 유흥, 사회적 목표와 가치 그리고 최종적으로 민족 정체성과 목적 그 자체를 창조하면서 발생하는 효과에 대한 지역 그리고 민족-국가의 이데올로기적 장치——특히, 교육 시스템, 국가 내부와 바깥에서의 문화 제도——에서 구체적으로 발생하

---

[66] 맑스가 『자본론』에서 썼듯이, 소상품 생산은 자본주의보다 상품의 생산과 순환을 위한 다른 형태로 정의된다. 따라서 문자 그대로 다른 형태의 생산이다. 이는 부하린(Nikolai Bukharin)이 토지 소유 농민은 공산주의와 결코 양립가능하지 않다며 강제 집단화 정책을 추구한 스탈린에 대항한 논리다. 『자본론』에서 소상품 생산 순환에 대한 맑스의 공식은 'C-M-C'이며, 즉 '상품-돈-상품'으로 시장 교환의 목적은 다른 이들에게서 생산된 사용-가치 성격의 소유형태를 추구하는 것이다. 따라서 이러한 생산 방식에서 모든 생산자들은 명시적으로 '동등하다'. 반대로, 자본주의 생산 순환 공식은 'M-C-M'('돈-상품-돈')으로서 주요 목표는 본래의 돈보다 더 커다란 돈을 추구하는 것이다. 그러나 이것은 노동가치 이론에 따르면 노동력의 착취를 부른다. 즉, 이는 계급사회의 성립을 지칭한다. 소상품 생산과 자본주의 생산에서 맑스가 구분하는 것은 어느 정도 'oikonomike'('가정'에 필요한 사용-가치를 생산하려는 활동)와 'krematistike'(부를 축적하려는 욕망에 의해 지향된 경제적 행위)의 구별과 조응한다. 하위주체의 정치경제학은 oikonomike의 경향을 지닌다. 즉, '가정 경제' 대 '(대문자) 경제학'인 것이다.

는 것의 절합이라는 정확한 성격 규정이 필요하다.

결론적으로, 그리고 내 관심 분야인 북미와 라틴아메리카를 통해서, 나는 이 책의 중간중간에 수차례 언급했듯이 오늘날 인구학적으로 그리고 문화·언어학적 측면에서 미국 사회가 빠른 속도로 히스패닉화되는 맥락과 관련하여 '미국'의 정체성을 교육학적으로 절합하는 것이 무엇을 의미하는지를 묻고 싶다. 여기서는 프린스턴 대학의 미국 연구 프로그램 학과장인 션 윌렌츠Sean Wilentz가 「인종을 미국학 연구에 포함하는 것」이라는 제목으로 『고등교육신문』Chronicle of Higher Education에 쓴 논평을 언급하려 한다. 미국학 연구는 '혼종의' 혹은 신新·용광로라는 아메리카니즘을 체현하려고 하며, '아메리카의 정체성(들)'이라는 그룹 강좌의 계획서는 하버드의 샤크반 베르코비치Sacvan Bercovitch와 도리스 소머가 작성했으며, 호니그가 제안한 '민주적 코즈모폴리터니즘'의 이상을 체현한다고 한다.[67] 이 두 가지에 반영된 다문화주의가 낳는 우려 속에서 호니그는 실제로는 미국의 라티노의 경우에 대해 성공을 거두지 못한 이민자들의 문화변용acculturation과 동화assimilation에 대한 '자유주의적' 서사 관점을 유지한다.[68]

---

67) Sean Wilentz, "Integrating Ethnicity into American Studies", *Chronicle of Higher Education*, November 1996; 도리스 소머와 샤크반 베르코비치의 하버드 대학 1997년 봄학기 '아메리카의 정체성들'(American Identities) 강의계획서.
68) 우선 모든 라티노가 이민자인 것은 결코 아니다. 왜냐하면 그들 중 상당수가 국가로 형성되기 전에 미국 대륙에 거주했던 사람들의 자손이기 때문이다. 일반적으로 이민자인 이들은 1세대 이상 스페인어 사용을 계속하거나, 혹은 스페인어와 라틴아메리카 문화와의 관계를 지속한다. 이는 스페인어 신문, 라디오 방송, 광고, 음악, 서점 등등을 통해 확장된다. 실제로 마이애미 같은 도시는 알레한드로 포르테스(Alejandro Portes)가 '반대로 동화되기'라고 부르는 것을 보여 주는 예이다. 앵글로, 유태인 그리고 흑인이 새로운 인구의 언어와 문화적 형태에 적응해야만 하는데 —예를 들어, 프리홀레스[콩 요리의 일종]와 같은 라틴아메리카 음식에 대해 배워야 하거나, 글로리아 에스테판의 스페인어 노래를 알아야 한다. 비록

월렌츠는 "80년대 라티노와 아시안 아메리칸 학생들의 수의 기록과 함께 (소수) 민족학 연구에 대한 관심이 이십 년 전보다 훨씬 더 커졌다"라는 사실을 인용하면서 자신의 논의를 시작한다. 따라서 "미국학 연구 프로그램은 커리큘럼에서 다문화주의와 다양성에 대한 최근의 충돌을 반영한다". 신좌파의 유산을 언급한 후에, 그는 "(소수) 민족학의 연구가 인종 연구와 마찬가지로 유럽의 이성, 보편주의 그리고 휴머니즘이 백인 남성에 대한 비백인(몇몇 작가들에게는 백인 여성들도 포함된다)의 복종을 야기시킨다고 비판하는 포스트모더니즘적 시선과 섞여 있다. 이것은 학생들과 연구자들이 미국을 주로 민족적(혹은 인종적) 정체성과 적대주의적 관점에서 묘사하도록 한다"고 말한다.

헤게모니를 가진 주류 '미국 문명'에 동화되는 것을 지연시키며 그들의 문화를 지키려는 민족학의 활기에 대항하여, 월렌츠는 주장한다.

> 프린스턴에서 미국학은, 미국 문화에 대한 오래된 사고를 거부하면서, 매우 다른 방향으로 나가고 있다. …… 역사가 아서 슐레진저 주니어 Arthur M. Schlesinger, Jr.가 지적했듯이 우리는 민족적 차이를 수용하는 것

많은 라티노 지식인들이 영어로 쓰기는 하지만(왜냐하면, 리처드 로드리게스의 『기억에의 고픔』에서처럼, 그들은 영어를 학문과 문학 용어에서 지배적인 언어로 간주한다), 미국에서 실제의 라티노 문화는 이중언어이며 코드-스위칭으로 정의된다. 『쿠바어로 꿈꾸기』(*Dreaming in Cuban*)나 『어떻게 가르시아 가족 여자들이 악센트를 잃어버렸는가』(*How the García Girls Lost Their Accent*)와 같은 최근의 라티노 소설은(두 작품 모두 스페인어와 영어판으로 각기 출판되었다) 실제로 그들 대화에서 인물들이 속하는 공동체의 언술 형태를 반영하고 있으며, 그들은 적어도 이중언어이며 그러므로 독자가 스페인어와 영어 모두에 대한 지식을 가질 것을 요구한다(스페인어에서 민족, 지역 그리고/혹은 계급에 대한 방언을 차치하고도 말이다). 모든 실용적 목적으로서, 미국은 이제 캐나다와 같이 이중언어 사회이며, 더욱 그러하게 될 것이다.

이 미국은 온통 '다수성'만 있고 '공통성'이 없는 나라라는 왜곡된 인상을 제공할 것에 우려를 가지고 있다. 하지만 우리는 제한된 시각을 가진 민족 혹은 인종에 대한 접근이 미국 문화의 민족적·인종적 구성에 오해를 불러일으킬 수 있다는 데 동의한다. …… 그리고 비록 미국이 인종의 용광로가 아니라고 할지라도, 그 문화나 민족 그룹이 순수한 것은 아니다. 작가 랠프 앨리슨Ralph Ellison을 인용하자면, 미국인들은 모두 "문화적 혼혈아"인 셈이다.

'문화적 혼혈아'에 대한 윌렌츠의 호소는 가르시아 칸클리니와 (아마도 조금 덜 그러한) 바바가 주장한 혼종성을 떠올리게 하는데, 왜냐하면 혼종성 논의와 마찬가지로 그것은 사회적 차이의 재현을 이전의 적대주의가 제거되는 문화적 동화나 근대화의 서사에 종속시키기 때문이다. 그것은 미국 문화를 '교차'crossover의 모델로 만든다. 불가피하게도 윌렌츠가 규범적인 형태로서 제시한 문화 형태는 재즈다. 하지만 '교차'의 미학적-이데올로기적 힘은 두 가지 혹은 더 많은 그리고 때로는 적대적인 문화적 코드가 동시에 실행된다는 사실로부터 유래한다. 이것은 '혼합'이라기보다는 지속적인 민족 간의 혹은 계급 간의 적대주의가 더 적합하며, 혹은 차이가 존중되면서 민족을 가로지르는 연합 정치학의 가능성에 더 어울린다.

하버드에서 도리스 소머와 샤크반 베르코비치가 강의한 '아메리카의 정체성(들)' 강좌는 반대로 미국을 포함하는 아메리카가 탈식민적 공간으로서 다른 탈식민적 영토성을 보여 주는 동일하면서도 이질적인 모순에 직면해 있다는 인식으로 시작한다.[69] 다음은 강의계획서의 서문이다.

아메리카인은 그들이 말하는 언어와 화자의 지리적 혹은 인종적 위치에 따라 다르다. 그것은 미국 시민을 지칭할 수도 혹은 신대륙의 중심과 주변의 어느 부분에 속하는 것을 의미할 수도 있다. 아메리카의 이름과 의미에 대한 겹침과 그 결과로 나타나는 경쟁이 이 강의의 주제다. 앵글로아메리카와 이베로아메리카의 에세이, 시, 서사적 산문은 평행을 달리면서 혹은 경쟁적인 형태로 문화적 구성의 다양한 용어들을 보여 줄 것이다——'구대륙' 문화의 자기 확정을 위한 도구로, 원주민 발전의 주체로서, 그리고 유럽인, 아프리카인, 이주하는 아메리카인들의 거대한 이주에 의해 결정된 것으로서 말이다.

이 강의는 시간적 흐름을 따라가면서 발견과 정복, 식민시대, 독립을 향한 투쟁, 노예제 폐지로부터 자본주의의 성립, 제국주의, 근대성 등 연대기적 순서로 읽을거리와 영화를 배치한다. 식민지 부분은 청교도들의 아버지 존 윈스럽John Winthrop의 1630년 에세이 「기독교적 자비의 모델」A Model of Christian Charity과 바르톨로메 데 라스 카사스Bartolomé de las Casas의 『원주민 세계의 파괴에 관한 짧은 보고서』Brevísima relación de la destruición de las Indias(1542)가 짝을 이룬다. 독립시기에서는 토머스 제퍼슨의 「독립선언문」을 시몬 볼리바르의 「자메이카의 편지」Carta de Jamaica와 나란히 배치한다. 19세기의 경우 월트 휘트먼Walt Whitman의 「나의 노래」Song of Myself를 호세 마르티의 휘트먼에 관한 에세이(근대 라틴아메리카 시학

---

69) 베르코비치와 소머의 아메리카니즘이 그 자체로 아포리즘과 같다는 판단은 적절할지도 모르겠다. 베르코비치는 유태인 캐나다인이고 소머는 대학살을 피해 미국에 온 동유럽 출신인 유태인 부모의 자녀다.

의 토대를 이루는 작품 중 하나)와 병치시킨다. 호르헤 이삭Jorge Isaacs의 로맨스 『마리아』María는 페니모어 쿠퍼James Fenimore Cooper의 『대평원』The Prairie과 병치된다(모두 크레올 민족주의의 '기반을 이루는 허구 토대 소설'들이다). 근대 시기에는, 어떻게 자본주의 근대성이 이전의 농업과 농촌 기반의 생산 방식을 대체하는가에 관한 두 편의 소설 윌리엄 포크너William Faulkner의 『압살롬, 압살롬!』Absalom, Absalom!과 후안 룰포Juan Rulfo의 『페드로 파라모』Pedro Páramo가 병치된다(포크너는 라틴아메리카 가브리엘 가르시아 마르케스와 같은 '붐' 작가들에 중대한 영향을 미쳤다). 『나, 리고베르타 멘추』는 내가 이 책에서 논의한 것처럼 리처드 로드리게스의 『기억에의 고픔』에 반하여 읽는다. 『프레드릭 더글라스 인생의 서사』Narrative of the Life of Fredrick Douglass와 디즈니 영화 「포카혼타스」Pocahontas와 같은 다른 자료들에서는 아메리카라는 사고와 노예제도, 학살 그리고 원주민들에 대한 억압 사이의 관계를 탐구한다.

    나는 윌렌츠가 이것을 그들이 가지고 있는 접근법의 하나일 뿐이라고 대답할 것이라고 확신하는데, 왜냐하면 도리스 소머와 베르코비치는 민족성을 '고립된 것으로' 바라보려는 의도를 갖고 있지 않기 때문이다.[70] 하지만 나는 아메리카를 다양한 그리고 종종 경쟁적인 담론의 장소로 보는 그들의 관점에서, 소머와 베르코비치가 아메리카의 정체성을 혼종의 혹은 문화횡단된 동시에 적대적인 성격을 지니는 것으로 본다고 생

---

[70] 『프린스턴 동문 위클리』의 기사에 따르면, 윌렌츠 본인의 강좌 '미국 민주주의와 대서양 세계'는 "역사에서 미국의 독특한 역할을 강조하곤 하던 통상적인 틀을 깨뜨리고, 대신에 대서양 국가의 하나로서의 사고를 강조하는데, 여기서 유럽, 라틴아메리카, 카리브 지역 그리고 아프리카의 관계가 과거와 현재에 중심적인 것이 된다. 강의계획서는 비교학적이고 지역을 가로지르는 관점을 택한다"("University Revamps American Studies Program", Princeton Alumni Weekly, 17 December 1997, p.4).

각한다(그리고 또한 계급, 성, 인종적 불평등과 적대주의가 헤게모니를 지닌 북아메리카와 라틴아메리카의 정체성 담론 내에 있음을 밝힌다). 그 강좌를 기획할 때, 비유럽 원주민, 라틴아메리카인, 아시아인, 아프리카인, 유태인 정체성은 단순히 더 커다란 모든 것을 끌어안는 혼합된, '혼혈' 혹은 크레올 정체성에 단순히 흡수되지 않는다. 다른 말로 하면, 그들은 호니 그가 '완성 패러다임'이라고 부르는 것으로 통치되지 않는다. 그들은 역사적·미학적·이론적 권위를 위해 경쟁하며 지속적으로 싸운다. 동시에, 그들은 모두 하위주체 정체성을 가짐으로써 다양한 방식으로 무페와 라클라우가 '평등주의적 상상체'라고 부르는 것에 연결된다. 그들은 그러므로 어떤 정치학의 가능성을 암시하게 되며 최종적으로 다문화적 평등주의의 원칙 위에 자신을 딛고 서는 민족 그 자체의 의미를 암시하고 있다. 반대로, 그 자신의 자유주의적 신념에도 불구하고, 윌렌츠가 '헤게모니를 가진 아메리카니즘'으로 부르는 것을 옹호한다면 우리의 작업을 통해서 아메리카의 삶에서 새로운 역사적 블록이 나타날 수 있는 가능성을 가진 학계, 미디어 그리고 예술의 환경을 이루려는 우리의 노력을 제한하는 다문화주의의 문제점에 대해 반동적이거나 혹은 복고적으로 반응하는 것에 다름 아니다.[71]

---

71) 마찬가지로, 개인적 성취를 강조한 ─ 즉, "미국은 아마도 다문화사회다, 하지만 또한 다문화된 개인들의 사회. 그리고 그들 중 가장 재능 있는 이들은 다문화적 비전을 예술에 투영한다" ─ 윌렌츠의 주장은, 아마도 조심성 없이 신자유주의 헤게모니라는 바로 그 언어를 대변한다. 만약 윌렌츠의 주장과 맞닿는 좌파 정치학을 위한 모델이 있다면, 그것은 아마도 『우리나라를 성취하는 것』에서 듀이의 진보주의를 재생하려는 로티의 시도와 비슷할 것이다. 하지만 크리스테바의 '코즈모폴리터니즘'과 같이, 미국 좌파를 위한 로티의 제안은 또 다른 '헤게모니를 가진 아메리카니즘'으로 판명난다. 실제로, 페이비언 사회주의의 '미국화된' 형태는 미국이 세계의 맹주로서 주장하는 목표와 가치에 대해 자찬을 하게 되며, 따라서 페이비언 사회주의와도 같이 그 전성기는 일종의 '사회 제국주의'가 된다.

월렌츠의 입장이 실망스러운 점은 또한 흑인 문제에 관한 미국 지식인의 거의 만장일치에 가까울 만큼의 실망스러움과 같다. 이중언어 교육에 대한 신보수주의의 공격에서와 마찬가지로, 프로그램의 요점은 학생이 결과적으로 적어도 두 가지 언어에 능통하도록 하는 것이며, 그 하나는 표준 영어라는 것이 잊혀진다(다른 말로 하면, 이러한 프로그램들은 이중언어주의를 학생들이 가능한 한 빨리 극복해야 하는 단점이라기보다는 영감을 받는 새로운 가치로서 제시한다는 것이다). 흑인 논쟁은——이것은 의심할 여지없이 프로그램을 제안한 오클랜드 학교 위원회의 의도이다——현존하는 교육 체계하에서 모든 라티노, 흑인, 원주민, 노동계급이나 가난한 가정 출신의 아이들이 교실에 들어가는 순간 그들이 능력이 없거나 제대로 기능하지 못한다고 느끼게 만드는 데 있다. 왜냐하면, '미국인이 되는 것'이 이전 정체성, 언어 혹은 사투리와 이에 상응하는 가치의 억압을 요구한다면, 그것은 유럽에 기초한 중간 혹은 상류 계급의 문화와 가치를 시민권의 실제적 조건으로 만드는 것이기 때문이다. 즉, 그것은 효과적으로(그리고 영구적으로 모든 실제적 목적으로서) 인구의 중요한 부분의 권리를 빼앗는 것이다. 그리고 이 주변화된 영역은 미국적 맥락에서 정확히 하위주체들이다.

이는 나에게 다시 하위주체성, 교육 그리고 헤게모니의 관계를 정식화하려는 그람시의 시도가 보여 주는 막다른 골목으로 되돌아가게 한다. 만약 하위주체가 우리의 위치에 올라서거나 혹은 우리들이 가진 헤게모니를 갖게 된다면, 과연 진정으로 무엇이 변할까? 나는 지난 삼십 년간 탈산업화에 의해 황폐해진 도시의 주립대학에서 일해 왔다. 소머와 베르코비치가 말하고자 하는 것을 진심으로 존중하지만, 이 책의 결론을 하버드나 프린스턴에서 가르치는 교과목이 이 질문에 적절한 답을 제공할 수 있다는 것으로 내리고 싶지는 않다. 이런 방식으로, 상대적이라는 것을 인정하면서 나 자신의 하위주체성과 분노를 드러낸다. 소머와 베르코비치는 수업에서 '지워질 위기에 놓인' 아메리카 정체성의 다양한 측면을 드러내고자 하나, 그들이 말하는 곳으로부터는 권위의 기반이 생기지 않는다. 그 강의는 미국에서 권력 혹은 라틴아메리카와 카리브를 포함한 나머지 세계에 대한 미국의 헤게모니를 통해 계급과 다른 위계의 재생산과 관련된 기관으로서 하버드 대학 자체가 가지는 문제에 대한 비판을 포함할 수 없다. 결정적으로 그들의 호소는 호니그와 같이 정치적이라기보다는 윤리적인 측면에 가깝다. 다른 이들을 좀더 알게 되고 좀더 관용적이 되고 차이를 존중하는 것 말이다(특히 베르코비치의 경우 미국적 삶에 찬성하지 않는 담론은 근본적 자유주의를 회복하고 갱생하는 역할을 한다).[72]

나는 여기서 하위주체연구를, 학계가 다문화주의와 결합하는 것을 단지 그 자체의 가치로서보다는, 다문화적 차이에 내연적으로 존재하는 불평등과 착취의 사회적 관계로서 만들어진 적대주의를 비판적 관점으로 응시하는 것으로 파악한다. 하버드와 같은 기관은 기존의 엘리트와는 다르게 생각하고 행동하는 새로운 엘리트를 생산하는 데 깊이 관련되어 있다. 나는 이 임무의 중요성을 간과하려는 것은 아니다. 하지만 나는 하위주체에 대한 관심으로서 우선적으로 마이애미에서 (카리브 요리에서 중요한 뿌리 식물의 명칭인) 유카 yuca ── 사회적 지위가 상승한 젊은 쿠바계 미국인 ── 라고 부르는 새로운 종류의 다문화적 여피 yuppie의 생산이 그 결과라면 우리의 연구가 그리 진일보하지 못한 것이라고 판단한다.

---

[72] 조 타버너(Jo Tavener)가 이 부분에 많은 도움이 되었다.

그러한 결과는 아마도 내가 서두에서 언급했던 하위주체연구의 비판자들이 제기하는 문제를 풀지 못한다. 하위주체연구는 미국의 정체성 정치학 논리의 연장에 불과하다고 보는 것이다. 다른 한편으로, 북미 아카데미의 권위에 대항하여 기존 라틴아메리카의 비판적 사고 전통의 통합과 권위를 재확립하려는 노력이 월렌츠의 '헤게모니를 가진 아메리카니즘'에서 끝나는 것처럼 보인다. 즉, 민중에 선행하는 '지식인 도시'와 문화횡단의 권위를 재확립하려는 기획의 종결을 의미하는 것이다.

하위주체의 문제는 단지 윤리적이고 인식론적인 것이 아니라, 또한 구조적이다. 문화를 가로지르는, 계급을 가로지르는 대화는 단순히 엘리트 기구에서 가르치는 수업 내에서(혹은, 그 문제와 관련해 주어진 문학 혹은 예술적 텍스트 내에서) 일어날 수 있는 것이 아니다. 이를 위해서는 수업과 그것 밖에 있는 그래서 수업에 반대되는 어떤 것 사이에서 일어나야 한다. 그것이 내가 왜, 구하가 ('계급, 출신성분, 나이, 젠더, 직업 혹은 다른 어떤 방식으로서의') 하위주체를 정의한 범위 내에서, 하위주체연구는 계급 불평등과 착취의 이슈로 돌아가야 한다고 믿는지의 근거이다. 왜냐하면 계급은 타자를 구조화하는 하위주체성의 형식이기 때문이다. 교육학적 관점에서, 다문화주의의 절합은 단지 라틴아메리카인이나 아시아인, 아프리카인, 원주민, 여성 혹은 게이 텍스트를 교과목에 어떻게 포함시킬 것인가만은 아니다. 그것은 또한 라틴아메리카, 아시아, 아프리카에서 그리고 미국 혹은 유럽, 학교에서 지배계급의 특권, 권력, 재산이 모든 형태에서 그리고 언제나 상호연결되듯이 불평등의 지속화에 반대하여 그러한 관심, 가치, 일하는 사람들의 희망을 대변하는 사고의 방식과 자료를 어떻게 소개할 것인가에 대한 문제인 것이다. 정치적 용어로, 그것은 '차이의 정치학'을 이론화하거나 정당화하는 문제뿐 아니라, '차이의 정치학'을 새로운 비전을 가진 사회주의 혹은 공산주의로 연결시키는 문제이기도 하다.

나는 이 책을 하위주체가 지식의 중심으로서의 대학과 맺는 관계에 대한 질문으로 시작했는데, 왜냐하면 나는 하위주체연구의 프로젝트가 단지 하위주체를 재현하는(다시 언급하자면, '하위주체에 대해 말하는 것'과 '하위주체를 위해 말하는 것' 양자를 포함하는 이중적 의미에서) 문제가 아니라, 아카데미에서 우리 자신의 작업이 하위주체성을 만들고 해체하는 데 있어 역동적으로 기능하는 방식에 대한 것이라고 믿기 때문이다. 이와 관계가 있는 마지막 언급을 통해 이 책을 맺기로 한다. 학계에 존재하는 현대 좌파가 가진 닫힌 가능성에 슬퍼하기보다, 우리는 고등교육에서 우리 위치의 가능성에 관해 전략적으로 생각해야만 한다. 좌파의 기획을 되살릴 맥박이 유래하는 곳이 어디인지 말할 수 있는 방식은 존재하지 않다거나, 고등교육이 오늘날 구좌파의 언어로 '진지전적 영역'이 더 이상 아닐 수도 있다는 것을 미리 단정할 이유도 없다. 하지만 이는 또한 우리가 말하고 행하는 것에 대한 새로운 종류의 책임을 의미한다.

그것이 아마도 하위주체연구가 우리에게 가르치는 가장 중요한 교훈일 것이다.

옮긴이 해제

2003년 늦은 여름 존 베벌리를 처음 만났다. 그는 피츠버그 대학 스페인어과의 학과장이었고, 나는 그해 막 박사과정에 들어온 학생이었다. 라틴아메리카 문학을 공부하겠다고, 특히 문화이론에 관심이 많다고 스페인어로 더듬더듬 말하는 한국에서 온 나를 마냥 호기심 어린 눈빛으로, 그러나 호탕한 웃음으로 반겨 주었다. 왜 라틴아메리카에 관심을 갖게 되었는지, 한국과 라틴아메리카가 어떤 연관이 있는지를 내게 물었다. 그리고 그 학기에 개설될 대학원 강좌들을 자세히 설명해 주면서 내가 어떤 과목을 들으면 좋을지 조언도 해주었다. 그리고 내가 사무실을 나오기 전, 다른 대학원생들에게 직접 전화를 걸어 내가 학과와 수업에 빨리 적응하도록 도와줄 것을 부탁했던 것으로 기억한다.

그는 늘 바빴다. 많은 학회에 기조 연설자로 초청을 받아 자리를 비우는 경우도 많았고, 그가 학교에 있는 날이면 많은 학생들이 그와 이야기하려고 연구실 앞에 줄지어 기다리는 장면을 자주 볼 수 있었다. 그러면서도 학과에서 나를 만날 때면 늘 어려운 것은 없냐고, 공부는 잘되고 있냐고 반갑게 인사해 주었으며, 내가 에콰도르 시몬 볼리바르 대학의 여름학기 세미나에 갈 수 있도록 주선해 주기도 했다. 박사과정 2년 차가 되던 해에 나는 베벌리에게 나의 지도교수가 되어 줄 것을 부탁했다. 그는 당시 자신이 학과장이기도 하고 지도하는 학생이 너무 많아 안 되겠다고 하면서, 하지만 나의 논문에 커미티로 참여하고 싶다고 했다. 이후 논문 프로포절 발표장에서 나를 호되게 몰아붙이기도 했지만, 한편으로 나의 논문과 관련된 자료를 발견할 때면 쪽지와 함께 자료들을 내 메일 박스에 넣어 주곤 했다. 그는 늘 학생들을 위해 자신의 사무실을 열어 두었으며, 학문적으로는 엄격하지만 한편으로는 학생들에게 필요한 자료나 도움이 되는 논문을 추천하는 것을 잊지 않았다.

박사과정에 있으면서 나 또한 바쁜 나날을 보냈다. 많은 책을 읽고 긴 논문을 쓰는 한편으로는 베벌리가 처음 나에게 했던 질문에 자주 접하곤 했다. 과의 다른 교수, 학생들로부터 왜 한국인이 라틴아메리카를 공부하냐는 질문을 자주 접하면서 어느 순간 스스로에게 같은 질문을 하는 나 자신을 마주하게 되었다. 나는 왜 라틴아메리카를 공부하고 있을까? 이렇게 박사과정은 내가 공부하는 이유를 묻는 기간이기도 했다.

나는 90년대에 대학에 입학했다. 다른 많은 인문·사회대생과 다르지 않게 맑스와 레닌을 공부했고,『자본론』을 읽고 로자 룩셈부르크에 대해 토론했다. 하지만, 이 모든 것은 90년대라는 이름 아래, 전 사회와 대학에 불었던 새로운 바람이었던 '개혁'이라는 이름 아래 또한 완전히 새롭게 이해되어야 했다. 더 이상 80년대가 아니며, 맑스주의도 혁명도 변해야 했다. 우리 세대의 무의식에는 항상 '변화'라는 단어가 따라다녔다. 나는 학생운동의 혁신의 기치를 내건 그룹의 일원이기도 했다. 우리는 소위 서구의 '신좌파'의 모델을 받아들이며, 알튀세르를 읽고 그람시의 시민사회와 대항헤게모니에서 새로운 운동의 실천적 방향을 모색해야 한다고 동의했다. 근대성을 다시 이해하기 위해 한창 유행하던 푸코를 읽고 하버마스에 대해 토론했다. 대학개혁, 주제운동, 네트워크 운동과 시민사회와의 결합은 새로운 운동의 실천적 과제였다.

대학에서 나는 서어서문학을 전공했다. 이렇게 변화된 현실과 새로운 환경에 직면한 서구좌파와 우리의 현실을 공부하면서도, 라틴아메리카는 여전히 혁명적 에너지의 현장, 불타는 제3세계의 이미지로 남아 있었다. 쿠바혁명과 체 게바라로 상징되는 게릴라 운동, 반독재 투쟁과 저항 문화, 그리고 떠오르는 멕시코 사파티스타가 지향하는 새로운 방식의 원주민 운동까지. 시간의 흐름을 거슬러 변하지 않는 저항의 진원지로서 말이다. 아마, 라틴아메리카에 관심을 갖는, 이 책을 읽는 독자들도 비슷한 생각을 공유할 것이라 생각한다.

하지만 라틴아메리카도 당시 새로운 역사의 격랑 한가운데에서 결코 자유롭지 못하였다. 아르헨티나, 칠레, 우루과이 같은 나라들은 우리와 유사하게 독재에서 민주화로의 이행 시기였으며, 멕시코는 외채 위기 속에서 드디어 NAFTA를 통해 신자유주의와 세계화의 심장으로 걸어 들어갔다. 중앙아메리카 국가들은 학살과 오랜 내전을 끝내고 평화협정을 체결하였으며, 니카라과 혁명세력과 산디니스타는 재집권을 위한 선거에서 패배하였다. 유토피아의 꿈은 사라졌는가? 역사는 후퇴하고 라틴아메리카는 근대의 반면교사로 남고 마는가? 어떻게 역사의 수레바퀴를 앞으로 전진시킬 것인가? 혹은 진보 자체에 대한 근본적인 재인식이 필요한 것은 아닌가? 상황은 다를지라도 그들 역시 변화와 그에 대한 응전을 고민하고 있었다.

이 책 『하위주체성과 재현』은 이러한 질문들에 대한 베벌리의 문화적 성찰과 인식론적 기획을 담고 있다. 베벌리는 캘리포니아 대학원 재학 시절 프레드릭 제임슨과 함께 맑스주의 문학비평 그룹의 일원이었고, 피츠버그 대학 강단에서 교편을 잡으며 스페인 황금세기 문학을 연구하고 가르쳐 왔다. 그러다 니카라과 혁명에 직간접적으로 참여하면서 그의 관심은 라틴아메리카의 현대로 확장된다(스페인어과는 주로 스페인 문학과 라틴아메리카 문학의 두 영역으로 구성된다). 그는 니카라과 혁명의 실패를 목도하면서 맑스주의를 하위주체연구를 통해 재구성하려는 기획에 착수한다. 하위주체연구는 남아시아의 역사가들에 의해 발전되어 왔으며, 기존의 좌우파의 공식역사에서 역사의 주체로 대접받지 못한 이들의 '부정'의 역사를 복원하려는 문화적 실천이었다. 시민사회운동이 소외되었던 다양한 주체를 '공식적' 시민사회의 영역으로 끌어들이려 했다면, 하위주체연구는 시민사회가 담지할 수 있는 한계를 명확히 인식하고, 하위주체로 하여금 그들 자신의 '목소리'를 내도록 하는 새로운 틀거리를 짜는 것이었다. 베벌리는 이 틀을 라틴아메리카라는 또 다른 주변부 세계에 적용할 것을 제안한다. 이에 '라틴아메리카 하위주체연구 그룹' Latin American Subaltern Studies Group이라는 프로젝트를 발족하여 급진적 다문화주의를 실천하게 된다.

1992년 「창립선언문」Founding Statement의 발표를 준비하면서 라틴아메리카 하위주체연구 그룹은 본격적인 활동을 시작한다. 창립 멤버 중 하나인 일레아나 로드리게스가 그들의 기획을 정리한 책 『라틴아메리카 하위주체연구 읽기』*The Latin American Subaltern Studies Reader*에서 밝히듯, 라틴아메리카 하위주체연구는 남아시아 하위주체연구의 문제제기와 성과를 적극적으로 받아들이면서 자신의 인식론적·이론적·실천적 기반을 세워 나간다. 이후 포스트식민주의와 함께 문화이론의 중심축 중 하나로 자리매김하며, 다제학문적 관점에서 문학, 역사학, 인류학, 사회학, 정치

경제학 등 라틴아메리카 학문과 정치 영역에 뿌리를 내린다. 이들은 공통적으로 ① 그람시의 사상과 이론에 기초를 두며, ② 그람시의 하위주체 개념을 인도의 농민봉기에서 구체화한 라나지트 구하의 연구를 받아들이고, ③ 무엇보다 '재현'의 문제의식을 심화시키고자 노력하였다.

재현의 정치학

우선, 이 책의 제목에서 명백히 느껴지듯 '재현'의 문제는 이들 문제의식의 중심축 역할을 한다. 베벌리는 피츠버그 대학에서 오랫동안 함께 학문적 교류를 나눈 스피박을 통해서 주로 역사학 쪽에 관심을 두고 '하위주체성'에 중점을 두었던 남아시아 하위주체연구에 '재현'의 문제를 결합시킨다. 포스트식민주의의 정전正典이 된 「하위주체는 말할 수 있는가?」Can the Subaltern Speak?라는 논문을 통해 스피박은 엘리트 지식인이 하위주체를 **위하여** 쓰는 행위가 실제로는 하위주체에 **대하여** 쓰는 결과를 가져온다고 지적한다. 따라서 하위주체에 호의를 보이며 그들을 대변하려는 지식인과 엘리트들의 행위도 그 의도와 상관없이 본인들의 지식 권력을 강화하는 것으로 귀결되고 만다. 반면에, 재현의 대상이 되는 하위주체는 대상화될 운명으로부터 결국 벗어나지 못한다. 그러므로 하위주체연구의 임무는 '아래로부터의 목소리'가 존재함을 확인하는 것을 넘어 그들의 목소리가 발화되는 장소와 글을 쓰는 지식인에 의해 매개되는 방식에 비판적으로 개입하는 것을 포함하는데, 이는 푸코식으로 말하자면 모든 관계와 상호작용은 권력으로부터 자유롭지 않기 때문이다.

엘리트 지식인의 선한 의도조차 자신의 권력 강화로 이어진다는 점에서 스피박의 근본적 문제제기는 지식인에 대한 회의적이고 냉소적인 태도를 낳는다. 그러나 이러한 '본질주의적' 비판은 바로 그녀의 전략이다. 그녀는 하위주체의 재현의 불가능함을 말하려는 것이 아니고, 오히려 (대문자) 타자Other인 하위주체를 이해하는 데 있어 윤리학의 필요성을 역설한다. 레비나스와 데리다를 경유한 스피박의 윤리학은 주변부 타자에 대한 인식론적 불가능성에 기초한다. 우리가 하위주체에 다가가기 위해서는 타자와 이를 재현하는 엘리트 사이의 권력 관계를 인식하고 타자를 그대로 재현할 수 없다는 것을 깨달아야 하며, 이것이 바로 '윤리적' 관계에 대해 스피박이 암시하는 지점이다. 따라서 하위주체연구의 목적은 식민지에 대한 식민모국의, 주변부에 대한 중심부의, 하층민에 대한 엘리트 지식인의 재현이 가지는 이러한 모순과 위험성을 폭로해 내는 데 있다.

그러나 베벌리는 해체적 방식으로 하위주체연구를 전유하려는 스피박으로부터 한 걸음 더 나가야 한다고 주장한다. 윤리학적 비판의 중요성에도 불구하고 스피박은 하위주체가 엘리트의 인식 불가능성 유무에 관계없이 이미 존재하는 현실이라는 사실을 간과한다는 것이다. 탈구조주의적 해석은 지식인의 재현의 문제점을 폭로하는 데 집중한 나머지 실제 하위주체 그 자체에 관해서는 크게 관심을 기울이지 못한다. 따라서 스피박의 전략은 실제로 억압과 차별에 싸우는 하위주체와의 연대 문제에 있어서는 명확한 한계를 드러내며, 비록 의도하지 않더라도 하위주체와 엘리트 지식인의 거리가 더욱 멀어지는 결과를 낳게 된다. 베벌리는 스피박이 제기한 제1세계 지식인(혹은 제3세계 민족지식인) 비판을 수용하는 동시에, 다른 한편으로 그람시가 발전시킨 '유기적 지식인'의 아이디어로 돌아가 저항하는 하위주체와 어떻게 정치적 연대를 이끌어 낼 것인가를 고민한다. 이를 위해 베벌리와 하위주체연구 그룹은 엘리트가 하위주체를 대변하고 재현하는 것에서 벗어나 하위주체가 스스로에 대해 발언하는 문화의 민주화 가능성에 천착하게 된다. 이 둘이 결합하는 조건은 기존 문학 전통과는 달리 하위주체가 헤게모니를 갖게 되며, 지식인은 이들을 지도하는 것이 아니라 철저하게 하위주체의 조력자 위치로 규정된다.

1993년에 출간된 『문학에 반대하여』*Against Literature*에서는 제목이 말해 주듯 문학 장르가 가지는 재현의 한계를 지적하며 부르주아 서사 양식으로서의 문학에 반대하는 입장을 보여 준다. 베벌리는 스피박의 이론 틀을 빌려, 라틴아메리카 문학의 최고봉이라 일컬어지는 1960~70년대 '붐 소설'이 라틴아메리카 사회의 총체성을 표현하는 데 성공하지만 동시에 작가의 목소리가 작품 전체를 지배한다는 점을 지적한다. 비록 소설가들이 정치적으로 진보적이라 할지라도 작품 내에서는 하위주체의 목소리는 사라지고 작가의 논리로 통합된다. 거칠게 말해 하위주체적 관점에서 문학이라는 장르는 지식인이 하위주체를 재현하고 종속시키는 서사 양식인 셈이다. 베벌리는 대신 타자가 보다 직접적으로 자신의 목소리를 낼 수 있는 새로운 서사 형식과 발화 양태에 관심을 기울이게 되는데 이러한 태도는 그가 전통적 문학 진영에 속하기보다는 '문학은 이데올로기가 재조직되는 장소'라는 문화연구 비평 그룹의 경향 속에 있다는 것을 명백히 보여 주고 있다.

이렇듯 베벌리는 문학의 한계를 지적하는 지점에서 텍스트의 **전략적 해체**를 통해 윤리학의 가능성을 찾는 스피박과 달리 **텍스트의 재정치화** 효과에 관심을 기울이며 문학 바깥에 존재하던, 그리하여 이전에는 가치 있는 텍스트로 인정받지 못했던 서사 양식의 복원을 시도한다. 그리고 그 텍스트들에서 하위주체가 중심이 되어 세계화의 중심과 주변, 주변과 주변을 연결하는 연대의 가능성을 찾는다. 즉, 문학의 문학적 가치라는 잣대를 거부하고 급진 정치의 '일부' ─이는 급진 정치의 '수단'이라는 표현과 구별되어야 하는데, 왜냐하면 문화 자체가 경제구조의 단순한 반영이 아닌 일정 정도 자율적인 상부구조라는 그람시적 해석을 공유하기 때문이다─가 된다. 따라서 베벌리에게 하위주체연구(혹은 문화연구)는 아카데미의 안팎을 가로지르는 또 다른 정치적 실천의 방식인 셈이다.

'문학'에 반대하여 '증언서사'로

베벌리와 그 동료들의 기획은 '재현'의 한계지점을 지적함으로써 기존의 문학이 가지고 있던 지위를 허물면서, 다른 한편으로는 '증언서사'라는 형식을 발굴하고 이론화함으로써 보다 구체화된다. 하위주체 스스로가 이야기하는 형식의 이 '증언서사'는 문학의 한계를 넘어서는 대안 서사로 많은 관심을 끌었고, 1990년대 라틴아메리카 문학 논쟁의 핵심 중 하나로 떠올랐다.

    노벨평화상 수상자였던 과테말라의 원주민 운동가 리고베르타 멘추의 『나, 리고베르타 멘추』는 '증언서사'를 위한 중요한 텍스트였다. 원주민들의 정치적·문화적 권리를 말살하려는 메스티소 정부의 차별과 탄압에 맞서는 삶을 묘사하는 이 책은 엘리자베스 부르고스라는 베네수엘라 출신 작가의 이름으로 출판되지만 제목이 말해 주듯이 '나'라는 1인칭의 목소리로 이야기가 진행된다. 화자인 멘추는 자신의 공동체에 대한 소개와 부모의 삶으로부터 시작해 자신이 어떤 어린 시절을 겪어 왔는지, 스페인어가 모국어가 아닌 처지로 인해 어떤 차별과 박해를 받았는지, 내전과 정부가 보낸 군대의 폭력으로 어떻게 공동체가 파괴되고 자신이 왜 저항을 하게 되었는지에 대해 '증언'한다.

베벌리가 보기에 『나, 리고베르타 멘추』로 대표되는 '증언서사'가 다른 문학 장르와 구별되는 이유는 다음과 같다. 첫째, 르포나 다큐멘터리는 허구가 아닌 실제로 일어난 일을 다루지만 외부의 시선이나 제3자로서 사건을 바라본다. 이와는 달리 이 책은 멘추 자신의 목소리로 공동체에 대한 국가기구의 폭력적 개입과 저항을 이야기하기에, 하위주체의 관점이 지식인 엘리트라는 여과장치를 거치지 않고 드러난다. 다음으로, '증언서사'는 1인칭 서술이라는 점에서, 그리고 자신의 체험을 들려 준다는 점에서 자서전적 글쓰기와 같지 않은가 하는 의문이 제기될 수 있다. 베벌리는 자서전이 서사를 통해 개인 의식의 성장과 완성을 추구하는 일종의 빌둥스로만인 반면, 『나, 리고베르타 멘추』의 경우 멘추의 개인사를 다루고 있지만 그것이 멘추로 환유되는 원주민 공동체를 그린다는 점에서 다르다고 지적한다. 종족 공동체와 근대 국가권력과의 갈등, 고유 언어와 전통의 문제, 정치적 억압과 문화적 말살이라는 주제들은 '개인적'이라기보다는 '사회적'이며, 이런 의미에서 '증언서사'는 타자의 집단적 목소리를 담고 있다는 점에서 자서전과 구별되어야 한다는 것이다. 정리하자면, 증언서사는 ① 긴급한 정치적 상황을 다루며, ② 1인칭의 화자를 가지고, ③ 화자가 공동체를 대표하거나 긴밀한 관계를 맺고 있는 것으로 정의될 수 있다.

베벌리와 동료들에 의해 주도된 '증언서사'의 이론화는 즉각적 반향을 일으켰으며, 『나, 리고베르타 멘추』 외에도 다른 텍스트들을 이 서사 양식으로 재인식하고 다시 연구하기 시작했다. 아르헨티나, 칠레 등에서 독재와 '더러운 전쟁'Dirty War 후 발견된 증언들이 그것이다. 또 다른 예는 미겔 바르넷이 쿠바의 노예 출신 흑인이 구술한 이야기를 녹취, 정리, 편집하여 책으로 펴낸 『어느 도망친 노예의 일생』*Biografía de un cimarrón*이다. 여기서는 에스테반 몬테호라는 105세 노인을 정보 제공자로 삼아 하위주체의 목소리를 직접 전달하고자 했다. 이와 같이, 소설(혹은, 문학)이 되기에는 그 작품성이 미달된다는 비판을 받던 다양한 형태의 증언, 진술 등의 파편화된 서사 형식이 '타자의 목소리'를 담아 내는 그릇으로 재인식되었다.

'증언서사'는 무엇보다 문학의 민주화와 정치적 긴급함에 대한 하나의 문화적 대응이라 볼 수 있다. 엘리트 지식인들에 의한 재현을 거부하고 타자가 자신의 목소리를 통해 국가주의 프로젝트가 담보하지 못하는 시민사회의 다양한 모순들을 드러낸다. 이렇게 '증언서사'가 민족 담론의 내부에 머무르지 않는 것처럼, 멘추의 잠재적 독자와 연대의 대상은 민족-국가의 틀을 넘어선다. 즉, 과테말라 국민이 아닌 초국가적 자본에 대항하는 전세계의 민중과 하층민이 연대의 대상이 될 수 있다. 따라서 '증언서사'는 국경을 넘어 하위주체와 엘리트, 다른 지역의 하위주체를 가로지르며 연대의 잠재적 토대가 되는 지구화 시대에 하나의 대안적 서사 양식으로 읽히게 된다.

신자유주의 세계화, 하위주체 그리고 다시 '국가'의 문제설정으로

문학비평가 출신으로 문학에 반대하는 급진적인 입장을 취하는 베벌리는 또한 역설적으로 구체적이고 실천적이다. 앞에서 언급했듯, 대안적 장르로서 '증언서사'라는 실체를 문학에 대당하여 제시하는 점에서 그렇다. 마찬가지로 라틴아메리카 하위주체연구는 1970년대부터 이어진 문화연구의 전통 중에서도 가장 실천적이고 현실 정치사회의 구조 및 상황과 밀접한 관계를 맺으려 한다는 평가를 받아 왔다. 하위주체가 있는 장소에서, 저항이 존재하는 곳에서 구체적 실천을 기획하고 연대하는 것이 하위주체연구가 제기하고 진화시킨 문화연구의 과제이기 때문이다. 또한 하위주체연구는 세계화에 대한 대항담론으로서 큰 설득력을 얻을 수 있었다. 하지만 이 책이 발표된 후 얼마 지나지 않아 그룹은 위기를 맞게 되고 2002년에는 결국 해체에 이른다. 애초부터 느슨한 학자 연대의 형식이었고 점점 더 광범위해지는 의제의 확장으로 인해 더 이상 그룹을 유지하는 것이 불가능하였다고 베벌리는 설명한다. 다른 분석도 존재한다. 2003년 필자가 참여한 에콰도르 키토에서 개최된 여름 비평학교 세미나에서 하위주체연구 그룹의 일원이었던 훌리오 라모스Julio Ramos는 1980년대와 1990년대를 관통했던 '증언서사'와 같은 새로운 서사 형식에 대한 연구의 쇠퇴는 일정 부분 새로운 목소리를 담은 '텍스트'의 부재로 귀결된다고 설명하였다. 즉, 주목하고 연대해야 할 문화적·서사적 텍스트가 고갈됨으로써 연구자들은 더 이상 하위주체연구를 지속·심화시킬 동력을 찾기가 힘들어졌다는 것이다.

오히려 라틴아메리카의 정치·문화 지형은 21세기에 들어와 신자유주의와 세계화에 대항한 사회운동의 물결과 좌파 정치의 재집결, 그리고 이를 통해 정권 획득을 목표로 하는 새로운 국면에 접어든다. 이른바 '분홍빛 물결'marea rosada로 불리는 이 현상은 베네수엘라의 차베스를 필두로 하여 신자유주의와 미국에 의해 주도되는 세계화에 정면으로 반기를 든 세력이 라틴아메리카의 거의 전 지역에서 헤게모니를 장악한 하나의 사건이었다. 아르헨티나의 키르치네르부터, 브라질의 룰라, 우루과이의 바스케스, 도미니카의 페르난데스, 칠레의 바첼레트, 니카라과의 다니엘 오르테가, 볼리비아에서는 코카 재배 농민 출신인 에보 모랄레스, 에콰도르의 라파엘 코레아까지 좌파 세력의 연속된 집권은 라틴아메리카를 세계화의 거대한 조류 속에서 또다시 독특한 위치에 올려놓는다. 그리고 라틴아메리카 문화비평가들과 하위주체연구 그룹에 속했던 학자들은 국가를 통한 헤게모니의 획득이라는 현실을 재해석하고, 평가하며, 이에 대한 이론화를 시도한다. 이는 시민사회에 집중되었던 정치·문화적 관심과 역량이 다시 국가주의 전략으로 선회하는 것임을 암시하는 것일까?

이 책의 마지막 장에서 베벌리는 이미 이러한 '민족-국가'의 대안적 재구성을 논의하고 있었다. 또한 이 책의 맨 앞부분, 한국 독자를 위한 서문에서 자신의 입장을 최근 라틴아메리카의 현실과 연관 지어 설명하며 가장 최근의 그의 입장을 보여 준다. 그는 최근 10년간의 '분홍빛 물결'이 결코 기존의 하위주체연구와 분리되거나 대립되는 것이 아니라는 의견을 피력한다. 반대로 하위주체와 국가가 만나는 방식을 보여 주는 중요한 예로서 이 현상을 주목하고 옹호한다. 이를 증명하기 위해 우선 하위주체연구와 포스트식민주의 정치학이 성장하면서 형성된 이분법──즉, 국가와 시민사회의 분리──이 가져온 역효과를 지적한다. 사회주의의 몰락 이후 국가라는 제도는 결과적으로 하위주체를 억압하는 기구이며 국가권력을 획득하려는 시도는 명백한 한계를 가진 해방 전략이라고 인식되어 왔다. 즉, 하위주체의 운동과 저항은 국가라는 '제도'에 맞서는 시민사회를 통해 경유되어야 하는 것이었다. 베벌리가 보기에 이러한 주장은 1990년대에는 충분히 납득할 만한 것이었지만, 현재는 다른 국면에 접어들었음을 인식해야 한다는 것이다. '분홍빛 물결'을 가능케 한 라틴아메리카 좌파와 하위주체의 프로젝트는 비록 국가권력 획득을 그 과제로 설정하고 있지만, 결코 권력 획득 그 자체에 매몰되지 않기 때문이다.

하위주체연구가 자유주의 진영과 기존 좌파 세력 모두가 가진 '국가주의'를 비판하면서 결집된 실천적 학문이라는 점에서 베벌리가 '국가'를 긍정적으로 바라보는 것은 자칫 모순으로 보일 수도 있다. 그러나 여기서 주목해야 할 점은 그는 이전에도 '국가'를 단순히 하위주체의 적으로 파악하지 않고, **하위주체가 '국가'가 되는 것은 가능한가, 그리고 이런 상황하에서 어떤 방식으로 하위주체는 헤게모니를 조직해야 하는가**에 대한 질문을 했다는 것이다. 베벌리는 국가주의의 문제점을 인정하면서도, 한편으로는 하위주체로부터 시작되는 새로운 종류의 민족 혹은 국가에 가능성의 문을 열어 놓는다. 시민사회 안팎의 민중들은 국가로까지 발전될 수 있다는 점에서 그는 국가-시민사회의 명확한 분리에 반대한다. 그리고 민중이 중심이 된 새로운 공동체가 한 사회에서 헤게모니를 가질 때 국가라는 형태를 취할 수 있으며, 이 '민중-국가'people-state는 기존의 부르주아 국가와 다른 방식의 사회적 조직과 관계를 만들어 낼 가능성을 긍정적으로 그리고 실천적으로 바라보아야 한다고 베벌리는 주장한다.

'민중-국가'의 측면에서 국가를 현실적 대안에서 완전히 배제하지 않는 그는 다른 한편으로 역사적 맥락에 주목한다. 세계화와 신자유주의는 명백히 개별 국가의 역할을 축소해 왔다. 특히 이 둘의 결합은 새로운 방식의 불평등, 폭력, 가난과 소외를 만들어 왔으며 하위주체는 이를 위한 어떠한 완충 장치도 갖지 못한 채 이 급속한 변화에 내몰리게 되었다. 베벌리가 보기에, 이런 역사적 맥락에서 국가를 전유하려는 좌파의 계획은 민족-국가가 단시간에 사라지기보다는 지속될 것이란 예상 속에서 현실적인 대안이라는 것이다. 즉, 개별 국가의 경계를 넘어 폭력적으로 진행되는 세계화에 의한 삶의 식민화에 대한 방어막의 기능을 국가로부터 기대하는 것이다. 그리고 국가의 권력이 하위주체로부터 나옴으로써, 다시 말해 하위주체가 국가가 됨으로써 국가의 메커니즘은 다른 방식으로 재구성되고 행사될 가능성을 가질 수 있다.

따라서, '분홍빛 물결'은 하위주체연구 그룹 내의 다른 연구자들이 비판하는 것처럼 구좌파의 국가권력 프로젝트를 단순히 답습하는 것은 아니다. 오히려, 전지구화와 신자유주의가 경제적·정치적·문화적·담론적으로 지배하는 현상에 대한 하위주체의 새로운 도전으로 읽힐 수 있다. 하위주체는 '국가가 됨'으로써 그 '하위주체성'을 상실하는 것이 아니며, 그 역동성이 확장되어 민중적 헤게모니의 형태를 만들어 낼 수 있다. 이 점이 바로 차베스를 비롯한 이들 정부의 문제점과 많은 논란에도 불구하고 이를 마냥 부정적으로 판단해서는 안 될 이유라고 전하고 있다.

이처럼 베벌리의 이론은 현실과 동떨어진 이론의 자기 증식과 복제에 반대하며 현실세계뿐 아니라 현실정치에까지 개입할 수 있는 토론의 기반을 만드는 것이었다. 따라서 재현과 문화이론에 대한 복잡한 인식론적·철학적 논의로 구성되는 이 책 역시 좌파정치의 이론적 '논리'를 구성한다기보다 오히려 현실정치에 개입하기 위한, 그리고 하위주체에게 목소리를 되돌려 주기 위한 토론으로 읽혀야 할 것이다. 나는 박사논문에 쓴 감사의 글에서 베벌리에게 '실천하는 지식인의 모습을 몸소 보여 주어서, 당신을 통해 그것을 배울 수 있게 되었다'라고 썼다. 미국 교수에게서 그런 점을 볼 수 있었다는 것이 나에게는 놀라움이었고 또한 반가움이었다. 그에게 있어 실천은 학문으로부터 떼어 놓을 수 있는 것이 아니라는 상투적인 그러나 자주 잊게 되는 사실을 이 책을 번역하며 다시 한 번 깨닫게 되었다. 모쪼록 베벌리의 책이 한국의 독자들에게도 라틴아메리카의 새로운 독해를 통한 한국 사회와 세계에 대한 실천적 비평과 정치적 실천을 위한 작은 도움이 될 수 있기를 바란다.

    마지막으로 번역 과정에서 많은 조언을 아끼지 않으신 우석균 선생님과 편집 작업을 위해 애써 주신 그린비의 박순기, 고아영 씨께 감사를 전한다.

콜로라도에서
옮긴이 박정원

참고문헌

Achugar, Hugo, "Leones, cazadores e historiadores: A propósito de las políticas de la memoria y del conocimiento", *Revista Iberoamericana* 180, 1997.

____, "Repensando la heterogeneidad latinoamericana: a propósito de lugares, paisajes y territorios", *Revista Iberoamericana* 176~177, 1996.

Adorno, Rolena, "Reconsidering Colonial Discourse for Sixteenth - and Seventeenth-Century Spanish America", *Latin American Research Review* 28, no.3, 1991.

Ahmad, Aijaz, *In Theory*, London: Verso, 1992.

Althusser, Louis, *The Future Lasts Forever*, New York: The New Press, 1993[『미래는 오래 지속된다』, 권은미 옮김, 이매진, 2008].

Alvarez, Sonia, Evelina Dagnino and Arturo Escobar, *Cultures of Politics/ Politics of Cultures: Re-Visioning Latin American Social Movement*, Boulder: Westview, 1998.

Amin, Shahid, *Event, Metaphor, Memory: Chauri Chaura, 1922~1992*, Berkeley: University of California Press, 1995.

____, "Gandhi as Mahatma", eds. Ranajit Guha and Gayatri Spivak, *Selected Subaltern Studies*, New York: Oxford University Press, 1988.

____, "Remembering Chauri Chaura", ed. Ranajit Guha, *A Subaltern Studies Reader,1986~1995*, Minneapolis: University of Minnesota Press, 1997.

Arato, Anthony and Jean Cohen, *Civil Society*, Cambridge: MIT Press, 1993.

Arias, Arturo, ed., *The Properties of Words, Rigoberta Menchú, David Stoll, and Identity Politics in Central America*, Minneapolis: University of Minnesota Press, 2000.

Aricó, José, *La colo del diablo: Itinerario de Gramsci en América Latina*, Buenos Aires: Puntosur, 1988.

Aronowitz, Stanley, *Roll over Beethoven: The Return of Cultural Strife*, Hanover, NH: Wesleyan University Press, 1993.

Aznárez, Juan Jesus, "Los que me atacan humillan a las víctimas", *El País*, no.997, January 25, 1999.

Beasley-Murray, Jon, *Posthegemony*, Minneapolis: University of Minnesota Press, 2010.

Behar, Ruth, *Translated Woman: Crossing the Border with Esperanza's Story*, Boston: Beacon, 1993.

Bell, Daniel, *The Cultural Contradictions of Capitalism*, New York: Basic, 1976.

Belver, Pilar, "Forged under the Sun: The Life of Maria Elena Lucas", ed. Fran Buss, Ann Arbor: University of Michigan Press, 1995.

Benítez-Rojo, Antonio, "Nacionalismo y nacionalización en la novela hispanoamericana del siglo XIX", *Revista de Crítica Literaria Latinoamericana* 38, 1993.

Benjamin, Walter, "The Storyteller", trans. Harry Zohn, *Illuminations*, New York: Shocken, 1969[「얘기꾼과 소설가」, 『발터 벤야민의 문예이론』, 반성완 옮김, 민음사, 1983].

Beverley, John, "The Margin at the Center: On Testimonio", ed. Georg Gugelberger, *The Real Thing: Testimonial Discourse and Latin America*, Durham: Duke University Press, 1996.

＿＿＿, *Una modernidad obsoleta: Estudios sobre el barroco*, Los Teques, Venezuela: Fondo Editorial ALEM, 1997.

Beverley, John and Marc Zimmerman, *Literature and Politics in the Central American Revolutions*, Austin: University of Texas Press, 1990.

Bhabha, Homi, "DissemiNation", ed. Homi Bhabha, *Nation and Narration*, London: Routledge, 1990[「디세미-네이션: 시간, 내러티브, 그리고 근대국가의 가장자리」, 호미 바바 엮음, 『국민과 서사』, 류승구 옮김, 후마니타스, 2011].

＿＿＿, "Editor's Introduction", *Front Lines/Border Posts*, a special issue of *Critical Inquiry* 23, no.3, 1997.

＿＿＿, *The Location of Culture*, New York: Routledge, 1994[『문화의 위치: 탈식민주의 문화이론』, 나병철 옮김, 소명출판, 2012].

Biondi, Juan and Eduardo Zapata, *Representación oral en las calles de Lima*, Lima: Unviersidad de Lima, 1994.

Bosteels, Bruno,"The Leftist Hypothesis: Communism in the Age of Terror", eds.

Costas Douzinas and Slavoj Žižek, *The Idea of Communism*, London: Verso, 2010.
Bourgois, Phillipe, *In Search of Respect: Selling Crack in the Barrio*, Cambridge: Cambridge University Press, 1995.
Brennan, Timothy, *Salman Rushdie and the Third World*, New York: St. Martin's, 1989.
Britten, Alice and Kenya Dworkin, "Rigoberta Menchú: 'Los indígeneas no nos quedaos como bichos aislados'", *Nuevo Texto Crítico* 6, no.II, 1993.
Brunner, José Joaquín, "Notes on Modernity and Postmodernity in Latin American Culture", eds. John Beverley, José Oviedo and Michael Aronna, *The Postmodernism Debate in Latin America*, Durham: Duke University Press, 1995.
Buck-Morss, Susan, *Hegel, Haiti, and Universal History*, Pittsburgh: University of Pittsburgh Press, 2009[『헤겔, 아이티, 보편사』, 김성호 옮김, 문학동네, 2012].
Butler, Judith, *Gender Trouble: Feminism and the Subversion of Identity*, New York: Routledge, 1990[『젠더 트러블: 페미니즘과 정체성의 전복』, 조현준 옮김, 문학동네, 2008].
Cagan, Beth and Steve Cagan, *This Promised Land, El Salvador*, New Brunswick: Rutgers University Press, 1991.
Campbell, Leon, "The Influence of Books and Literature on the Túpac Amaru Rebellion", paper printed at the Brown University conference on The Book in the Americas, 1987.
Canby, Peter, "The Truth about Rigoberta Menchú", *The New York Review of Books*, April 8, 1990.
Cándido, Antonio, "Literatura e subdesenvolvimiento", *Argumento* 1, 1973.
Carey-Webb, Allen and Stephen Benz, *Teaching and Testimony*, New York: State University of New York Press, 1996.
Chakrabarty, Dipesh, "A Small History of Subaltern Studies", paper presented at the conference "Cross-Genealogy and Subaltern Knowledges", Duke University, October 15~18, 1998.
_____, "Postcoloniality and the Artifice of History: Who Speaks for the 'Indian' Past?", ed. Ranajit Guha, *A Subaltern Studies Reader,1986~1995*, Minneapolis: University of Minnesota Press, 1997.
Chang-Rodríguez, Raquel, "La subversión del Barroco en Amar su propia muerte de Juan Espinosa Medrano", ed. Mabel Moraña, *Relecturas del*

Barroco de Indias, Hanover, NH: Ediciones del Norte, 1994.

Chatterjee, Partha, *The Nations and Its Fragments: Colonial and Postcolonial Histories*, Princeton: Princeton University Press, 1993.

Cherniavsky, Eve, "Subaltern Studies in a U.S. Frame", *boundary 2* 23, no.2, 1996.

Cohen, Phill, *Rethinking the Youth Question: Education, Labour, and Cultural Studies*, London: Macmillan, 1997.

Colas, Dominique, "Civil Society: From Utopia to Management, from Marxism to Anti-Marxism", ed. Valentin Y. Mudimbe, *Nations, Identities, Cultures*, Durham: Duke University Press, 1997.

Cornejo-Polar, Antonio, "Una heterogeneidad no dialéctica: Sujeto y discurso migrante en el Perú moderno", ed. Mabel Moraña, *Crítica cultural y teoría literaria latinoamericana*, a special issue of *Revista Iberoamericana* 176~177, 1996.

Coutinho, Carlos Nelson and Mario Aurelio Noguerira eds., *Gramsci e a América*, Sao Paulo: Paz y Tierra, 1988.

Cusicanqui, Silvia Rivera, "Liberal Democracy and Ayllu Democracy in Bolivia", ed. Jonathan Fox, *The Challenge of Rural Democratization: Perspectives from Latin America and the Philippines*, London: Cass, 1990.

de Espinosa Medrano, Juan, *Apologético en favor de don Luis de Góngora*, Caracas: Biblioteca Ayacucho, 1982.

de Man, Paul, *Allegories of Reading*, New Haven: Yale University Press, 1979[『독서의 알레고리』, 이창남 옮김, 문학과지성사, 2010].

Denning, Michael, *The Cultural Front: The Laboring of American Culture in the Twentieth Century*, London: Verso, 1996.

Derrida, Jacques, *Politics of Friendship*, London: Verso, 1997.

Díaz, Jesús, *Ángel Rama o la crítica de la transculturación: Última entrevista*, Lima: Lluvia Editores, 1991.

Dimitrov, Georgi, "The Fascist Offensive and the Tasks of the Communist International", *The United Front: The Struggle against Fascism and War*, New York: International, 1938.

Donghi, Tulio Halperín, "Nueva narrativa y ciencias sociales hispanoamericanas en la década del sesenta", *Hipamérica* 27, 1980.

D'souza, Dinesh, *Illiberal Education*, New York: Free Press, 1991.

Dussel, Enrique, "Eurocentrism and Modernity", eds. John Beverley, José

Oviedo and Michael Aronna, *The Postmodernism Debate in Latin America*, Durham: Duke University Press, 1995.

Echevarría, Roberto González, *Celestina's Blood: Continuities of the Baroque in Spanish and Latin American Literature*, Durham: Duke University Press, 1993.

____, *Myth and Archive: Towards a Theory of Latin American Narrative*, Cambridge: Cambridge University Press, 1990.

Escobar, Arturo, *Encountering Development*, Princeton: Princeton University Press, 1995.

Felman, Shoshana and Dori Laub, *Testimony: Cries of Witnessing in Literature, Psychoanalysis, and History*, New York: Routledge, 1992.

Ferman, Claudia, "From Southern Acculturation to North American Cultural Trade: An Interview with Roger Bartra", ed. Claudia Ferman, *The Postmodern in Latin and Latino American Cultural Narratives*, New York: Garland, 1996.

Feuer, Jane, "Reading Dynasty: Television and Reception Theory", *South Atlantic Quarterly* 88, no.2, Spring, 1989.

Firmat, Gustavo Pérez, *The Cuban Condition*, New York: Cambridge University Press, 1989.

Fischer, Sybille, *Modernity Disavowed: Haiti and the Cultures of Slaves in the Age of Revolution*, Durham: Duke University Press, 2004.

Fraser, Nancy, "From Redistribution to Recognition?: Dilemmas of Justice in a 'Post-Socialist' Age", *New Left Review* 212, 1995.

Forgacs, David, "National-Popular: Genealogy of a Concept", ed. Tony Bennett, *Formations of Nations and Culture*, London: Routledge, 1984.

Frith, Simon, *Sound Effects: Youth, Leisure and the Politics of Rock 'n' Roll*, New York: Pantheon, 1981[『사운드의 힘: 록 음악의 사회학』, 권영성·김공수 옮김, 한나래, 1995].

García Canclini, Néstor, *Consumidores y ciudadanos: Conflictos multiculturales de la globalización*, México, D.F.: Grijalbo, 1995.

____, *Culturas híbridas: estrategias para entrar y salir de la modernidad*, Mexico: Grijalbo, 1990[*Hybrid Cultures: Strategies for Entering and Leaving Modernity*, trans. Christopher Chiappari and Silvia López, Minneapolis: University of Minnesota Press, 1995; 『혼종문화: 근대성 넘나들기 전략』, 이성훈 옮김, 그린비, 2011].

García Linera, Álvaro, "El 'descubrimiento' del Estado", Pablo Stefanoni, Franklin Ramírez and Maristella Svampa, *Las vías de la emancipación: Conversaciones con Álvaro García Linera*, Mexico City: Ocean Sur, 2008.

_____, "State Crisis and Popular Power", *New Left Review* 37, 2006.

Gilroy, Paul, *The Black Atlantic: Modernity and Double Consciousness*, Cambridge: Harvard University Press, 1993.

Gitlin, Todd, *The Twilight of Common Dreams: Why America is Wracked by Culture Wars*, New York: Metropolitan, 1995.

Gramsci, Antonio, *Selections from Cultural Writings*, eds. and trans. David Forgacs and Geoffrey Nowell Smith, London: Lawrence & Wishart, 1985.

_____, *Selections from the Prison Notebooks*, eds. and trans. Quintin Hoare and Geoffrey Nowell Smith, New York: International, 1971[『그람시의 옥중수고』(전 2권), 이상훈 옮김, 거름, 1999].

Gordon, Ted and Wahneema Lubiano, "The Statement of the Black Faculty Caucus", ed. Paul Berman, *Debating P.C.: The Controversy over Political Correctness on College Campuses*, New York: Dell-Laurel, 1992.

Gould, Jeffrey, *To Die in This Way: Nicaraguan Indians and the Myth of Mestizaje, 1880~1965*, Durham: Duke University Press, 1998.

Guha, Ranajit, "A note on the terms 'elite,' 'people,' 'subaltern,' etc. as used above", eds. Ranajit Guha and Gayatri Spivak, *Selected Subaltern Studies*, New York: Oxford University Press, 1988.

_____, *A Rule of Property for Bengal: An Essay on the Idea of Permanent Settlement*, Durham: Duke University Press, 1995[1963].

_____, "Chandra's Death", ed. Ranajit Guha, *A Subaltern Studies Reader, 1986~1995*, Minneapolis: University of Minnesota Press, 1997.

_____, *Dominance without Hegemony: History and Power in Colonial India*, Cambridge MA: Harvard University Press, 1997.

_____, *Elementary Aspects of Peasant Insurgency in Colonial India*, Delhi: Oxford University Press, 1983[『서발턴과 봉기: 식민 인도에서의 농민 봉기의 기초적 측면들』, 김택현 옮김, 박종철출판사, 2008].

_____, "Introduction", ed. Ranajit Guha, *A Subaltern Studies Reader, 1986~1995*, Minneapolis: University of Minnesota Press, 1997.

_____, "On Some Aspects of the Historiography of Colonial India", eds. Ranajit Guha and Gayatri Spivak, *Selected Subaltern Studies*, New York: Oxford University Press, 1988.

_____, "Preface", eds. Ranajit Guha and Gayatri Spivak, *Selected Subaltern Studies*, New York: Oxford University Press, 1988.

_____, "The Small Voice of History", *Subaltern Studies* 9, 1996.

Hale, Charles, *Resistance and Contradiction: Miskitu Indians and the Nicaraguan State, 1894~1987*, Stanford: Stanford University Press, 1994.

Hall, Stuart, "Cultural Studies and Its Theoretical Legacies", eds. Lawrence Grossberg, Cary Nelson and Paula Treichler, *Cultural Studies*, New York: Routledge, 1992.

Hardt, Michael and Antonio Negri, *Empire*, Cambridge: Harvard University Press, 2001[『제국』, 윤수종 옮김, 이학사, 2001].

Hernández, Juan Antonio, *Hacia una historia de lo imposible: La resolución haitiana y el "Libro de Pinturas" de José Antonio Aponte*, Ph.D. dissertation, Pittsburgh: University of Pittsburgh, 2006.

Hilton, Rodney, ed., *The Transition from Feudalism to Capitalism*, London: New Left, 1976[『봉건제도에서 자본주의로의 전환』, 지동식 옮김, 법문사, 1981].

Honig, Bonnie, "Ruth, the Model Emigree: Mourning and the Symbolic Politics of Immigration", eds. Pheng Cheah and Bruce Robbins, *Cosmopolitics*, Minneapolis: University of Minnesota Press, 1998.

Jameson, Fredric, "El marxismo realmente existente", *Casa de las Américas* 211, 1998.

_____, "On 'Cultural Studies'", *Social Text* 34, 1993.

_____, "On Literary and Cultural Import-Substitution in the Third World: The Case of Testimonio", ed. Georg Gugelberger, *The Real Thing: Testimonial Discourse in Latin America*, Durham: Duke University Press, 1996.

_____, *Postmodernism, or the Cultural Logic of Late Capitalism*, Durham: Duke University Press, 1991.

Jara, René, "Prólogo", eds. René Jara and Hernán Vidal, *Testimonio y literatura*, Minneapolis: Institute for the Study of Ideologies and Literature, 1986.

Kraniauskas, John, "Globalization is Ordinary: The Transnationalization of Cultural Studies", *Radical Philosophy* 90, 1998.

_____, "Hybridity in a Transnational Frame", eds. Avtar Brah and Annie Coombes, *Hybridity and Its Discontents: Politics, Science, Culture*, London: Routledge, 2000.

Lacan, Jacques, *Ecrits: A Selection*, New York: Norton, 1977.

_____, *The Four Fundamental Concepts of Psycho-Analysis*, New York:

Norton, 1981[『자크 라캉 세미나 11: 정신분석의 네 가지 근본 개념』, 맹정현·이수련 옮김, 새물결, 2008].

Laclau, Ernesto, *Emancipation(s)*, London: Verso, 1996.

_____, *On Populist Reason*, London: Verso, 2007.

_____, "Towards a Theory of Populism", *Politics and Ideology in Marxist Theory*, London: New Left, 1997.

_____, "Why Do Empty Signifiers Matter to Politics?", *Emancipation(s)*, London: Verso, 1996.

Laclau, Ernesto and Chantal Mouffe, *Hegemony and Socialist Strategy*, London: Verso, 1985[『헤게모니와 사회주의 전략: 급진 민주주의 정치를 향하여』, 이승원 옮김, 후마니타스, 2011].

Larsen, Neil, *Modernism and Hegemony*, Minneapolis: University of Minnesota Press, 1992.

Latin American Subaltern Studies Group, "Founding Statement", eds. John Beverley, José Oviedo and Michael Aronna, *The Postmodernism Debate in Latin America*, Durham: Duke University Press, 1995.

Lienhard, Martin, *La voz y su huella*, Habana: Casa de las Américas, 1990.

Lind, Michael, *The Next American Nationalism and the Fourth American Revolution*, New York: Free Press, 1996.

Llosa, Mario Vargas, "Questions of Conquest: What Columbus Wrought, and What He Did Not", *Harper's Magazine*, December 1990.

Lloyd, David, *Anomalous States: Irish Writing and the Post-Colonial Moment*, Durham: Duke University Press, 1992.

_____, "Nationalism against the State", eds. David Llyod and Lisa Lowe, *The Politics of Culture in the Shadow of Capital*, Durham: Duke University Press, 1997.

López, María Milagros, "Postwork Society and Postmodern Subjectivities", eds. John Beverley, José Oviedo and Michael Aronna, *The Postmodernism Debate in Latin America*, Durham: Duke University Press, 1995.

Lowe, Lisa, "Work, Immigration, Gender: New Subjects of Cultural Politics", eds. David Lloyd and Lisa Lowe, *The Politics of Culture in the Shadow of Capital*, Durham: Duke University Press, 1997.

Lyotard, Jean-François, *The Postmodern Condition*, trans. Brian Massumi, Minneapolis: University of Minnesota Press, 1985[『포스트모던의 조건』, 이삼출 옮김, 민음사, 1992].

Mallon, Florencia, *Peasant and Nation: The Making of Postcolonial Mexico and Peru*, Berkeley: University of California Press, 1995.

_____, "The Promise and Dilemma of Latin American Subaltern Studies: Perspectives from Latin American History", *American Historical Review* 99, no.5, 1994.

Mamdani, Mahmood, *Citizen and Subject: Contemporary Africa and the Legacy of Late Colonialism*, Princeton: Princeton University Press, 1996.

Mannheim, Bruce, *The Language of the Inka Since the European Invasion*, Austin: University of Texas Press, 1991.

Mazzotti, José, *El coro mestizo del Inca Garcilaso*, Lima: Fondo de Cultura Económica, 1996.

Menchú, Rigoberta, *Crossing Borders*, London: Verso, 1998.

_____, *Me llamo Rigoberta Menchú y así me nació la conciencia*, ed. Elisabeth Burgos-Debray, México: Siglo Veintiuno Editores, 1985[*I, Rigoberta Menchú: An Indian Woman in Guatemala*, trans. Ann Wright, London: Verso, 1994; 『나의 이름은 멘추』, 유정태 옮김, 지산미디어, 1993].

Mignolo, Walter D., "Colonial and Postcolonial Discourse: Cultural Critique or Academic Colonialism?", *Latin American Research Review* 28, no.3, 1991.

_____, "Literacy and Colonization: The New World Experience", eds. René Jara and Nicholas Spadaccini, *1492~1992: Re/Discovering Colonial Writing*, Minneapolis: Prisma Institute, 1989.

Montejo, Esteban, *Biografía de un cimarrón*, ed. Miguel Barnet, La Habana: Instituto de Etnología y Folklore, 1966[『어느 도망친 노예의 일생』, 박수경·조혜진 옮김, 인천문화재단, 2010].

Morales, Mario Roberto, *La articulación de las diferencias: Los discursos literarios y políticos del debate interétnico en Guatemala*, Guatemala City: FLASCO, 1999.

Moraña, Mabel, "El boom del subalterno", *Revista de Crítica Cultural* 14, 1997.

Moreiras, Alberto, "A Storm Blowing from Paradise: Negative Globality and Latin American Cultural Studies".

_____, "Populism in a Double Register", paper presented at the Latin American Subaltern Studies meeting, College of William and Mary, May 2~4, 1997.

_____, "Transculturación y pérdida del sentido", *Nuevo Texto Crítico* 3, no.6, 1990.

Morris, Meaghan, "Banality in Cultural Studie", *Discourse* 10, no.2, 1988.

Mouffe, Chantal, "Feminism, Citizenship, and Radical Democratic Politics", eds. Judith Butler and Joan Scott, *Feminist Theorize the Political*, New York: Routledge, 1992.

Ortiz, Fernando, *Cuban Counterpoint: Tabacco and Sugar*, trans. Harriet de Onís, Durham: Duke University Press, 1995.

Petras, James, "The Metamorphosis of Latin America's Intellectuals", *Latin American Perspectives* 65, 1990.

Poulantzas, Nicos, *State, Power, Socialism*, London: New Left Books, 1978[『국가, 권력, 사회주의』, 박병영 옮김, 백의, 1994].

Prakash, Gyan, "Subaltern Studies as Postcolonial Criticism", *American Historical Review* 99, 1994.

Pratt, Mary Louise, "Humanities for the Future: Reflections on the Western Culture Debate at Stanford", eds. Daryll Glass and Barbara Hernstein Smith, *The Politics of Liberal Educations*, Durham: Duke University Press, 1992.

Quijano, Aníbal, "Modernity, Identity, and Utopia in Latin America", eds. John Beverley, José Oviedo and Michael Aronna, *The Postmodernism Debate in Latin America*, Durham: Duke University Press, 1995.

Rabasa, José, "Exception to the Political", *Without History: Subaltern Studies, the Zapatista Insurgency, and the Specter of History*, Pittsburgh: University of Pittsburgh Press, 2010.

Rabasa, José, Javier Sanjinés and Robert Carr eds., *Subaltern Studies in the Americas*, a special issue of *Dispositio/n* 46, 1994[1996].

Rama, Ángel, *La ciudad letrada*, Hanover NH: Ediciones del Norte, 1984[*The Lettered City*, trans. Charles Casteen, Durham: Duke University Press, 1995].

_____, *Transculturación narrativa en América Latina*, México: Siglo XXI, 1982.

Rodríguez, Ileana, "Between Cynicism and Despair: Construction the Generic/ Specifying the Particular", eds. Michael Piazza and Marc Zimmerman, *New World (Dis)Orders & Peripheral Strains: Specifying Cultural Dimensions in Latin American and Latino Studies*, Chicago: Marcha/Abrazo Press, 1998.

Rodriguez, Richard, *Hunger of Memory*, New York: Bantam, 1983.

Roemer, John, *A Future for Socialism*, London: Verso, 1994.

Rorty, Richard, *Achieving Our Country: Leftist Thought in Twentieth-Century America*, Cambridge: Harvard University Press, 1998[『미국 만들기』: 20세기 미

국에서의 좌파 사상』, 임옥희 옮김, 동문선, 2003].
____, "Solidarity or Objectivity?", eds. John Rajchman and Cornel West, *Post-Analytic Philosophy*, New York: Columbia University Press, 1985.
Said, Edward, "Foreword", eds. Ranajit Guha and Gayatri Spivak, *Selected Subaltern Studies*, New York: Oxford University Press, 1988.
Saldaña-Portillo, María Josefina, "Developmentalism's Irresistible Seduction-Rural Subjectivity under Sandinista Agricultural Policy", eds. Lisa Lowe and David Lloyd, *The Politics of Culture in the Shadow of Capital*, Durham: Duke University Press, 1997.
Salvatore, Ricardo, "Stories of Proletarianization in Rural Argentina, 1820~1860", eds. José Rabasa, Javier Sanjinés and Robert Carr, *Subaltern Studies in the Americas*, a special issue of *Dispositio/n* 46, 1994[1996].
Santiago, Silviano, "Meaning and Discoursive Intensities: On the Situation of Postmodern Reception in Brazil", eds. John Beverley, José Oviedo and Michael Aronna, *The Postmodernism Debate in Latin America*, Durham: Duke University Press, 1995.
Sarlo, Beatriz, "Aesthetics and Post-Politics: From Fujimori to the Gulf War", eds. John Beverley, José Oviedo and Michael Aronna, *The Postmodernism Debate in Latin America*, Durham: Duke University Press, 1995.
____, *Escenas de la vida posmoderna*, Buenos Aires: Ariel, 1994.
Sassen, Saskia, *Territory, Authority, Rights: From Medieval to Global Assemblages*, Princeton: Princeton University Press, 2006.
Saussure, Fredinand de, *Course in General Linguistics*, trans. Wade Baskin, New York: McGraw-Hill, 1966[『일반언어학 강의』, 최승언 옮김, 민음사, 2006; 『일반언어학 강의』, 김현권 옮김, 지식을만드는지식, 2012].
Seed, Patricia, "Colonial and Postcolonial Discourse", *Latin American Research Review* 26, no.3, 1991.
____, "Subaltern Studies in the Postcolonial Americas", eds. José Rabasa, Javier Sanjinés and Robert Carr, *Subaltern Studies in the Americas*, a special issue of *Dispositio/n* 46, 1994[1996].
Singer, Linda, "Recalling a Community at Loose Ends", ed. Miami Theory Collective, *Community at Loose Ends*, Minneapolis: University of Minnesota Press, 1991.
Sklodowska, Elzbieta, "Hacia una tipología del testimonio hispanoamericano", *Siglo XX/Twentieth Century* 8, no.1~2, 1990~1991.

Slater, David, "Rethinking the Spatialities of Social Movements", eds. Sonia Alvarez, Evelina Dagnino and Arturo Escobar, *Cultures of Politics/Politics of Culture: Revisioning Latin American Social Movements*, Boulder: Westview, 1998.

Smith, Carol A., "Why Write an Exposé of Rigoberta Menchú", ed. Arturo Arias, *The Properties of Words, Rigoberta Menchú, David Stoll, and Identity Politics in Central America*, Minneapolis: University of Minnesota Press, 2000.

Sommer, Doris, *Foundational Fictions: The National Romances of Latin America*, Berkeley: University of California Press, 1991.

____, "No Secrets", ed. Georg Gugelberger, *The Real Thing: Testimonial Discourse in Latin America*, Durham: Duke University Press, 1996.

Spivak, Gayatri, *A Critique of Postcolonial Reason: Towards a History of the Vanishing Present*, Cambridge: Harvard University Press, 1999[『포스트식민 이성 비판: 사라져가는 현재의 역사를 위하여』, 태혜숙·박미선 옮김, 갈무리, 2005].

____, "Can the Subaltern Speak?", eds. Cary Nelson and Lawrence Grossberg, *Marxism and the Interpretation of Culture*, Urbana: University of Illinois Press, 1988[『서발턴은 말할 수 있는가?』, 로절린드 C. 모리스 엮음, 『서발턴은 말할 수 있는가?: 서발턴 개념의 역사에 관한 성찰들』, 태혜숙 옮김, 그린비, 2013].

____, *In Other Worlds: Essays in Cultural Studies*, New York: Methuen, 1987[『다른 세상에서: 문화정치학 에세이』, 태혜숙 옮김, 여성문화이론연구소, 2008].

____, "More on 'Imperialism Today'", *Against the Current* 63, July/August 1996.

____, *Outside in the Teaching Machine*, New York: Routledge, 1993[『교육기계 안의 바깥에서: 초국가적 문화연구와 탈식민 교육』, 태혜숙 옮김, 갈무리, 2006].

____, "Politics of the Subalterns", *Socialist Review* 20, no.3, 1990.

____, "Responsibility", *Other Asias*, Malden MA: Blackwell, 2008[『책임』, 『다른 여러 아시아』, 태혜숙 옮김, 울력, 2011].

____, "Subaltern Studies: Deconstructing Historiography", eds. Ranajit Guha and Gayatri Spivak, *Selected Subaltern Studies*, New York: Oxford University Press, 1988[『하위주체연구: 역사기술을 해체하기』, 『다른 세상에서: 문화정치학 에세이』, 태혜숙 옮김, 여성문화이론연구소, 2008].

____, *The Post-Colonial Critic: Interview, Stratagies, Dialogues*, ed. Sarah Harasym, New York: Routledge, 1990.

Staten, Henry, "Ethnic Authenticity, Class, and Autobiography: The Case of

Hunger of Memory", PMLA 133, 1998.
Stephanson, Andres, "Regarding Postmodernism: A Conversation with Fredric Jameson", Social Text 17, 1987.
Stern, Steve, Resistance, Rebellion, and Consciousness in the Andean Peasant World, Madison: University of Wisconsin Press, 1987.
Stoler, Ann Laura, Race and the Education of Desire: Foucault's History of Sexuality and the Colonial Order of Things, Durham: Duke University Press, 1995.
Stoll, David, Between Two Armies in the Ixil Towns of Guatemala, New York: Columbia University Press, 1993.
____, Rigoberta Menchú and the Story of All Poor Guatemalans, Boulder: Westview, 1999.
Stuckey, Elspeth, The Violence of Literacy, Postmouth NH: Heinemann, 1991.
Suleri, Sara, The Rhetoric of English India, Chicago: University of Chicago Press, 1992.
Taussig, Michael, The Devil and Commodity Fetishism in South America, Chapel Hill: University of North Carolina Press, 1980.
Taylor, Charles, "The Politics of Recognition", ed. Amy Gutman, Multiculturalism, Princeton: Princeton University Press, 1994.
Trouillot, Michel-Rolph, Haiti: State against Nation, New York: Monthly Review Press, 1990.
____, Silencing the Past: Power and the Production of History, Boston: Beacon Press, 1995[『과거 침묵시키기: 권력과 역사의 생산』, 김명혜 옮김, 그린비, 2011].
"University Revamps American Studies Program", Princeton Alumni Weekly, December 17, 1997.
Vidal, Hernán, "The Concept of Colonial and Postcolonial Discourse: A Perspective from Literary Criticism", Latin American Research Review 28, no.3, 1991.
Vilas, Carlos, State, Class, and Ethnicity in Nicaragua, Boulder: Lynne Rienner, 1989.
Virno, Paolo, "Exodus in Radical Thought in Italy", eds. Paolo Virno and Michael Hardt, A Potential Politics, Minneapolis: University of Minnesota Press, 1996.
Wilentz, Sean, "Integrating Ethnicity into American Studies", Chronicle of

Higher Education, November 1996.

Williams, Gareth, "Fantasies of Cultural Exchange in Latin American Subaltern Studies", ed. Georg Gugelberger, *The Real Thing: Testimonial Discourse in Latin America*, Durham: Duke University Press, 1996.

____, "La desconstrucción y los estudios subalternos", ed. Hernán Vidal, *Treinta años de estudios literarios/culturales latinoamericanistas en Estados Unidos*, Pittsburgh: IILI, 2008.

Willis, Paul, *Learning to Labour*, Ashgate: Aldershot, 1993[『학교와 계급재생산: 반학교문화, 일상, 저항』, 김찬호·김영훈 옮김, 이매진, 2004].

Young, Iris Marion, *Justice and the Politics of Difference*, Princeton: Princeton University Press, 1999.

____, "Politics and Group Difference: A Critique of the Ideal of Universal Citizenship", *Ethics* 99, 1989.

Yúdice, George, "Civil Society, Consumption, and Govermentality in an Age of Global Restructuring", *Social Text* 14, no.4, 1995.

Zapatista, "Cyberspace Demonstration, Support Zapatista Delegation to Indigeneous Congress", 7 October, 1996.

찾아보기

【ㄱ·ㄴ】

가르시아 리네라, 알바로Álvaro García Linera 20~23, 27, 30
가르시아 칸클리니, 네스토르Néstor García Canclini 46, 260~273
　~의 문화연구 기획 268~271, 275~276
　『소비자와 시민』Consumidores y ciudadanos 273~274
　『혼종문화』Hybrid Cultures 36, 244, 246, 259, 262, 264, 266, 273
간디, 마하트마Mahatma Gandhi 151~153
곤잘레스 에체바리아, 로베르토Roberto González Echevarría 49, 144
공동체 247, 249, 258
　~와 시민사회 253~254, 259
공산주의 6, 8, 27, 83, 324, 328, 339
과테말라 무장투쟁 160~161, 164~165, 175~177
구술성 148~151, 155~156, 166, 188
구하, 라나지트Ranajit Guha 10, 32, 52, 76, 98~100, 107, 127, 194, 197~200, 256~257, 281~283
　~의 하위주체 개념 87~90, 97~101
　『식민지 인도 농민봉기의 기본적 성격』Elementary Aspects of Peasant Insurgency in Colonial India 42, 88, 104, 107, 148, 281
　「식민지 인도 역사학의 몇 가지 측면에 대하여」On Some Aspects of the Historiography of Colonial India 78, 197
국가주의 5, 8, 12, 26, 28, 349, 352
그람시, 안토니오Antonio Gramsci 9, 44, 60~61, 251~252, 280, 284~295, 315
　~로의 회귀 65~66
　~의 교육적 구분 288~290
　~의 문화이론 62~63
　~의 시민사회 개념 251~253
　~의 하위주체 개념 286~288
　『옥중수고』Selections from the Prison Notebooks 60~62, 252, 284, 287
기틀린, 토드Todd Gitlin 298
　『모두가 품는 꿈의 황혼』The Twilight of Common Dreams 297, 304
남아시아 하위주체연구 그룹 32, 50~51
　『하위주체연구』Subaltern Studies 51, 77~78

『하위주체연구 선집』Selected
  Subaltern Studies 98, 116, 194
네그리, 안토니오Antonio Negri 26,
  28~29
  『제국』Empire 28
농민봉기 99~100, 107, 281~282
  ~와 구술성 148~152
  ~와 영토성 282~283
  ~의 기록 88~89

【ㄷ·ㄹ】

다문화주의 300, 302, 317, 330, 335~338
  자유주의적 ~ 190, 225
대중문화 228~229, 241~ 242, 260
  ~와 근대성 262~264
  ~와 문화이론 232~234, 236
  ~와 아카데미 240~241
데리다, 자크Jacques Derrida 8, 23, 75, 264, 313
데비, 마하스웨타Mahasweta Devi 222~224
  「젖어미」Breast Giver 222, 224
두노, 페드로Pedro Duno 35
두셀, 엔리케Enrique Dussel 255
드 만, 폴Paul de Man 73, 134, 288
드 만, 헨리Henri de Man 288
드 소우자, 디네시Dinesh D'Souza 93, 168, 189
디미트로프, 게오르기Georgi Dimitrov 201~204
  ~의 민중의 범주 202~203, 205
라마, 앙헬Ángel Rama 28, 54, 121~125
  ~의 문화횡단 개념 124~127, 129
  서사적 문화횡단Narrative transculturation 59, 119, 142, 146

『지식인 도시』The Lettered City 54~55, 58
라바사, 호세José Rabasa 7, 19, 31, 33
라캉, 자크Jacques Lacan 44, 86~88, 165, 173, 223, 265, 304
라클라우, 에르네스토Ernesto Laclau 7, 207~209, 297, 301
  민중적 주체와 민주적 주체 208, 226, 297, 301, 305
  평등주의적 상상체 301~302, 305, 314, 335
  『헤게모니와 사회주의 전략』Hegemony and Socialist Strategy 207
라틴아메리카
  ~ 문학 55, 128
  ~ 연구 52, 56~57
  ~ 정치 6~7, 29~30
  ~ 지식인 71~74
라틴아메리카 하위주체연구 그룹 5, 33, 75, 107, 343
  「창립선언문」Founding Statement 50~53, 343
레닌, 블라디미르Vladimir Lenin 291~292, 307, 312
로드리게스, 리처드Richard Rodriguez 90~95, 166
  『기억에의 고픔』Hunger of Memory 90~92, 95, 166, 291
로드리게스, 일리아나Ileana Rodríguez 5, 33~34
로이드, 데이비드David Lloyd 82
로티, 리처드Richard Rorty 110~112, 298
  『우리나라를 성취하는 것』Achieving Our Country 297, 304, 335
로페스, 마리아 밀라그로스María Milagros López 33~34, 306

루시디, 살만Salman Rushdie 117~118
리오타르, 장-프랑수아Jean-François
Lyotard 67
　거대서사에 대한 불신 67~68
　분쟁differend 167
　『포스트모던의 조건』The Postmodern
　Condition 235~236, 269
린드, 마이클Michael Lind 311~312, 314

【ㅁ·ㅂ】

마르자니, 칼Carl Marzani 35
마르쿠제, 헤르베르트Herbert Marcuse
225, 243
마르티, 호세José Martí 45, 210
마오주의 199, 202~203
마욘, 플로렌시아Florencia Mallon 56,
75~76, 103~104, 106
　~의 역사 서술 105~108
　『농민과 민족』Peasant and Nation 76,
　103~106, 109
맑스주의 76~79, 284, 286, 327
멕시코 정치 16~18
　국민행동당PAN 16~18
　민주혁명당PRD 16~18
　제도혁명당PRI 17~18
멘추, 리고베르타Rigoberta Menchú 96,
160~165, 169, 171, 174, 185~189
　~와 스톨의 논쟁 174~181
　『나, 리고베르타 멘추』I, Rigoberta
　Menchú 92~93, 158~169, 173~175,
　180, 186~191, 347~348
모라냐, 마벨Mabel Moraña 71~72
모레이라스, 알베르토Alberto Moreiras
34, 214, 226, 274~275
　비판적 지역주의 274~275

몬테호, 에스테반Esteban Montejo 163
　『어느 도망친 노예의 일생』Biografía
　de un cimarrón 163, 349
무지개 연합Rainbow Coalition 297~
298
무페, 샹탈Chantal Mouffe (→라클라우·)
문학
　~과 구술성 122, 148~150
　~과 미디어 129~130
　~과 민족-민중문화 129~131
　~과 저발전 129~130
　~과 혁명운동 47~50
　~의 권위 121~122, 129
　~적 재현의 한계 55~56, 346
문화 63~65
문화변용Acculturation 120, 330
문화연구 67, 227~228, 233~236, 241,
244, 260, 271, 275~277
　~의 정치성 227, 231, 235~237, 259
　세계화와 ~ 269~270
문화횡단Transculturation 120~128,
246, 267
　~과 하위주체성 150~151, 153
미뇰로, 월터Walter Mignolo 72, 166
미디어 238~240
민족 30~31, 48~49, 52, 56, 59, 75, 81~
82, 140~141, 156, 265
　~-국가와 영토성 14, 29, 53, 295,
　306~307, 309, 311, 313
민족주의 19, 51, 61, 82, 103~104, 151~
153
　민중과 ~ 209, 216~217, 222, 226
민중 202~205, 207~209, 216~217,
283~284, 300, 314~317
민중문화 229~230, 260, 262, 270
바두리, 부바네스와리Bhubaneswari

Bhaduri 225
바르가스 요사, 마리오Mario Vargas Llosa 126, 249
　『세계 종말 전쟁』The War at the End of the World 249, 258
바바, 호미Homi Bhabha 69, 195, 216~219, 225, 302~303, 322~324
　『국민과 서사』Nation and Narration 49
　제3의 공간 218
버밍엄 센터Birmingham Centre 227~228, 232
버틀러, 주디스Judith Butler 80, 150
베넷, 윌리엄William Bennet 93
베르코비치, 샤크반Sacvan Bercovitch 330, 332~334, 337
　'아메리카의 정체성들'American Identities 330, 332~334, 337
베벌리, 존John Beverley 340~342, 345~346
　『문학에 반대하여』Against Literature 346
　『중앙아메리카 혁명에서의 문학과 정치』Literature and Politics in the Central American Revolutions 47~49
벤야민, 발터Walter Benjamin 84, 164, 232
　예츠자이트Jetztzeit 107
　이야기Storytelling 84, 164
벨, 대니얼Daniel Bell 242~243
볼리비아 사회주의운동당MAS 20, 22, 25~26, 31
부르고스, 엘리자베스Elizabeth Burgos 163, 185
분홍빛 물결Marea rosada 6, 16, 29~30, 350

붐Boom 55, 120, 124, 346
브루네르, 호세 호아킨José Joaquín Brunner 63~64, 66
　문화화 63~64, 67, 70, 73
비르노, 파올로Paolo Virno 323
　다중Multitude 323~324
비즐리-머레이, 존Jon Beasley-Murray 34
빌둥스로만Bildungsroman 94, 164, 321

【ㅅ】

사를로, 베아트리스Beatriz Sarlo 73, 237~238
　미디어 신포퓰리즘 238~240, 243, 260
　『포스트모던 삶의 장면』Escenas de la vida posmoderna 237
사센, 사스키아Saskia Sassen 14
사이드, 에드워드Edward Said 116~119
사파티스타Zapatistas 15~19, 119, 257~258
사회주의 13, 205, 296, 304, 308~309, 326~327, 335
산디니스타 47~48, 177, 209~216
살다냐, 마리아 호세피나María Josefina Saldaña 34, 213
세계화 13~15, 273~274, 309~310
소머, 도리스Doris Sommer 33, 49, 96, 330
　'아메리카의 정체성들'American Identities 330, 332~334, 337
　『토대로서의 소설』Foundational Fictions 49, 59
소비에트연방 79, 201, 250, 254, 286, 308~309

소쉬르, 페르디낭 드Ferdinand de
Saussure 194
수용이론 233~234
「쉰들러 리스트」Schindler's List 172~173
스크로도부스카, 엘즈비에타Elzbieta
Sklodowska 167~168, 170, 190
스턴, 스티브Steve Stern 56, 140
스테이턴, 헨리Henry Staten 95
스톨, 데이비드David Stoll 159, 181, 191
　~과 멘추의 논쟁 159~161, 173~174
스피박, 가야트리Gayatri Spivak 19, 21,
24~25, 32, 43~44, 46, 159~161, 220~
225, 308
　~과 가르시아 리네라의 하위주체연구
　의 차이 19~27
　『포스트식민 이성 비판』A Critique of
　Postcolonial Reason 32
　「하위주체는 말할 수 있는가?」Can the
　Subaltern Speak? 46, 111, 161, 225,
　344
시드, 퍼트리샤Patricia Seed 33, 58
시민사회 8, 18, 249~261, 272
　~와 국가 251~254, 268, 326, 351~352
　~와 근대성 255~256, 258
　~와 식민주의 254~257
　~와 하위주체 251, 253, 257, 343
　소비자 공동체 261
신사회운동New Social Movements 66,
227, 251, 272, 297~300, 306
신자유주의 273, 310~311, 327

【ㅇ】

아로노비츠, 스탠리Stanley Aronowitz
316~317
아르게다스, 호세 마리아José María
Arguedas 120, 125, 154
　『위편의 여우, 아래편의 여우』El zorro
　de arriba y el zorro de abajo 125
아리엘리즘Arielism 28, 73~74
아마드, 아이자즈Aijaz Ahmad 77~78
아민, 샤히드Shahid Amin 105, 151~153
아이티 혁명 9~11, 57
아추가르, 우고Hugo Achugar 71~72
알튀세르, 루이Louis Althusser 48, 79~
80, 98~99, 324~325
　『맑스를 위하여』Pour Marx 98
　이데올로기 48, 70, 80, 218~220, 232
앤더슨, 베네딕트Benedict Anderson 49
　『상상의 공동체』Imagined Communi-
　ties 49, 59, 140, 283, 287
에스피노사 메드라노, 후안 데Juan de
Espinosa Medrano 132, 142~146
　『루이스 데 공고라를 위한 변호』
　Apologético en favor de Don Luis de
　Góngora 132, 142~147
연대 110~112, 191, 305
영, 아이리스 매리언Iris Marion Young
299, 306
오르티스, 페르난도Fernando Ortiz
120~121, 123~124
　『쿠바의 대위법』Cuban Counterpoint
　120, 124
오소리오, 넬슨Nelson Osorio 128, 130
『오얀타이』Ollantay 131, 137~140, 149
오지크, 신시아Cynthia Ozick 318~321
윌렌츠, 션Sean Wilentz 330~336
윌리엄스, 개러스Gareth Williams 9
이중언어 141, 148, 331, 336
인민전선Popular Front 200~201, 203~
204, 226, 229, 231
　~의 문화정책 229~230

【ㅈ·ㅊ·ㅋ·ㅌ】

자본주의 205~208, 242~243, 328~329
　~와 국가 308~312
　시장 324~328
재현 43~44, 46, 87, 101, 107, 109, 111~113, 183~184, 223, 284, 344
정체성 정치 Identity Politics 25, 66, 71, 191, 283, 293, 297, 301, 304, 306, 324
제임슨, 프레드릭 Fredric Jameson 50, 64~65, 208
　민족의 알레고리 138, 208
종속이론 59, 66, 127~128, 206
좌파 정치 276, 298, 313, 315
　~와 하위주체 293~294
　~ 헤게모니 형성 297, 299, 304, 306, 313~314
증언서사 158, 162~168, 170~171, 188~190, 347~349
　~와 진실의 요구 181~184
지식인 도시 28, 58~59, 129, 146~148, 260
　구텐베르크적 사고 260, 276
짐머만, 마크 Marc Zimmerman 34, 47
차베스 정부 6, 13, 29
차크라바르티, 디페시 Dipesh Chakrabarty 101~102, 108~109
차테르지, 파르타 Partha Chatterjee 78, 253~254
　『민족과 그 파편들』 The Nation and Its Fragments 116
카스타녜다, 호르헤 Jorge Castañeda 271
　『무장해제된 유토피아』 Utopia Unarmed 271, 298
칸지두, 안토니우 Antonio Cándido 129~130

캠벨, 레온 Leon Campbell 134~136
　이중언어성 135, 148~150
케이, 캐럴 Carol Kay 35
코로닐, 페르난도 Fernando Coronil 34, 121~122
코르네호-폴라르, 안토니오 Antonio Cornejo-Polar 153~156
쿠란데라 논쟁 246~249, 253, 258
크라니아우스카스, 존 John Kraniauskas 34
크레올 Creole 56~57, 120, 142, 144~145, 147
크리스테바, 줄리아 Julia Kristeva 318~321
타우시그, 마이클 Michael Taussig 56
테일러, 찰스 Charles Taylor 302~303
투팍 아마루, 호세 가브리엘 José Gabriel Túpac Amaru 131~132
　『계보학』 Genealogía 131~134, 136
투팍 아마루, 후안 바우티스타 Juan Bautista Túpac Amaru 131
　『기억』 Memoria 131~134, 136
투팍 아마루 봉기 131, 135, 141

【ㅍ·ㅎ】

파시즘 60, 63, 201~204
포스트모더니즘 28, 64~65, 79, 180, 237
　~ 풍속주의 190, 270
포스트식민주의 21, 69, 71~73, 77, 118~119, 344, 351
　~ 비평 195~197
포이어바흐, 루트비히 Ludwig Feuerbach 98
푸코, 미셸 Michel Foucault 54~55, 76~77, 108, 244, 301

풀란차스, 니코스Nicos Poulantzas 80
프랑크푸르트 학파 228, 231~232, 237, 239
프레이저, 낸시Nancy Fraser 293~294, 296, 300
하버마스, 위르겐Jurgen Habermas 238~239, 256
하위주체 10, 12, 19, 44, 87, 93, 160, 189, 222~225, 232, 286~288, 292
    ~와 교육 96~97, 102, 290~291
    ~와 국가의 관계 5~8, 10~11, 19~20, 28~30
    ~와 민족-국가 103~104, 106, 141
    ~와 민중의 정체성 197~200, 222, 226, 283~284
    ~와 역사적 재현 98~106
    ~와 지식인 94, 112, 184, 186, 191, 291
    ~와 헤게모니 8~9, 12, 21~22, 68, 91, 102~103, 189~191, 214~216, 226~227, 262~263, 280, 283~284, 291~292, 336, 346, 352
    ~의 사회운동 6, 8, 15, 21, 52, 226, 313
하위주체성 95, 153, 219
    ~과 근대성 8, 20~21, 64~65, 98, 102, 106, 124, 126, 143~146, 262, 270~271
    부정Negation 88, 97~98, 100, 106, 110, 118, 194, 219, 232, 257, 270, 280~281, 287, 291, 305, 343
    이분법 6, 12, 22, 70, 146, 150, 190, 194~199, 207, 224, 251, 261, 266, 270, 272~275, 280, 351
하위주체연구 8, 43, 45~46, 52~53, 60, 70, 80~82, 90, 96, 131, 226, 337~339
    ~에 대한 비판 69~75
    ~ 역사학 108
    ~와 맑스주의 76~79
    ~와 문화연구 227, 244, 246, 276~277
    ~와 민족주의 281
    ~와 실증주의 220~221
    ~와 아카데미 96~97, 102, 109~113
    ~와 지식인의 권위 117~118
    ~와 탈구조주의 8~9, 12, 18, 23, 77, 82, 107~108, 168, 195, 216~224, 295~296, 345
    ~와 포스트모더니즘 67~68
    ~와 포스트식민주의 69~73
하트, 마이클Michael Hardt 28~29
헌팅턴, 새뮤얼Samuel Huntington 31, 83
헤게모니 15, 21, 28, 252, 292, 294~297, 301, 313, 324
    문화적 ~ 61~63, 67, 265
    탈~ 29, 214
헤겔, 게오르크Georg W. F. Hegel 98
    ~의 시민사회 개념 255~256
호니그, 보니Bonnie Honig 318~322, 330, 335
    민주적 코즈모폴리터니즘 321~322, 324, 330
혼종성hybridity 69~70, 216~218, 262, 264~268, 273
    ~과 국가 267~268, 271
혼혈mestizaje 120, 267
홀, 스튜어트Stuart Hall 227
홀로코스트 증언 181~182